美 国
大众文化软实力研究

金衡山 等◎著

Studies on
the Soft Power in
American Mass Culture

上海交通大学出版社
SHANGHAI JIAO TONG UNIVERSITY PRESS

内容提要

本书内容包括软实力概念的介绍和研究;美国大众文化的发展历史和生产机制;美国大众文化涵括的各个方面,如体育、音乐、广告、电影、音乐剧等方面的介绍,以及与软实力输出的关系。本书以软实力概念为核心,结合具体案例分析,把理论运用于实践,通俗易懂地介绍美国大众文化并进行一定程度的分析,既阐述了美国大众文化的历史发展过程,也对美国的价值观进行了批判,指出其问题所在。本书能够为一般读者了解美国大众文化以及研究性读者深入理解美国大众文化软实力提供帮助,还能够为中国发展自己的软实力提供借鉴。

图书在版编目(CIP)数据

美国大众文化软实力研究/金衡山等著. —上海:
上海交通大学出版社,2022.10
ISBN 978-7-313-27100-6

Ⅰ.①美…　Ⅱ.①金…　Ⅲ.①群众文化-研究-美国
Ⅳ.①G171.2

中国版本图书馆 CIP 数据核字(2022)第 125874 号

美国大众文化软实力研究
MEIGUO DAZHONG WENHUA RUAN SHILI YANJIU

著　　者:金衡山 等				
出版发行:上海交通大学出版社		地　　址:上海市番禺路 951 号		
邮政编码:200030		电　　话:021-64071208		
印　　制:苏州市古得堡数码印刷有限公司		经　　销:全国新华书店		
开　　本:710mm×1000mm　1/16		印　　张:17.5		
字　　数:292 千字				
版　　次:2022 年 10 月第 1 版		印　　次:2022 年 10 月第 1 次印刷		
书　　号:ISBN 978-7-313-27100-6				
定　　价:99.00 元				

序

从 1949 年中华人民共和国成立以来,中美关系起起伏伏,多年处于敌对状态,相互隔离。这个局面自 1972 年美国总统尼克松访华开始有了重大转变。1978 年底开始的中国改革开放与中美恢复邦交同步,从此中美关系变得越来越密切,也越来越复杂。中国改革开放的总设计师邓小平在 1979 年访问美国时说:"中美关系正常化的意义远远超出两国关系的范围。……中美关系正处在一个新的起点,世界形势也在经历着新的转折。"①邓小平又强调改革开放是中国的一项长期的基本国策,而发展中美关系是中国坚持改革开放的内在要求。②中共中央总书记习近平在 2021 年 11 月与美国总统拜登云会晤时说:"过去 50 年,国际关系中一个最重要的事件就是中美关系恢复和发展,造福了两国和世界。未来 50 年,国际关系中最重要的事情是中美必须找到正确的相处之道。"③在提笔写这篇序的时候,我欣闻中国驻美大使秦刚在纪念尼克松总统访华 50 周年活动并发表主旨演讲,秦刚大使说:"今天中美关系又来到新的历史关口,处在新一轮相互发现、认知和调适中,寻求新时代相处之道。中美间的共同利益从未有像今天这样广泛,它们是把我们联在一起无法割舍的纽带。"④

中国国家领导人和驻美大使关于中美关系的观点,对于金衡山教授等撰写的这部书来讲,既指引了未来的大方向,又强调了本书选题的重要意义。邓小平

---

① 中共中央文献研究室编,《邓小平年谱(1975—1997)》上卷,中央文献出版社,2004 年,第 476 页。

② 李捷,"邓小平启动改革开放与中美关系新基础的奠定"《中国共产党新闻网》http://cpc. people. com. cn/GB/85037/138912/142552/142554/8631050. html。

③ 新华社,"中美元首视频会晤向世界释放积极信号"《新华社客户端》https://xhpfmapi. xinhuaxmt. com/vh512/share/10396870。

④ 中国驻美大使馆,"驻美国大使秦刚出席纪念尼克松总统访华 50 周年活动并发表主旨演讲"《中国外交部官网》https://www. fmprc. gov. cn/zwbd_673032/gzhd_673042/202203/t20220303_10647719. shtml。

从一开始就强调发展中美关系是改革开放的内在要求,40多年后,习近平指出中美必须找到正确的相处之道。而秦刚大使把中国最高决策者的要点总结为中美正处在新一轮相互发现、认知和调适中。中美的相互发现、认知和找寻相处之道,关乎世界大局,与中国的改革开放密切相关。金衡山等的这部书的主旨就是研究美国、认识美国、找寻中美相处之道,其重要意义,不言自明。本书的主题是软实力与美国的大众文化。而文化尤其是大众文化,更是关乎每一个个人的具体经历、日常生活和情感体验,而世界大局、国际纵横等决策、走向及种种宏大叙事,又无不建立在亿万个个体生命的鲜活、具体的感受、向往和期待基石之上。我和本书主要作者金衡山老师是改革开放以来中美关系的直接见证者、参与者和受益者,我们的个人生活体验和感受、学术研究兴趣和课题,都跟本书的主题高度吻合。

我是改革开放初的1978年入学的大学生,1983年到美国留学,是中美文化教育交流的最早受益者之一。我跟金衡山老师都是学英语出身,不忘初衷,又都一直以文学和文化为主业。我在20世纪90年代中期开始具体做中美交流,每年7—8月带领美国宾州州立大学的大学生去北京大学参加中国文化暑期班。那时,北京大学英语系的金衡山老师,就是我们暑期班的中方负责人。年复一年,暑期班让美国大学生浸透式学习感受中国,也让我与金老师在安排交流活动、处理各种日常事务的忙碌中,随着这些美国大孩子们发现中国,也发现自我,时而喜出望外,时而紧张刺激。我们的教学活动是精心设计和实施的中美年轻人相互发现、认知和找寻相处之道,同时我们也在合作中,相互发现,心心相印,开始了一段久远恒常的友谊。金老师十几年后作为富布莱特访问学者,一家人到了杜克大学,当年北大襁褓中的公子马丁,此时已是中学生,在北卡罗来纳州教堂山的中学寄读一年。我们聚会经常的话题,不是美国的体育,就是美国的影视,并常常就美国中学课程上提到的中国话题,讨论得热火朝天。我在美国大学教书写文的主题就是中国研究。美国如何看中国?中国如何看美国?这正是我每天想的、讲的和写的事情。

1996年底,我跟我在中国和美国的一些大学同学和我美国的几位博士生一道,合写了一本书,分析美国媒体、学术界、出版界和大众文化眼中的中国形象。我们发现这个形象是被严重扭曲的、充满误解和偏见的。我的合作者起名为《妖魔化中国的背后》,一方面为了制造商业效果,耸人听闻,另一方面也迎合了日益增长的民族主义情绪。① 我从来就不赞成这个书名，更反对非理性民族主义的煽情。但对于写这本书的初衷，至今还是认为有必要，在中美的社会交往之间，媒体与大众文化有很多误解和偏见，这需要客观加以了解和分析。现在见到金衡山老师等的新著，十分欣慰。这是一本严肃的学术著作，理性分析贯穿始终，以大量详实准确的证据为基础，是对我们留美学人当年的许多瑕疵漏洞的完善和超越。

当时美国大众文化与媒体对中国有哪些误解和偏见？首先是美国媒体全盘否定中国的意识形态和社会制度。另外一个深刻的偏见，就是文化偏见、种族偏见。当然中美之间有许多相互误读误判之处，尤其在意识形态和价值观方面，经常是针锋相对。北京大学著名中美关系学者王缉思和美国著名中国研究学者李侃如在 2012 年合作撰写过一个政策报告《中美战略互疑：解析与应对》，认为"战略互疑是指双方在长远意图方面的互不信任。这一问题已经成为中美关系的核心关切。[时任]中国国家副主席习近平在 2012 年 2 月 15 日于华盛顿发表的主要政策演说中指出，战略互信问题在中美关系的主要问题中占据首要地位"。② 而意识形态、价值观方面的互不相容、互不信任，是一个非常重要的因素。十年之后的今天（2022 年），两位专家的意见看来还是很中肯的：双方有效应对战略互疑虽然非常困难，但并非是不可能的。中美双方应该共同努力，以期削弱双方对彼此长远意图存在深刻不信任的基础，并增进相互理解与合作（55 页）。

美国学者小约瑟夫·奈从 20 世纪 80 年代提出软实力的概念，多年来一直在不断修改发展，并用之于解读国际关系和外交政策的战略策划。软实力的观念对于中美关系而言，分量也非常重，本书以此概念为出发点，做了非常深入全面的分析，是本书的一大亮点。这个概念后来被中国吸纳，在中共十七大报告中，胡锦涛总书记提出要"提高国家文化软实力"，把小约瑟夫·奈的原本国际关系、外交政策领域的概念，拓展、提升到推动社会主义文化大发展大繁荣的文化与意识形态建设的高度。③ 由此可见，中美双方有许多学术与思想上的交流与

① 刘康，李希光等，《妖魔化中国的背后》，中国社会科学出版社，1996 年。
② 王缉思，李侃如，《中美战略互疑：解析与应对》，北京大学国际战略研究中心 2012 年 3 月，v 页。
③ 胡锦涛，"高举中国特色社会主义伟大旗帜，为夺取全面建设小康社会新胜利而奋斗——在中国共产党第十七次全国代表大会上的报告"，2007 年 10 月 15 日。http://news.sina.com.cn/c/2007-10-24/205814157282.shtml。

互鉴,尤其是改革开放以来的广泛深入的交流,从我本人与金衡山老师的工作、学习经历就可窥见一斑,而本书也是这种交流借鉴的结晶。

中美在价值观和理念上的异同,已经有许多研究成果,本书也就此做了深入的探讨。金衡山老师等的这部著作,聚焦美国的文化软实力和大众文化这个具体的话题,也是知识界、学术界严肃思考当代人类命运的一部分。

是为序。

刘　康

2022 年 3 月 8 日于美国杜克森林

前　言

常听说"十年磨一剑"这样的话与事。自然,每当听闻或偶尔见证,常常会油然生起敬佩之情。十年就历史长河而言,何其短,但就人的一生而言,也可以说何其长! 因此,当"十年磨一剑"这样的事落到自己头上时,尤其是,当差不多十年后,回望过往的岁月,回顾曾经经历的一天又一天,留下的足印,付出的辛劳,得到的收获,哪怕只是那么零星半点,感慨之情由不得不从心中发出。这不是说对自己有多么敬佩——那绝对不敢当,如果有的话,至多只是一种难堪的自恋而已。这里提的感慨说的是对一种坚持的体味,在经历了断断续续的过程之后,一种懵懂但依旧延续下来的坚持的努力终于有了些许结果。感慨由此而生! 终于,这个事情到了可以画上句号的时间,哪怕只是暂时的,而这期间差不多过去了十年。

2012 年以"软实力与美国大众文化"为题的项目在华东师范大学美国研究中心启动。其时,除了题目以外,无论是对软实力的概念和实质还是美国大众文化,于我而言,都了解甚少,只是知道一点皮毛,知晓几个名词而已。即便如此,我们还是开始了行动,因为心中有一个信念:这是一个值得做下去的研究。很快,有了一个团队,也各自认领了任务。但之后事情并没有多大进展,除了有一位研究者(负责美剧研究的孙璐)认真付诸行动以外,其他内容基本是原地踏步不动。主要原因在于我自己,作为项目的组织者,并没有给予足够的关心。整个研究因此也就停了下来,直到一个转机的到来。2017 年,华东师范大学美国研究中心被教育部列入国别与区域研究备案中心。随后,以此题部分内容为基础的国别研究项目申请得到了教育部国别与区域研究中心的批复。于是,先前似乎已经逐渐懈怠下来的神经又开始紧张起来,有了目标的召唤,项目的研究得以恢复并继而顺利进行。大半年后,在完成了"国别研究"项目任务之后,趁热打铁,又继续剩下内容的研究与撰写,直至最后完成原定的目标。而这时,时间也又过去了两年。尽管全部时间不到十年，但从酝酿到启动，从放下到再次拿起，从浅薄知识到认知加深，从框架模糊到主题凸显，从吭哧吭哧写下一段话到成篇成章泪汩而出，尽管从纯粹意义上的时间而言不到十年，但"磨剑"的努力大抵也可算有十年的功夫了。感慨也因此更有了抒发的理由了。

因为有了这份坚持，才有了这份成果。更因为坚持中有这么多人的互助守望，更让这种坚持被赋予了象征的意义。这是一个集体项目，坚持来自所有参与者的毅力和信心。感谢你们！各章节具体分工负责如下：金衡山：绪论、第一章、第二章、第七章第一节、结语。张文雯：第三章。夏寒：第四章。武越：第五章。孙璐：第六章。廖炜春：第七章第二节。祁亚平：第八章。本研究由金衡山负责策划，制定总体框架和各章题目并统稿。本研究部分内容已经在一些报刊上发表，特此说明。项目最初启动时，得到了陈俊松、朱全红、陈茂庆等华东师范大学美国研究中心各位同仁以及上海理工大学朱洪达的帮助，在此表示衷心感谢。自从美国研究中心成为教育部备案中心以来，一直得到华东师范大学校方，尤其是人文与社会科学研究院（先前的社科处）的大力支持，无论是从物质还是精神上都给予了诸多帮助，在此表达我们最诚挚的感谢！华东师范大学美国研究中心设在外国语学院，所属成员由英语系各个研究方向的教师构成，我们项目取得的每一步进展都离不开学院和系的鼎力支持。感谢学院和英语系领导的帮助和鼓励。

软实力是一个大话题，从学术界到日常话语，这个话题在过去的二三十年间早已经让很多人耳详能熟，也早已经成为衡量一个国家发展程度和水平的标准之一。大众文化在很大程度上是装载和传递软实力的渠道，在全球化迅猛发展的时代，大众文化一方面表现了文化如何从精神现象变成工业产品的过程，另一方面，在这个过程的变迁和扩展的同时，也让软实力有了充分发挥作用的机遇，继而反过来，又促使大众文化的发展和壮大。本书的研究大致基于这样一个思维逻辑。把软实力与美国大众文化的关系作为研究的对象，自然是与"美国研究"不无关联。研究美国在于理解美国，更在于破解和剖析美国，要知晓美国如何成为"美国"，从大众文化看美国不失为一条可以达到目的的道路之一。本书从软实力研究入手，延伸及美国大众文化的各个方面，包括流行音乐、好莱坞电影、体育、美剧、音乐剧和广告等。这些方面都可以成为具体的案例，由此可以看到美国软实力如何展现、美国价值观如何被利用和挪用、美国影响力如何被制造和发挥作用。

　　从项目的启动到完成,过去了很长时间。这段时间也见证了世界波诡云谲的变化,所谓"百年未有之大变局"。在已经过去的"特朗普时代",世界的变化更是令人瞩目。本书完成于2020年年尾,见证了这个特殊时期美国"软实力"与美国社会的变化多端。我们的研究是否"与时俱进",这有待时间的检验。可以预测的是,软实力的概念在未来几年中会越来越成为衡量文化影响力的标杆,而大众文化则也会发挥越来越大的推广软实力的作用。研究美国的软实力和大众文化间的关系会给我们带来诸多启迪,这应是无疑的。限于我们的知识和才力,本研究肯定存在不少问题,恳请读者诸君和各方大家批评指正!

金衡山

于沪西北野湖庐

2020年10月6日完成初稿,2022年2月修改

目　录

绪论　美国的价值观、大众文化与软实力 …………………………………… **001**

第一章　软实力的定义与缘由 …………………………………………… **008**
　　第一节　小约瑟夫·奈与软实力的提出 ………………………… 008
　　第二节　软实力与美国文化特征述评 …………………………… 024

第二章　大众文化与美国 ………………………………………………… **049**
　　第一节　美国大众文化的历史 …………………………………… 049
　　第二节　大众文化的总体特征与美国大众文化的生产机制 ……… 065

第三章　体育与美国文化内涵 …………………………………………… **084**
　　第一节　体育与美国梦 …………………………………………… 084
　　第二节　体育中的美国政治 ……………………………………… 093

第四章　广告与美国梦 …………………………………………………… **107**
　　第一节　广告历史记忆中的美国梦 ……………………………… 107
　　第二节　广告与美国形象塑造 …………………………………… 118

第五章　流行音乐与软实力 ……………………………………………… **137**
　　第一节　美国流行音乐概述与价值观体现 ……………………… 137
　　第二节　越战与摇滚乐 …………………………………………… 147
　　第三节　嘻哈音乐——从草根到产业 …………………………… 154

第六章　美剧的魅力………………………………………………………**163**
　　第一节　美剧生产及其价值观传播……………………………………163
　　第二节　《摩登家庭》中的多元文化…………………………………171

第七章　神奇好莱坞………………………………………………………**180**
　　第一节　好莱坞中的美国形象…………………………………………180
　　第二节　永不消失的边疆：西部片中的美国历史与价值观…………202

第八章　百老汇音乐剧的引力与盈利……………………………………**220**
　　第一节　美国音乐剧概述………………………………………………220
　　第二节　美国黄金时代音乐剧中的国民形象…………………………237

结语　软实力、巧实力与当下美国的矛盾与困境………………………**251**
索引…………………………………………………………………………**258**

绪论 美国的价值观、大众文化与软实力

一、美国的价值观

就美国而言,价值观与政治理念密切相关。从这个思路出发可以找到阐释美国价值观的诸多论著。就影响力而言,哈佛大学已故著名政治学学者萨缪尔·亨廷顿(Samuel Huntington)的相关著述非常值得重视。亨廷顿在《我们是谁:美国的大争论》(*Who Are We:America's Great Debate*)(2003)中,专辟一章讨论美国文化的身份问题,其中关于"美国信条"(American Creed)的论述,可以视为对美国主流价值观的表述:"人们时常说,美国人是一个信奉下列信条并由此而被定义的民族:关于自由、平等、民主、个人主义、人权、法治、个人财产等方面的政治原则,这些都体现在美国信条之中。"从学术思想发展的角度来看,亨廷顿的这个表述在其学术生涯中期的著作《美国政治:激荡于理想与现实之间》(*American Politics:The Promise of Disharmony*)(1981)中就有过专门阐述,其后更在冷战结束后的影响甚大的《文明的冲突与世界秩序的重建》(*The Clash of Civilizations and the Remaking of World Order*)(1996)一书中再次阐释。可见,进入 21 世纪后,面临美国实力的式微和多元文化大潮引发的各类国内矛盾,亨廷顿再次祭出"美国信条",且表述基本不变。这可以说明他对这些信条内容的成熟的考虑,同时也表明这些内容经得住时间和历史的考验,为很多美国人所信奉。这是因为,一方面,正如他所言,信条中的很多关键词其实来自美国历史,尤其是美国历史上一些著名人物的论述,有其深厚的渊源,如托马斯·杰斐逊(Thomas Jefferson)在《独立宣言》(*The Declaration of Independence*)中对"自由、生命和对幸福的追求"的强调;亚伯拉罕·林肯(Abraham Lincoln)在内战期间的葛底斯堡演讲中,称内战指向了这个民族"新的自由的诞生"。沿着

这个思路,可以发现 20 世纪后半期的一些美国总统包括肯尼迪、里根、小布什、奥巴马的就职演说或国情咨文中都会提及这个信条中的一些关键词,如自由民主平等法治等,可以说,"美国信条"构成了美国政治家阐发美国价值观的传统内容。另一方面,这个"信条"及其引申含义也是学术界的一个共识,如美国著名社会学家、哈佛大学教授丹尼尔·贝尔(Daniel Bell)在其被誉为 50 年来最具影响力的书之一的《资本主义的文化矛盾》(*The Contradictions of Capitalism*)(1976)中论述美国文化的基石在于两个方面,即新教工作伦理(Protestant Work Ethic)和清教情感(Puritan Temper),而这两个方面也正是亨廷顿在阐释"信条"的言外之意时反复强调的。新教工作伦理是美国个人主义的核心,包括个人责任和担当;"工作"在早先移民中不仅是生存的必要,也是平等的源头,更是自力更生(self-reliance)、自立(self-made)这些美国式个人主义(individualism)的不可缺少的内涵。这些在亨廷顿的著述中有详尽的阐释。

更扩大一点而言,我们也可以在美国学者撰写的一些阐释美国人的信仰的通俗读物中看到对这个"信条"的共识。比如,在伊万·R.迪伊(Ivan R. Dee)所著《美国信仰》(*American Beliefs*)(1999)中,作者从移民、宗教、边疆、政治信念、社会信念等关涉美国历史和现状的角度讲述"美国信仰",而核心词则离不开个人主义、工作伦理、自由行动(mobility)、自立、民主、平等方面的内容;在加里·埃尔森(Gary Althen)等人所著《美国方式:外国人在美国指南》(*American Ways: A Guide for Foreigners in the United States*)(2003)中,在阐释美国价值观时,提及了同样的一些关键词,如个人主义、自由、平等、竞争、隐私等,后面两个词自然与前面的内容相关。美国的一些企业家在谈及美国价值观时也会遵循同样的逻辑。安利公司前总裁迪克·德沃斯(Dick DeVos)在其 1997 年出版的关于企业领导经验和进取精神总结的书《重新发现美国价值:面向 21 世纪的我们的自由的基础》(*Rediscovering American Values: The Foundations of Our Freedom for the 21st Century*)中,把美国价值观具体分化成:诚实(honesty)、信任(reliability)、公平(fairness)、同情(compassion)、勇气(courage)、理性(reason)、谦卑(humility)、自力更生(self-reliance)、乐观(optimism)、担当(commitment)、工作(work)等 24 项。其中很多是有关人的品德方面的内容,但是也有特指美国文化方面的,如自力更生、工作、公平等,而这些皆来自个人主义这个范畴。更重要的是,此书把所有的良好品德皆看成是追求自由的结果。显然,这是把美国信条中的政治"自由"概念扩大到了道德领域,是美国价值观的应用和延伸。此外,在一些媒体人笔下,在讨论美国所遇到的困境以及解困的方法时,价值观也时常是讨论的对象且经常被看成是问题背后的实质所在。在《资本主义的灵魂:打开通向道德经济之路》(*The Souls of Capitalism*:*Opening Paths to a Moral Economy*)(2003)一书中,著名记者和专栏作家作者威廉·格莱德(William Greider)在批评资本主义无节制发展带来种种社会问题的同时,指出成功的经济不只是物质上的提升,也在于一些非物质层面的维护和坚持,包括自由、个人尊严、民主声音和自我实现等。另一位名声很大的记者和专栏作家托马斯·L.菲利德曼(Thomas L. Friedman)在与人合著的《曾经是我们:美国是如何在其创造的世界里落后了,我们又如何能够赶回来》(*That Used To Be US*:*How America Fell Behind in the World It Invented and How We Can Come Back*)(2011)一书中,讨论在经济全球化时代,面临中国等新兴国家的赶超,美国如何失去了很多机会,但如果美国能够很好地发挥其价值观的作用,如脚踏实地的实干精神、工作为上的伦理精神、乐观开放的向着未来的态度,那么美国完全可以把失去的机会夺回来。这两位作者在讨论价值观时强调的都是美国价值观的核心内容,具体表述有不同之处,但究其渊源则都和强调自立、自律和自强的个人主义以及工作伦理有关,这些也都是亨廷顿所说的"美国信条"的内容。以上两部著述都进入了《纽约时报》的畅销书榜。换言之,价值观的讨论也都会进入普通读者的阅读范围之内。以上事例说明,从基于高深学问的探究到一般思想的传递,再到大众读物层次的讨论,美国价值观作为不可缺失的内容在不同层次和层面上得到不同程度的阐释,在涉及身份困惑、文化冲突、竞争赶超、精神重现、思想统一等问题时,美国主流价值观常常起到黏合剂的作用,在分裂中寻找共识,且这个共识常常会起到凝聚精神的作用。用美国著名历史学家理查德·霍夫施塔特(Richard Hofstadter)的话说,美国"不是多样的意识形态,而是只有一个,这是我们这个国家和民族的宿命"。亨廷顿在其著述和文章中多次引用这句话来说明,尽管不同于欧洲的意识形态纷争之烈,美国也受不同立场的分裂之苦,但如果归到价值观而言,则大多会同意一些核心表述。这是美国主流价值观能够发挥的奇妙作用。

同时,这也表明美国主流价值观具有以下基本特征:①由历史发展而来,连续性和渊源性都很明显;②由一些关键词构建而成,并不来源于深奥的理论体系,而是来源于实际生活的经验总结,如工作伦理、自力更生等;③价值观念词语表述比较稳定,变化较少,容易被认识和被理解;④被认同感比较强。此外,理解美国主流价值观的一个重要方面在于,很多时候,这些价值观及其表述其实都是一种理想而已。换言之,正如亨廷顿在《美国政治:激荡于理想与现实之间》一书中所言,存在着理想与现实,具体而言则是政治理想与体制现实间的矛盾,正如美国梦是美国价值观的体现,也是美国人认同美国的一个重要途径。美国梦确实存在,也时常被实现,但是大多数时候,就大多数人而言,美国梦仅仅是一种口号和号召,是理想的召唤。在现实和理想之间,美国梦时常被撞得粉碎。这也是为什么美国文学史上会出现《嘉莉妹妹》(*Sister Carrie*)、《了不起的盖茨比》(*The Great Gatsby*)、《推销员之死》(*The Death of a Salesman*)、《鸡蛋的胜利》(*The Triumph of the Egg*)等批判美国梦的名著。亨廷顿指出,美国价值观的任何一个被极端最大化时,就会凸显其内在矛盾,如多数统治与少数权利、自由与平等、个人主义与民主等方面的矛盾。然而,正是因为这些价值观的存在,美国社会内部也会产生平衡力,在矛盾突出时,帮助平衡各方势力,起到缓和矛盾、走向统一的作用。

美国价值观也是国内学界相关研究中常提及的话题。但以专著形式出现的研究则不多。周文华的《美国核心价值观建设及启示》(2014)是这方面的专门研究。该书对美国价值观做了概述,讨论核心价值观的内容,从个人主义、自由、平等、民主等方面加以总结,同时指出美国价值观的矛盾之处。可以看到,该书总结的美国价值观与美国学者讨论的美国价值有相当多的一致之处。国内美国研究和美国文化研究方面的著名学者如资中筠、钱满素等在其美国历史、文化、文明等方面的著述中对美国价值观中的自由、平等以及自由主义的历史来源和变迁等都做过精湛的研究,对了解美国价值观的形成有很大帮助,如资中筠的《二十世纪的美国》(2007)、《美国十讲》(2014);钱满素的《爱默生与中国:对个人主义的反思》(1996)、《美国自由主义的历史变迁》(2006)。美国历史和文化研究学者王恩铭的《美国文化史纲》(2015)对19世纪上半叶"美国体制"形成的剖析揭示了美国价值观中的宗教使命感在文化中的体现;类似的是江宁康的《美国当代文化阐释》(2005)也从新教伦理的角度分析当代美国文化的表现和矛盾,也涉及美国价值观在历史中的体现问题。李其荣的《美国文化解读:美国文化的多样性》(2005)在看到美国文化中的多样性的同时,也聚焦美国文化模式中的个人自由和个人平等观念,以及由此形成的个人主义、平等观、实用主义、竞争意识等。此外,在王波主编的《美国重要历史文献导读》(2001,2002)以及金衡山主编的《美国读本》(2011)中,通过选编美国历史上的重要经典文献,传递了对美国主流价值观历史演变的解读。另外，美国价值观与美国民族主义、美国例外主义、美国帝国主义、美国大众文化传播等关系方面的论述散见于下面有关美国外交政策与国际关系的著述中，如王缉思等主编《冷战后的美国外交》(2008)涉及冷战后美国外交政策中人权观念的使用，展示了美国的价值观；王晓德的《美国文化与外交》(2000)、《文化的帝国：二十世纪全球美国化研究》(2011)从美国文化的输出与全球的影响的角度，讲述了美国价值观在其中发挥的作用；张爽的《美国民族主义：影响国家安全战略的思想根源》(2006)从文化根源探讨美国民族主义的产生和发生的影响，而所谓文化根源则和美国价值观中的宗教使命感以及价值观念的政治作用不无关系；姜安的《意识形态与外交博弈：兼论中美关系的政治文化逻辑》(2007)讨论意识形态在美国外交政策与实践中的影响和作用，如上述提及的美国历史学家霍夫斯塔德所言，美国的意识形态离不开美国的价值观，社会民主与政治自由形成其外交政策中的道义主义与理想主义，但宗教使命感和例外主义也使得美国的行为充满霸权主义气息。

除了上述著述以外，国内学者在刊物上发表的美国价值观研究包括形成路径、历史过程、国家认同、价值观培养模式、价值观危机等方面的文章也有助于理解美国价值观的内涵，如《美国价值观的危机》(1998)、《美国价值观之清教主义根源》(2004)、《美国"价值观"输出的历史考察》(2008)、《美国价值观建设及对中国社会主义核心价值体系建设的启示》(2010)、《选择与灌输：当代美国价值观培养的双重模式》(2014)、《美国价值观教育的历史演变及其启示》(2016)、《特朗普主义及其对美国价值观的影响》(2017)等。值得注意的是，有不少文章从美国大众文化的角度探讨美国价值观的存在和影响，如《〈阿甘正传〉所表达的美国价值观》(2009)、《〈功夫熊猫〉的成功：中国元素下的美国价值观》(2010)、《〈穿普拉达的女王〉中女主角的美国价值观》(2011)、《新媒体下电影作为媒介的功能：〈疯狂动物城〉中的美国价值观》(2017)等。这些都表明了美国价值观在中国学界的关注度。这也可以从互联网上有关美国价值观词条的存在和讨论中得到验证。"美国精神""美国核心价值观""美国价值观"这些关键词在百度上都能搜索到，且成为一些专门讨论话题，在"百度知道""百度百科""百度文库"中出现，可以看到很多跟踪讨论。涉及的美国价值观与上述提及的关键词如个人主义、竞争意识、平等、公正、自我奋斗等有很强的相关性，也从一个侧面说明，有关美国价值观的理解，在学界和大众之间有非常强的共识。

二、美国大众文化的传输

在这个地球上，大众文化无处不在。在这个世界上，美国大众文化及其影响力随处可见。

人人都知道美国称霸世界有两个至关重要的因素：美元和美军。前者让美国拥有天然的经济控制力；后者让美国霸权有了最雄厚的实力支撑。两者加在一起，称霸世界似是一种逻辑的必然。

从普通人的角度而言，似乎对这两者都不会有明显的感觉。倒是另外一个东西会让很多人说起美国就会有具体的感触，那就是美国大众文化，包括好莱坞电影、流行音乐、美剧、广告以及百老汇音乐剧等。这些跟日常生活息息相关的美国大众文化其实不仅跟美国相关，也跟世界很多国家包括中国相关，因为就出口规模来说，美国大众文化是美国最大宗出口产品。就这个意义上而言，或许也可以说，让美国称霸世界的除了美元、美军外，还有美国大众文化。

大众文化自然不单是跟大众相关，重要的是其向大众传输的力量所在。美国大众文化传输的是美国的生活方式和美国的价值观。在世界多极化趋势越来越明显的当下（即便在过去也应如此），美国的生活方式和价值观并不能代表其他地域和国家的生活方式和价值观，当然，其中有重合的地方，这是一个简单道理，无须赘言。不过，在实际情况里，美国的价值观确实成为很多地方及民众不知不觉跟从的对象。原因很简单：美国大众文化铺天盖地且具有影响人心的力量。因为好看、吸引人，因为有感染力，因为扬善惩恶的故事，因为好听的旋律，因为丰富的想象力，因为创新的技术……也因为看似开放、大气、民主、平等、个人奋斗、美国梦等诸如此类的东西（这些东西实则本身充满矛盾）。这些自然和价值观搭界了。需要注意的是，事实上是不是就是这样，很多时候，其实要另当别论。但是美国大众文化的要害之处正在于能够把这些所谓"美国精神"中的重要内容传输给大众，大众在娱乐中、在尽心享受中、在愉悦中，当然也在不知不觉中成为了受体。也是在这个过程中，美国大众文化的塑造能力不言自明。

大众文化加价值观，前面再冠上"美国的"，这三者构成了美国的软实力的重要内核。软实力，简单而言，是指通过吸引人的方式让别人（在国际关系方面，指别国）做你想要做的事情。所谓吸引人，说的不是通过命令或强迫的手段，也即通常意义上的硬实力的方式。软实力的"软"主要体现在文化上，而文化就当下社会而言,特别在经济全球化背景下涉及大众生活的角度而言,一个重要的表现方式是在文化的大众层面,也即大众文化。美国文化的软实力在这个方面的影响力不言而喻,而让这种影响力在很长一段时间内经久不衰,其中一个重要的原因乃是其背后的价值观在发挥着作用,或明显、赤裸,或迂回、暗喻,或反相加强,或不动声色,或以爱国的名义,或吹响批判的号角……总之,形式多样的价值观表现与多样多彩的大众文化无缝链接,使得软实力成为美国主导这个世界的有力武器,其霸权地位离开软实力,虽不能说岌岌可危,但难以为继当是事实。

本书把软实力、价值观、大众文化三者放在一起研究,以历史为背景,以事例为依据,以实事求是的态度力图摹绘美国大众文化之发展路径,价值观之发挥方式,软实力之表现渠道、影响所及以及存在的问题。本书能够为一般读者了解美国大众文化以及研究性读者深入理解美国大众文化软实力提供帮助,还能够为中国发展自己的软实力提供借鉴。

第一章　软实力的定义与缘由

第一节　小约瑟夫·奈与软实力的提出

　　本书研究的是软实力与美国大众文化间的关系,着重探究美国大众文化如何体现美国的软实力,并通过这种体现,如何传播与增强美国的价值观。软实力概念的提出以及阐述来自美国著名国际关系学者、哈佛大学教授、肯尼迪政府学院前院长、克林顿政府助理国防部长小约瑟夫·奈(Joseph S. Nye Jr.)。他在1990年出版的《美国注定领导世界? 美国权力性质的变迁》(*Bound To Lead：The Changing Nature of American Power*)首先提出了软实力的概念;在同年秋季的美国《外交政策》(*Foreign Policy*)杂志上发表题为《软实力》(*Soft Power*)的文章,再次阐述了这个概念,在随后的两本著作,《美国霸权的困惑:为什么美国不能独断专行》(*The Paradox of American Power：Why The World's Only Superpower Cannot Go Alone*)(2002)、《软实力:通向世界政治之成功的渠道》(*Soft Power：The Means to Success in World Politics*)(2004),奈又对这个概念作了补充和充实。几年后,奈又接连出版了两本书,分别是《掌握领导需要的权力》(*The Powers to Lead*)(2010)、《权力的未来》(*The Future of Power*)(2011),从现实政治的角度对美国确保世界的领导地位所需的权力问题进行了阐述,其中有相当内容是再次强调软实力的内涵和重要性,同时增加了一些新的内容和思想。

　　根据奈的提法,软实力最基本的思想是一个国家让别的国家做他想要做的事情,但不是通过命令或强迫的手段,而是以吸引人的方式进行。奈指出,软实力与文化、意识形态和价值观以及制度相关,后来又将软实力的来源确定为文化、政治价值与外交政策三个方面。奈提出软实力概念的背景是针对美国实力衰退论而言的。奈并不认同美国实力衰退论，但同时他认为美国要维持在世界上的霸权地位不能只靠军事行为这种硬实力，第二次世界大战（简称二战）后世界局势的变化，冷战后美国需要面对的单极化与多极化冲突的国际局面，尤其是在发生了"9·11"恐怖袭击事件后，美国出兵阿富汗和伊拉克带来的国际声誉下降，以及后来的奥巴马政府上台给美国带来的变化以及中国的崛起让美国面临的危机，等等一系列问题，都要求美国重新审视国家实力的维持和发展这个重大问题。作为一个国际关系研究方面的资深学者和诸多历史事件的亲历者，奈具有深邃且全面地看问题的眼光，软实力在他看来能够发挥同化的作用。简言之，就是让美国的意识形态和价值观念通过吸引人的方式得到认同，文化尤其是大众文化在这方面可以起到非常积极的作用，最终目的是有助于美国的实力的加强以及影响力的扩张。

要比较全面了解奈的软实力思想的内涵，需要以奈有关软实力的著作为主要依据，进行一番梳理，归纳、分析其思想开启的缘由、发展过程以及强调重点，进而看到奈对冷战结束以来美国国际地位变化过程的描述，弄清楚他提出软实力的宗旨所在，并由此看到新形势下世界格局的形成以及美国实力维持的现实背景，所有这一切其实都直接面对 20 世纪末以来几十年国际形势的走向。因此，研究奈的软实力思想及理论不仅可以让我们正视、思索美国迄今为止以及在未来很长一段时间内依然具有世界上最强大的实力，特别是软实力的发展趋势，同时也能让我们审视自己国家在相应领域内实力，尤其是软实力的发展方向，最终为应对世界格局的发展方向做好准备。本书重点探讨软实力与美国大众文化的关系及影响，自然对美国大众文化的阐述是重中之重。美国大众文化范围广泛、内容繁多，从软实力概念的角度切入，可以帮助我们聚焦美国文化的影响与引力所在，而这正是让美国能够至今维持世界主导地位的一个重要原因。从这个意义而言，无论是软实力概念的阐释还是美国大众文化的研究，都与认识当下世界格局的现状、变化与发展不无关联。

一、小约瑟夫·奈生平介绍

小约瑟夫·奈 1937 年出生于美国新泽西州小城南奥兰治，中学时对政治、哲学、经济等科目很感兴趣，后上普林斯顿大学。在校时参加各种辩论活动，展示出对时事分析的能力，为学校刊物写专栏，其间深受经济学家熊彼特《资本主义、社会主义和民主》(*Capitalism，Socialism and Democracy*)一书的影响，思索政治、经济与民主之间的互相作用和反作用(Joseph Nye Interview，1998)。从普林斯顿大学毕业后到英国牛津大学深造，修读了哲学、政治与经济跨学科领域的一个学位。1960 年，回到哈佛修读博士学位，其时对非洲一些国家的独立运动产生了兴趣，把博士学位的题目定在研究东非肯尼亚、坦赞尼亚和乌干达三国共同体形成的可能性上，结果发现条件并不成熟，东非共同市场不可能持续(刘颖，2010：5)。1964 年，奈获得哈佛政治学博士学位，随后应学校邀请留校任教，先后担任过哈佛肯尼迪政府学院科学和国际关系研究中心主任、肯尼迪政府学院院长。1977—1979 年，奈担任卡特政府副国务卿助理；1993—1994 年，奈担任克林顿政府情报委员会主席，1994—1995 年，被委任助理国防部长；此后回到哈佛继续任教。

奈学术生涯的一个重要标志性成就是与罗伯特·基欧汉(Robert Keohane)一同创建了国际关系中复合相互依存(complex interdependence)理论，被称为是国际关系中的新自由主义主要学派之一。他们于 1977 年出版《权力与相互依存》(*Power and Interdependence*)一书，针对世界局势的发展变化，尤其是跨国组织和跨国界行为的出现与发展，以及科学技术的全球化发展，发现国际关系已经从传统的单边关系开始走向复杂的多边关系，跨越国界的相互依存关系使得单纯的国家间的关系研究不足以解释国际形势新的发展；"复合相互依存"的提出"以国家间和超国家关系为研究对象"(Joseph Nye Interview，1998；倪世雄等，2001：154；刘颖，2010：5 - 6)，强调国际社会内部间的相互联系，这个思想后来在奈阐述软实力思想时再次成为主要内容之一。奈在 20 世纪 80 年代花费了很大精力研究核武器、核战争、核扩散及核威慑问题，并从早年就感兴趣的伦理角度研究这些问题，于 1986 年出版了《核伦理》一书，第一次"较系统地提出了核时代条件下国际关系伦理学的基本问题"(刘颖，2010：17)，标志着"伦理学的诞生"(刘颖，2010：17)。进入 20 世纪 90 年代后，奈的主要精力放在了软实力概念的提出与阐发上，出版了一系列著作和论文，针对冷战结束以来国际关系的变化，从软实力的角度为美国政府和社会行为把脉，讨论与设计美国战略行动方案，在国际关系学界以及世界政治舞台产生了重要影响。他提出的软实力和巧实力概念早已经成为大众话语，既为政治家所用、经媒体广为传播，也为学界广泛关注和研究。在长期的学术生涯中，奈结合在政府部门工作的经验，提炼出了自己的学术思想和观察世界局势的方法与角度，既根植于现实主义的传统,又沐浴在自由主义的憧憬之中,同时也时时超越学派与学界的羁绊,从现实变化与问题导向出发,形成了自己特有的自由现实主义(liberal realism)(Nye,2011:231)的思维方式,在研究美国国力的实质和变化发展趋势上做出了独特的贡献。在一定程度上,研究奈的思想,尤其是软实力思想的提出与发展可以为我们研究美国国力变化的轨迹提供很大的帮助。鉴于奈的贡献,他多次被美国政府授予各种荣誉奖章,2011年被美国《外交事务》杂志列为全球最重要思想家之一。

二、软实力概念: 奈的思想发展

20世纪80年代末,冷战结束,美国独霸世界的趋势日渐形成。与此同时,在学术界也出现了美国国力衰落的言论。美国著名历史学家、耶鲁大学教授保罗·肯尼迪(Paul Kennedy)于1987年出版《大国的兴衰》(*The Rise and Fall of the Great Powers*)一书,分析总结了历史上曾经的几个大国的兴衰历史,认为"如果一个国家把它的很大一部分资源不是用于创造财富,而是用于军事目的,那么,从长远来看,这很可能导致该国国力的衰落"(肯尼迪,1988:36)。这种军事力量的过度消耗影响国家实力的论点致使肯尼迪在书中也提出了美国衰落论。此书的最后一节的标题是"相对衰落的美国",从军事消耗影响国力的逻辑出发,认为美国也正在跌入这个陷阱之中,在世界上承担过多的责任让美国的军事存在布满全球,让美国有点不堪重负,联邦政府赤字的大幅增加、制造业的衰退、贸易的逆差、农产品价格和出口的急剧下跌等都在各个方面预示着过度的军事投入会给美国国内的发展带来很大影响,以致形成国力衰退的趋势。尽管肯尼迪同时也指出,这种衰退只是相对的,相对于二战后美国的生产力占世界的40%的情况,80年代末的美国只是回到了一个"正常"的位置,在未来相当长的时间里,美国依然会是一个十分重要的大国。他因此指出:"美国的领导者所面临的任务是清醒地认识到正在发展的广泛趋势,意识到必须很好地'处理'好任何事态,以便使美国的相对衰落进行得缓慢、平稳,不致仅仅为了近利却招致远损的政策的冲击而加速。"(肯尼迪,1988:521)。但是,即便是用"相对"作为衰退的前提,在肯尼迪以及其他一些人看来,衰退俨然已是事实,只是时间的长短而已。这种"衰落的霸权"的言论引起了美国政界、学界的广泛关注,造成了美国社会一定程度的焦虑(刘华,译者序《美国注定领导世界? 美国权力性质的变迁》：1）。另一位学者戴维·卡莱欧（David Calleo）则更加肯定地认为："由于经济压力和管理不当，美国的相对衰落已经是绝对的了。"（转引自奈，2012：4）

　　奈注意到了这种焦虑的存在，他并不同意衰退论，并对此进行了针锋相对的辩论。1988 年，奈在秋季《外交政策》上发表题为《理解美国的力量》（*Understanding US Strength*）的文章，指出肯尼迪的论点会产生误导，衰退论会让美国从世界舞台上退缩，让保护主义有了抬头的理由，而这只会对美国不利；相反，美国应该发挥更大的作用，否则权力就会减少，进而导致真正的国力衰退。与此同时，奈也指出，应该看到国际形势已经发生了变化，不能只从国家与国家间的关系看权力的大小与强弱，美国面临的是一个复杂的相互依赖的国际关系，需要从维持与支持国际体制的角度来增加自己的国力（Nye，1988：127），此外，也需看到美国本身具有的一些力量来源，比如开放的社会、移民文化的吸引力等，这些都是诸如苏联和日本等大国所不具备的（Nye，1988：123），相比于军事力量昂贵的开支，美国应该注重国际合作以及美国社会的引力来增强力量。显然，奈在力图表明美国并没有衰落的同时，也在努力从一个新的角度来看美国的实力以及世界格局的变化。这种新的角度除了他以往力推的国际相互依存理论要点的再次阐述与应用以外，还包括了他对实力本质的重新解读，引入了软实力（soft power）的概念来说明美国实力的全面存在和发展方向。1990 年，奈出版了《美国注定领导世界？美国权力性质的变迁》，同年在《外交政策》上发表题为《软实力》的文章，从分析权力内涵和本质及外延出发，阐述权力的"软""硬"两面。所谓硬权力，即指令性的权力（command power），通过命令的方式达到想要达到的目的。传统上而言，权力是研究国际关系理论的一种不可绕过的内容。现实主义国际关系奠基人之一，美国学者汉斯·J. 摩根索（Hans J. Morgenthau）在其经典之作《国家间政治：权力斗争与和平》（*Politics Among Nations：The Struggle for Power and Peace*）一书中指出，所谓"权力，指的是一个人影响他人思想和行动的力量"（摩根索，1991：140），就国家而言，权力通常包括地理条件、自然资源、粮食、原材料、工业能力、战备情况、部队数量与质量、人口、民族性格等多个方面，很多都是有形的力量的存在。但是，在奈看来，在现代社会的条件下，技术、教育和经济增长在权力的内涵中变得越来越重要，这就形成了权力的变化，同时在国际关系中，如果能够有一种非直接的权力运用，能够让其他国家在特定情况下改变行为，这种权力就是一种同化的权力，"它与使其他人做你想要他做的事情的命令性权力相对。同化性权力（co-optive power）

依赖于思想的魅力或是以塑造他人所表达的偏好来设置政治议程的能力"(奈，2012：27)。奈把这种同化性权力称为"软实力"(soft power)，"倾向于与无形资源如文化、意识形态和体制联系在一起"(奈，2012：27)。在同年发表的文章里，奈进一步阐明，所谓体制是指国际体制的规则和制度(Nye，1990：168)，同时也更加明确指出，所谓软实力是来自"文化吸引力"和"意识形态影响力"，与为了获得目的而采取威胁的方式形成对照。软实力与硬实力一样重要，但相比之下，通过使用软实力达到目的则能比使用硬实力省却更多昂贵的成本——这一点说明奈是从实用主义角度加以阐述的。日本学者渡边靖在论述奈的软实力概念时，直截了当地指出"软实力的要旨在于降低实现政策目标的成本，而非单纯的文化产业振兴"(渡边靖，2013：155)。这自然是抓住了软实力的要害，透视出其实用价值。但是，软实力的实施也是需要一定条件的，包括文化和意识形态及背后反映的价值观。对于软实力实施的条件，奈这样论述："如果一个国家使得它的权力在其他国家看来具有合法性，那么它所遭到的阻力就会如它希望的那样小些，如果它的文化和意识形态具有吸引力，那么其他国家就更愿意跟随它，如果它能建立同它的社会秩序一致的国际准则，那么其他国家就不太可能去改变这样的国际准则。"(奈，2012：28)这里的问题是合法性来自哪里？这就涉及价值理念。在奈的思想里，价值理念是软实力具有合法性的必备条件，而所谓价值理念则是美国以及西方社会所拥戴的价值观，如人权、民主、平等、自由、个人主义等，这些东西是同化可以产生的主要依据，而美国是一个更多地具备这些价值理念的国家，所以也就天然地具有同化的力量，即软实力。当然，这些内容要在文化上表现出来；同时，美国本身也需要按照这些价值理念的要求在其社会内部表明它们的存在。换言之，美国给世界做出一个榜样。也正是在个背景下，美国才能维护所谓的国际规则，让其他国家跟随美国。从美国精神到文化展现，再到美国社会的自律，这个逻辑成为奈论述软实力的主要方式，在日后的相关著述里，这个逻辑被反复论及、补充和发展。

这个逻辑并不只是奈一个人独有的思想，其实也是很多美国学界和政界人物时常提到的一个逻辑。曾任卡特政府国家安全顾问、著名美国地缘战略理论家布热津斯基(Zbigniew Brzezinski)在其发表于1997年的《大棋局：美国的首要地位及其地缘战略》(*The Grand Chessboard：American Primacy and Its Geostrategic Imperative*)一书中强调，"美国的全球力量是通过一个明显的由美国设计的全球体系来发挥的，它反映了美国的国内经验，美国国内经验最主要一点就是美国社会及其政治制度多元性特点"(布热津斯基,1998：33)。所谓的"多元性"的美国国内经验其实也就是民主体系的运转的结果。在布热津斯基眼里,世界格局也应该建立在美国这种经验之上。这也是奈所坚持的。不同的是,奈时常会审视美国的经验,批评其偏离轨道的行为,因为这种偏离会影响软实力的实施,而归根到底则会影响美国在世界上的主导地位,如果不是完全的霸权的话。

这种批评的态度给予了奈日后写成一系列论述软实力以及权力的应用著作的动力,中心问题在于提醒美国当局不要忽视软实力的作用,因为美国的主导地位离不开软实力的存在和发展。2002年,奈出版了《美国霸权的困惑：为什么美国不能独断专行》,针对"9·11"事件后美国出现的单极和单边军事行为趋势、回归传统的关门主义现象以及由此产生的对国际社会和其他国家的傲慢态度和言行,奈再次提醒美国大众和当局不要走极端,尤其是不要在外交政策上陷入过度的霸权行为。正因为此,他又一次阐述了软实力概念,除了再次重申软实力在于塑造他人的偏好以达到建立政治议程的能力这个思想以外,奈还特别强调软实力与影响的区别。奈指出："软实力不只是等同于影响,尽管它是影响源泉的一种。毕竟,我也可以通过威胁或者是奖励来影响你。软实力也不只是说服或者是通过论证而打动他人的能力。软实力是一种诱使和吸引的能力,而吸引则时常会带来默从和模仿。"(Nye,2002：9)奈在一些论述里常常会提到一个例子说明影响与吸引的区别。他提到美国与越南的不同,一个是大国,另一个是小国,照理美国可以通过影响的方式来改变越南,但实际上美国不仅没有影响越南,反而陷入越南战争不能自拔。奈所谓的影响的两个方面,即"威胁"和"奖励",通俗地说,就是常说的"胡萝卜"和"大棒"。在奈看来,这样的"影响"会带来负面作用,同样,通过所谓的论争,比如意识形态的论争也会带来强人所难的境地。相比之下,这些都没有通过吸引的作用来得更有效率、更有用。吸引力是软实力的主要力量所在,它靠的是价值观的力量。奈对此更加明确地描述："软实力主要是来自我们的价值观。这些价值观通过我们的文化表达,通过我们在国家内部的政策实施来表述,通过我们在国际上的行为来显示。"(Nye,2002：9)显然,奈是重申此前他说过的话,即要通过美国自己的表现来给世界显示其价值观的存在和重要性,也就是其行为在别人眼中的合法性。他指出："如果一个国家能够让其权力(运用)在别的国家的眼里看来具有合法性,那么它就会遇到更少的抵抗。"(Nye,2002：10)自然,这是从美国的角度而言,根本目的是要实现美国在世界上的控制行为,关键在于如何消除抵抗力量。为了达到这个目的,奈融合了传统的现实主义观和自由主义理想,既看到了美国面临的国际形势的实际变化,如多极化的趋势、全球化的势态、信息社会的局面,所有这些都让美国不能简单地一霸独断。奈告诫美国大众和当局,在全球化的背景下,"美国文化进入其他社会不会不遇到挑战,也不会总是达到政治效果。进入到全球网络中的思想和信息是被'下载到'各国政治和当地文化中的"(Nye,2002:80)。换言之,需要考虑到在把自己的价值观置入他人和他国之时,如何充分尊重对方的意图和意见,任何这个方面的忽视其实最后都会对美国的国家利益产生危害(Nye,2002:137)。国家利益的根本在于美国本身的行为,面对着"9·11"事件发生后的局面,奈颇有点语重心长地指出:"今天的恐怖主义野蛮行为并不能摧毁美国的权力,除非我们自己从内部开始腐烂。"(Nye,2002:111)奈显然是体察到了美国国内存在的问题,比如从 20 世纪 90 年代后甚嚣尘上的所谓的"文化战争",在奈看来会给美国带来危害,让别人减少对美国的尊重,这自然也会包括对美国价值观的尊重。这种对内审视和批评的态度是奈在阐述软实力时经常表露的态度,其实这也是美国思想界的一个传统。冷战时期遏制政策的主要策划者乔治·凯南曾向当时的杜鲁门政府强调,要想打垮美国的对手苏联,重要的不仅仅是在军事和经济上的围困,还在于维持美国自己的"精神"和"士气"。他这样说:"解决我们自己社会的内部问题,加强我们人民的自信、纪律、士气和集体精神的每一项果敢有力的措施,都是对莫斯科的一次外交胜利,其价值可以抵得上 1 000 份外交照会和联合公报。"(金衡山,2017:23)后来的历史进程证明,凯南的练内功的战略为美国打败苏联起到了很大作用。同理,这也是奈要向美国大众传达的消息。奈强调说,恐怖主义对美国的打击确实很重,但同时他也更关切美国能不能充分利用来自其价值观的权力,因为这关涉美国的未来(Nye,2002:xvi)。多年后,在 2015 年出版的一本论及美国在 21 世纪国际地位的书里,奈再次重申了这个观点,"美国会因为国内的原因走向衰落"(Nye,2015:57)。显然,在奈看来,软实力至关重要。

对于现实的关切始终是奈强调软实力的出发点。2003 年春天小布什政府发起了对伊拉克的战争,四个星期的战争扳倒了萨达姆政权,但是,在奈看来,这并没有减少美国的风险,反而让美国的软实力大受损失,美国在国际上的吸引力受到了很大损害。小布什政府中一些官员,如国防部长拉姆斯菲尔德,不把软实力当作一回事,这也引起了奈的不满和忧虑。这些想法出现在奈于 2004 年出版的《软实力：通向世界政治中的成功之道》一书中,面对小布什政府对软实力的轻视,奈重新拾起软实力话题,再次强调软实力的重要性。他用简单明了的语言对软实力进行了再次定义,软实力"就是通过吸引而不是威吓达到你要的目的"(Nye,2004:x),他同时也从行为方式的角度对软实力定义:"简单而言,从行为上看,软实力是一种吸引的力量。从资源上看,软实力资源是产生吸引力的资产(asset)。"(Nye,2004:5)相比于之前的阐述和定义,这个定义直截了当,简洁明了。奈学过心理学,懂得如何用最好的方式抓住大众的心理,他关于软实力的著述在面向学界的同时也面向普通大众,让美国人知道软实力的内涵,这应是他长期讲述软实力概念的目的之一。奈对经济颇有研究,在其论述中常常有基于经济数据的阐述,用"资产"这个经济学概念来阐释软实力资源的用处,以引起注意。可见,奈用心之苦。在此前的论述里,奈说过软实力有三个来源,即文化、意识形态和体制,在此作中,奈对此进行了调整,将软实力吸引力的来源确定为文化、政治价值观和外交政策。就文化而言,是指对他人的吸引力;就政治价值观而言,需要看在自己国内这些价值观的实施与国际上的行为是否一致;就外交政策而言,是指在别人眼中有其合法性存在以及道德权威的效应(Nye,2004:11)。把原来所提的国际体制改换成外交政策,说明奈的实用主义视角,提出软实力的初衷就是要提醒美国政府的外交行为要注意软实力的应用。就一个国际关系学者角度而言,这也是奈的本行要求的应有之义。值得注意的是,奈引入了道德的概念,这表明他的自由主义思想背景,无论如何,不管使用何种手段,软实力还是硬实力,都是达到目的的手段,但同时也要注意手段本身的道德性。也正是在这个方面,政治价值观成为道德的一种体现。当然,无论是道德还是价值观,在奈的框架里,都是一些西方背景下的价值观,奈对软实力与价值的关联特别重视,从提出软实力伊始就一直强调这个关联的重要性,是产生吸引力的主要来源。同时,他也一直提醒美国人,价值的体现需要在自己行为上有所表现,美国国内的行为与国际的行为应该在价值框架里一致,唯有这样才能在别人眼里具有合法性。这一点成为奈衡量美国外交行为的要点,也是他批评小布什政府伊拉克战争的出发点。这自然也是奈自由主义思想的体现。因此,他在书中再次向美国政府发出警告:"对美国的吸引力可以产生危害的是这样一种认知,即美国在对付恐怖主义时辜负了自己价值观的誓言。"(Nye,2004:59)由此,奈认为在外交政策方面,如果能够真正广泛地推行诸如民主和人权这些可以让人分享的价值,那么外交行为就具有了正义(Nye,2004:62)。这种价值分享的概念体现了奈早期复合相互依存理论的思想,结合软实力的阐述,更成为他论述国际关系的重要内容,在此后有关软实力的阐述中被多次提到和强调。

2010 年,奈出版《掌握领导需要的权力》一书。奥巴马政府在一定程度上改变了小布什政府"武士风格"的领导作风(Nye,2010:11),让奈产生了有关领导力的思想,尤其是"巧妙领导力"的内涵和作用。此书虽没有直接涉及软实力,但依旧是以软实力为出发点来谈论领导力的内容和方向。在提及软实力的概念时,奈重复了此前所论述的软实力之吸引力与影响的区别,强调软实力的作用是让别人跟随与模仿,同时也强调软实力实施过程中需要的合作问题,他指出:"软实力使用一种特别的方式(不是强力,也不是金钱)以促使合作的产生,在一种关系中,它依赖引力、爱或者是责任,诉诸价值观,一些能够带来正义感的价值观,而这在于对共享价值和目的的贡献。"(Nye,2010:31)显然,奈要说明的是共有价值的重要性,其关键在于美国是否能够让他国共享它所推广的价值观,这方面合作的重要性显而易见。从领导力获得的角度而言,奈提出了"改变型领导人"(transformational leaders)概念,以区别于"交易型领导人"(transactional leaders)概念。前者是通过诉诸对方的理想和道义价值来给予力量,并因此改变对方,而后者只是诉诸对方的自我利益;前者依赖于软实力,而后者依靠强力或金钱;前者更需要"情感智商"(emotional intelligence),并由此获得"语境智商"(contextual intelligence)的能力,而这些其实都是软实力内涵的指向要求。换言之,如果权力是指影响他人让你获得你想要的结果,那么"我们也可以区别通过简单地把权力强加给别人和通过与别人分享权力以获得权力"(between wanting power over others and wanting power with others)(Nye,2010:143)。很明显,奈这是在强调外交过程中合作的重要性,而合作依赖于了解对方的诉求和文化,这是软实力能够发挥作用的重要方面,其结果是让对方能够自愿同你站到一起,也就是他一致强调的通过吸引力来达到让对方默从和模仿。相比于此前单纯强调吸引力,奈在这里又增加了合作和共享的思想,这也是他在新形势下与时俱进地考虑如何应用软实力的一个结果。这种合作和共享的思想在他的下一本著作里得到了延续和深化。

2011 年,奈出版了《权力的未来》一书,面对着中国的崛起以及网络社会带来的世界格局可能的变化,继续思考美国在 21 世纪如何维持权力的问题。在此书中,奈强调了"巧实力"(smart power)的运用。所谓"巧实力",是指硬实力和软实力的结合使用,目的自然还是保证美国在世界上的主导地位。"巧实力"的概念最早是奈在 2004 年《软实力：通向世界政治之成功的渠道》一书中提出的，奥巴马政府国务卿希拉里在讲话中使用了这个词，并将"巧实力"的使用作为美国外交政策的要点，这让奈获得了强烈的回应感，但同时他也进一步强调软实力使用的重要性。按照他先前的概念，软实力的目的是塑造他人的偏好，奈在这里意识到了达到这个目的需要对方的自愿行动，他指出："在决定如何让人自由地选择他们的偏好时，存在着非常重要的自愿（voluntarism）问题。对于外者来说，不是所有的软实力看上去都是柔软的。在有些情况下，很难确定是什么让偏好的（选择）自愿形成。"（Nye，2011：13）也就是说，软实力要发挥作用，一个重要的因素是让对方自愿接受，而自愿则在于发挥软实力的一方是否了解对方、是否倾听对方的要求、是否能与对方找到共同点，这些奈在以往的论述中都做过不同程度的强调，现在再次强调并把中心放在"自愿"上，显然这说明他对软实力发挥作用过程有了进一步思考，对美国的行为方式也进行了更多的反思。他在书中多次提到美国应该如何看待中国的变化和崛起。奈认为软实力并不是一种零和游戏，即"一个国家的（软实力的）拥有必定要建立在另一个国家的失去之上"（Nye，2011：90），如果中国与美国以他们自己的方式变得更加有吸引力，那么双方间损害性冲突就会减少。奈在这里似乎提出了一个共赢的方式，这是他对美国在 21 世纪不能独霸世界判断的结果，尽管出发点依然是维持美国的主导地位。在做不到独霸的情况下，这种思维方式可以说是看到了世界形势变化对美国的要求，而软实力正是在这种背景下针对美国如何顺势而行提出的。在长期的观察和研究中，奈应是看到并深刻体悟到了世界格局变化的趋势以及带来的后果，从强调同化作为软实力的主要内容到强调吸引力的内涵，再到重视共享合作的方式，然后再到重点突出"自愿"的作用，这可以视为奈有关软实力思想发展的一个轨迹。在 2018 年 1 月一篇文章中，奈再次强调"自愿"在软实力发挥过程中占有的重要性（Nye，2018）。可见，这个思想是他深思熟虑的产物。

当然，突出软实力的作用并不等于说，奈不重视硬实力。就奈而言，两者不可偏废。奈曾多次提出，经济实力是软实力的基础，经济下滑，软实力自然会受到影响，他在著述中始终把经济发展作为辨析软实力的基础。奈提出巧实力实际上也是注重两者并用的表现。从这个方面而言，奈自称自己信奉的是"自由现实主义"（Nye，2011：231），即既有源于美国价值观的信仰，又有基于现实的行动方案，这是很有道理的。但是，需要指出的是，奈也反复强调，软实力并不是简单地依赖于硬实力（Nye，2004：9），软实力的文化表现尤其能够发挥独特的作用,这也是他论述美国软实力的主要原因。因为在他看来,美国在这个方面享有天然的资源,即美国文化,尤其是大众文化的生产与传播。

三、美国的大众文化、价值观及软实力:奈的阐释

在 2004 年出版的《软实力》一书中,奈把软实力的来源确定为三个方面,即文化、政治价值观和外交政策。在此后的著述中,他一直沿着这三个方向阐释软实力可以发挥的作用。其中,文化是奈时常提到的软实力可以展示力量的主要媒介。在奈的话语中,文化主要是指美国的大众文化以及背后反映的美国的价值观。

文化作为权力的一个内容其实也是一些国际关系学者关注的对象。汉斯·摩根索在《国家间的政治:权力斗争与和平》中论述帝国主义的形态时,提出了文化帝国主义概念:"它的目的不在于攻占他国的领土,或控制其经济生活,而在于征服或控制人的头脑,作为改变两国权力关系的工具。"(摩根索,1991:90)从权力斗争的角度出发,摩根索笔下的文化也带有了帝国主义征服的色彩,这种征服的手段从表面上看,与奈提出的软实力有着一定的相似之处,其实质都是"改变两国关系的工具";但就实施手段而言,区别还是明显的,奈并没有直接提出"控制"与"征服"概念,而是强调"吸引""模仿"与"自愿"的过程与结果;摩根索把文化的作用视为在权力政治斗争中起配合作用,而在奈的思想中,软实力的作用在很多时候不比硬实力弱或不重要。这种区别一方面源于世界形势的发展,另一方面与奈对文化,尤其是对大众文化的青睐与重视不无关系。

从论述软实力伊始,奈就把关注点放在美国大众文化的作用和影响上。在《美国注定领导世界?美国权力性质的变迁》一书中,在论述权力转型和强制力减少、同化力增多时,奈明确指出,美国文化是"一个相对廉价和有用的软实力资源"(奈,2012:162)。所谓廉价是相对于硬实力的昂贵而已,并不是指内容的廉价。恰恰相反,硬实力做不到的,通过软实力能够做到,而这正是大众文化可以发挥作用的地方,因为"美国流行文化仍有广泛的吸引力"(奈,2012:162)。奈特别提到,当尼加拉瓜政府对抗美国支持的游击队时,尼加拉瓜电视台仍在播放美国节目;类似的情况还有,在政治上与美国对抗的苏联,在其国家内部,年轻人穿着蓝色牛仔裤在寻找美国唱片;在日本这样的分享美国意识形态的国家里,很多人会穿着印有美国大学名字的运动衫(奈,2012:162)。显然,从这些不同国

家的事例里,奈想说明美国大众文化的普遍存在,而这与美国大众文化的生产力和影响力有关。美国是世界上主要电视节目出口国,拥有唯一的全球电影发行体系等。更为重要的是,美国文化背后反映的价值观,如开放性、民主与人权观念等,都是美国软实力的来源根基。奈对大众文化的重视,对大众文化背后反映的价值观的强调,对美国大众文化在全球传播影响的推崇,都成为他论述软实力的重要内容,在很大程度上,颇具说服力。需要指出的是,奈所谓的大众文化指向具体形式,如电影、音乐、广告等,同时也更指向一种生活方式,即由美国文化物质占主导内容的并由此导向美国价值观念的生活方式。从物质生活到文化接受再到价值观念的浸入,这个逻辑是奈论述美国大众文化与软实力关系的主要途径。这个逻辑也为其他一些论述美国影响力的学者和政界人物所使用。布热津斯基在《大棋局:美国的首要地位以及地缘战略》一书中阐述美国的全球体系时也提到了美国文化的重要作用:"文化统治是美国全球性力量的一个没有受到足够重视的方面。不管你对美国大众文化的美学价值有什么看法,美国大众文化具有一种磁铁般的吸引力,尤其是对全世界的青年。它的吸引力可能来自它宣扬的生活方式的享乐主义特性,但是它在全球的吸引力却是不可否认的。美国的电视节目和电影大约占世界市场的四分之三。美国的通俗音乐居于同样的统治地位。同时,美国的时尚、饮食习惯甚至穿着,也越来越在全世界被模仿。因特网的语言是英语,全球电脑的绝大部分敲击动作,影响着全球会话的内容。最后,美国已经成为那些寻求高等教育的人的圣地,有近50万的外国学生涌向美国,其中很多最有能力的学生不再回故国。在世界各大洲几乎每一个国家的内阁中都能找到美国大学的毕业生。"(布热津斯基,1998:34-35)布热津斯基对美国文化的推崇不乏夸张与自恋之处,但是他提到的美国式的生活方式确实值得注意,这是大众文化传播的主要内容,也是奈所反复强调的。

布热津斯基之所以大段谈论美国大众文化的魅力,是因为这方面的影响力还未引起足够重视。同样,奈论述大众文化也是出于这个原因。在2002年出版的《美国霸权的困惑:为什么美国不能独断专行》一书中,奈在序言部分就提到了美国大众文化的不容忽视的作用:"美国大众文化影响波及全球,不管我们怎样看。好莱坞、CNN以及互联网,想躲避都无法做到。美国电影和电视表达了自由、个人主义和变化(同时也有关于性和暴力的内容)。总体而论,美国文化的全球传播有助于提升我们的软实力。"(Nye,2002:xi)就像布热津斯基用"享乐主义"一词委婉地表达他对美国大众文化不足之处的批评,奈也会提到美国大众文化的负面内容,如性与暴力内容,但这不能抵消其扑面而来的冲击力,从而产生吸引力,这种吸引力首先是来自美国大众文化的物质形态给接受者造成的心理印象与体验。奈应用他人的判断论述道:"总体而言,调查数据表明,我们的流行文化给人留下了这样的印象:'激动人心,充满异域情调,丰富,震撼,引领风尚——处于现代性和创新力的先锋。'"(Nye,2002:12)奈同时也指出,不能简单地认为美国大众文化就一定能让接受者认同美国本身,吃着麦当劳汉堡包的塞尔维亚人照样会支持米洛舍维奇,穿着印有美国标志 T 恤衫的一些卢旺达人照样会实施种族灭绝的恶行,让中国人和拉丁美洲人感到很有吸引力的美国电影在沙特阿拉伯和巴基斯坦恰恰会起到相反的作用(Nye,2002:12)。这些论述表明奈对美国大众文化的吸引力有一种现实主义的辩证分析观,但总体而论,他还是非常推崇美国大众文化的力量,因为如上述引文所言,他看到了大众文化背后的诸如自由、个人主义等价值观的体现。他在述及美国的力量所在,以反驳衰落论者时,把能够反映如"民主,个人自由,社会向上移动,开放"(Nye,2002:11)等价值观的大众文化视为与经济和军事同等重要。在论及软实力的来源时,针对大众文化常常被视为过于商业化从而被贬低价值这种看法,奈认为这是低估了大众文化的政治价值的观点;同样,面对有人指责美国大众文化中的浮华、千篇一律、物质主义以及上述提到过的性与暴力的问题,奈回应说,这不是故事的全部,大众文化同样也表达了诸如这样的美国价值:开放,社会提供移动的机遇,个人性的重视,反建制的传统,多元性,自愿精神,平民倾向以及自由(Nye,2002:47)。奈对美国大众文化情有独钟,对美国大众文化的评价其实会有过高之嫌,大众文化中负面内容和倾向往往会被他一笔带过,不予评述。其原因在于他看中的是大众文化的吸引力和传播效果,以及通过这种吸引力的产生过程中价值观的传输,这是软实力可以得到发挥的重要渠道。从这个方面而言,奈又是一个非常现实的实用主义者。

四、关于软实力概念的评述

自奈在 20 世纪 90 年代初提出软实力概念和思想以来,软实力一词早已进入了大众语汇,无论是在政界说辞还是日常话语中,都会瞥见软实力一语闪烁的影子。软实力概念也在学界引起诸多关注。有美国学者在《外交政策》发表评论,称"奈要告诉的是,美国的安全与其说在于赢得战争,还不如说在于赢得人心"（Ikenberry，2004：137）。此论看到了奈软实力思想的实质，目的在于维护美国的安全，而美国的安全在于赢得世界的拥护。另有评论说"奈相信软实力对维护美国的价值观是不可或缺的"（Winkler，2005：269）。这当然也是抓住了奈论述软实力的要旨，美国的价值观给软实力提供了必要的支撑。此外，有论者比较了亨廷顿文明冲突论与奈软实力论的关系，看到了奈思想中的自由主义渊源，奈对于"不受文化和宗教限制、理性个人的自由主义思想"的拥抱（Eriksson & Norman，2011：430）。所谓"不受文化和宗教限制"是指奈的思想不同于亨廷顿的文明冲突论，在奈看来，世界是可以在价值观下走到一起的，这是自由主义理性和理想的表现，软实力在很大程度上是建立在这种理想的投射之上的。也有论者对软实力的作用提出了质疑，"美国真的可以通过软实力施加影响吗？不见得"（Ferguson，2003：21）！评论者指出伊斯兰国家的一些孩子也喜欢吃麦当劳，听美国歌手"小甜甜"布兰妮·斯皮尔斯（Britney Spears）的歌，但是这会让他们热爱美国吗？事实是，不见得，有时候情况恰恰相反。这些喜欢美国物质生活的人反过来成为美国的最大的敌人。这个问题看上去确实是击中了软实力的软肋。这就涉及了大众文化的表现与价值观传输间的关系。物质吸引力是大众文化的重要方面，很多人喜欢大众文化是因为它能够带来物质感受上的愉悦，但也仅仅限于此而已，并不一定会受到大众文化反映的价值观的影响。在一个开放性不强、当地文化强势的地方，这种可能性更少。所以，软实力面临的一个问题不仅仅是简单地依靠一种或几种大众文化的推行来实现，而是要从综合措施的角度，既要通过大众文化也要通过外交政策，尤其是公共外交的方式，比如美国高等教育的吸引力、美国跨国公司的影响力、美国英语教学节目如美国之音的英语学习节目等等，通过全面、综合的方式在物质感受以外增加更多的接触，从而让美国的生活方式潜移默化地浸入人的头脑，由此带来价值观的认知可能。其实，奈在著述里也已经提到了这种大众文化传播的困惑问题，这也是为什么他提出软实力来自三个方面：文化、政治观念和外交政策。这三个方面是相互依存的，缺一不可。

软实力概念在中国学界也引起了关注，在一些学术期刊或专著里都能见到相关的评论。庞中英在评议奈的著作《美国注定领导世界？美国权力性质的变迁》的文章中认为，奈强调软实力在国家力量结构中的地位与作用，目的在于构造美国力量的新结构，"从软力量的角度认识美国在当今世界的地位和作用，无疑是其自由主义国际关系观的一贯表现"（庞中英，1997：50）。奈在国际关系领域以自由主义世界观闻名,但也不能忽视其现实主义,甚至是实用主义的思想,这三者的结合是构建其软实力观念的思想基础。朱峰的分析集中于探讨软实力的特征,指出其具有垄断性和扩散性的表现(朱峰,2002:58)。这确实是软实力的一个显著特征,奈在论述中多次提到在世界格局发生变化的情况下,权力的扩散性问题。在 2002 年出版的《美国霸权的困惑:为什么美国不能独断专行》一书中(之后在 2015 年再次提及),针对冷战后出现的世界局势的单极化(unipolarity)和多极化(multipolarity)的说法,奈提出自己的看法,认为这两种观点都存在误区,前者夸大了美国的力量,后者则暗示存在着几个实力相差无几的国家。奈认为更值得注意的是,国际局势不是单极或者是多极,而是复杂体,类似一个三维棋局。最上面的是军事,美国在这方面无人可比;第二层是经济,欧洲、日本以及中国经济的发展前景都可以和美国相争,所以这个层次具有一个多极化的面相;第三层是跨越了国家间的诸多关系,所谓跨国关系(transnational relations),诸如跨国的银行交易,又比如互联网上的黑客行为以及恐怖主义行为,这些都无法用传统的以国家为单位的单极和多极的概念解释,在这个层面上,权力处于广泛的扩散性的(dispersed)状态。在 2011 年出版的《权力的未来》一书中,奈再次提到权力扩散的问题,这次他用的英文单词是 diffusion,即指权力从国家控制的领域转移到非国家和政府控制的领域,在信息社会占主导的 21 世纪,权力正在发生两个变化,一是国家与国家间的权力转移(power transition),二是国家与非国家间的权力扩散(power diffusion)。而就软实力而言,非国家领域正是软实力经常发生的地方。这表明奈独具慧眼。张小明分析了权力概念的来源,认为奈的思想反映了国际政治的新现实,权力性质与源泉发生了变化,由此也可以理解为什么奈要强调文化输出的重要性(张小明,2005:27,25)。也有学者在 21 世纪追溯了软实力概念的来源,在梳理的基础上讨论中国软实力构建需要注意的当务之急(刘德斌,2004);另有学者根据软实力概念的内涵,具体分析美国软实力的最新发展,用具体数据说明美国软实力的现状及其在思想、规范和制度方面的竞争力,同时也阐述了奈的"三维棋局"的观点,这也说明了奈的影响所及(孔祥永、梅仁毅,2012)。一些学者在国际关系研究专著中把奈的软实力思想视为当代国际关系理论中核心理论之一(倪世雄等,2001:392)。有学者认为软实力理论是奈关于世界政治思想理论的有机组成部分,同时也要放在美国追求世界霸权的大背景下看待(刘颖,2010)。这是有一定道理的。当然,在奈的思想里,所谓霸权不是传统的帝国主义式的霸权。奈一直在陈述一个观点，美国不可能在 21 世纪还能保持完全的霸权位置，但是可以继续维持主导地位，同时也需要通过合作的方式保持主导地位。这应是一种现实的态度。而要让美国在相当长的时间里维持已有的地位，除了继续保持足够强大的军事存在和经济实力外，软实力也是一个不容忽视的因素。

中国学者中较早对软实力进行评述的是王沪宁。他在 1993 年发表《作为国家实力的文化：软权力》一文，从广义的文化角度，讨论软实力的作用和影响，从当下世界格局的形成看文化的作用，把文化提高到国家实力的高度，并由此出发剖析软实力与文化的关系，对软实力以及文化在当下各国能够发挥的主导作用进行了深刻有力的阐述，指出："文化的传播总是体现一种趋势，可以超国界传播，一旦一种文化成为其他国家和国际社会的基本价值式主流文化时，发源这种文化的社会自然就获得了更大的'软权力'。"（王沪宁，1993：91）"超国界传播"其实就是软实力的扩散性特征，文章认为这是把握软实力的要旨。同时，软实力与一个国家的文化是否能够被国际社会接受和承认并成为国际主流文化相关。这里可以美国的文化传播作为一个事例——文章分析了美国文化软实力的优势，但指出这一点其实也是要说明别的国家也可以按照这个模式发展自己的文化，提升自己文化的软实力；文章认为"软权力更加依赖于国际间对一定文化价值的体认，依赖于一定的体制在国际上的支持，所以国家的软权力更加依赖国际文化的势能，即国际整个文化和价值的总趋向"（王沪宁，1993：94）；所谓势能指国际社会发展的内动力要素，如作为文化的工业主义、作为意识形态的科学主义，以及民主主义、民族主义等。这些其实也是另一种价值观。从这个角度而言，"文化不仅是一个国家政策的背景，而且是一种权力"（王沪宁，1993：92），"一个国家的文化传播得越广，其潜在的软权力就越大"（王沪宁，1993：96）。王沪宁的文章不单单是介绍和分析奈的软实力思想，而是从软实力的概念出发，对此进行了深度阐述，更加突出了文化在国家权力架构中的地位。应该说，此文虽然发表比较早，但至今依然是国内评述软实力概念最有深度和最富启发意义的。

第二节　软实力与美国文化特征述评

按照奈的观点，软实力来自文化、政治价值与外交政策三个方面，其中文化全面覆盖，价值观念渗透始终，而外交政策则是具体手段与方式。然而，文化并不简单等同于软实力,文化是软实力可以发挥的重要场所,是可以让吸引力具体得以落实并使模仿得以发生,目的是政治效果的实现;从美国权力的运作角度而言,则是美国地位在世界上的维持和维护。这是奈论述软实力的出发点和归属点。由此来说,奈在著述中,时常讲述文化的重要性,尤其是美国大众文化的作用,实属题中应有之义。只是,奈毕竟主要是国际关系和国际政治领域的学者,提及文化时,大多简单提及而已,从逻辑的角度强调与软实力的重要关系。若要较深入了解这种关系,还需对美国文化进行一番解析与评判。全面评析美国文化超出了本书研究的范围,一个较好的办法是以中外相关研究与著述为基础,融评述与阐释于一体,展露美国社会的文化特征表现,从价值观反映与大众文化体现的角度,体察美国软实力与美国文化间的相互建构。

文化是学界普遍关注的话题,从人类学到文学批评再到文化研究,文化之含义及其作用与影响常常是讨论的对象,或者是赖以研究的背景,又或者是剖析问题的视角,再或者是表明态度的立场。也正因为如此,文化的定义丰富多彩,难以确定。总体而言,学界常会引述被誉为人类学之父的英国学者爱德华·泰勒(Edward Talyor)有关文化的定义:"(文化)是包括全部的知识、信仰、艺术、道德、法律、风俗以及作为社会成员的人所掌握和接受的任何其他才能和习惯的复合体。"(泰勒,2004:1)从人类学的角度而言,文化在泰勒这里成为解释人的社会活动的钥匙。美国著名人类学家鲁思·本尼迪克特(Ruth Benedict)也持类似的观点,认为"把人真正集合在一起的是文化——他们共有的思想和行为标准"(Benedict,1961:11)。英国19世纪维多利亚时代诗人和批评家马修·阿诺德(Mathew Arnold)在其名著《文化与无政府状态》中把文化定位为:世界最优秀的思想知识/言论(the best that has been thought and known/said in the world)(阿诺德,2002:31,32,147)。从文化的传递而言,阿诺德把文化高度浓缩为人类思想的精华,类似于我们通常所说的"精神"的含义。另一位英国文学和文化批评家、20世纪五六十年代英国文化唯物主义思潮创始者雷蒙·威廉斯(Raymond Williams)对文化的概念也有精深研究,他从"提供精神"(informing spirit)和"表意系统"(signifying system)两个方面对文化的含义做了一番阐释,前者近似阿诺德式思想传承蕴意,后者类似于泰勒和本尼迪克特式用于解释人之行为的缘由。把这两者结合则可以表达文化的大致内涵(Williams,1983:11-12),但威廉斯自己则更倾向于把文化看成是一种生活方式,用他自己的话,"文化是指物质、知识与精神构成的整个生活方式"(威廉斯,1991:19)。更具体而言,"文化理论是指对整个生活方式的各种关系间因素的研究,对于文化的分析是指试图发现这些关系间复杂程度之组织本质"(Williams,1961:63)。所谓生活方式涵盖了人之活动的各个方面,从与精神相关的心灵状态到道德标准,再到知识构成以及日常生活行为,这种无所不包的文化看起来无从下手实施分析,但在威廉斯看来,存在着把这些事项串联在一起的组织因素,既与无形的思想相关,也与有形的物质生活相连,更与社会体制(institutions)有关,而这些组织的本质即是文化作用的结果。威廉斯试图超越阿诺德的文化精英主义,同时避免把文化等同于习俗与习惯的人类学思维倾向,把文化嵌入于思想、习俗、体制与物质生活之间,由此扩大了文化的外延,又深化了其内涵,对理解文化的意义和作用富有启迪性。

从威廉斯的角度出发,结合文化与软实力的关系,我们也可以从以下四个方面来看文化的含义和作用:①文化与民族性格和民族精神的关系;②文化与历史和思想发展的关系;③文化与政府行为的关系;④多元的文化体制与市场驱动的关系。上述四个方面并不能完全穷尽文化的含义,也不是给予文化准确的定义,而是从几个关系出发描述文化发挥作用的缘由以及发生影响的路径,并由此体悟软实力赖以产生的原因。无论文化如何定义,与一个国家的历史和思想发展过程、民族精神的表述、政府体制和行为,以及经济运行模式等是息息相关的。威廉斯的本意也是要在这些方面对文化进行一番阐释,所谓文化唯物主义的意味由此而现。从这四个方面来看美国文化,同样也有助于窥见其内核的形成、外部行为的驱动力以及达到的目的,而这也是诸多美国文化研究著述关注与讨论的内容。

需要指出的是,这四个方面只是一种大致的划分,在很多情况下,四个方面是交叉融合在一起的,因为文化的表现本身常常以整体方式出现,并不能整齐划一地切割成几个区域。所以,在下面的论述过程中,在尽量分别叙述的同时,也会指出交叉相汇之处。

一、美国精神、民族性格、价值理念与文化

一个民族的精神是在长期的历史发展过程中积淀起来的,与这个民族的国民性格相关,与其崇尚的价值理念相关,当然更与其历史相关。美国的历史并不很长,从《独立宣言》发布、美国建国开始到现在不过二百多年,从1620年第一批

英国清教徒到达美洲大陆也只有 400 多年,再往前推,从 1607 年第一批英国移民到达今天的弗吉尼亚也就只是将历史往前多移动了十多年。当然,美国历史长度的这种算法是以美国作为一个移民国家的历史的角度而言的,如果要把北美土著人的历史算作里面,则完全是另一回事。但是,从主流文化的角度而言,美国的历史主要是由早期移民启动的。亨廷顿(Huntington,1987:29)在一篇文章里提到美国移民历史的变迁时,引述历史学家林德(Michael Lind)的划分,将美国历史分成三个时间段:早期的安格鲁-美国时期(Anglo-America)(1789—1861),中间的欧洲-美国时期(Euro-America)(1875—1957),现在的多元文化时期(1972—)。这个划分一方面与移民历史相关,各个不同时段移民的来源不同,另一方面不同时期的移民形成不同的文化特征。从表面上看,这种划分会导致这样一种印象,美国社会因为移民来源的不同文化因而呈现不同形式,甚至无法形成一个共同的内核。这当然仅仅是一种表面印象,与实际事实相差甚远。尽管历史不长,也尽管主要由移民文化构成国民文化的基础,美国依然有其共同文化内核可循,如同其他民族一样,美利坚民族也有其独特的民族性格,并由此构成民族精神。历史上曾有很多有关美国精神分析与总结的著述,美国著名历史学家和评论家康马杰(Henry. S. Commager)撰写于 20 世纪 50 年代的《美国精神》(*The American Mind*)一书,就是这样一本总结美国民族性格并上升到民族精神的高度予以评述的著作。在康马杰的笔下,美国人乐观、随意、宽容、自信,追求物质生活的舒适,讲究数量观念,拥有新世界得天独厚的条件赋予其视野广阔、想象丰富,但同时也会显现夜郎自大的性格(康马杰,1988:7-13)。此书在 20 世纪 80 年代末引进到中国,对一些中国学者产生过影响。王沪宁在 20 世纪 90 年代初出版的《美国反对美国》一书中,把康马杰这部著作视为了解美国社会和文化的入门之作,并对康马杰有关美国人的特点概述有过精湛、准确的总结,对从总体上了解康马杰的思想并进而知晓美国社会帮助很大。现摘其要点,转述如下:①异乎寻常的乐观精神;②没有办不到事的信念,不达全胜绝不罢休;③驰骋大陆的想象力,用于做豪迈的事业;④物质性的文化,以一种优越感看待生活不如他们的人;⑤坚韧不拔的精神和顽强战胜困难的决心;⑥强烈的数量观念,用数量评价事物;⑦注重实际,对政治、宗教、文化和科学尤其讲究实际;⑧讨厌理论和抽象思辨;⑨信奉宗教但不虔诚;⑩在政治方面厌恶空洞玄虚的理论和夸夸其谈,美国人很年轻、很不老练,但在政治上是成熟的,其政治机构就像他们发明的机器一样灵活;⑪对待文化持既怀疑又宽容的态度;

⑫夜郎自大的信念,轻视其他国家和民族几乎达到旁若无人的程度,其民族优越感使其产生一种使命感;⑬爱搞试验,愿意接受挑战;⑭民主、平等的观念和社会环境;⑮善良、宽厚、不拘小节的性情和行为;⑯对权威和规章制度不予尊重,但尊重法制,尊重宪法(王沪宁,1991:33-36)。这些有关美国人特点的概述应是基于对康马杰思想的深刻理解和对美国社会的精细观察之上才能做到。王沪宁《美国反对美国》一书是根据他在20世纪80年代末对美国的学术访问的记录和思考写成的,对美国的方方面面包括政治、科学、社会和日常生活和文化等做了考察,所做评述常常能透过表面现象,直抵美国社会的思想和哲学观念的本质。虽然从20世纪80年代到现在已经过去了30多年,美国的社会风貌已经发生了很大变化,但是社会文化的政治基础并没有发生根本变化。上述总结,生动鲜明,迄今为止,此书依然是帮助了解美国的一本非常有价值的著作。

　　王沪宁在评述康马杰的思想时指出,美国的社会组织发生了天翻地覆的变化,但200多年来政治制度和司法制度变化很少(王沪宁,1991:32)。这是非常有见地的评述,看到了现象背后的美国社会的本质因素。来自不同国家的移民构成了美国社会的主体,表面上似乎各自为政的"家乡"气息有让美国社会分崩离析的可能,但实际上整个社会在很大程度上还是能够呈现出完整的形态,"总体超越了局部",表现出"鲜明而稳定的民族性格"(王沪宁,1991:32)。这是因为尽管历史不长,但美国社会的文化源远流长,可以追溯到古希腊、古罗马与基督教传统,并由此上溯到西方启蒙时代以来的思想源泉,正是在这个基础上,形成了美国的政治体制。从20世纪70年代以来的文化多元主义正日益成为美国社会的主流风潮,但正如美国政治学者迈克尔·沃尔泽(Michale Walzer)所言,美国文化可以呈现多面化(manyness),但就政治制度而言则是一元化(oneness)(Walzer,载金衡山,2011:292)。一元化的政治制度为在文化多元下的社会提供了稳定的保障。所谓政治制度的一元化不外乎是民主、自由、平等价值理念统领下的政治上的三权分立与代议制选举制度,而其中特别值得一提的是来自法治与自由主义精神的传统。著名美国问题研究专家资中筠在论述美国悠长而丰富的精神遗产时,特别指出,"从根子上,美国从立国开始就摒弃了'人治'——亦即依靠领袖的魅力的治理,而坚决选择了'法治'",开国总统华盛顿功成身退的行为"建立了健全的领导人更替制度,使得新的国家免于革命以后经常遇到的纠缠不休的接班人问题"(资中筠,2001:41)。在美国历史上也有打破华盛顿榜样的时候,二战期间,罗斯福连任四届总统,在第四任上去世。但后来的杜鲁门总统通过立法确立了总统最多不能超过两届的规定。从表面上看，这是领导人任期的问题，似乎与政治制度无甚根本关联，但实际上这就是法治的最深度表现之一，不以个人的意志而转移，美国立国时与欧洲君主传统的分道扬镳让美国有了民主的基础，同时这种基础离不开自由主义精神传统，这在美国深入人心。资中筠指出，"关于自由主义，如果只理解为提倡个人自由竞争，而忽视其他包含平等的原则，未免失之片面。事实上，所谓'天赋人权'，其前提是人生而平等，拥有某些与生俱来的不可转让的权利：首先是思想、信仰、言论、集会结社四大自由，在美国还特别强调机会平等，是在平等的机会中个人凭才能和努力获得成功的自由。这种包含个人自由和公平两个方面的自由主义在美国深入人心，成为美国人的共同理想，甚至是来自世界各地的各族裔凝聚成为一个民族（假如可以称为美利坚民族的话）的胶合剂，是在最大的差异中求同的共同标准，也是一切改良的动力和指针"（资中筠，2001：42）。自由和平等体现在美国开国元勋杰斐逊起草的《独立宣言》和 1887 年通过的美国宪法和随后加上的宪法第一修正案中，为很多人所熟知。更重要的是，政治文献中的理念也在日常社会和普通大众中"深入人心"，并成为"共同理想"。在著名美国文学研究专家、《剑桥美国文学史》（*Cambrighe History of American Literature*）主编萨克文·伯克维奇（Sacvan Bercovitch）看来，正是这种在美国社会中普遍流行的"共识"让美国成为"美国"（伯克维奇，2006：13‑14）；这也是"一元化"的政治制度在美国大众社会生活中的普遍反映，是美国社会的一个突出的文化特征。简而言之，可以说美国人的共识一方面来自政治体制传统，另一方面来自社会大众的普遍要求。换言之，所谓的"共同理想"不是简单地来自政府层面或领导人的宣讲与辞令，尽管政府和领导人都会利用各种场合极力宣扬与阐释，而是源于民间的实践和要求，也就是"市民社会"的愿望投射。奈在论述软实力时，反复强调软实力可以来自政府，但更主要的是出自市民社会，来自美国人的社会行为，这才能让软实力更加具有说服力，自然也就更有吸引力。这是美国文化与软实力之间关系的一个重要方面。

当然，自由与平等并不能一直和谐相处，两者间的矛盾其实天生存在，费孝通先生在《美国与美国人》一书中敏锐地看到了这个问题（费孝通，1985：43）。自由主义对个人的强调，一方面促使了个人尊严的观念以及积极意义上的个人主义的产生，另一方面无限的个人唯上的氛围无论从逻辑上还是行为上都会造成个人主义的极度膨胀，其结果必定是对平等的销蚀，所谓的"起点平等"和"机会平等"会日益暴露出其虚伪性（资中筠，2001：43），这也是美国社会的一个顽疾,一个近乎不可克服的弊病。与此同时,这并不等于说,这个问题被视而不见或者是弃置不顾,无论是历史上的进步主义运动还是20世纪60年代开始的"平权法案",都是针对这个问题的改良行为。而从思想和政治渊源而言,这与美国文化中的反思传统有着紧密关系,也就是自我批评精神,来源于基督教传统(资中筠,2014:26;朱世达,2),让美国人传统的道德感"有了一种无形的道德力量,在激烈的竞争中赖以自律,在高度个人主义的社会中倡导集体合作,在贫富悬殊的情况下宣扬平等,是物欲横流的浊浪中的净化剂"(资中筠,2001:41)。在个人主义横行的美国社会总也存在着诸多钳制力量,让个人和社会在一定程度上趋于平衡。美国社会学家贝拉等(Robert N. Bella, *et al.*, 1985)在其阐释个人主义思想的名著《心的习性:美国生活中的个人主义与实践》(*Habits of Heart: Individualism and Commitment in American Life*)中指出,在个人主义的对立面存在着一种"承担的实践"(practice of commitment),作为美国文化中与个人主义相应的"第二语言",在前者走向极端时,后者往往会发挥平衡的作用;哈佛大学美国文学研究学者劳伦斯·布尔(Lawrence Buell)在研究19世纪美国大思想家爱默生思想的发展过程时,发现了一个特别值得注意的对项,他总结为"自我性"(egocentricity)与"自我主义"(egotism)间的关系(Buell, 2003:59),前者指强调个人的力量,倚赖个人的努力,后者指因过于倾向个人而可能造成的自私自利的个人主义。爱默生面对年轻美国的文化匮缺问题,呼吁建立自己的文化自信,而对于个人力量的重视正是自信得以树立的途径;但爱默生的激进式的个人主义在旁人看来会产生以自利为主的个人主义的危险,但同时他也看到超验主义中宗教的力量可以牵制个人滑向完全以个人为中心的泥淖,这是可以让爱默生极力大造个人主义舆论的重要原因。当然,在现代社会里,美国式的个体精神也还会遭遇时时掉入极端个人主义陷阱的危险,很多社会有识之士一直都在呼吁对于这个问题的重视,寻找解决方案。著名社会学家、思想家、哈佛大学教授丹尼尔·贝尔(Daniel Bell)在产生很大影响的著作《资本主义的文化矛盾》(*The Cultural Contradictions of Capitalism*)一书中针对的就是这个问题,在贝尔看来,资本主义的悖论也是个人主义的悖论,过度的"自我表达"与"自我满足"(Bell, 1978:xviii)最后会导致社会体制的崩溃,用贝尔自己的话说,就是摧毁"国家的道德宗旨"(national moral purpose)(Bell, 1978:83)。这就涉及了从国家安危的高度来看文化的作用和影响。在一定意义上,这同样也是软实力面对的问题,如奈所说,美国的软实力树立的关键在于提供合法性,而这在于美国自己的行为,如果美国不能解决自己国家的问题,那么软实力也就无从谈起。奈所说的合法性与贝尔说提的"国家的道德宗旨"出于同样的逻辑。

这种源自自我批判的精神是美国文化丰富度的重要表现,在很多美国人身上体现为一种深深的忧患意识,促使他们重申维护美国价值观的必要性。亨廷顿1997年撰文痛斥文化多元主义对美国价值观的毁损,美国的统一文化主流价值和由此衍生而来的国民身份遭遇危机,更糟糕的是,美国的国家利益受到了损害。亨廷顿眼中的美国价值观主要来自美国开国元勋们创立的思想传统,除了自由、平等、民主以外,还包括共和主义、自由主义、有限政府、个人进取精神(private enterprise)等与政治体制和市场经济相关的内容(Huntington,1987:2);在亨廷顿看来,注重多元的文化意识形态破坏了一元的传统政治意识形态,导致严重的问题,他甚至警告说,"如果多元文化主义占据压倒性位置,如果自由民主的共识遭遇摧毁,那么美国就会像苏联一样,加入走向历史的尘埃的队伍中"(Huntington,1987:35)。这不能不说是一种"警示恒言",亨廷顿的警告出自其保守主义的思想立场。关于文化多元主义的讨论在美国仍在继续,特朗普的上台让多元文化更加处于漩涡中心,其走向还待时日的检验。这本身就说明了美国文化中的思想和利益冲突所在,亨廷顿的指责表明了他的态度,但并不能成为衡量多元文化主义是非的标准。亨廷顿作为一个有责任感的学者,对美国的文化现象表达自己的意见,并站在国家利益的高度进行评价,这实际上也表明了他的深深的忧患意识,也是自我批判精神的体现。奈对软实力的论述同样也贯穿着一种强烈的忧患意识,他并不同意亨廷顿的保守立场,但对多元主义引起的文化战争及其结果也曾多次表示忧虑,他一方面为美国的实力而辩,不认为衰落发生到了美国身上,另一方面他始终在为美国政府出招,而其中批评意见不在少数。同样,上述康马杰关于美国精神的总结里面也蕴含着对美国的批判意味,如美国人普遍具有的夜郎自大的使命感。从康马杰到亨廷顿,再到奈,他们代表了美国文化中的自我反思和自我批判精神,这是美国社会能够保持基本稳定,不致于走极端的一股重要力量,当然也是软实力的一种表现。

二、美国历史发端、思想起源、意识形态与文化

1630年的春天,一艘载重350吨、拥有28门大炮和52名船员的船只"阿贝拉"号,载着马萨诸塞海湾殖民地未来的领袖们向西横渡大西洋。这艘船于3月

29 日从怀特岛的考斯出发,直至 6 月下旬才到达美洲"(布尔斯廷,2009:3)。这是美国著名历史学家布尔斯廷(Daniel J. Boorstin)的名著《美国人》(*The Americans*)三部曲之第一部《殖民地历程》(*The Colonial Experience*)开篇的描写。美国历史并非由此开始。如前所述,此前 10 年,1620 年第一批清教徒乘坐著名的"五月花"号船到达美国;更往前的 1607 年,一批心怀冒险精神、梦想在新大陆发家致富的英国人到达南部弗吉尼亚;1630 年的春天,美洲大陆见证了更多的英国人——1 000 个清教徒登岸上陆。当然,人的多少也并不能绝对地决定历史的走向。让这一时刻铭记于历史的是此次这批清教徒的带队人、未来的殖民地领袖人物约翰·温思罗普在到达美洲大陆前向清教徒们宣讲的教义,他预言:"我们将如山巅之城,为万众瞻仰。因此,我们如果在已经着手的事业中欺蒙我主,使主收回目前赐予我们的庇护,我们将成为世人笑柄,天下丑闻。"(布尔斯廷,2009:3)在布尔斯廷看来,"这定下了美国的基调","事后 300 年,没有人能够比他更好地表达美国的使命感"(布尔斯廷,2009:3)。另一位美国历史学家罗伯特·M.克伦顿(Robert M. Crunden)在其所著《美国文化简史》中,开篇伊始告诉读者的也是温思罗普及其船队到达美洲大陆的故事,他们的定居点将成为"山巅之城",而这将"成为理解美利坚民族的要旨"(Crunden,1996:3)。中国学者王晓德在其著述《美国文化与外交》和《文化的帝国:二十世纪全球"美国化"研究》中,也把这段起始于"山巅之城"的历史视为美国思想的起源之一;董小川在《美国文化概论》中论述美国传统文化的形成与发展时,亦从温思罗普带领的朝着"山巅之城"的清教徒之旅开始叙说。中外学者之所以都把这段历史看成美国思想发展的起点之一,而且是不可绕过的、发挥核心作用的历史阶段,原因很简单,因为这是后来构成美国历史和文化特征的系列关键词的起源,如"宗教例外论""美国例外论""天定命运""希望之乡""美国梦"等等。如果说美国历史有其特殊之处,那么这些关键词以及背后的思想构建和历史呈现把所谓的特殊性展现得淋漓尽致。

"'山巅之城'是北美早期移民来到新大陆后,面对着茫茫无际的原野茂林而希望建立一个宗教理想国的形象表达。这种梦想并未停留在虚幻的宗教语言上;相反,却在北美大陆的开拓过程中不断融合进了现实需要的成分,逐渐转化为生活在这块大陆上的白人移民所引以为豪的文化观念"(王晓德,2000:37)。从宗教到现实再到文化观念的形成,美国人的思想经历了从天国到世俗再到意识形态的凸显过程,这是美国的文化核心思想发生与发展的轨迹。"山巅之城"

原出自《圣经·马太福音》中耶稣向听教者们宣讲的话："你们是全世界的光,一座建造在山上的城是无法遮蔽的"(You are the light of the world. A city that is set on a hill cannot be hidden. Matthew 5：14)。清教徒们从英国跨越大西洋来到美洲大陆为的是寻觅信仰自由,同时也认定他们是"上帝的选民",身兼拯救世界的重任,而新大陆便是实现他们的使命之地。有学者将这种憧憬称为"宗教例外论":

> 美国"宗教例外论"包括一种"表明"什么是最好的价值论立场。既然上帝选择、偏爱和赋予特权于这片土地及其居民,那么这片土地及其居民就会以某种方式优于其他国家及其居民。至少两种另外结果如下:第一,自这片土地被选择以来,其他土地(以及生活在之上的居民)要么被遗弃,要么根本从来未被选择,因为选择某一人也就排除了未被选择的某人。第二,它使那些未被选择的个人在他们的社会和私人生活中道德败坏,行为不正,有时甚至是邪恶多端,他们的国家注定以某种方式在国际舞台上是失败者,只有靠着美国才能导致向善(转引自王晓德,2011：81)

这种"宗教例外论"建立在比较的基础上,被选择的"优于"未被选择的,这个前提幸运地落在了清教徒的身上,确切地说,是被他们自认为地发生在了他们身上,而且笃信不疑。这样的用比较的方式确认自己的"优于"他人与他者的宗教思维与辩论方式后来成为"美国例外论"的来源。一位美国学者对此做出如下评述:"'美国例外论'起源于清教徒关于新世界是'山巅之城'的梦幻,伴随着美国力量的壮大而逐渐形成。从解释上帝赋予美国的使命到成为与改革欧洲腐败的对立,例外论一直被用来说明美国在19世纪末叶以来地缘政治转变中每个重要时刻的领导地位,并使美国具有承担领袖的能力。这一思想的无处不在使美国例外论成为诸如'天定命运''山巅之城''美国之梦'和'新的世界秩序'等相关概念和术语都网罗之下的'准意识形态'保护伞。"(转引自王晓德,2011：87)所谓意识形态,说的既是思想来源也是思维方式,换言之,即看待自己与世界的视角。从这个方面而言,"美国例外论"不仅赋予了美国一种优越感,更是给予了行动的指南和驱动力,而这不只是政府的行为,也是市民社会中时常涌动的一种潮流,从政治行为来看既受制于意识形态,也受制于文化的影响。也就是说,在美国,这种源自历史行为的阐释早已浸入社会话语之中,成为普通美国人的潜意识的一部分。康马杰所述及的美国人表现出的使命感和民族优越感多少和这种历史观念有关。

这种使命感尤其表现在"天定命运"（manifest destiny）这个观念上，其基本意思是指上帝指派了美国人一种任务，从自我出发向外发展，不仅在于宗教理念的传播，也在于物质世界的扩展。具体到国家的领土而言，则是地域的扩大，当然是就美国的地域而言。这个思想关键词来自19世纪美国内战前一个爱尔兰移民约翰·奥沙利文（John L. O'Sullivan）。这个年轻人在纽约谋得一份职业，成为一家报刊的主编，他在1845年创造了这个词，并用心做了阐释："……我们的天定命运是扩展并占有整个大陆，这是上苍给予我们的，为的是扩大他给予我们的伟大的自由试验……这是权利，就像一棵树有向天空和地上发展的权利，为的是让其发展能够充足展开，这是命运所使然。"（转引自Brinkley *et al.*，1991：352）1845年，美国正是西部拓进运动即将开始的时候，奥沙利文把领土的扩展与自由观念融合在一起，并从上帝那里得到正义的支持，这种来自宗教的信仰被天衣无缝地转移到了现实中的国家和个人的行为中。很显然，奥沙利文对"山巅之城"的观念熟稔在胸，对世俗美国的现实也很了解，两者在使命上的结合让美国的行为有了一种来自传统的合法性。用美国历史学家埃里克·方纳（Eric Foner）的话，"是重新强调了自由这个老的传统并从而延伸出了新的概念"（Foner，2012：337）。奥沙利文并不代表政府，但他的思想很明显地契合了很多人的心思。当时来自肯塔基州的一位参议员说："自由女神并不限制于地域大小。"（Foner，2012：338）无论是民间的报人还是国会的政客都把一件神圣的外衣披在美国领土扩展的行为上，这说明了意识形态的力量。其实，即便是爱默生这样的有强烈批判精神的思想家也会在无意间赞同这种蕴含神圣使命的美国行为，他在1844年撰写的题为《诗人》的散文中激励人们为美国而歌唱，提到要把西部的"俄勒冈和得克萨斯一起纳入被歌唱的行列中"（Emerson in Baym，2007：1193），但其时这两个地区都还不是美国的领土。显然，爱默生的言外之意是美国拥有使命将其纳入领土，这是神圣感所为。反映在这种"歌唱"行为背后的是一种无形的但强烈的民族优越感。同样，与爱默生同时代的大诗人惠特曼也表现出了类似的情感，比之爱默生更加直接、更加强烈，他在1855出版的《草叶集》序言里对美国充满了赞美的激情："在不同的时间里，来自这个地球上的各个民族的美国人应是最具诗性的本质。美国就是一首最伟大的诗。"（Whitman in Baym，2007：2195）这种比较级的表述方法暗示了与其他民族的区别。也许,不管是爱默生还是惠特曼,抑或是奥沙利文都没有有意地去利用这种使命感和优越感来为自己的话语服务,但是其中表达的意味非常明显,更进一步而论,根深蒂固。可见,美国的历史不长,但是传统思想的力量强大,它成为一种影响思维和想象的文化,一种贯穿政府行为和个人话语的意识形态,一种给予合法性的力量,而这自然与软实力有关,软实力的吸引力首先需来自对自我行为的信仰。奈多次强调软实力在于要让对方看到你的行为的合法性所在,除了你的行为所依赖的被认同的价值观以外,你自己对你的行为的合法性阐释的信仰是让对方接受你的重要条件,而你的阐释需与被认同的价值观相关。从"山巅之城"到"天定命运",背后反映的是对神圣性笼罩下的自由的膜拜和追求,美国的历史思想传统将其塑造成了美国的象征,成为美国文化的特征。合法性由此而生。

任何事情都有其两面性。无论是"天定命运"还是"山巅之城",都有其一面之词的问题,都是从美国所信仰的逻辑出发,也都是为着美国国家目的服务的。尽管从个人来说,这一点似乎并不明显,因此也可能并不会充分意识到。但是,在意识形态上升到国家层面时,文化也就表现出了中心主义与扩展态势。中国的美国历史研究学者王晓德指出,"美国文化的全球扩张是美国政府对外战略的重要组成部分,旨在逐步实现美国文化世界观对世界的重塑,为美国永远把持国际事务的领导权奠定重要的基础"(王晓德,2011:49)。这是从国际关系的角度剖析美国文化与权利间的互动关系,摩根索所说的文化帝国主义可以在美国文化的扩张中找到印证。王沪宁在题为《文化扩张与文化主权:对主权观念的挑战》文章中认为,文化扩张和文化主权构成了当今国际关系主权斗争的一个新的领域,文化争执实际上是对主权概念的一种挑战(王沪宁,1994:9)。换言之,文化也是一个国家主权的表现形式,是维护与宣扬主权的一种行为。这里所说的主权不是指地域、人口、军事、工业、经济等硬实力,而是指通过文化展现的吸引力和发展更多合作对象的软实力。而"文化霸权的存在,不仅是一个主观层面的战略选择,也是一种客观层面的演进过程"(王沪宁,1994:11)。历史的进展既有主观方面也有客观方面因素起作用,"山巅之城"既是地域形势造成的结果——新大陆远离欧洲大陆的地理状况本身给予了清教徒们足够充分的想象的空间,这是客观因素发挥的作用;同时,宗教观念上的挪用和利用以及善用也让美国人从主观上找到了客观因素成立的理由,并由此作为行为的指导思想,进而成为弥漫社会各个层面的意识形态。研究思想史的美国著名历史学家理查德·

霍夫斯塔特(Richard Hofstadter)曾言:"不是多样的意识形态,而是只有一个,这是我们这个国家和民族的宿命。"(转引自 Huntington,1988:29)这是指思想传统意义上的,尤其是政治价值意义上的意识形态,而不是自 20 世纪六七十年代后多元文化主义下的多元的文化意识形态,这种建立在自由,特别是个人自由并上升到民族和国家理想高度的意识形态,按照王缉思的观点,是美国社会中"简单划一的意识形态"(王缉思,2003:9),"就其扎根于美国社会的深度而言,美国意识形态都超过历史上其他霸权国的思想基础"(王缉思,2003:11)。就其根本而言,这种美国式的意识形态为其行为提供了合法性的依据,这自然也是美国所依赖的价值观发挥功效的缘故。这是美国文化的一个显著特征。

三、为政府所用的文化

奈对文化曾下过定义:"文化是一种时常出现的行为形式(pattern of behavior),通过这种形式,集团(groups)传送知识和价值观。"(Nye,2010:91)这是所说的集团当然可以是国家,通过国家的行为,以文化的形式,传输知识和价值观,这是文化时常会显现的行为形式。从这个角度而言,美国政府应该是非常重视文化作用的,尤其是在一些特殊时期,文化作为美国价值观的传输方式发挥了意想不到的作用,而其中美国政府的有意行为更让原本或许不是出自政府意愿的文化传输具有了明显的政治倾向。这也是文化与政治在很多时候不可分离的表现,在美国,如同在其他国家,这种表现也是美国文化特征的一个方面。

美国历史学家理查德·佩尔斯(Richard Pells)在 1997 年出版了《不像我们:欧洲人如何曾经热爱、愤恨和改变自二次世界大战以来的美国文化》(*Not Like Us: How Europeans Have Loved, Heated and Transformed American Culture Since World War II*)一书。此书讨论了文化互相影响的过程,即美国文化影响欧洲文化,反过来欧洲文化在与美国文化的交往、抵制和改造过程中也影响了美国文化,其中涉及的一些文化传输现象与美国政府的行为不无关系。二战后美国政府出台了旨在促进文化交流的富布莱特项目。1947 年以参议员富布莱特的名字命名的这个项目,在首倡者富布莱特的眼里,应该与"政治说服、宣传,或者是形象塑造"(Pells,1997:59)没有关系,他的目的很是纯粹,只是为着"让美国人知晓世界的原样,让来自世界其他地方的学生和学者知晓美国的原样"(Pells,1997:60),所以在富布莱特项目的计划书里,写着这样的话:"通过在教育、文化和科学领域的学术交流促进国际间的善意（good will）。"（Pells，1997：59）但是，在具体实施过程中，很难避免政府的影响，因为经费来自国会的拨款，项目管理设在美国国务院，要说没有避开政府的控制很不现实。包括佩尔斯在内的很多富布莱特学者意识到这个项目中政府影子的存在，或许也不会在意，但是正如他指出的那样，"富布莱特项目是冷战的产物"（Pells，1997：58），是美国政府面对苏联的宣传战略实施的文化反击行动的一部分，在项目的实施过程中，富布莱特项目被美国国会和国务院视为扩大在世界上对美国价值观和体制的赞许的手段。而这自然也是奈所言的软实力的体现。

佩尔斯在书中讲述的另一例子是关于在冷战初期在欧洲成立的"文化自由大会"（Congress for Cultural Freedom）。1949 年 3 月在纽约召开了"促进世界和平文化和科学大会"，参与者有美国的一些著名科学家和文化人士，如爱因斯坦和卓别林，也有来自包括苏联在内的一些国外文化界的著名人物，这个活动被认为是得到了美国共产党和苏联的支持。一些美国反苏自由主义左派人物于是起来反戈一击，他们于 1950 年在柏林召开了"文化自由大会"。这个活动得到了美国中央情报局的秘密资助。资助一直秘密进行，并不为很多参与者所知，直到60 年代中期被揭穿（Pells，1997：70 - 71，另见金衡山，2017：64 - 77）。

无论是"不情愿"（Pells，1997：62）成为政府文化手段的参与者，还是不知晓地被卷入以文化作为政治立场的斗争，上述事例都表明似乎不关乎政治的文化都会成为政治的伙伴，其中既有代表政治立场的政府的运作，也有一个时期社会氛围的要求，其结果是文化的被挪用。冷战初期，20 世纪 50 年代美国绘画界抽象表现主义画派在很多时候被作为美国精神的代表出现在各种国际画展中。抽象表现主义画派以其抽象、晦涩、朦胧的风格闻名，在一段时间内并没有多少人知道这个画派的存在，且还曾受到美国国内一些文化保守分子的批评甚至攻击，但在冷战时期，其特立独行、难懂难解的画风被一些文化批评界的话语掌控者看中，被视为是自由精神的代表，以区别于苏联的文化专断与文化控制，之后更是得到洛克菲勒基金会的资助，而其中的一些资助则来自中央情报局的秘密提供。在这种氛围之下，本来只是绘画风格的问题变成了文化与价值观表现的问题，艺术在无意间被挪用了。这中间代表美国政府的中央情报局与代表冷战思维的文化界批评人士不约而同地把文化与政治黏合在一起，以自由为核心的价值观自然也就与美国的国际形象的塑造走到了一起（见金衡山，2017：257 -272）。同样的情况也发生在冷战期间美国政府对爵士乐的充分利用上。因随性、随意、即兴表达而深受大众喜爱的爵士乐在 20 世纪 50 年代初被美国发现可以抵御苏联在世界各地的文化活动,美国国内的一些著名爵士乐手被组织起来派往国外,在包括苏联在内的一些国家进行巡回演出,与抽象表现主义绘画一样,爵士乐表达的自在自由的音调被作为代表美国的自由精神大加宣传。原本只是来自民间的一种音乐形式在一段时间内被赋予了极强的政治价值观意味(见孙璐,载金衡山,2017:273-291)。文化作为软实力可见一斑。

上述事例发生在冷战期间,在一个政治意味特别浓厚的时刻,文化意义的被挪用也可能难以避免。但是冷战结束后的全球化时代,美国文化,特别是大众文化的全球蔓延,看来似乎与政治无关,但是背后的价值观依然无处不在。王晓德教授在研究美国文化全球化过程中,发现"全球化带来美国大众文化的急剧扩张,尽管这种扩张首先是由美国跨国公司出于扩大全球市场以赚取更多利润的考虑所促动的,但显然获得了美国政府的大力支持,属于官方力图用本国文化价值观影响其他国家朝着有利于美国利益实现之方向发展的有机组成部分"(王晓德,2011:617)。文化在广义上而言,并不只是限于艺术、文学、电影等为大众所熟知的内容,也包括行为方式本身,美国公司的行为和言行也时常能发挥文化的作用。奈在论述软实力并非完全出自政府行为时引述他人的话强调"美国公司和广告公司的高层管理者们,以及好莱坞的制片公司的头头们不仅仅是在买他们的产品,而且也在买他们的文化和价值,对世界而言,这是他们成功的秘密"(Nye,2002:70)。当然,美国政府也一向重视文化在表现美国国际形象时的重要性。2000 年 11 月,克林顿政府召开首次"文化与外交"研讨会,目的是加强美国文化对全球发展的影响力,同时呼吁国会加大对文化外交的拨款。奈在著述中多次比较冷战期间和冷战结束后美国政府文化外交的投入,相比之下冷战结束后减少很多,这也是他极力呼吁加大软实力的原因之一。其时,时任克林顿政府国务卿的奥尔布赖特在会上发言,强调文化在对外关系上的重要性:"在我们面对着从建立关键性贸易规则到寻求和平共同基础的许多国际挑战中,文化因素起着关键作用。这就是为什么我们的文化外交计划是美国政策成功的中心所在——我特别强调这一点。这些计划帮助我们教育我们的公民理解其他国家的民族经历,帮助我们的国外朋友了解我们自己的文化动力和多样性。这就是为什么文化是如此之重要,致使我们能够把文化和公众外交变成美国外交政策的主流。"(转引自王晓德,2011:617)王晓德教授评述说:"奥尔布莱特这里所谈到的'文化',主要指通过各种手段能够比较真实地向国外大众传递的一套反映美国社会的价值观念,以便他们对美国政府的海外活动的认同,进而为美国政府实现其政治、经济以及战略目的扫除障碍。这种文化上的力量便是美国著名学者小约瑟夫·奈提出的'软实力'资源。"(王晓德,2011:618)。确实如此。

同时,也要区别文化的作用与宣传的区别,这里关键的问题在于"真实"。美国政府通过或者是利用文化传递美国的价值,在其看来,这种行为不是一般意义上的宣传。宣传(propaganda)一词在美国人看来含有诸多不真实,乃至欺骗的含义。《美国传统词典》(*The American Heritage Dictionary*)将"宣传"定义为"对于一种指定的教义的系统的宣扬,或者是对反映这种教义的观点和利益的辩议"(AED,1982:992)。显然,美国人不认为他们所持守的价值观是"教义",所以,对于价值观的传输不是宣传。也是在这个意义上,真实地传递美国的价值观成为文化行为的衡量标准。日本学者渡边靖在《美国文化中心:美国的国际文化战略》一书中,一方面剖析美国政府文化战略的国家意图,另一方面也特别介绍文化战略"宣传"过程中的真实性的重要。肯尼迪政府负责文化战略的新闻署署长爱德华·R.默罗(Edward R. Murrow)强调:"美国的传统和伦理就是,(美国新闻署)据实采取行动,真实才是最好的宣传,虚假是最坏的宣传。要想具备说服力,就必须值得信赖,为了争取信赖,信用就非常重要,为了赢得信用,真实性是不可缺少的。这是非常简单的道理。"(渡边靖,2013:60)这些看似非常简单的道理,在政府方面是不是完全照样去做,这其实很难确定,但是这种源于价值观中民主原则的真实性标准也是很多美国人,包括普通美国人遵守的原则。这就对政府提出了相应的要求。有些时候政府采取的方式试图掩盖一些行为和目的,在个人方面就会引起反感。比如,富布莱特项目尽管隐含着政府目的,但享用这个项目的一些美国学者并不会完全遵照政府的旨意行事;相反,富布莱特学者中批评美国政府的情况并不在少数,如哈佛大学著名文学研究学者丹尼尔·艾伦(Daniel Aaron)20世纪70年代在东欧做访问学者时,时常针对美国政府发表批评言论,但这并不影响他作为美国政府派出的学者的身份①(Aaron,

---

① 著名美国文学研究学者、《哥伦比亚美国文学史》主编埃默里·艾利奥特(Emory Elliot)曾在笔者对其的采访中提及他在国外做学术演讲时时常批评美国政府,有些时候因为言辞严厉甚至遭到一些当地美国领事馆官员的警告,但同时他也得到美国国务院邀请主撰介绍近年来美国文学研究的发展趋势一书(Emory Elliot and Craig Svonkin:*New Directions in American Literary Scholarship*:1980-2002,Washington:Bureau of Educational and Cultural Affairs,United States Department of State,2004.)。

2007：109)。著名黑人爵士音乐家杜克·埃林顿(Duke Ellington)和路易斯·阿姆斯特朗(Louis Armstrong)在50年代都对美国的种族隔离政策做过严厉的批评,后者因为1957年9月发生的"小石城事件"①拒绝为国务院担当文化大使,取消了早已敲定的对苏爵士乐巡演计划并对艾森豪威尔政府提出了严厉批评,引起了政府部门的不满和焦虑,但是后来美国政府还是给在南美进行商业演出的阿姆斯特朗提供帮助,因为政府认为他是"美国真正的文化大使"(孙璐,载金衡山,2017：284)。尽管这中间仍然还是有利用的因素存在,但是民主氛围的存在及其价值理念的影响让阿姆斯特朗维持了一定程度的真实性。这是事实。当然,这种事实本身也给予了美国更多的价值观的支持。一方面是政府利用文化为其服务,另一方面文化的内涵本身要求政府遵守价值观,这两者并不总是能保持一致,但至少对政府也是一种约束。这是美国文化与政府的关系中一个不得不关注的地方。

四、美国文化的多元、市场的驱动与国际视野

"美国没有文化部,但却存在着一种文化体制。这一体制是独特而复杂的,是去中心化的和不平衡的,是有活力的和非理性的,是多元主义的和分散的,拥有巨大的优势和众多不良的后果,它是国家历史的产物,是这片广袤的国土以及来自各个国家和各种文化的移民的产物。"(马特尔,2013：430)这段话来自法国社会学家、记者、外交官弗雷德里克·马特尔(Frederic Martel)撰写的《论美国的文化：在本土与全球之间双向运行的文化体制》一书。马特尔曾花费4年的时间在美国走遍35个州110个城市,进行了700多次访谈,探索美国文化的秘密。没有政府明显的组织和参与,没有"文化部"的指令与要求,没有统一的文化行动部署,文化却依然是丰富无比,而且,不仅是国内的文化多彩,更重要的是在国际上的文化影响乃至霸权,在一定程度上,美国的文化成为世界的文化,至少是不可不关注的世界级的景象。这些都是怎么形成的? 让马特尔好奇、进而探究的这个问题其实也是很多关注美国文化的人会提出的问题。在很大程度上,独特的文化体制、多元的文化特性、多梯级的文化形式、市场的驱动和取之不尽

---

① 指1957年发生在美国阿肯色州非裔美国人进入当地小石城中学而导致的事件,该州州长试图阻止黑人进入此校,后在美国总统艾森豪威尔派遣军队干预下,黑人学生才得以进入该中学。

的价值观资源构成了美国文化的活力,而其中市场经济的因素占据了主导的地位。我们同样可以先从马特尔在此书前言的一段描写开始说起:

> 在时代广场的中心地带,即在 42 街与 53 街之间,我们看到一家令人咋舌的大型维珍零售店(Virgin Megastore),自称全世界最大的娱乐商店,在店内的三个楼层,DVD 货架上正在出售《蜘蛛侠 2》这样名闻遐迩的大片,流行乐货架在出售斯克里蒂·波利蒂的一张标题为《雅克·德里达》的唱片,(微小的最近刚被关闭的)古典音乐货架在出售电影《泰坦尼克号》的原声唱片。距离维珍咫尺之遥,有一间大型迪士尼商店,人们在那里可以买到成打的狮子王;有一间麦当劳,是"世界上光临人数最多的一家",有一家"玩具反斗城",是美国最大的玩具店,人们在那里观赏长颈鹿杰弗里。杰弗里、狮子王和赤膊牛仔,它们是消过毒的"迪士尼化"的时代广场的象征,它们在那里是为了给人以梦想……(马特尔,2013:2)

蜘蛛侠与泰坦尼克号,麦当劳与狮子王,还有迪士尼,这些是商品名称,或者是商品制造商的名号,也是美国文化的流行词,同时也是世界文化的通行符号。马特尔描写的纽约时代广场附近的街景也出现在世界各地城市的广场或者街头热闹之处,文化的美国不仅在美国,也在世界各地显现。而让这个现象无处不在的推动力很大程度上来自市场的力量。马特尔在这段描写前这么说道:"在这里,文化首先是商业。据说文化是主流的,即大众的和占主导的文化。在这座永远不眠之城里,市场在各个层级上都占据主导地位"(马特尔,2013:2)。所谓市场,即指商业活动,简言之,指注重买方的需求,发现与满足对方的要求继而将这种发现与满足的行为推广到极致,以致让买方成为卖方的附庸,从跟随到追随再变成崇拜,这其实就是现代消费文化的运行规则。美国文化,尤其是大众文化的制造者谙熟这种运行途径,从一开始就显现出了敏锐的市场头脑。佩尔斯在比较美国和欧洲新闻报道的不同时,指出相比于欧洲报刊和电视上经常出现的那种意识形态话语明显、呆板老派文风的报道,美国式的报道则会有更多的图片和短快式风格的故事叙述,满足了既需要知晓消息也需要娱乐的观众的要求。因此,在 20 世纪 70 年代,欧洲版的《时代》周刊(*Time*)很快就打败了英国的《经济学人》(*The Economist*)和法国的《快讯》(*L'Express*)(Pells,1997:208)。同样,在电影制造方面,佩尔斯指出,让美国电影和电视节目通行国际的原因是其

"紧扣情节、突出画面表达以及依靠脾性怪异但魔力十足的明星"(Pells，1997：209)。好莱坞著名导演西德尼·波洛克(Sidney Pollock)在讲述好莱坞的秘密所在时，直截了当地说："在其可以成为任何东西之前，美国电影首先是一件产品。对于产品，我们不说伟大还是不伟大，我们就以对产品的态度对待它。其中有些会成为艺术，但它们首先都是以一种商品的身份来得到投资的，不管其如何地雄心勃勃。"(Pollock，载金衡山，2011：224)所谓"雄心勃勃"，说的是艺术上的追求与思想上的表达。市场因素的充分利用和发挥现在早已是全球大众文化的不二法则了。就美国而言，不仅是在国内如此，更是把眼光瞄准国际市场，同样也把市场运作规则发挥到了淋漓尽致。法国学者诺文·明根特(Nolwenn Mingant)在《好莱坞如何征服全世界：市场、战略与影响》一书中，主要就是从市场运作的角度勾勒出好莱坞走向世界、主导国际电影市场的轨迹，如本身只是美国国内电影奖项的奥斯卡奖在不知不觉中早已经成为"身份象征和广告媒介"(明根特，2016：54)。在走向国际的过程中，好莱坞遵循了"透明叙事"的方式，即"在每个文化中找到共鸣并因此被当作'本地人'看待"(明根特，2016：63)，明根特认为好莱坞电影统治性理论建立在"基于作品的世界性"(明根特，2016：63)之上。所谓"世界性"，除了意识形态、政治意志以外，从市场角度而言，则是指满足世界各地不同文化背景下的观众的需求。这是融美国于世界之中的表现，而这与美国国内的文化多元景象相关。佩尔斯指出，美国国内的多元文化背景——种族、阶级和地区的多样性，使得包括电影在内的媒体想尽办法试验能够吸引观众注意力的方式和内容，这种诉诸多元文化的做法"证明也是能够在国外对各个族裔的人产生吸引力的一种方式"(Pells，1997：208)。迪士尼用具有鲜明中国元素的熊猫和花木兰故事打造世界版的励志片《功夫熊猫》(*Kong Fu Panda*)和《花木兰》(*Mulan*)，以及用典型的墨西哥文化色彩的背景讲述"家"的意义和美国梦之无处不在的故事《寻梦环游记》(*Coco*)，就是这些多元文化下催生的产品之一。从 20 世纪 70 年代到 21 世纪初美国电影的国内市场和海外市场的之比逐步变化，海外市场占了大部分。1975—1993 年，国内市场占主导地位，2004 年海外市场占全球收入的 62.2%(明根特，2016：7)。而在 2016 年全球电影票房累计 381 亿美元，其中好莱坞收入 289 亿美元，占比 76%，几成垄断之势，再一次显现了好莱坞电影在全球化体系里的迅速扩张与传播(www.sohu.com/a/12937280-505752)。

市场导向的国际视野并不脱离于美国价值观的宣扬与传播。明根特在书中引述一位美国电影研究专家的分析，标识出了美国意识形态在美国电影中的表现：①展现美国制度的优越性，将美国制度作为模范制度进行展现，如《天命》（*Luck of the Draw*）、《独立日》（*Independence Day*）、《世界末日》（*Armageddon*）；②爱国主义的重要性，无处不在的国旗，如《爱国者》（*The Patriot*）、《风语者》（*Windtalker*）；③总统占据中央广场，如《惊爆内幕》（*The Insider*）、《天地大冲撞》（*Deep Impact*）；④革命意识形态的失信，如《决战斯大林格勒》（*Stalingrad*），此片以挑战苏联的意识形态作为结束；⑤颂扬个人主义，这在好莱坞电影里是根本性的，通过讲述个人努力而成功或成为英雄的故事以赞颂美国价值观中的重要内容：个人性和个人主义，如《角斗士》（*Gladiator*）、《启示录》（*Apocalypto*）、《魔戒》（*The Lord of Rings*）、《谍中谍》（*Mission：Impossible*）；⑥美国梦以及由此延伸出来的"爱"与"家"主题的内容，如《安娜与国王》（*Anna and the King*）、《尖锋时刻2》（*Rush Hour 2*）、《后天》（*The Day After Tomorrow*）；⑦令人欣慰的世界愿景，即系统化地使用大团圆的结局，如《爱国者》（明根特，2016：225 - 226）。自然，对这些"标识"会有不同的意见，如第三点"总统占据中央广场"并不具有典型性，其实在很多好莱坞电影中，美国领导人是被当作讽刺对象来表现的，如《总统杀局》（*The Ideas of March*）、《总统班底》（*All the President's Men*）等。其他一些意识形态标识表达方式也会有不同之处，如有些是通过负面，即批评的方式来表述对美国的赞颂，如灾难片《后天》中有不少不满美国政府的表述，但最终赞颂的还是最根本的美国价值观，如对人的关怀，以及由此引申出来的对世界美好愿景的期待。另有一些时候，好莱坞也生产对美国进行深度批判的影片，如经典片《愤怒的葡萄》（*The Grapes of Wrath*）表现了20世纪30年代大萧条时期美国农业工人的悲惨生活，影片结束时农工掀起了向政府武力反抗的行为。此片在国外播放时曾遭到美国政府的干涉，为了不致于产生向共产主义示好的印象，制片商同意撤回了电影，但有意思的是，即便是这样的看似反美的电影，国外观众也能从中看到美国社会的闪光之处，因为他们看到那些遭受大萧条惨痛打击的农工竟然还能拥有自己的汽车（Pells，1997：215）！这些所谓的反美影片同时也表明了美国社会的开放程度，很多时候更能得到观众的喜爱，产生了更好的市场效应。很显然，价值观在市场因素挤压下也可以成为估价的杠杆，但不管怎样，这种社会开放的程度本身也是美国价值观的表现。从这个方面而言，无论是美国社会，还是美国政府，抑或是文化商品的制造者们都是获利者。

　　市场因素不仅仅体现在文化产品的制造上，也深入文化体制的运转中。没有"文化部"的美国政府表面上看来是对文化采取不闻不管的方式，但是实践上并不是完全甩手不顾。1965年，约翰逊政府经过艰苦努力终于获得国会通过，成立了国家艺术基金会（National Endowment for the Arts，NEA），但是与欧洲国家的文化部不同，NEA只是事务处，仿效慈善业模式，而不是国家干预的模式，也就是由国家出台指导文化的政策。马特尔评述说："在美国永远不会让政府去负责文化，相反，一切都倾向于避免让国家去做选择，一切都在于分权给各州而非联邦政府，分权给评委会而非交给代理人和官员。"（马特尔，2013：61）美国历史上人们对政府尤其是联邦政府的不信任态度从中可窥一斑。NEA可以接受私人捐款，这种让一些欧洲国家吃惊的做法在美国很是通行，显然政府是要引进市场经济模式来管理和运行政府的机构。

　　文化一方面被视为商品，另一方面文化中的很多内容毕竟很难完全等同于商品，政府旨在帮助那些需要资助的文化项目，如芭蕾、交响乐、博物馆等，政府不能也没有这个能力包办一切。美国的各种基金会于是在这个方面发挥了很大作用。资中筠先生在《财富的责任与资本主义演变：美国百年公益发展的启示》一书中对美国各类有影响的基金会的历史和作用进行了精湛的梳理和分析；相比于教育，基金会对艺术的投入没有那么多，因为艺术效益的成果不像教育那么明显，在社会舆论方面，也不像教育那样令人同情，但是，也正因为如此，"除少数国家拨款的之外，文化艺术、博物馆等对基金会的依赖就更多"（资中筠，2015：380）。完全商业化的文化产业势必要影响文化整体发展的平衡，政府的投入与社会的关注在一定程度上制衡了以利为图的行为，促进了马特尔所说的"梯级层面"文化景象的产生。"由独立机构中的非营利的大交响乐团、当代艺术博物馆、舞蹈团、大学和大学出版社所产出的以卓越为标志的'雅文化'也同样供应给全世界的音乐厅、文化中心和图书馆，这些文化是非商业的和娱乐的。"（马特尔，2013：448）在以商业品性为主的大众文化席卷包括美国在内的世界各地的同时，在美国，精英主义和卓越文化也同样占据着重要的地位，这是美国文化中另一种多元文化的存在。"这一体制的力量在于它很大程度上是靠自己在运转的。"（马特尔，2013：435）当然，所谓"自己在运转"只是一种形容，背后其实有一种推力在行动，借用亚当·斯密的话来说，就是"一只隐形的手"，它指向两个方向，一个是市场经济，另一个是价值理念。马特尔如此总结道："在美国文化的飞机上没有驾驶员，没有权威，也没有核心行动者，但这里有更好的东西，有成百上千的独立行动者,所有人彼此联系在一起,他们各自是孤立的,但是他们头脑中深深地印着甜蜜而苦涩的独孤感,促使他们为了公益而行动,促使他们团结在美国价值观的周围。他们是自私自利者,又是慈善家,这就是美国公民人文主义的'奇迹'。"(马特尔,2013:435)马特尔撰写其书的目的是"了解美国的文化体制,以便更好地捍卫我们的民族文化"(马特尔,2013:前言:9)。从上述引文来看,似有一种对美国文化的溢美之词止不住地流露出来,了解几乎要变成了赞颂。这种形式上的矛盾也见于马特尔描述的美国文化本身:独立与彼此联系,孤独与公益,自私与慈善,没有核心与价值观的统领,这些看似互相矛盾的东西在这里却彼此走到一起,既紊乱又有序地构建着美国文化的风景线。这或许就与自由与平等既互相支撑又互相拆解一样,这种矛盾的关联在美国也有剑拔弩张、互相对立的时候,但更多的时候,紧张的关系会趋于缓和,在政治上表现为"渐进"(资中筠,2001:41)的方式,在文化上显现为多元与特立的并存,在社会层面则是容忍与秉持的互构,这种在统一价值观下有伸缩的张扬也应是美国软实力的最好表现之一。

软实力只是一种指称,一种描述发生影响的方式,本身无所谓"好坏"。让其拥有"好坏"品性的是价值观的作用。文化体现价值观,从而发生影响,再继而形成软实力。实力无论怎样"软",其本质其实就是霸权。在这个方面,美国的霸权以文化的形式,强力展示其价值观,这是美国统治世界的有力武器,也是软实力得以发挥作用的主要方式。

上述从文化与民族精神、思想传统、政府行为以及市场因素的关系四个方面对美国文化的特征的评述只是粗略勾勒了几个线条,但其中涉及的一些内容指向美国文化的核心,可以有助于理解软实力与美国文化的关系。

引用文献:

Aaron, Daniel. 2007. *The Americanist*, Ann Arbor: The University of Michigan Press.

Bell, Daniel. 1978. *The Cultural Contradictions of Capitalism*, New York: Basic Books.

Bella, Robert et al. 1985. *Habits of Heart: Individualism and Commitment in American Life*, Berkeley & Los Angeles: University of California.

Benedict, Ruth. 1961. *Patterns of Culture*, London: Routledge.

Brinkeley, Alan et al. 1991. *American History：A Survey*. eighth edition. New York：McGraw-Hill, Inc.

Buell, Lawrence. 2003. *Emerson*. Cambridge, Massachusettes and London：Harvard University Press.

Crunden, Robert M. 1996. *A Brief History of American Culture*. New York：North Castle Books.

Emerson, Ralph W. 2007. "Poet" in *The Norton Anthology of American Literature*. Volume B, seventh edition. Nina Baym, general editor. New York & London：W. W. Norton & Company.

Eriksson, John & Ludvig Norman. 2011. "Political Utilization of Scholarly Ideas：The 'Clash of Civilization' vs 'Soft Power.'" *Review of International Studies*, No. 1 (January)：417 – 436.

Ferguson, Niall. 2003. "Power." *Foreign Policy*, Jan.-Feb.；18 – 24.

Foner, Eric. 2012. *Give Me Liberty*. New York：W. W. Norton & Company.

Huntington, Samuel P. 1987. "The Erosion of American National Interests." *Foreign Affairs*, No. 5 (Sept-Oct.)：28 – 49.

Ikenberry, John. 2004. "Book Review of Soft Power：The Means to Success in World Politics." *Foreign Affairs*, May-June：136 – 137.

Joseph Nye Interview (April 8, 1998). Conversations with History, Institute of International Studies, UC Berkeley. 2018. http：//globetrotter. berkeley. edu/conversations/Nye/nye-con3. html. Accessed March 25, 2019.

Nye Jr., Joseph. 1988. "Understanding US Strength." *Foreign Policy*, Autumn：105 – 129.

Nye Jr., Joseph. 1990. "Soft Power." *Foreign Policy*, Autumn：153 – 171.

Nye Jr., Joseph. 2002. *The Paradox of American Power：Why the World's Only Superpower Can't Go It Alone*. Oxford, New York：Oxford University Press.

Nye Jr., Joseph. 2004. *Soft Power：The Means to Success in World Politics*. New York：Public Affairs.

Nye Jr., Joseph. 2010. *The Powers to Lead*. Oxford：Oxford University Press.

Nye Jr., Joseph. 2011. *The Future of Power*. New York：Public Affairs.

Nye Jr., Joseph. 2015. *Is American Century Over?* Cambridge, UK：Polity Press.

Nye Jr., Joseph. 2018. "China's Soft Power and Sharp Power." https：//www. project_ syndicate. org/commentary/china_soft_and_harp_power_by_joseph_nye_2018 - 01. Accessed March 23,2019.

Pells，Richard. 1997. *Not Like Us：How Europeans Have Loved，Hated and Transformed American Culture Since World War II*. New York：Basic Books.

The American Heritage Dictionary. 1982. Second College Edition. Boston：Houghton Mifflin Company.

Whitman，Walt. 2007. "Preface to Leaves of Grass（1855）" in *The Norton Anthology of American Literature*，Volume B，seventh edition. Nina Baym，general editor. New York & London：W. W. Norton & Company.

Williams，Raymond. 1961. *The Long Revolution*. Penguin Books.

Williams，Raymond. 1981. *Culture*. Glasgow：Fantana Paperbacks.

Winkler，Jonathan Reed. 2005. "Book Review of Soft Power：The Means to Success in World Politics." *International Journal*. Winter：268 - 269.

Walzer，Michael，2011. "What Does It Mean to Be an American."载金衡山主编《美国读本》,北京大学出版社。

"2016 年全球电影票房累计 381 亿美元　好莱坞占 76%",2019,www. sohu. com/a/12937280 - 505752。

爱德华·泰勒,2004,《原始文化：神话、哲学、宗教、语言、艺术和习俗发展之研究》,连树声译,谢继胜、尹虎彬、姜德顺校,广西师范大学出版社。

保罗·肯尼迪,1988,《大国的兴衰：1500—2000 年的经济变迁与军事冲突》,王保存等译,求实出版社。

丹尼尔·布尔斯廷,2009,《美国人：殖民历程》,时殷弘译,上海译文出版社。

董小川,2006,《美国文化概论》,人民出版社。

渡边靖,2013,《美国文化中心：美国的国际文化战略》,金琮轩译,商务印书馆。

费孝通,1985,《美国与美国人》,生活·读书·新知三联书店。

弗雷德里克·马特尔,2013,《论美国的文化：在本土与全球之间双向运行的文化体制》,周莽译,商务印书馆。

汉斯·摩根索,1991,《国家间政治：权力斗争与和平》,徐昕等译,北京大学出版社。

金衡山等,2017,《印迹深深：冷战思维与美国文学和文化》,南开大学出版社。

金衡山主编,2011,《美国读本》,北京大学出版社。

康马杰,1988,《美国精神》,南木等译,光明日报出版社。

孔祥永,梅仁毅,2012,《如何看待美国的软实力》,《美国研究》第 2 期。

雷蒙·威廉斯,1991,《文化与社会》,吴松江、张文定译,北京大学出版社。

刘德斌,2004,《"软权力"说的由来与发展》,《吉林大学社会科学学报》第4期。

刘颖,2010,《相互依赖、软权力与美国霸权:小约瑟夫·奈的世界政治思想研究》,中国社会科学出版社。

马修·阿诺德,2002,《文化与无政府状态》,韩敏中译,生活·读书·新知三联书店。

倪世雄等,2001,《当代国际关系理论》,复旦大学出版社。

诺文·明根特,2016,《好莱坞如何征服全世界:市场、战略与影响》,吕好译,商务印书馆。

庞中英,1997,《国际关系中的软力量及其他:评美国学者约瑟夫·奈的〈美国注定领导世界?〉》,《战略与管理》第2期。

萨克凡·伯克维奇,2006,《惯于赞同:美国象征建构的转化》,钱满素等译编,上海译文出版社。

孙璐,2017,《挪用的政治II:作为宣传武器的爵士乐》,载金衡山等,《印迹深深:冷战思维与美国文学和文化》,南开大学出版社。

王沪宁,1991,《美国反对美国》,上海文艺出版社。

王沪宁,1993,《作为国家实力的文化:软权力》,《复旦学报》第3期。

王沪宁,1994,《文化扩张与文化主权:对主权观念的挑战》,《复旦学报》第3期。

王缉思,2003,《美国霸权的逻辑》,《美国研究》第3期。

王晓德,2000,《美国文化与外交》,世界知识出版社。

王晓德,2011,《文化的帝国:20世纪全球美国化研究》,中国社会科学出版社。

约瑟夫·奈,2012,《美国注定领导世界?美国权力性质的变迁》,刘华译,中国人民大学出版社。

张小明,2005,《约瑟夫·奈的"软权力"思想分析》,《美国研究》第1期。

朱峰,2002,《浅议国际关系理论中的软权力》,《国际论坛》第4期。

朱世达,2001,《当代美国文化》,社会科学文献出版社。

兹比格纽·布热津斯基,1998,《大棋局:美国的首要地位及其地缘战略》,中国国际问题研究所译,上海人民出版社。

资中筠,2001,《冷眼向洋:百年风云启示录》,生活·读书·新知三联书店。

资中筠,2014,《美国十讲》,广西师范大学出版社。

资中筠,2015,《财富的责任与资本主义演变:美国百年公益发展的启示》,上海三联书店。

第二章　大众文化与美国

第一节　美国大众文化的历史

　　大众文化在美国是社会生活的重要组成部分,随着美国社会的发展而发展。在美国社会发展的各个历史阶段,大众文化都发挥了重要的影响,在一定程度上,起到了既是社会的离散器也是聚集力的作用。从历史角度而言,大众文化一般情况下起源于社会底层,表达下层社会的意愿和偏好,一方面表现出抵抗和抗争的一面,另一方面也有低俗和无聊的内容,在发展过程中与中上阶层的生活发生碰撞,甚至产生影响。这在美国尤其如此,移民社会的特性使得大众文化在美国更具有民间的性质,但同时在其发展过程中则往往被中产阶层的价值观所俘获或软化,甚至成为中产阶层生活方式的一部分。大众文化起先源于个人的行为,但要等到具有大众的规模时,则往往已具备生产化的形式,也即融入了工业生产和商业销售的模式,所以大众文化也是工业化和商业化时代的一个产品。这在美国更是如此。美国大众文化的一个显著特点是其往往代表了美国的价值观,诸如个人自由、平等、民主以及美国梦等这些概念在美国大众文化中与生俱来,成为传播美国价值的重要工具,同时也确实在很大程度上推动了美国社会的民主进程。

　　早在美国殖民地时期,大众文化就显现出了些许苗头。在清教气息浓厚的社会中,娱乐被视为是走向堕落的前兆,但即便如此,为了给生活增添一点乐趣,从实用主义的角度出发,一些宗教人士还是在不同程度上鼓励一定限度的娱乐活动,只要能够保证这些活动是"纯真和严肃的",同时也是"自由和欢乐的"(Ashby,2006:2)。17世纪末,娱乐活动已经有了一定的形式,赛马等活动在很多地方开展。在18世纪的大部分时间里,舞蹈广为流行,原本只是为宗教仪式服务的音乐也开始在世俗生活中给人们带来欢乐。但对娱乐的批判乃至攻击的声音也时常萦绕耳边,一些清教徒对戏剧尤其有很多抱怨,认为浪费财力做一些无用的事情。

美国大众文化的发源一般被认为起源于19世纪30年代。1828年艺人托马斯·D.莱斯(Thomas D. Rice)开始跳起一种后来被称为"吉姆-克鲁"[Jim Crow,通指黑人,也指19世纪内战后美国南方盛行的各种针对黑人的"平等但隔离"(equal but segregated)的法律和行为]的舞蹈,模仿黑人的行为,逗乐取笑(Cullen,2013:68)。1832年,莱斯把脸涂黑,在一群工人面前表演"吉姆-克鲁"舞,同时唱起含有这个字眼的自编歌曲,引得在场的人乐翻了天。这种"黑脸歌舞"(blackface minstrelsy)很快流行起来,至1848年成为风靡美国的主要大众娱乐方式(见blackface,wikipedia)。"黑脸歌舞"起先主要在低层社会中流行,以模仿黑人的行为表现形式,表现黑人傻呵呵的乐天派性格,讽刺其笨拙的身体和懒惰、无所事事的行为,显然含有一种种族歧视的内容。但与此同时,也表现了下层劳动人民的很多意愿,为其讥讽上流社会提供了一个舞台,更重要的是,因为在工人中特别受欢迎,在一定程度上"黑脸歌舞"还催生了一种"工人阶级的意识"(Ashby,2006:16),而这与其时美国社会工人阶层的形成不无关联。"黑脸歌舞"虽然含有种族歧视的内容,但从另一方面看,也表现了黑人文化对白人的影响,那些表演者被称为"白色黑人"(white negro),这多少说明了一定程度的种族融合的关系。后来,这种表演也有黑人参加,在白人的指导下演出,也给黑人提供了表现自己的机会。从"黑脸表演"中还发展出了一些歌谣,早先著名的美国歌手史蒂芬·福斯特(Stephen Foster)的一些歌曲即来自"黑脸歌舞"的演出氛围。此外,"黑脸歌舞"还是第一种具有美国本土特征的戏剧表演的雏形,影响了日后的歌舞剧。

19世纪30年代另一个与大众相关的娱乐形式是"便士报"(penny paper)的诞生。1833年一位名叫本杰明·戴(Bejamin Day)的印刷工创立并发行了《纽约太阳报》(New York Sun),这是第一份成功发行并传播甚广的小报,随后跟上的类似的报纸有《纽约先锋报》(New York Herald,1835)、《纽约论坛报》(New York Tribune,1841)以及《纽约时报》(New York Times,1851)(Schwarzlose,in Inge,1982:238)。此前的美国报纸大多属于政治党派扶持的媒体,为其服务并从那里得到资助。而这些"便士报"却突破了这个传统,完全依靠街上售卖、登载广告作为资金来源。《纽约太阳报》只卖一分钱一份,报面小开本,所以得了个"便士报"的昵称。"便士报"的诞生顺应了其时美国社会识字率的普遍提高，但更重要的是满足了大众对奇闻逸事的好奇心。"便士报"普遍刊登一些耸人听闻的凶杀案，或者是八卦新闻、海外奇谈，这与此前温文尔雅的报纸风格截然不同。与此同时，"便士报"还会捕捉一些社会热点，包括一些政治事件并加以评论，时常会显示其鲜明的立场。由此，"便士报"吸引了各个层次的众多的读者，成为社会"民主化的推动者"（Ashby，2006：24），这自然也给一些上层社会的人带来了恐慌感。

"便士报"的成功也引出了展览活动（show business）。1835 年，美国历史上展览活动的开创者和投机者 P. T. 巴拉姆（P. T. Barum）在多个地方展示了一个自称已经活了 161 岁的黑人老太太，此人会讲述她如何当乔治·华盛顿的奶妈的故事，抚养小华盛顿长大。为了让这个故事及展示让更多的人知晓，巴拉姆充分利用了"便士报"，接受它们的各种采访，"便士报"则蜂拥而来，争相报道。巴拉姆的展示获得了极大成功，尽管后来证实这个黑人老太太只有 80 多岁。由此，也可见媒体在大众生活中的作用，而商业化的运作则更是大众文化兴盛的一个法宝。在一段时间后，这成为美国大众文化发展的一条铁律。

1840—1860 年，工业化进程在美国蓬勃开展，中产阶层开始逐渐形成。1860 年，美国一些城市 40% 的工作者从事非体力行当，形成了早期的"白领"阶层的雏形。越来越多的中产阶层把财富、职业和道德戒律视为衡量其生活的标准，同时，关于家庭、公共生活和性别区别的观点成为中产阶层话语的核心内容（Ashby，2006：42 - 43）。在这种情况下，原本含有粗俗和低下内容的大众文化经历了被"驯服"（taming）的过程。以巴拉姆为例，他开始提及要让他的"展示业"拥有"体面"（respectability）的形象（Ashby，2006：44）。1849 年，他邀请一位瑞典女歌唱家来美巡回演出，舞台上穿着白色演出服的歌唱者的温柔形象在观众眼里成为圣洁的化身，更是迎合了女性"顾家"（domesticity）的社会要求。而此前，在舞台上早已有感伤式的"情节剧"（melodrama）出现，讲述充满感伤情调的家庭恋爱故事，强调道德自律与天真品格。"情节剧"通常情节简单，人物类型化，教训意味强烈（见 melodrama，wikipedia），这种模式对后来好莱坞的美国大片制作产生了很大影响。

与此相应的是一些伤感通俗小说的出版也获得了大批读者的青睐。苏珊·华纳（Susan Warner）于 1850 年出版《广阔世界》（*The Wide Wide World*），玛丽亚·苏珊娜·卡敏斯（Maria Susanna Cummings）于 1854 年发表《点灯人》（*The*

Lamplighter),两部小说都以小女孩为主人公,叙述其成长经历,其中不乏感伤情节和道德训诫,针对的读者显然都是中产阶层的家庭妇女。1852 年,斯托夫人出版《汤姆叔叔的小屋》(*Uncle Tom's Cabin*)成为其时以及整个 19 世纪最畅销的小说,发行量从 30 万册上升到 100 万册。小说激烈抨击了残酷的黑奴制,同时小说也动用了伤感情节,以眼泪和情感感动读者,以此达到对南方黑奴制产生愤恨的目的。以上三位作者都是女性,中产阶层的家庭生活准则和道德情感是她们写作的依据,也是打动读者的秘诀。同样,这也为后来美国大众文化的发展定下一种基调,即用中产阶层的道德标准压抑和调和大众文化中的躁动、粗劣与抵抗倾向。

但是,大众文化固有的这种倾向随着市场经济的迅猛发展,常常会突破某种道德标准的干预,一路高歌猛进,只为赢得大众的欢乐,各种显现方式与商业化的结合更让其成为社会生活不可忽视的力量。19 世纪后半叶美国大众文化商业化的倾向更加明显。巴拉姆主办的各种稀奇展示在 1841—1865 年间卖出了3 800 万张票,其间美国的人口增长到了 3 500 万(Ashby,2006:71)。由此对大众文化活动的影响力可窥一斑。19 世纪后半叶美国大众娱乐的最主要方式是"欢乐歌舞表演"(Burlesque)和"杂耍歌舞表演"(Vaudeville),后者包括滑稽剧、歌唱、舞蹈、杂技在内,场面更加宏大,内容更加杂多。在商业化演出过程中两者都增加了身体裸露的内容,用女性的身体作为吸引观众的武器。歌舞表演变成了"长腿秀"(leg show)。1860 年来自英国的移民罗拉·克妮(Laura Keene)在纽约上演了一出名叫《七姐妹》的欢乐歌舞剧,舞台上的女演员身穿紧身短衣,身体一展无遗,吸引了大批观众。克妮原本是演员,后自己组团演出,曾经只是针对女性观众,演出的也是一些教化戏舞。但在商业竞争的压力下,不得已用裸露身体的方式吸引观众(见 The Seven Sisters, wikipedia)。这个时期另一个票房价值最高的女演员阿达·艾萨克·门肯(Ahah Isaacs Menken)在一出戏舞中也用同样的方式爆得大名(见 Ahah Issacs Menken, wikipedia)。19 世纪末在美国各地经常可见的杂耍歌舞表演团体尽管制定了表演内容方面的道德戒律,但实际上依然常有身体和性挑逗的场面出现。值得注意的是,19 世纪后半叶中产阶层的社会生活氛围有所松动,其穿戴方式成为城市人热衷的模仿对象。相应的是,对上述歌舞剧的接受也开始有所变化。而大众娱乐的表现方式也不同程度影响了中产阶层生活方式的变化,一个明显的结果是,一些原本被认为不入流的歌舞表演开始进入正式剧场,大众文化与社会生活间的互相关联愈加频繁。

　　19 世纪中期开始的向西拓进运动，是美国历史上的一个重要时期，不仅拓展了美国的地理面积，也生发了对美国有着深远影响的西部文化。这种文化也以大众文化的形式在历史中留下了深刻的记忆。1882 年被称为"水牛比尔·科迪"（Buffalo Bill Cody）的科迪开始表演西部牛仔马背套牛情景（Wilmeth in Inge，1982：68）。他有过丰富的西部生活的经验，当过牛仔，内战期间在北方军队服过役，与印第安人打过交道。他把自己的经历用一种表演的方式展现在观众面前，让其时已经逐渐消失的西部转化成了一种大众娱乐，也是在这个过程中，西部成为美国的象征，深深地刻印在大众的脑海中。科迪的表演非常成功，而且组织专门的班子巡回演出，甚至远达欧洲，输出美国文化。这是美国大众文化发挥影响的一个重要事例。

　　竞技体育一直是美国人生活中重要的娱乐活动。赛马、斗鸡等在殖民地时期一度流行。19 世纪后期，通过媒体的鼓吹与宣扬，经过商业化运作，体育开始大规模地走向大众生活。1878 年，来自爱尔兰移民的后代约翰·萨利文（John Sullivan）在一次拳击展示赛中获胜，脱颖而出。三年后，他开始了全国巡演赛，打败所有挑战者。之后在很长时间内成为娱乐界的奇迹，在各种商业化比赛演出中名利双收。一个默默无名的移民后代，靠着自己的力量和努力，成为众人关注的中心，萨利文的经历经过媒体的炒作成为个人奋斗的好故事，给人们描述了通向一种"尽管摇晃，但阶梯可攀的可能性"景象（Ashby，2006：149）。这种早先的"美国梦"的雏形很快也在一些诸如棒球这样的大型体育竞争中显示其意义所在。20 世纪初，一些在棒球比赛中崭露头角的运动员被认为是宣示一个事实："美国梦是可以实现的"（Ashby，2006：150）。而在西奥多·罗斯福总统看来，美式橄榄球这样的运动则非常有助于加强男性气概，改变中产阶层中普遍存在的男性气概不足的现象（Ashby，2006：150），尽管有一段时间因为这个运动过于暴力，甚至发生多次死亡事件，罗斯福总统亲自出面召集哈佛、耶鲁、普林斯顿等高校的球队聚会，讨论制度规则，以遏制过分暴力的发生。体育与美国梦、民族气质的关联，这种理解深深刻印在了美国大众文化之中，日后时常显灵，发生作用。

　　流行音乐是 20 世纪美国大众文化的一个重要方面，其影响波及世界各地。19 世纪后期的音乐制作非常散乱，写歌者只是赚几个小钱，不见市场效应。这种情况被一个名叫查尔斯·K. 哈里斯（Charles K. Harris）的班卓琴自学演奏者打破了。他在自己的工作坊门口挂起一块牌子，上写"订购歌曲"。自己不会写歌的哈里斯雇人写下他哼唱的曲调。1892 年他的《舞会之后》(*After the Ball*)一炮打响,几个月内发行 40 万张曲谱,到了年底,每个星期他的收入达 2.5 万美元(Ashby,2006:162)。自此后,音乐生产便开始流行起来。一批主要由犹太人构成的歌曲写手聚集在纽约下曼哈顿 28 街开办门店,销售音乐作品,路过的人时常能听到从各个街店里面飘出来的叮当作响的音乐声,叮砰巷(Tin Pan Alley)一词由此而出。1910 年,通过邮寄等市场手段,叮砰巷的销售额达到了每年 3 000 万张乐谱(Ashby,2006:162)。

这些融入了市场因素的音乐能够流行的一大原因是反映了来自社会底层的移民的心声,同时也反映了美国社会其时正在经历的"大熔炉"(melting pot)过程。很多歌曲写手本身就是移民。有着移民背景的著名歌曲写作者欧文·柏林(Irving Belin)写出了诸多反映文化融合的歌曲,此外他还着力推广主要由黑人作曲的拉格泰姆(Ragtime)音乐,后者融合了欧洲传统音乐、移民生活内容和黑人音乐风格,对维多利亚时代音乐传统带来很大冲击,被一些中产阶层家庭视为不雅之音。同样,曾被视为不雅之音的还有爵士乐。发源于新奥尔良的爵士乐是典型的各种音乐的混合体,既有蓝调的影子,也有拉格泰姆的节奏,更有产自叮砰巷音乐的风格,被认为是一种"美国式的文化试验产品",也可以说是确确实实的"大熔炉"的结果(Bennet in Inge,1982:179)。爵士最具特色的是打上了黑人生活的烙印,但影响远远超越了黑人群体,很多白人尤其是年轻人成为爵士乐的爱好者。到了 20 世纪 20 年代,所谓的"爵士国王"乃是一个白人,一个来自中西部丹佛的中产阶层白人乐队领队保罗·怀特曼(Paul Whiteman)。黑人文化对白人的影响在日后的摇滚和嘻哈音乐潮中再次显现作用,这足以说明美国大众文化中种族融合的趋势和影响。当然,这并不完全等同于种族矛盾在这个过程中完全消失了,一些白人在推广爵士乐的过程中并不承认黑人文化渊源这个事实,怀特曼即是其中的一个。

与叮砰巷音乐发展过程类似的是电影在美国的发展历程。19 世纪末,电影技术出现后,美国开始出现一些被称为是"五分钱娱乐场"(nickelodeon)的街边小电影屋,专门以制作和放映一些以刺激、猥亵、下流为主要内容的生活场景电影,观影者则以下层劳工为主。"五分钱娱乐场"影响到了中产阶层的生活,促使其采取各种手段进行压抑、封杀和改革,其中一个措施是发放许可证(Sklar in Cullen,2013:130)。如同此前"黑脸歌舞"娱乐形式一样,电影的发源也是满足下层生活的需要。早先的卓别林的电影如《流浪者》面向生活在社会下层的人们，"提供了朝向工人阶级的能够产生强烈印象的样板"（Ashby，2006：172）。
与此同时，电影在发展中同样经历了商业化和走向中产阶层趣味的过程。20世
纪初一些有着精明商业头脑的犹太人看中了电影的发展前景，开始进入这个领
域并将其发展成了一个日后在美国大众文化产业中最具影响力的行业。街边的
小电影屋被改造成了大电影院，外观豪华，华丽壮观，看电影于是成为中产阶层
的一种生活方式（Ashby，2006：187）。20世纪20年代二十世纪福克斯、华纳兄
弟、米高梅等电影公司成为好莱坞的主人，这些犹太电影制造商们完完全全地
"发明了好莱坞"（Ashby，2006：187）。在此期间，电影工作室制（studio）和明星
制也开始成型，好莱坞制片商们控制了制片和发行各个渠道。电影内容的讲述
方式也经历了重大变化。1915年，D. W. 格里弗斯（D. W. Griffith）导演的《一
个国家的诞生》（*The Birth of a Nation*）成为美国第一部故事片（feature film）。
这部以南北战争为背景的影片充满了种族主义思想，把黑人描述成庸俗不堪的
"坏人"，三K党成为拯救国家和民族的救星；故事中的南方家庭的温馨气氛显
然是中产阶层趣味的表现。电影业的大规模发展无疑推动了消费文化，电影明
星在很多人眼中成为他们生活和行为的"模特"。一个观众如此提及早先的女星
玛丽·皮克福特（Mary Pickford）在其心目中的地位："每一天我无不在想着她，
她不光是电影明星，也是一个活生生的人，一个朋友，一种理想。"（Ashby，2006：
197）而被称为美国"甜心"的后者在1920年收入达到了100万美元。无论是作
为产业还是作为生活影响者的大众文化之力量由此可见些许端倪。

　　1927年，好莱坞纷纷向着有声电影进发，投资增加，技术更新，但是很快大
萧条来临，开始于30年代初的经济危机把电影业几乎抛入谷底。在危急时刻，
作为大众文化主力军的电影被寄予厚望，希望能够通过观影提升民众的信心，同
时通过娱乐转移人们对现实生活的注意力。好莱坞制片商们于是要求政府减少
对电影院的税收。正是在这种形势下，好莱坞的行业协会出台了此前部分实施
的"电影制作守则"（production code），制定了一系列规则，以期遏制已经出现蔓
延势头的"伤风败俗"镜头。但是讽刺的是，道德管理并不能拯救电影业在经济
危机时走向颓势，制片商们转而再次拥抱"暴力"和"情色"镜头，用这种方式提升
观影人数。行业协会则一次又一次用"制作守则"加以约束、威胁和惩罚。于是
乎，制片商们采取变通手段，用幽默、插科打诨或其他中性手段调节涉性情节和
镜头。好莱坞明星梅·韦斯特（Mae West）的几部电影通过这种方式获得了高
额票房，甚至拯救了濒临倒闭的派拉蒙公司。好莱坞同时期还拍摄了很多匪帮

片,匪徒的英雄气概使其在观众印象中成为"可爱的坏人"(Ashby,2006:227),匪帮片涉及的劫富故事多少给处于艰难生活的人们一些同感。随着罗斯福总统"新政"政策的出台,政府对包括电影业在内的一些艺术行业给予了扶持政策,而好莱坞本身也把目光对准了现实生活,拍摄了一些颇具现实批判意义的电影。1940年,由约翰·福特(John Ford)根据作家约翰·斯坦贝克(John Steinbeck)写于前一年的小说《愤怒的葡萄》(*The Wrath of Grapes*)改编的同名电影深刻反映了大萧条时期农业工人的困境,以及对制度和政府机构的不满,成为20世纪三四十年代好莱坞左翼思潮的代表。大众文化在特殊时期一方面为了生存而挣扎,另一方面也能反映下层社会的声音,好莱坞电影以不同的方式延续了这个传统。

面对时艰,大众文化表现出相当的韧性,同时也能在困境中寻到突破口。"时势造英雄"。一个"超级英雄"横空出世于20世纪30年代的漫画产业中。此前,漫画在美国已有一段历史,也有比较固定的读者群。一般认为美国漫画发源于19世纪末期(Inge,1982:74),出现在一些城市报纸上的漫画曾给很多读者带来娱乐,也成为一些报纸不可缺少的板块。后来,各种漫画公司自己着手进行漫画书的创作和发展,形成一定规模的漫画产业。进入30年代后,漫画业景气不足。1937年来自罗马尼亚的移民哈里·多宁菲尔德(Harry Donenfeld)在窘境中接手了一家倒闭的漫画公司,重新命名为"侦探漫画公司"(Detective Comics,简称DC漫画)。DC于1938年在一本漫画书中推出了"超级英雄"的形象和故事,很快,"超级英雄"风靡一时。两年后,公司从"超级英雄"漫画发行中挣得了近百万美元。曾几何时还在苦苦挣扎中的多宁菲尔德成为富人,而"超级英雄"也闯入了广播节目、玩具行业,甚至走向了电影。

"超级英雄"的故事和形象设计来自两个出生于犹太移民家庭的中学生杰瑞·西格尔(Jerry Siegel)和乔·舒斯特(Joe Shuster)。这两个喜爱大众文化的穷学生受到以往各种漫画形象的影响,创造出了"超级英雄"形象,并赋予这个人物勇气、智慧和想象力,而这也是众多年轻人喜爱且认同的。"超级英雄"虽然来自天外,但在地球人间也拥有自己的名字克拉克·凯恩(Clark Ken)。凯恩平常不被人待见,但一旦换上超人装后便力量爆发,锐不可当,成为受压迫和需要帮助的人的救星。很显然,"超级英雄"蕴含了平等的意愿,给生活在下层社会的人提供了一种情绪宣泄的出口;同时,这个形象也在一定程度上符合"新政"所宣扬的公正社会的理念;更重要的是,这也是美国梦的一种体现,表现为人人皆有可能实现自己的愿望。"超级英雄"影响甚广。有一个调查表明,在"超级英雄"出来的头几年里,90%的四年级和五年级学生都是它的读者;"超级英雄"直接影响了后来的美国大众文化中各类"英雄人物"的出现,如蝙蝠侠(Batman)、美国队长(American Captain)和神奇女侠(Wonder Woman)等。而就30年代末的漫画业而言,"超级英雄"凭一己之力挽救了整个行业(Ashby,2006:261)。由此,也可以说从"超级英雄"漫画的产生与延伸中看到了美国大众文化产业发展的一个路径。

大众文化的发展在很大程度上要依赖技术的发展,电影如此,广播节目也是如此,后者在美国的发展过程中引入了广告,同时也通过广告传播一些社会价值观,在这个过程中大众文化得以形成。在20世纪30年代,广播与广告的结合在一定程度上表明了技术与文化融合的典型,而关于女性角色的价值观在这个过程中更是得到了最充分的表现。广播从19世纪末到20世纪20年代被认为是发展的第一阶段。早先听广播需要收听技术,所以一直到20年代,听广播是男人的事。进入30年代后,广播发展进入了黄金时代(Sharp in Inge,1982:308),广告开始进入广播,而广告针对的一个重要对象则是女性,尤其是家庭妇女。广告制作商相信那些在家女性是他们输送产品形象的主要接受者。早先的针对家庭妇女的节目主要是介绍一些家用产品,辅以使用说明;后来逐渐转向把产品使用与好家庭理念结合起来,重点放在"家庭理想观念"的传输上(Smulyan in Cullen,2013:165),包括家庭妇女的责任和"可爱的家"的理念;之后出现了一些专门节目,主持人用一个虚构的名字如贝蒂·克罗克(Betty Crocker)(Smulyan in Cullen,2013:167),代表能干的家庭妇女,在固定的时间里出现,教授使用一些家用产品,同时营造家的气氛。这些专门节目自然是一些产品的代言者,而温馨之家和好妻子与好妈妈的形象则在不知不觉中被赋予到了产品之中,价值观随之与工业产品黏合在一起,不可分割。广告在大众文化传播中的作用在广播中初见成效,之后在美国大众文化的发展历程中发挥了越来越重要的效用。

大众文化不仅见于以广告为代表的现代经济运行领域,也时时出现在与政治相关的国家意识形态中。二战期间,罗斯福政府意识到大众娱乐文化的重要性,针对很多人提出的疑问"大众娱乐有助于战争吗?",罗斯福坚持好莱坞可以生产商业性电影的立场,因为他认为"美国电影在告知和娱乐公众方面是最有效的渠道"(Ashby,2006:264),而这自然是对国家有利。爱国主义者更是直接在漫画形象中树立起来。在这方面,"美国队长"的出现便是一个典型。著名漫画企业漫威公司(Marvel)在珍珠港事件前 8 个月推出了身披蓝衣战袍的"美国队长"形象,在第一期封面上是"美国队长横扫希特勒"的画面,1941 年底珍珠港事件后,"美国队长"漫画书销量急剧上升,每个月售出 100 万册(Ashby,2006:265)。类似的爱国情绪也表露在一些流行歌曲创作中,出现了诸如《再见,妈妈,我要出发到横滨去》《把日本人从地图上抹去》《弄清楚,这是我们的太平洋》等歌颂士兵、鼓舞士气的歌曲。但很快,一些带有感伤情绪的歌曲开始流行起来,如由流行歌手明星宾·克罗斯比(Bing Crosby)演唱的《别再徘徊》,流露出孤独与想念恋人的情调。好莱坞也一样,娱乐片的风头高过了宣传片,以致引起了政府相关部门的不满。但大众文化的娱乐特征实在难以压抑,二战期间,爱国主义与娱乐工业一并前行,双方都找到了可以发挥与宣泄的出口,到了战争结束时,大众文化工业挣得盆满钵满,与美国一道走出了 30 年代始起的大萧条景象。

二战结束后,冷战风起云涌。美苏意识形态之争也反映到了大众文化之中,好莱坞电影的政治意味再次甚嚣尘上,出现了诸如《我的儿子约翰》(*My Son John*)(1952)、《我为联邦调查局充当共党分子》(*I Was a Communist for the FBI*)(1951)、《大个子杰姆·麦克莱恩》(*Big Jim Mclain*)(1952),后者由大明星约翰·韦恩(John Wayne)饰演主角,三部影片都讲述了主人公参与美国共产党活动的经历,最后都反悔醒悟。很显然,这些电影对准了苏联共产主义的靶子,向观众传输共产主义思想可怕的一面(金衡山,2017:292 - 310)。在大众文化中找寻美国的生活方式,并对比共产主义,这在一些人眼中俨然是理解美国的一种逻辑。来自爱达荷的一位参议员在 20 世纪 50 年代初信誓旦旦地说:"我从来没有见过哪一个(橄榄球)运动员会是一个共产主义者。"(Ashby,2006:284)言外之意是像美式橄榄球这种男性气质与荷尔蒙气息膨胀的运动只有美国才会有,苏联这样的共产主义国家是不会有的。美国政府还派出以著名黑人乐手路易斯·阿姆斯特朗(Louis Armstrong)为领队的爵士乐队到一些欧洲国家巡回演出,把爵士乐作为美国自由精神的象征,宣召全世界(见孙璐,载金衡山,2017:273 - 291)。大众文化在政治与国家意识的把控下,成为宣传的武器。

与此同时,大众文化的底层社会背景以及与生俱来的反抗意识在 20 世纪 50 年代的美国也发出了自己强劲的声音。摇滚乐即是一个典型的例子。1954 年埃尔维斯·普雷斯利(Elvis Presley)开始给一家小唱片公司录音,1956 年他推出了单曲《伤心旅店》(*Heartbreak Hotel*),当年成为最畅销歌曲(见

Heartbreak Hotel, wikipedia),占据了整个流行音乐行业 10%的份额(Ashby，2006：338),这个名不见经传的白人男孩也随之成为摇滚乐的代表人物,被冠以摇滚之王的美誉,史称"猫王"。"摇滚乐在其形成初期主要是来自种族和(工人)阶层层面上的那些边缘地带的创作"(Ashby，2006：338),美国大众文化历史学家阿斯比如是说。所谓种族,指的是黑人,摇滚乐含有强烈的黑人音乐因素;所谓边缘的阶层,指的是工人阶级的背景。"猫王"普雷斯利出生于底层工人家庭,融合了黑人布鲁斯和白人乡村音乐的摇滚乐提供了其表达自我身份的渠道,他在早期舞台表演中拿手的性感摇臀动作形象再现了摇滚的意味,同时这种含有明显性挑逗的动作也是对中产阶层道德意识的挑战。事实上,摇滚乐本身就含有强烈的性表现意识。摇滚乐横扫 50 年代美国流行乐坛不仅仅表明音乐风格的转向和年轻人的喜好,从社会意义上来看,也是冲破种族隔离的一种表现。就这个方面而言,大众文化起到的作用不可小觑。早在 1946 年洛杉矶的一支橄榄球队就签约了两名黑人球员,打破了全国橄榄球联盟不准雇佣黑人球员的规定。摇滚乐则更是在音乐的喧嚣声中把突破种族界限的努力推进了一步。

进入 60 年代后的美国遭遇了多事之秋,黑人民权运动如火如荼,也触发了其他社会反抗运动的兴起,包括青年反文化运动、女权运动、性革命风潮、反越战抗议等等。美国社会原本就有的一些个人化思潮和价值观,如个人主义、多元化、追求自由、质疑权威、反对体制、逃离社会等理念,在社会骚动的大背景下越来越获得很多人的青睐,而大众文化则也把目光投向了这些价值理念,通过把产品与价值观互相通融的方式将后者覆盖到了前者身上,在推销产品的同时,也加入到了推销价值理念的大军之中。60 年代后期,百事可乐(Pepsi-Cola)为了与软性饮料行业的龙头老大可口可乐展开竞争,通过广告宣传,刻意营造出反文化运动主力——嬉皮士年轻一代形象,在主动宣传歌曲中唱出:"自由去选择新的道路,自由地站立,自由地言说,选择做你自己,我就是我。"(Ashby，2006：351)同样,一个女性香烟品牌维珍妮女士香烟(Virginia Slims)也把女权主义的价值观念融入自己的产品宣传之中,在广告中告诉女性吸烟者,以往躲在阁楼上抽烟的时代过去了,女性可以在大庭广众之下公开抽烟(Ashby，2006：351 - 352)。上述事例多少表明了大众文化被挪用和被生产的情况,过度地消费价值观念,自然会削弱文化的力量,但不可否认的是,文化与产品的结合使得文化本身有了达及大众的渠道,大众文化由此也成为日常生活的一部分。

60 年代也是大众文化的影响力波及社会、影响社会生活的一个重要时期。

流行音乐在这方面尤其显示了其强大的力量。反文化运动与流行音乐结合在一起,形成了一股改变社会的风潮,推进了大众文化积极参与政治变革运动的进程。"对于政治歌手来说,音乐是进行阶级动员和组织的工具,是团结的缪斯,对于反文化运动来说,音乐是主要的和独特的政治和文化表达方式。"(斯托雷,载罗钢、刘象愚,2000:436)60年代中期,一些摇滚乐队如"杰弗逊飞机"(Jefferson Airplane)等在旧金山等地举办各种音乐会,推出反越战歌曲,一时间来自流行音乐的"做爱,而非制造战争"(make love, not war)的口号成为抗议美国政府越战政策的有力武器。民谣歌手鲍比·迪伦(Bob Dylan)脱颖而出,成为60年代用音乐表达抗争的乐手代表。1963年他推出名曲《答案风中飘》(*The Answer Is Blowing in the Wind*),表达强烈的反战情绪,同年又唱出《只是游戏中的一只小卒》(*Only a Pawn in the Game*),此曲为黑人民权运动领袖迈德贾·艾佛斯(Medgar Evers)而作。1963年6月,艾佛斯被一个白人至上主义者杀害。迪伦的歌曲谴责美国社会中种族主义横行的事实,显示了他强烈的社会正义感。1964年迪伦的歌曲《变化的时代》(The Times They Are A-Changing')抓住了时代变迁的步伐,刻画了社会变化的景象。迪伦不仅仅唱出一首又一首具有震撼感的歌曲,而且还亲临种族斗争激烈的美国南方,用他的一把吉他和口琴,给黑人民权运动带去支持。1969年8月15—18日,在位于纽约城西北部伍德斯托克镇附近的一个农场里举办了盛大摇滚音乐会,近50万人参加,三天狂欢,没有出现一起事故,这个行动诠释了"爱与和平"的力量,也是60年代大众文化力量的象征。

60年代的社会变化也反映在了漫画形象的创新上。60年代初,漫威公司的编辑斯坦·李(Stan Lee)有感于漫画人物过于超凡脱俗,开始构想具有更多世俗气息的漫画人物,他们像常人一样具有喜怒哀乐、七情六欲,但同时身兼社会责任,为正义义不容辞。1962年,斯坦·李团队创造的蜘蛛侠(Spider-Man)横空出世,这个来自社会底层的小人物很快成为自"超级英雄"以来最受欢迎的漫画人物,其受欢迎程度不亚于鲍比·迪伦。60年代中期,漫威公司开始尝试突破种族隔离的界限,在1966年推出黑人漫画人物"黑豹",这是美国漫画历史上第一次把黑人形象引入漫画中(Ashby,2006:357)。

社会骚动和文化鼎新也给好莱坞带来了冲击,结果之一是自30年代开始的"电影制作守则"整个遭遇塌陷。1968年11月1日起,好莱坞出现了新的电影评级制,电影行业以此表明可以自我维护电影"镜头",同时也通过给予创作自由,鼓励更多自由的艺术表达(Ashby,2006:397)。在自由的名义下,社会敏感话题和镜头在影片中很快呈上升趋势,×级(16 岁以下禁观)以及×××级的电影随处可见,大众文化中的低俗趣味在好莱坞"开放"政策中寻得了一席之地。但不可否认的是,在触及敏感话题的同时,一些优秀作品也能够超越庸俗,表达深刻思想。例如,1967 年出品的《毕业生》(*The Graduate*)涉及直白的性话题和道德腐朽内容(中学生与中年人之间的性关系),但影片更多地是讲述了 60 年代年轻人的叛逆性格以及对社会的影响,成为表述 60 年代的经典电影。社会变化在大众文化中留下的记忆也成为历史追踪的遗迹,大众文化本身就是历史的记录者。

进入 70 年代后的好莱坞出现了"大片"(blockbuster)制作,给美国的电影业留下了深深的烙印,"大片"的故事模式同时在很大程度上也影响了美国大众文化的走向。1975 年出品的《大白鲨》(*Jaws*)把年轻导演史蒂文·斯皮尔伯格(Steven Spielberg)推向了成为大导演的征程。这部影片开创了"大片"模式,即大投资、密集广告、影院集中放映,尤其是改变了以往从大城市推向小地域的影院放映模式,从一个星期的票房价值即可看出影片是否成功,这种"赌一把"的放映方式成为日后"大片"发行的主要模式。两年后,《星球大战——新希望》(*Sar Wars-New Hope*)以同样的发行方式征服了美国的影院。导演乔治·卢卡斯(George Lucas)联合二十世纪福克斯公司以 1 100 万美元的投资,赢得 3 亿多美元的票房。《星球大战——新希望》讲述了一个神话故事,从头到尾充斥"好人打败坏人"的线索(Ashby,2006:422),然而这种神话情调的故事赢得了观众的喜爱。正如卢卡斯所言,60 年代后美国观众有整整一代人已经没有看到过神话故事了,他相信《星球大战》能够让所有人喜欢,包括 10 岁小男孩在内(Ashby,2006:422)。卢卡奇的断言实际上也说明了以电影为主的美国大众文化的神奇魅力所在,即诉诸简单道德判断,突出戏剧冲突,圆满大团圆结尾,故事简单、情节复杂、场面宏大、想象丰富,这些因素成为日后"大片"制作的模式。这种讲故事的形式与拍摄新技术的应用使得好莱坞在一段时间里生产出了一批"大片",如《印第安纳·琼斯》(*Indiana Jones*,1981,1984,1989)、《壮志凌云》(*Top Gun*,1986)、《虎胆龙威》(*Die Hard*,1988)、《蝙蝠侠》(*Batman*,1989)、《蝙蝠侠归来》(*Batman Returns*,1992)等。好莱坞的大制作其实也是大工业化基础上的文化操作,一方面赢得了市场,另一方面也使得文化更趋向同质化,而这正是美国大众文化的一个突出特征。

工业化文化的目的是商业化,大众文化因其具有广泛传播的内在特征,常常成为文化产业的捕获对象,至今在美国乐坛依然风靡的嘻哈音乐(Hip-Hop)便是一个典型现象。如同历史上其他流行音乐走过的路程一样,嘻哈音乐也来自底层社会。20世纪70年代初,纽约布朗克斯南部的黑人生活区是嘻哈音乐的发祥地,脏乱的街区、贫窘的生活、压抑的氛围让生活在其中的一些黑人青年想到要找一些发泄的出口,其中涂鸦行为(graffiti)和街头霹雳舞(break dance)成为他们表现自己、表达不满的流行方式,后来贯穿在嘻哈音乐中的反抗精神和无厘头风格很多都来源于早先的这种街头舞蹈表演(Ashby,2006:433-437)。嘻哈中的说唱形式则是出自一些黑人青年举办的各种家庭音乐聚会中的说唱表演(见August in Petracca,2001:288-289)。所有这些其实也都是源自黑人音乐文化的传统以及对传统的变革,是黑人生活的写照,更是其社区文化的表现。但是,随着这种音乐形式逐渐风靡一时,其商业价值被文化产业看中,嘻哈音乐经过包装摇身一变进入主流流行音乐榜单(Ashby,2006:437)。而如汤美·费格(Tommy Hilfiger)这样的时尚时装公司则充分利用了为嘻哈演唱者设计服装的机会,将嘻哈音乐连同自己的品牌一同推向了大众。从70年代初到70年代末,嘻哈音乐的"发迹"经历了近10年时间,此后从嘻哈中走出了诸如肖恩·康布斯(又名"吹牛老爹")(Sean Combs)这样的从说唱歌手发展成演员、制作人、音乐公司创办人、企业家等多面能手。根据2018年的统计,康布斯的资产已达到8亿多美元(见Sean Combs,wikipedia)。从草根到产业,嘻哈的发展路程多少说明了大众文化与商业化结合后爆发出的巨大能量,而在这个过程中,其影响力也随之广而散播。这种动态的发展路径实际上也符合美国社会一直强调的"向上走"(up-mobility)的奋斗精神,这也是美国梦的主要内涵之一。尽管实际上,大众文化表现的"向上走"与现实并不完全一致,很多时候大众文化传播的只是商业化过程中刻意经营的形象,目的只是为了吸引更多大众。正如有学者指出的,嘻哈音乐表现的黑人生活只是一种被概念化和类型化(stereotypified)的黑人生活,其中充斥的暴力和犯罪在很大程度上被夸张了,只是为了"打黑人牌",以吸引更多的人的关注(Rose in Cullen,2013:245-257)。大众文化之"大众"的形成很大程度上也是基于文化操作,在美国大众文化中亦是如此。

进入80年代后的美国,大众娱乐的涉及面更加广泛,时代特征也更加明显。在这方面,作为主要媒体的电视产生了更多的影响。曾经当过演员的里根总统特别关注媒体对其政治活动的报道,在他看来,他不能想象在其参加的政治活动中,不会有人问这样的问题:"这个事在媒体中会有怎样的表现?"(Ashby,2006:

443)显然,通过大众媒体的渠道发生影响,对于里根而言是政治生活的重要内容。里根对于大众传播渠道以及效果的关注出于其对美国大众文化影响力的敏感,事实上这也确实如此。里根时代的美国改变了此前卡特时期走下坡路的趋势,大众文化敏锐地感受到了这个变化,一些商家在广告中巧妙地传递了这种时代的变化痕迹。著名的 Sure 止汗剂的电视广告中出现了一些高高露出腋窝的人,朝着众人显示:"看,味道没有了!",同时出现里根时代的背景,表明时代不同了(Solomon in Maasik,2002:164)。言外之意是美国人可以在世界面前"重新做人"了。另有一些电视节目则也极力靠近时代,传播美国的实力。于 1978 年开播的电视剧《达拉斯》套用肥皂剧的方式讲述金钱与家族矛盾的故事,虽然在表面上揭示了财富的腐蚀作用,但也宣传了美国人的创业精神和家庭美德,与里根时代更是节奏合拍,成为时代的"表征"(Ashby,2006:444)。《达拉斯》延续了 356 季,一直播放到 1991 年,并远销欧洲,很多人成为该剧的剧迷。里根时代的影响力在美剧的传播中也得到了充分体现。

　　媒体的作用也充分体现在了对美国体育运动的传播上,尤其是通过媒体传播将体育与市场紧密结合起来,并从中挖掘出一些价值观念,这成为美国大众文化在体育运动上的鲜明体现。1979 年成立的娱乐与体育节目电视网络(Entertainment and Sports Programming Network,ESPN)通过电视传播渠道,逐渐推出体育比赛实况转播,并引入专门的广告插播,从大学篮球赛过渡到职业篮球比赛(NBA)以及其他球类比赛。80 年代初,ESPN 实际上拯救了 NBA (Ashby,2006:487)。这种体育与电视传播方式结合的成功反映了运用市场因素的重要性,这是大众文化得以广为传播的重要原因,更是美国大众文化得以生存和延续的根本所在。同时,不能忽视的是,在传播过程中,体育人物与价值理念的代言作用也使得文化成为市场的助推剂,进一步推动了市场的良好运作。ESPN 在推广 NBA 过程中,瞄准了"魔术师约翰逊"(Earvin Johnson)、"飞人乔丹"(Michael Jordan)等黑人篮球运动员,不仅是因为他们的球技出色,也是因为他们虽出身于贫寒家庭或者是一般家庭,但都在体育运动上找到了自我价值。这自然与美国社会的自我奋斗价值观非常相符,虽然是黑人,但依然可以进入主流社会,对于很多黑人运动员来说,体育的魅力可想而知。"在换衣间里,我们都一样,只是你的球技在说话。"(Ashby,2006:490)。黑人篮球运动员巴克利(Charles Barkley)的这番话也点明了大众文化中种族界限时常被打破这个事实。而从接受的角度而言,这种运动场上发生的现象肯定也会对现实生活产生影响。一些运动品牌企业如耐克(Nike)签下乔丹作为代言人,后者的魅力使耐克的标志性口号"只管去做"(Just do it)深入人心。看得见的效果是企业的丰厚利润,看不见的是黑人乔丹神话的诞生与在大众中的延伸,后者则是价值观的胜利。

大众文化中的社会认同价值观的宣扬,其实一直是与大众文化中吸引眼球的低俗内容并肩而行的。80 年代电视中的"小报栏目"(tabloid)是一些电视台提升收视率的有效手段。后起之秀福克斯电视(Fox Network)在 1986 年推出《当下事》(A Current Affair),一档聚焦名人隐私、稀奇故事和性感女人的谈话节目。福克斯老板、澳大利亚人默多克(Rupert Murdoch)把早年在英国办"小报"的经验复制到了电视上。至 90 年代,电视脱口秀中的一些常见题目有"嫁给强奸犯的女人""逃跑少年""秘密情爱""施虐的男朋友"(Stark in Massik,2002:244),以及"少年变性人"等(Ashby,2006:481)。脱口秀的流行给大众一个印象,似乎每个人都有可能上节目表达他们心中的愿望,这会给予一种干预自己生活的力量。但其实这只是一种表象,因为节目制作者的最终目的是利润而不是所谓个性的表达。这是美国大众文化的一个难以消除的悖论所在。

大众文化娱乐企业自 80 年代以来,一直都处在激烈竞争和合并之中。1982 年,50 家公司拥有大多数媒体行业,包括 1787 家日报、11000 家杂志、9000 家电台、1000 家电视台、2500 家出版商和 7 家主要电影制片商。到了 1990 年,50 家公司减少到了 25 家;到 1999 年,这个数目是 9 家;至 2005 年,美国的文化娱乐行业基本上控制在 6 家巨头手中:Viacom(维亚康姆)、Time Warner(时代华纳)(2016 年为美国电报电话公司 AT&T 并购)、NBC Universal(美国国家广播公司环球影业,现属美国康卡斯特电信公司)、Sony[索尼(美国)公司]、Fox(福克斯集团)、Disney(迪士尼公司)。这些娱乐行业巨头不仅占据了美国的大众文化市场,也是全球大众娱乐行业的领航者和掌控者。从这个角度而言,"美国大众文化在当下差不多就是一种全球的通行语"(Ashby,2006:514)。此话确有其道理在。美国大众文化工业的全球化工业和跨国经营从近年来好莱坞大片在中国的同步发行中可以确证其影响力所在。从经济度量的角度而言,美国大众文化是美国最大宗的出口物(Ashby,2006:514)。这个事实也足以证明美国大众文化的力量所在,而随之输出的价值观是经济度量难以衡量的,这更显示出美国大众文化不容忽视的影响力。

第二节 大众文化的总体特征与美国大众文化的生产机制

美国大众文化具有大众文化的一般性特征。要谈美国大众文化的生产机制，需先讨论大众文化的总体特征，包括表现形式、"大众"的意义、大众文化的定义以及产生的路径。这些问题也是大众文化研究所关注的内容。换个角度而言，所谓生产机制可以从两个层面切入，一是理论意义上，二是实际发生过程。前者指向大众文化进入学术研究的过程；后者说明现实生活中实际发生的大众文化如何产生、如何发生作用，又如何进入被生产的过程。当然，我们的讨论围绕美国大众文化进行。

一、大众文化的总体特征

大众文化无处不在。或许可以用一个极端比喻说明无处不在的大众文化：就像空气一样，我们时刻呼吸着大众文化；只是这是一个不充分的比喻，因为我们也被大众文化所呼吸。

可以用两个英文词语来表明大众文化与我们的紧密关系：一个是 ubiquitous，意为"无所不在"；另一个是"bombard"，意为"轰炸"。前一词是形容词，表示状态；后一个是动词，指示程度。大众文化与我们的关系便是一种"无处不在的轰炸"。

当你走进任何一家百货商店，当琳琅满目的商品像潮水般涌入你的眼帘时；当你在高速公路上行驶，路边的广告牌一个又一个与你"擦肩而过"时；当你打开电视找到你喜欢的节目正看得兴致勃勃，而又因为广告插播而不得不暂歇一会时；当你与伙伴们进入由体育馆改造而成的音乐广场，手拿荧光棒为你崇拜的歌星不停地挥动高声尖叫时；当你每晚或每个周末一头扎进韩剧、美剧、日剧、中国当下的奇幻剧和现实剧或不管什么剧而身心皆忘时；当好莱坞或张艺谋、冯小刚、李安、陈可辛们的大片小片遍布全城时；当人们在必胜客前饶有兴趣地排起长队时；当阿迪达斯的"没有不可能"（Impossible is nothing）已经不被看成广告语时；当所有这一切像吃饭睡觉一样被习以为常时……我们的生活也早已被大众文化包围了，确切地说，应该是被包围得水泄不通。

　　不过，曾几何时，大众文化这个词并不为我们所熟悉。我们知晓的是另外一个相关词，即文化。我们进学校，我们读课本，我们听老师讲课，我们受教育；我们受教育的主要成分是文化，我们学文化，成为文化人。这里的文化似乎与大众的关系似有似无。这个一直到现在依旧存在的文化现象实际上是有深厚渊源的。19 世纪英国文化批评大家马修·阿诺德（Mathew Arnold）在他的名著《文化与无政府状态》（*Culture and Anarchy*）里把文化大致定义为"世界上最优秀的思想和知识/言论"（The best that has been thought and known/said in the world）。阿诺德是有感于其时英国社会的道德式微，企图用文化来整治各种混杂思想，提供一种高屋建瓴的向心力。文化在他眼中是一种"美好与光明"（sweetness and light）①。这么一种高度浓缩的文化一直以来成为我们所受教育的基础。我们可以称之为"高雅文化"，并不一定指"又高又雅"，而是说文化的有限度，即历史上承续和积淀下来的好的、优秀的精神基因。换言之，也就是经典。这种对文化的定义自有其存在的理由，千百年来人类精神生活的延续正是因为有了这种文化的支撑的缘故。但与此同时，问题也出现了。其一，这种文化与当下似有脱节；其二，与日常生活也有隔阂（不管是表面的还是深层的）。文化究竟还是与生活息息相关的。阿诺德的同胞、20 世纪英国文化批评大家雷蒙德·威廉斯（Raymond Williams）于 20 世纪 50 年代出版的《文化与社会》（*Culture and Soceity*）一书中，指出文化一词的定义是不断发展的，其中一个意思是："文化是一种物质、知识与精神构成的整个生活方式"；"'文化'原来意指心灵状态或习惯，或者是指知识与道德活动的群体，现在变成也指整个生活方式。"（威廉斯，1991：19、21 页）从"心灵状态"和"知识和道德活动"到"生活方式"，文化概念的内涵和外延被大大扩大了，精神的知识活动，也即我们通常在学校里所受的教育与物质的生活方式构成了文化的基础，而后者则应是涵盖日常生活与当下社会的方方面面。于是，大众的内容自然成了文化不可或缺的一部分。大众文化自然也是文化，而且更是社会尤其是现当代社会中一个最为活跃的文化领域。

　　上述从阿诺德到威廉斯关于文化的不同定义，其实也粗略勾勒了作为当代人文学科领域一种极具生命力的学术研究趋向的"文化研究"的路径。兴起于威

---

① 关于阿诺德的论述见《文化与无政府状态：政治与社会批评》，韩敏中译，生活·读书·新知三联书店，2008. 详见正文前"关键词"。

廉斯首倡的"文化唯物主义",兴旺于 60 年代英国伯明翰大学当代文化研究中心①的开拓性工作,同时又借助于法国结构主义马克思主义学者路易·阿尔图赛(Louis Althusser)的意识形态国家机器理论,以及被西方学者重新发现的 20 世纪二三十年代意大利共产党领袖安东尼奥·葛兰西(Antonio Gramsci)对市民社会的分析,文化研究在文学、历史、哲学等人文学科领域披荆斩棘,把对广义的文化的研究引向了史无前例的深度。其中,大众文化研究更是被树立为文化研究的风向标,成为一个新兴的文化研究领域。而由索绪尔语言学启发的结构主义符号学则把能指与所指的逻辑关联应用到了文化研究之中,尤其是大众文化研究领域内,更是提供了一种解剖文化符号与价值意义的利器。这当然也与后现代社会氛围在全球的渐趋渐浓不无关联。在后现代主义这个原本属于专门学术语汇而如今早已成为众人口头禅的当下,所谓的高雅的与通俗的、大众的越来越失去了原有的分界意义;大众文化或许并不需要与高雅文化一争高下,因为在日常生活越来越与文化搭界(或曰"文化化")的今天,我们的生活方式本身就是一种文化。真所谓文化无处不在。

那么,问题是:何谓大众? 同样,我们也可以用两个英文单词来表示其含义:一是 mass(常用作复数 masses),即"群体,群众";二是 popular,意为"通俗的,受欢迎的"。前一个是名词,后一个是形容词,两者的结合便是"受到大众欢迎的"。这可以说是大众一词的意义指向。需要注意的是,英文单词 mass 可以成为动词 massify,意为"使……一体化",也就是说大众的一个衍生含义则是"一体化的群体"。mass 又常常可以和另外一个英文单词 production 放在一起使用,即 mass production,也即"大批量生产"。换言之,即大工业生产。也就是说"一体化的群体"是成为大众的条件,也应是大工业生产的时代特征。这绝不仅仅是简单的一两个英文单词的意义推演而已。事实如此。文化研究学者约翰·斯托里(John Storey)在分析了大众文化的多层含义(比如通俗的、人民的、非高雅的等等)之后,强调指出,不管其有多少层面的含义,有一点是确定的:这是一种唯有在工业化和城市化兴起后才出现的文化(Storey,2004:13)。通俗文化自古就有,但在此前不会是"大众的"。打个简单的比方,美国纽约的麦当劳出售

---

① 1964 年在英国伯明翰大学成立的当代文化研究中心(Center for Contemporary Cultural Studies),采用马克思主义、后结构主义和女性主义等理论研究文化、媒体等,开创了研究大众文化的新途径,对文化研究作为一门学科的发展有着重要影响。

的"巨无霸"和中国上海的麦当劳出售的"巨无霸"味道一样之时,正是大众文化流行之日。吃过这两地麦当劳的人都会感到没有什么区别,事实上也不可能有区别存在。工业化的标准生产早已把原本在手工作坊里的经验感觉消弭得无影无踪。基于以上论述,下面提及大众文化时包括通俗文化的含义,在使用通俗一词时也指大众的意思。

大众文化把大众驱向一体化。这样讲也许有点绝对,或者可以这么说,大众文化"是在特定的时间里一个特定的群体所共有的一种行为和知识"(Petracca,2001:4)。这或许可以看作是大众文化的一个定义。为群体"所共有的"即是指"受欢迎的",而"特定的时间"则是表明大众文化的短暂和变化特征,也就是指大众文化的流行特征。流行通常是说一段时间的流行。尽管如此,大众文化的一体化功能是与生俱来不可改变的,除非产生条件——大工业化生产——被改变了。在全球化几近成为现实的今天,这种可能性像是喜马拉雅山顶上的空气,越来越稀薄了。历史学家劳伦斯·莱文(Lawrence Levine)对大众文化给出了另外一个定义:"工业社会的民俗(folkfore)。"(Levine in Cullen,2013:4)。所谓"民俗"说的是贴近民间的、来自民间的、与民间相关的。如果我们把"民间"看成是日常生活的一部分,那么"民俗"当然也是与日常生活密切相关的。而所谓"工业社会"指的便是大工业生产的条件,很显然,这个定义就是把大众文化产生的背景设置在工业社会之中,而一体化过程则应是工业社会的主要特征。

尽管是来自"民间",但工业社会的一体化过程把民间的东西变成了统一的产品。这个简单定义的要素,也是研究大众文化时可以发现的一个吊诡的现象,即很多大众文化现象并不是自然而然地随着大工业化的进程而发生并发展的;相反,有不少大众文化往往发端于个体,尤其是个体的反抗行为。比如,牛仔裤,特别是被故意磨旧、打洞、截短后的牛仔裤。这些在很多青年中流行的服饰,原本属于青年反文化运动的反抗行为,怪异着装、长发披肩在 20 世纪 60 年代中后期的美国是部分青年对社会和政府不满的表示。但是值得注意的是,这种充满个体怨怒情绪的象征很快被转化成了商品,你尽可以通过花钱购得这种象征物以表达你的怨恨。你没有注意到的是,在你穿上了这种现成的象征反抗的服饰时,你已经被商品的制造者们一体化了,或者更确切地说,你、我,还有其他数不胜数的同一服饰的穿戴者们自己把自己一体化了。用美国大众文化研究者、著名学者约翰·菲斯克(John Fiske)的话来说,则是"要抵制的对象在抵制过程中却成为了流行的东西"(where what is to be resisted is necessarily present in the resistance to it)（Fiske，1989：4）。破洞牛仔裤要抵制的是正统牛仔裤所代表的一体化体系，但实际上，一旦前者被工业化生产后，更重要的是，由你和我构成的大众去购买这些工业化产品后，被抵制的对象则成为流行的东西。原本具有的象征意义也在商品的流行过程中一点一点被磨蚀掉，取而代之的是一种新的款式的产生①。它为时尚增添了一个新家族，而原本用以表述个体情感的物件（带洞牛仔裤）跨入了商品的行列，其青年反文化的意义指向随着商品的大量使用而逐渐消失，最终成为一个空洞的符号，填入这个符号中的是流行的因素——新奇、新异、新颖，与原来的抗争含义丝毫不相干。

或许可以这样说，流行其实真正发端于"不流行"，也即有着鲜明个体的、个性的、不趋同的姿态和特征，但是一旦这种"不流行"的姿态被纳入一体化过程后，从"不流行"到流行也就开始了。这样一个过程很多时候——套用一句老话——是不以你的意志为转移的。也正是在这个过程的形成中，大众及大众文化呱呱坠地了。

这个过程可以用一个英文单词来加以描述：incorporate/incorporation，意为"融合"，有人翻译为"收编"，这确实可以很好地表达出大众文化的吊诡之处。批评家们则喜欢套用葛兰西的理论来做一番解释。葛兰西在《狱中笔记》（*Prison Notebooks*）中花了相当的篇幅来讨论市民社会（civil society）问题，市民社会即涉及个人生活的社会领域，相对于市民社会的则是政治社会，也就是常说的国家。国家通过政治控制机器如军队、警察、法律等对整个社会发生影响，而相对来说，文化发生影响的一个重要地域则是在市民社会，这种影响能够产生效应的一个原因是市民社会中的个人对发生影响的文化的认同（consent）。认同当然不是随时随地自发地产生的，而是经过了政治社会与市民社会间的反复"协商"（negotiation），最终才获得了认同。促使这种认同产生的原因是国家拥有足够的政治和文化资源。用葛兰西的话说，也就是"霸权"（hegemony），同时国家也体认到了个体的需求，于是通过文化和文化人的作用，在个体的认同下，"霸权"得以至少是部分地加以实施。葛兰西本意是要说明资本主义制度中社会控制能够发挥效应的机制是什么（Gramsci，1999：4－13）。用这个理论，可以比较清楚地看到大众文化之吊诡或悖论产生的原因。原本来自个体的文化行为经

---

① 关于对牛仔裤的讨论详见约翰·费斯克：《理解大众文化》，王晓玉，宋伟杰译，中央编译出版社，2006年，第1—13页。

过与国家的"协商",得到了双方的认同,被纳入国家的体系中,并最终得到了流行。在大众文化流行的实际过程中,所谓国家,一方面主要体现于工业化的生产体系,也即经济基础;另一方面则表现为与这个国家相关的思想与文化观念,如与资本主义体系中的自由主义相关的个人主义观念,所谓的自由、民主、平等的观念以及类似美国梦这样的文化现象等。大众文化得以流行,一个很重要的原因是与这些已经上升为国家意识(并不一定就是来自国家机构或是由政府运作而产生)的观念合拍,进而同道而行,成为这些观念的最有效的实践与传播者之一,或提供了有效的想象体验的平台。

　　如果说葛兰西揭示了文化之于市民社会的重要作用,那么显然受惠于葛兰西理论的阿尔图赛则进一步把这种作用发挥的途径演绎得淋漓尽致。类似于葛兰西的市民社会和政治社会,阿尔图赛提出了国家机器和国家意识形态机器(Ideological State Apparatuses)的概念。前者指社会的政治控制机器,即军队、警察、法律等;后者则指通过意识形态的途径发挥作用的控制机制。不同于一般见解的是,阿尔图赛把意识形态细分化和扩大化了,意识形态发挥的途径可以见之于学校、家庭、教堂、文化活动、体育活动、出版、工会、党派等(Althusser,1971:142)。换言之,意识形态无处不在,无所不在,意识形态渗透无时无刻不在发生。这种理论显然是很有可能背上意识形态绝对化的嫌疑。不过,我们还是可以透过绝对化的阿尔图赛意识形态理论看到一点启示,那就是意识形态与日常生活的不可分割的关系。如果我们把意识形态换成文化(事实上,阿尔图赛的意识形态也正是文化研究者眼中的文化),那么可以说文化无处不在,无所不在,而能够担当如此重任的文化舍去大众文化又能是什么?

　　上述多少有点玄而又玄的对大众文化的理论阐述只是想说明两点:一是大众文化与个体的关系,二是大众文化与社会的关系。即从个体到社会,大众文化由此产生。与此同时,需要注意的是,个体并没有在走向社会的过程中(一体化过程)完全丧失个体的自我身份,至少表面上如此(尽管与原来的身份已不相一致)。换言之,大众的另一面依旧是可以沾沾自喜的个体,大众是由这些自我意识颇为强烈的个体组成的,只是处在大众中的个体意识无论如何强烈,恐怕也只是大众意识的同谋者而已。于是乎,我们又回到了大众文化的吊诡。

　　从个体到社会再回到个体,这中间经历了大工业生产条件下的一体化过程,其间个体发生了奇妙的改变。这种改变的发生也正是大众文化效应的产生。也就是说,在很大程度上,我们与大众文化互为认同、互相承认、互为一致,大众文化也因此指导我们、确定我们是谁，我们要做什么（Who we are and what we are going to do），这也就是很多西方人常说的个人身份问题（self-identity）。同样，我们也可以举个大家熟悉的例子："没有什么不可能（不可能是没有的）"（Impossible is nothing）在没有成为阿迪达斯的口号之前，也许是一句非常平常的话，也许都有可能从你、我、他的口中说出，但是一旦这句话与那些闪耀的体育明星们联系在一起，当梅西、贝克汉姆、霍华德们成为这句话的象征和实践者时，包括你、我、他在内的大众似乎也在有意无意间发现了这句话的真谛，继而下意识地认同了他们以及他们背后的那句话；更重要的是，与此同时，这种认同似乎还能让我们成为另一个贝克汉姆、梅西、霍华德，或至少是他们的精神（"没有什么不可能"）的潜在的实践者。正是在这个认同过程发生时，我们变成了一个新的"个体"，一个被赋予了身份的个体，因为没有我们的认同，"赋予"是不可能发生的。这种互相认同的过程便是大众文化能够产生影响的主要原因。个体—社会—个体，这实在是一个双向的过程。

从大众文化作为商品符号的角度而言，这也是一个符合产生并延伸其意义的过程。大众文化既是文化也是商品，所谓"工业社会的民俗"既包含了文化的含义也表明了商品的本性。商品的使用价值和交换价值是认识商品社会的关键词。在商品高度发达的现代和后现代社会里，一些学者们在此基础上进一步发现了商品的符号价值，进而引发了对商品文化品性的讨论。法国社会学家让·鲍德里亚（Jean Baudrillard）从使用者需求的角度理解商品的使用价值。就商品本身而言，还存在着一种物的体系，即在商品使用的基础上加上标签，以表明商品的层次和区别；使用者的需求在物质丰富的现代社会里其实是按照商品生产者给予的标签产生的。鲍德里亚认为，"这不是一种互动，而是需求体系受制于产品体系的一种强迫的融合"（Baudrillard in Martyn，2000：234）。他继而指出，在这个过程中产生了一种"语言"，一种消费语言，使得消费过程得以发生；在这个过程中，与其说是商品的使用性（使用价值）发挥了作用，还不如说是商品的符号性（符号价值）驱动了商品使用者与商品间的互动，后者裹挟了前者进入消费行为中。所谓商品的符号价值就是指被增添至商品上的"标签"，自然，那些标签不是简单地指涉商品的有用性，而是指商品能够给予使用者的价值导向。比如，牛仔裤给予使用者"自由、平等"的概念（Davis in Massik，2002：94-95），啤酒让使用者产生拥有"男性气概"的联想（Williams in During，235），以及抚养沙皮犬与表示社会地位与身份的关系（Solomon in Massik，2002：162），等等。

符号在这种消费过程中实乃（大众）文化的体现，用鲍德里亚的话而言，则是意识形态，也是物的体系的构成者。

从学理上看，符号价值的理论来自索绪尔语言学中的"能指"（signifier）与"所指"（signified）的观念。"能指"与"所指"构成"符号"，形成语言体系，而作为符号的语言并不实指传统意义上的事物（thing）。语言学研究的是构成体系的语言（langue），而不是言语（parole），前者是有序的规律，后者是无序的表现。自然，两者是有内在联系的。这是索绪尔语言学的要素，对后来的结构主义产生重要影响。鲍德里亚认为商品是一种"言语"，工业体系让商品具有某种序列，这在他而言则是一种"语言"。这种语言以符号的形式体现在了商品的消费过程中。另外一个法国文论家罗兰·巴特（Roland Barthe）则用大写的 Signifer 与 Signified 来讨论由物构成的社会中，符号在人与人、人与物之间的理解中构成一个文化体系，他称之为"神话"体系（Barthe，1972：113 - 114）。在巴特的分析中，一块普通的肥皂在使用过程中产生的泡沫能够让使用者获得某种美感，乃至想入非非，泡沫的形态掩盖了肥皂本身具有的对皮肤产生的刺激作用；肥皂的美感符号替代了其清扫皮肤的作用。同理，一个法国黑人士兵对着法国国旗敬礼，这个图片在巴特的眼里则转换成了对法国作为一个帝国的效忠，而黑人士兵本身所代表的被殖民者的身份则不见踪影。这种浮在但同时也深深浸润在物品与行为之中的符号联想其实也是文化发挥的作用。

无论在商品消费中，还是在人与人的交往中，这种由符号传递出的价值观念在大众文化中更是无处不在，是大众文化得以发挥作用的主要内因。更值得注意的是，在个体—社会—个体这个大众文化发生的路径中，符号直接作用于个体，因而价值观念的传递更加有效，大众在这种有效性中经历了塑形的过程。在大众文化高度发展的今天，一个又一个人工个体被制造出来，比如好莱坞的明星，比如被精心包装的流量明星，比如绚烂无比、美轮美奂的商品，比如巧舌如簧但又恰如其分的广告，他们真正构建了大众文化的主体，而真正的大众大多数时间只是以受体的方式存在。他们也同时构建了社会的很多价值观念，诸如美丽、勇敢、奋斗、追求、梦想等。没有了他们，大众很可能会失去生活的方向。这便是大众文化的不可或缺的社会影响。

从大众到大众文化，从产品到商品的一体化生产，从商品的使用价值到商品的符号价值及其传播，从个体到社会再回到个体，大众文化的发生过程和影响路径是大众文化批评的主要内容，也是认识美国大众文化生产机制的首要条件。

二、美国大众文化的生产机制

在当今社会，美国是大众文化的大本营。尽管自20世纪70年代以来美国衰退论不绝于耳，尽管面临新兴国家的全面挑战，尽管全球化的大潮让当下的美国政府多少感受到了来自多方面的威胁和压力，以致陷入一种尴尬的境地，但从历史和现实来看，美国仍然是世界头号强国。很多人反对全球化的一个理由便是在他们眼中全球化实际上就是美国化，而美国化的一个重要内容则是美国的大众文化在全世界的广为传播。君不见好莱坞电影大片在中国以及世界其他地方大有占据半壁江山之势，美国的快餐店在很多人的心目中几近成为西餐的代名词，NBA的球星们也早已把北京、上海等地当成了另一个主赛场——至少是娱乐的主场，从"猫王"到杰克逊、从麦当娜到泰勒·斯威夫特，美国的歌星们也俨然成为我们的通俗乐中的经典。随之而来的则是美国的价值观，如个体主义、美国梦，以及所谓的自由、平等、民主，等等。要了解美国和美国社会，美国大众文化无疑是一个很好的渠道，而更进一步，考察美国大众文化的生产机制则可以让这种了解建立在有据可依的基础上，从而知晓大众文化对美国社会的影响。

通过上述关于美国大众文化历史的叙述，我们可以从总体上把美国大众文化的生产机制归纳为如下五个方面：①来源于底层社会的意愿表达和行为抗争；②体现在与主流社会对峙与合流中的张力；③进入工业化和商品化的过程；④成为美国价值观的象征与表述；⑤促进社会变化的进展。需要指出的是，这五个方面是一个有前后顺序的过程，但与此同时，各个方面也会合力发挥作用，最终形成文化的大众化现象。换言之，现象发端伊始，后面几个过程其实已经同时渗入，无论是与主流社会的对峙与合流，还是在进入工业制作的前后，其间价值观的因素一直在起着调节、综合、改变与融合的作用，直至汇聚成流，成为大众生活的一部分。

为了更好地说明这五个方面在美国大众文化生产机制中发挥的作用，这里举例具体说明。同时需要指出的是，在举例过程中，会突出某一个方面，但实际上，于任何一个例子而言，五个方面的机制因素都是同时存在的，也同时发挥作用，但因历史条件不同，各个因素发挥的效应则会有所不同。

从多个层次体现这些方面的事例说起，圣诞节的形成过程就是一个很好的事例。圣诞节是世界上很多国家的社会习俗，具备丰富的文化内涵，同时也是现代社会的一个重要消费时节,自然也是一个涉及日常生活的大众文化现象。无论从哪个方面看,现在为众人所熟悉的圣诞节混合了很多因素,包括宗教信仰、家庭团聚、娱乐欢愉、消费购物,更重要的是,它是西方文化的一个象征,而且影响力远远超出了西方的范围。

如果我们就圣诞节的形成过程做一番历史的探究,则会发现其中蕴含了上述所说的大众文化生产机制的多个方面因素。

就基督教历史而言,教会在4世纪时曾把12月25日定为耶稣诞生日,但确定这个日子并不意味着教会确信耶稣就是在这一天诞生的。事实上,关于耶稣的诞生日没有人确切知晓。定下这个日子只是因为12月25日正是一年中的冬至时节(winter solstice)。中世纪的民间习俗会在这个时候庆祝秋天的收获、迎接冬天的到来(见Christmas,wikipedia)。现在我们常说的西方的狂欢节也与这个民俗有关。就教会的角度而言,把耶稣诞生日定在这个时候,一方面可以顺应民俗,另一方面也可以利用这个场合改造非基督教徒的习俗,或被称为异教徒(pagan)的习俗(Ashby,2006:58)。但实际情况是,狂欢的内容远远大于纪念耶稣诞生的本意,在很长时间内,所谓的圣诞节充满着"嬉闹、粗俗甚至蛮暴"(Ashby,2006:58,也见Wadley)的行为。16世纪宗教改革后,一些新教徒更是把圣诞节视为天主教遗留下来的"愚昧和欺骗"的不良习俗(Wallace in Wadley)。1644年,英国国会谴责圣诞节的活动,斥责其"为肉体和感官感受提供自由";同样,北美大陆普利茅斯英国殖民地禁止民众在圣诞节这一天休工娱乐,除非恰巧是星期天(Ashby,2006:58)。但是,进入19世纪后,这个情况开始有了改变。一些处于中上层社会的精英人物发觉圣诞节时大众的粗俗、无礼的行为与其体面生活格格不入,甚至还威胁到了整个社会的稳定,便开始从促进家庭温馨的角度谈论圣诞节的意义。早期美国文学的领军人物华盛顿·欧文(Washington Irving)发表于1819年、随后在英美两国闻名一时的《见闻札记》(*The Sketch Book*)中收录了他描述理想的圣诞节的文章,用怀旧的方式推崇应走入"家庭的安宁怀抱"的圣诞节庆祝方式,以抵制已经变得"粗鄙、浅陋"的当下过节形式(Irving,1961:183)。与欧文同在纽约、同持保守立场的另一位享有中上层富裕生活的人物约翰·品塔德(John Pintard)[①]比欧文更感受到了来自圣诞狂欢的冲击以及由此带来的焦虑,"在那些工人中间蔓延的醉酒现象已经到

---

① John Pintard (1759—1844),出生纽约一个富裕家庭,曾任城市议员,创建纽约警察组织。

了令人恐怖的状态了"（Ashby，2006：59）。他的这句话当然不只是指某个具体事件，也指类似圣诞节中容易发生的这种事情。由此他形成一个想法，通过改造圣诞节的庆祝形式，甚或另创一个节日来改变民风。欧文在文章里表达的一些思想与品塔德的想法一拍即合。于是，品塔德身体力行，极力推出圣尼古拉节（St. Nicholas）。圣尼古拉是中世纪被基督教敬奉的一个圣人。品塔德把圣尼古拉塑造成一个喜爱孩子的老者形象，在圣尼古拉节的晚上，圣人与孩子们在一起，给他们带去礼物。此后，欧文在一本描述纽约历史的书中也把圣尼古拉塑造成了纽约的前身——荷兰人统治下的新阿姆斯特丹护卫者，一位慈祥的送礼物给孩子的老人（见 Wadeley）。品塔德把圣尼古拉节定在 12 月初，这个节日并没有被多少人理会，但是圣尼古拉的形象开始受到很多人的欢迎。1823 出现了一首题为《圣尼古拉来了》的匿名诗（见 A Visit from St. Nicholas wikipedia），描述圣尼古拉在大雪纷飞的晚上来到屋里，在孩子们挂在窗前的袜子里装进礼物。这首诗不胫而走，传播甚广，成为此后广为人知的圣诞老人（Santa Claus）形象的一个重要来源之一。10 年后，一位大学教授克莱门·克拉克·莫尔（Clement Clark Moore）承认这首诗是他创作的。与品塔德一样，莫尔也是一个政治保守主义者，对民众喜爱的狂欢行为不甚喜欢，甚至产生恐惧感（Ashby，2006：59）。圣尼古拉形象的一个突出特点是渲染家庭气氛，孩子们期待礼物，但要得到礼物首先要做一个好孩子。所以，含有强烈道德因素的家庭教育观念与礼物结合在一起，而圣诞老人的到来则通过民间通行的神秘但友善的行为生动形象地表达了这种观念。1842 年，英国作家狄更斯出版了中篇小说《圣诞颂歌》（*A Christmas Carol*），故事里出现的一个穷苦家庭在圣诞节时得到了一位良心发现并进行了自我改造的资本家送来的火鸡，一个平常的节日在亲情、善情和友情的多重氛围中经历了一番改造，家庭的观念更是集中得到了体现。狄更斯的小说获得了极大的成功，受到了空前欢迎。小说发表前，他曾访问过美国，自然也把美国读者视为小说读者的对象之一（Ashby，2006：60）。

之后，圣诞节在 19 世纪中叶的美国开始变为以家庭团聚、突出亲情观念和教育孩子成为好人为主要内容的节日。自然，原本有的宗教渊源也与这种内容完美地融合在了一起。而这恰恰也是其时正处在上升阶段的中产阶层家庭道德所需要的。狄更斯小说描述的贫困家庭的主人鲍勃·克拉奇特（Bob Cratchit）尽管贫穷，但行为文明、礼貌且心情乐观，工作认真。他并不属于中产阶层，但他身上体现的品格正是以企业主或拥有财产的家庭为主的中产阶层所需要的。强调家庭观念的圣诞节在这个方面与中产阶层的需要走到了一起。同样,圣诞节庆祝仪式中的重要内容互赠礼物也被冠上传递家庭亲情和人间友情的名义。而正是在这个方面,中产阶层赖以生存的商业社会发现了可以获利的机会,商家借家庭观念在圣诞节前促销商品,这也成为圣诞节的一项正当行为。商业利润与家庭和睦、宗教渊源、世俗欢乐,在这个过程中不知不觉地互相融合。1870年,美国国会宣布圣诞节为国家节日,似是要从宗教角度凸显美国的价值观,同时也从国家的层面重视家庭观念。圣诞节的意义由此更是得到了强化,但与此同时,节日的商业氛围也愈演愈烈。

从上述关于圣诞节来历的简单描述中,我们可以看出大众文化形成过程中的几个重要方面。首先,是来自社会底层的渊源。圣诞节原有的狂欢行为的参与者多与普通大众相关,来自社会底层,这也可以从一些中上层人物对前者的反感以及由此产生的焦虑中得到印证;其次,是后者采取行动进行干预,其行动的实质是把圣诞节纳入他们的价值观内;再次,商业社会的氛围让商家从中抓住了机遇,在道德的名义下,把圣诞节推上了商业行动的轨道;最后,是国家层面对整个过程进行综合背书。由此,圣诞节成为一个具有鲜明大众文化特征的社会现象。

美国通俗文化研究者阿什比如此总结通俗文化的功能:"通俗文化一边是反映,另一边是塑形社会的多个方面……既是折射,也是照镜,以多种形象和意义来表现社会。"(Ashby,2006:viii)。确实如此,圣诞节在美国的历史说明了塑形以及意义形成的过程。

下面要举的例子更是从各个方面诠释了这个过程。有些例子突出某一个方面,另有一些综合了几个方面。菲斯克在论述大众文化与社会的关系时指出,"通俗文化总是权力关系的一部分,总是烙上了在统治与被统治(subordination)间不断斗争的痕迹,也表现在权力与各种对权力的抵抗或逃避间的关系。"(Fiske,1989:19)。菲斯克是从后现代的角度来阐释大众文化的社会意义,或许带有一定的左翼政治立场,导致过度阐释之虞,把一些类似"解放"的含义强加到大众文化身上。但是,从大众文化的起源来看,多少含有一些抵抗的意味,当然是在一定范围内而言,文化的行动者在很多时候也许并不具有有意抵抗的意识,但其行为本身会导致这个结果,之后则往往会有遏制抵抗的行为发生,而这通常与中产阶层价值观念的影响有关。我们可以从美国大众文化历史上的"黑人歌舞"的发展过程中看出一些端倪。"黑人歌舞"既是一种民间的娱乐活动,也是针对中上层社会的一种抵制行为，至少在一些处于后者社会氛围中的人看来应是如此。"黑人歌舞"表演过程中，有一部分含有粗俗的、与性相关的出格语词和话语（Cullen，2013：69），在一些人看来不堪入耳，但这是能吸引很多观众的内容；此外，在这种内容的表演中还掺杂了不少对"体面社会"（Ashby，2006：17）的讽刺与讥嘲。报刊出现的一些批评话语把其视为"垃圾"（Ashby，2006：17），而这恰恰是很多支持者自己喜爱的"垃圾"（Ashby，2006：17）。这种喜爱本身从政治分化的角度而言，久而久之有助于形成一种以工人观众为主的"工人阶级的意识"（Ashby，2006：16）。很显然，抵制的意味存在于"黑人歌舞"中。同时，这种来自底层社会的娱乐活动也经历了变化过程。出于收益的需要，在形式上从街边和空地上的表演挪移到了室内和舞台上，表演中的粗俗内容减少了，变得干净了，妇女和儿童更加容易接受了，甚至成为一种"纯洁和独特的音乐会"（Ashby，2006：53）。从歌舞混杂的逗乐闹剧到舞台"音乐会"，这个变化过程其实也是"遏制"的过程，中产阶层的价值观、出于家庭道德和社会规范的需要是这种变化背后的推手；然而，值得注意的是，上了舞台的"黑人歌舞"表演更加剧了对黑人的丑化和讽刺。"黑人歌舞"一开始就起始于对黑人行为的模仿，其中有不少挖苦和讥讽的意味，但更多地是出于娱乐的缘由；实际上在这个过程中，也发生了白人与黑人成为伙伴的现象，就种族融合而言，起到了一定作用，但净化后的表演则加深了种族间的撕裂。由此也可以看出，在美国种族矛盾这个大背景下，大众文化显现了其复杂的面相。一方面推进了种族融合，另一方面也加深了矛盾。这也是美国大众文化的一个突出症状。但无论如何，大众文化的发展浓缩和折射了美国社会的发展，这一点是可以肯定的。

类似的例子也可以从 20 世纪 50 年代摇滚乐及其歌王埃尔维斯·普雷斯利的事例中得到印证。50 年代中期"猫王"普雷斯利开创了一代摇滚，他在舞台上摇动双腿这个明显带有性挑逗的标志性动作与 50 年代美国社会僵化的道德要求形成鲜明的对照，摇滚也因此成为流行乐中的弄潮儿。普雷斯利出生在南方底层社会家庭，父亲是卡车司机，母亲是饭店女招待，历史上这种南方穷白人被称为"白色垃圾"。起初的摇滚被认为是"近于颠覆，那种东西在这个音乐中到处都是"（Ashby，2006：340）。颠覆性的另一个表现即是"摇滚"两个字本身，除了含有性挑逗意思以外，也是取自黑人音乐的风格，而对于普雷斯利这样的白人歌手而言很多时候是有意为之的，因为这给予那些白人歌手"自由的感觉"（Ashby，2006：337）。摇滚从而被众多音乐评论和媒体指责为"怪胎杂种""庸俗""充满动物行为"(Ashby，2006：337，342)。但很快音乐制作公司看到了摇滚带来的市场，指责于是变成了帮扶，"收编"行动随即展开。"猫王"上了电视，电视上出现的摇滚歌王其实是经过精心策划和运作的，"净化"的过程由此开始。之后普雷斯利入伍，成为冷战期间代表美国的象征(Ashby，2006：345)。很难说普雷斯利及其摇滚音乐的创作有着鲜明的、自觉的底层民众意识，即为了反抗统治阶级的压迫而进行坚决的斗争。把这种缘于阶级立场的解读放置于"猫王"现象会显得过于牵强(按照菲斯克的逻辑，可以得出这样的结论)。但是源自底层社会生活的本能的反抗意识无论在普雷斯利还是摇滚音乐中还是存在的，摇滚的方式给予了表达的渠道并受到热烈的回应，这本身也说明了这种音乐形式和内容触发了很多人，特别是年轻人心中被压抑的神经，这也是一种抵制的表现。但是一旦进入商业化过程后，程式化后的音乐逐渐失去了原有的锋芒，原来的疯狂情绪依然可以在表演中释放，但已经和原有的现实情景拉开了距离，也就丧失了抵制的意义，转而变成了一种冠有"摇滚"之名的音乐形式而已。当然，不能否认的是，摇滚留下的痕迹很难抹去，带给社会的冲击可以平息，但留下的印象会沉淀于社会的各个层面，包括种族关系方面，而这也是社会变化的指向标。"猫王"既可以成为美国(自由与民主)的象征(符号意义上的)，也是美国社会实际变化的推手之一。这是摇滚之大众文化意义的重要方面。

　　同样的轨迹也可在60年代的摇滚与政治的关系中管窥一斑。60年代以鲍勃·迪伦为代表的摇滚以及其他各种通俗音乐成为青年反文化运动和反战运动的急先锋，大众文化与政治运动走到了一起，乃至一时间分不出你我。"西海岸的摇滚乐把其听众视作一个'别一'(alternative)社会成员或潜在的成员。这种从属感部分涉及对待越战的态度。反文化运动的所有主要音乐家都毫无例外地演唱了反越战的歌曲。这种反战情绪如此盛行以至于在反文化的语境下，所有歌曲都具有了反战的意味。"(约翰·斯托雷，载罗钢、刘象愚，2000：436)1969年8月15—18日，在纽约附近举行的50万人参加的"伍德斯托克"音乐节既是通俗乐的一次集体嘉年华，也是一次年轻人的政治表白。音乐节的主题是音乐和和平，明显是针对正在不断升级的越战。但是，与此同时摇滚乐也越来越成为唱片公司的挣钱机器，在畅销榜上的名次节节上升的同时，摇滚乐与政治的亲昵关系开始淡化，并最终成为一种个人的偏好。

　　但是，正如大众文化评论者斯托雷(John Storey)所言，"音乐本身不能制止战争，西海岸的摇滚乐的成就帮助形成了一种文化，使得美国很难证明它在越南的战争的合理性"(约翰·斯托雷,载罗钢、刘象愚,2000:445)。自然,音乐不会是让美国政府感到越战缺乏合理性的主要原因,但是作为反战的社会氛围的一分子,音乐尤其是60年代的摇滚乐对反战氛围的形成贡献了不可缺少的力量。作为大众文化的摇滚音乐最终都走向了被商业"收编"之路,但曾经发挥的作用、留下的余音已经融入了社会变化的步伐之中。

在美国,大众文化更是起到了浓缩诸如"美国梦"这样的有着鲜明美国特色的价值观念的作用。无论是"猫王"普雷斯利还是民谣天王鲍勃·迪伦,其实他们的成名过程本身就是美国梦的最好诠释,而那些体育明星如迈克尔·乔丹因其黑人种族背景,获得的巨大成就则更是阐释了美国梦背后闪耀的自由与平等的价值存在。从批评的角度而言,所谓的美国梦并不会把平等的机会自由地赏赐给大众,美国文学史上的著名作品如阿瑟·米勒(Arthur Miller)的《推销员之死》(*The Death of Salesman*)和F. S.菲兹杰拉德(F. S. Fitzgerald)的《了不起的盖兹比》(*The Great Gatzby*)以及西奥多·德莱塞(Theodore Dreiser)的《嘉莉妹妹》(*Sister Carrie*)都以不同的社会背景和历史阶段,讲述了不同人物的追梦故事,但结果都离不开怅茫甚至死亡。但是,在大众文化中,美国梦及其体现的价值观念往往是文化产品和大众人物可以依赖的有力工具,因为它是社会舆论的共识,也是个人认同社会的主要渠道,当然也是美国价值观存在的重要方式。作为大众文化生产的润滑剂,我们可以从历史上的著名体育明星贝比·鲁斯(Babe Ruth)的事迹中感受到美国梦的作用。鲁斯是美国棒球运动的传奇人物,20世纪20年代最伟大的棒球运动员;成名后的如斯成为各种产品的代言人,更是美国梦的象征。在提及自己取得的成就时,他这样说道:"这个国家最伟大的事情是这样一个事实,那就是,你出身是什么样的,这个事并不重要,不管是无家可归者,还是长相一般,或者是没有朋友。机会总是在的。我知道这个。"(Ashby,2006:185)来自鲁斯成功后的这番感言确实和其出生和成长环境相关。他出生在巴尔的摩一个贫穷德国移民家庭,周围是贫民窟。很小时就被父母送往天主教寄养学校,大部分时间在学校度过,与孤独相伴。鲁斯的成功一方面与其出色的运动技能相关,另一方面也与当时媒体的宣传有关,包括广告代言与新闻电影镜头主角的作用。有意思的是,鲁斯把自己的成功归因于美国这个国家给予的机会,就普通大众而言,闪现在鲁斯身上的个人才能与这个国家赋予个人的平等机遇紧密相关,后者提供了前者展现的机会,而这正是美国梦的主要内涵。也正是在这个意义上,美国梦成为美国独有的价值观。鲁斯的个人事迹转化为具有普遍意义的美国梦的象征。大众文化的功用由此实现。

　　半个多世纪后，另一个体育明星迈克尔·乔丹延续了鲁斯的励志事迹，再一次诠释了美国梦的意义。"……飞跃限制与障碍，一个流畅的象征'移动'的比喻，朝向卓越的高度，因为天才与努力而拥有这些。"(Dyson in Massik，2002：731)黑人文化批评者迈克尔·埃力克·戴森(Michael Eric Dyson)的这番赞词把乔丹的成就视为一个伟大的运动员完美展现其身体的最大可能性的无与伦比的榜样。在这个意义上，乔丹其实超越了美国梦的界限，而进入了象征人类身体之美和毅力之坚强的神殿。但是，戴森在使用"移动"(mobility)一词来描述乔丹的身体挑战地球引力的同时，也指向了美国梦蕴含的不可缺少的价值观念，即美国社会赋予个人跨越其生活环境，从下往上的"社会移动"(social mobility)的可能性。乔丹正是这种可能性的最好的榜样。更重要的是，乔丹的黑人肤色也让他成为黑人奋斗精神，尤其是黑人突破种族界限、实现自我价值的象征。在美国历史上男性黑人的身体常常与攻击、威胁这类词语相关，黑人运动员迟至于20世纪中叶才允许与白人运动员同场。乔丹在大众眼中的"英雄"形象不仅有助于把运动场上的无种族隔阂推延到社会生活中去(Greenfield in Petracca，2001：459)，而且也提供了一个机会让公众重新知晓了历史上的黑人优秀运动员，如：20世纪30—40年代黑人职业拳击手乔·路易斯(Joe Louis)、40年代末成为职业棒球大联盟赛的第一个黑人运动员杰基·罗宾逊(Jackie Robinson)、50年代末第一位赢得温布顿网球赛冠军的黑人女子网球运动员阿尔斯·吉布森(Althea Gibson)、奥运会历史上最伟大的女子短跑运动员之一的威尔默·鲁道夫(Wilma Rudolph)以及60年代名誉天下的拳王阿里(Muhammad Ali)，等等。按照戴森的分析，乔丹的成就其实体现了美国社会中黑人在"社会移动"中的进程(Dyson in Massik，2002：731)。而就大众文化的角度而言，作为大众"偶像"的乔丹让黑人社会地位变化的事实得到了大规模的传播，尽管这种"事实"与实际情况不一定完全一致，甚至有可能起到幻想的作用——这也是大众文化的意识形态欺骗性的表现，但对种族融合依然会发挥一定的作用。这也是一个事实。种族矛盾的克服在美国离不开大众文化方面的种族融合想象的发生。

　　以上所举历史上不同时期美国大众文化的事例均围绕大众文化的生产机制展开，时间不同、历史语境不同、中心人物和事件不同，但作为大众文化现象则是走过了相类似的路程。这是大众文化发展的普遍性所在。自然，在文化已经成为产业甚至是支柱产业的当下，这种普遍性更加凸显了其来自大众、塑形于大众以及塑形大众的特质,而在这过程中,工业化的背景、商业化的动作以及价值观念的传播和意识形态的作用同样也成为一种普遍存在的现象,所有这一切构成了大众文化的内容和形式。美国大众文化更是如此。

引用文献:

Althusser, Louis. 1971. "Ideology and Ideology State Apparatuses." In *Lenin and Philosophy and Other Essays*, translated Ben Brewster. New York and London: Montly Review Press.

Ashby, Leroy. 2006. *With Amusement for All: A History of American Popular Culture Since 1830*. Lexington, Kentucky: The University Press of Kentucky.

August, Melissa, et al. 2001. "Hip-Hop Nation: There's More to Rap Than Just Rhythmas and Rhymes" in *Common Culture: Reading and Writing About American Popluar Culture*, third edition, edited by Michael Petracca and Madeleine Sorapure. Upper Saddle River, New Jersey: Prentice Hall.

A Visit from St. Nicholas, Wikipedia. 2019. https://www. poetryfoundation. org/poems/43171/a-visit-from, 4 - 4 - 2019. Accessed September 4,2019.

Barthe, Roland. 1972. *Mythologies*, translated by Annette Lavers. New York: The Noonday Press.

Baudrillard, Jean. 2000. "A New Language?" In *The Consumer Society Reader*, edited by Martyn. J. Lee. Oxford: Blackwell Publishers.

Blackface, wikipedia. 2019. https://en. wikipedia. org/wiki/Blackface,4 - 5 - 2019. Accessed September 4, 2019.

Christmas, Wikipedia. 2019. https://en. wikipedia. org/wiki/Christmas, 4 - 5 - 2019. Accessed September, 6,2019.

Cullen, Jim. ed. 2013. *Popular Culture in American History*, second editon. West Sussex: Willey-Blackwell.

Cullen, Jim. 2013. "The Racy Appeal of the Minstrel: Introduction." In *Popular Culture in American History*, second editon., edited by Jim Cullen. West Sussex: Willey-Blackwell.

Davis, Fred. 2002. "Blue Jeans." In *Signs of Life in the U. S. A.*, edited by Sonia Massik and Jack Solomon. Boston & New York: St. Martin's.

Dyson, Michael Eric. 2002. "Be Like Mike? Michael Jordan and the Pedagogy of

Desire." In *Signs of Life in the U.S.A.*, edited by Sonia Massik and Jack Solomon. Boston & New York: St. Martin's.

Fiske, John. 1989. *Understanding Popular Culture*. New York: Routledge.

Gramsci, Antonio. 1999. *Selections from the Prison Notebooks*, edited and translated by Quintin Horae and Geoffrey Nowell Smith. New York: International Publishers.

Greenfield, Jeff. 2001. "The Black and White Truth about Basketball." In *Common Culture: Reading and Writing About American Popluar Culture*, third edition, editd by Michael Petracca and Madeleine Sorapure. Upper Saddle River, New Jersey: Prentice Hall.

Heartbreak Hotel, wikipedia. 2019. https://en. wikipedia. org/wiki/Heartbreak_ Hotel, 4 - 3 - 2019. Accessed September 6, 2019.

Inge, Thomas. 1982. "Comic Art." In *Concise Histories of American Popular Culture*, edited by Thoams Inge. Westport Connecticut: Greenwood Press.

Irving, Washington. 1961. *The Sketch Book*. New York: The New American Library of World Literature, Inc.

Levien, Laurence. 2013. Quoted in *Popular Culture in American History*, second editon, edited by Jim Cullen. West Sussex: Willey-Blackwell.

make love, not war, wikipedia. 2019. https://en. wikipedia. org/wiki/Make_love,_ not_war,4 - 2 - 2019. September 6, 2019.

Petracca, Michael & Madeleine Sorapure. 2001. "What Is Popular Culture." In *Common Culture: Reading and Writing About American Popluar Culture*, third edition, edited by Michael Petracca and Madeleine Sorapure. Upper Saddle River, New Jersey: Prentice Hall.

Rose, Tiricia. 2013. "Just Keep It Real." In *Popular Culture in American History*, second editon, edited by Jim Cullen. West Sussex: Willey-Blackwell.

Schwarzlose, Richard A. 1982. "Newspapers." In *Concise Histories of American Popular Culture*, edited by Thoams Inge. Westport Connecticut: Greenwood Press.

Sean Combs, wikipedia. 2019. https://en. wikipedia. org/wiki/Sean_Combs, 4 - 1 - 2019. September 6, 2019.

Sharp, Nicholas A. 1982. "Radio." In *Concise Histories of American Popular Culture*, edited by Thoams Inge. Westport Connecticut: Greenwood Press.

Sklar, Robert. 2013. "Nickle Madness." In *Popular Culture in American History*, second editon, edited by Jim Cullen. West Sussex: Willey-Blackwell.

Smulyan, Susan. 2013. "Arguments over Broadcast Adertising." In *Popular Culture in American History*, second editon, edited by Jim Cullen. West Sussex: Willey-Blackwell.

Solomon, Jack. 2002. "Masters of Desire: The Culture of American Aderstising." In *Signs of Life in the U. S. A*. edited by Sonia Massik and Jack Solomon. Boston & New York: St. Martin's.

Storey, John. 2004. *Cultural Theory and Popular Culture: An Introduction*, third edition. Peking University Press.

The Seven Sisters, Wikipedia. 2019. https://en. wikipedia. org/wiki/The _ Seven _ Sisters, 4 - 3 - 2019. Accessed September 6, 2019.

Wadeley, Carma. 2019. "Father of contemporary Christmas: John Pintard played key role in holiday traditions", https://www. deseretnews. com/article/670483/Father-of-contemporary Christmas, 4 - 4 - 2019. Accessed September, 4,2019.

Williams, Raymond. 1993. "Advertising: The Magic System." In *The Cultural Studies Reader*, edited by Simon During. London & New York: Routledge.

Wilmeth, Don B. 1982. "Westerns." In *Concise Histories of American Popular Culture*, edited by Thoams Inge. Westport Connecticut: Greenwood Press.

金衡山,2017,《银幕中的冷战表征》,载金衡山等《印迹深深:冷战思维与美国文学和文化》,南开大学出版社。

雷蒙德·威廉斯,1991,《文化与社会》,吴松江,张文定译,北京大学出版社。

孙璐,2017,《挪用的政治 II:作为宣传武器的爵士乐》,载金衡山等《印迹深深:冷战思维与美国文学和文化》,南开大学出版社。

约翰·斯托雷,2000,《摇滚霸权:西海岸摇滚乐与美国的越战》,陈永国译,载罗钢,刘象愚主编《文化研究读本》,中国社会科学出版社。

第三章　体育与美国文化内涵

第一节　体育与美国梦

作为大众文化代表之一,体育长久以来被认为与宏大的国家精神鲜有关联,仅仅是游戏、消遣和单纯的个体经验。但是,小约瑟夫·奈在其著作《软实力——通向世界政治之成功的渠道》中指出:在体育比赛领域,"美国不是被打造成军事霸权或者公司鳌头——这是一个相对松散的地方,不死板,有更多自由。任何人努力投篮或者打冰球都可能名利双收。而且这种人为数很多"(奈,2005:49)。奈的评述指的是,在美国,体育运动员的励志故事已经被增添了政治向度,即成为诠释诸如例外主义、多元文化主义尤其是美国梦等美国价值观的符码。

本节将采用社会文化学的视角,追溯体育与美国梦之间的历史关联,例证作为大众文化的主要媒介之一的体育不再仅仅只是游戏,而是成为美国梦的仪式化再现;体育在表征美国梦的同时,传播美国价值观并强化其影响力,成为美国软实力的重要来源。

一、体育与美国梦的历史关联

美国被称为"体育共和国",体育与美国梦之间的关联并非一朝一夕建立起来的,而是经历了从"水火不容"到"水乳交融"的过程。美国梦这一术语由美国历史学家、作家詹姆斯·亚当斯(James Adams)在其 1931 年的著作《美国史诗》(*The Epic of America*)中创造,意指"每个人都能凭借自身的能力或成就得到机会,从而实现更为美好、富足和完满的生活"(Adams,2012:404)。美国梦的理念滥觞于约翰·温思罗普(John Winthrop)在 1630 年到达新英格兰前所作的题为《基督徒慈善的典范》（*A Model of Christian Christy*）的布道：清教徒们认定他们是"上帝的选民"来到新大陆，建立一座"山巅之城"。但是在殖民地时期，清教徒们坚信体育活动是违背了新教伦理的原罪。"在1774年召开的第一次大陆会议上，以清教徒为主的会议代表共同提出：'要抵制、唾弃那些放荡奢侈、腐蚀灵魂的活动，例如那些赛马、斗鸡等纯粹以娱乐、游戏为目的的活动'。"（Dalen 26；转引自边宇，2018：35）因而，尽管本杰明·富兰克林（Benjamin Franklin）和诺亚·韦伯斯特（Noah Webster）这样的受到启蒙影响的人物都曾提出运动和身体锻炼有助于维护健康的观点，以反对清教徒思想，但体育在早期历史中与美国精神脱钩，发展极为缓慢（Franklin，1928：256-261；Webster，1970：338）。18世纪末至19世纪中叶，体育领域经历爱德华·希区柯克（Edward Hitchcock）、杜里·A. 沙金特（Dully A. Sargent）等体育学者引导的变革，开始表现出科学化和去宗教化的特征。南北战争后，体育在旺盛的民族主义影响下成为表达美国化与本土化诉求的窗口之一；镀金时代翩翩而来，社会经济的腾飞让体育在日益发展的媒体报道帮助下获得了更大的受众群体，特别是逐渐壮大的中产阶层，他们对"凸显公平竞争、规则理念、个体意识"的体育精神喜闻乐见，而这些体育精神显然与以民主、平等、个人主义为核心的美国价值息息相关。20世纪初，北美四大职业联盟，即NFL（National Football League，美国职业橄榄球联盟，1920年成立）、MLB（Major League Baseball，美国职业棒球联盟，1903年成立）、NBA（National Basketball Association，美国职业篮球联盟，1946年成立）、NLB（National Hockey League，美国职业冰球联盟，1917年成立）相继成立，在产生了铺天盖地的人气和巨大的经济效益的同时，明星运动员的个人英雄成就——"去参与，去竞争，去扩张，去探索，以及最重要的，最后获得成功、向更高层社会流动"——响应了"更为深远的使命召唤"，即体育进入了美国大众文化的"符号象征系统"内，成为证实"美国这个概念是可以实现的"的工具，促成了体育与美国的国家神话和文化迷思之间的联结。

在这过程中，某些特定的体育运动被打上了美国的标签，即参与或观赏某种运动就会被视为在培养实现美国梦的某种品质、追寻美国梦或者美国梦得以实现的表征（Schrank，2011：167）。"高尔夫被认为是美国边疆精神的再现。"（Schrank，2011：167-168）美国著名历史学家、边疆学说奠基人弗雷德里克·特纳（Fredric Turner）在其1893年的演讲——"边疆在美国历史中的重要性"中指出边疆精神的主要特质："（包括）粗犷、强壮、敏锐和好奇；务实的、有创造性的思维方式,能迅速找到权宜之计;对各种物质的熟练掌握……占主导地位的个人主义与充满活力的自由精神。"(Turner,1962:227)从隐喻层面而言,在高尔夫比赛中夺魁的运动员也是在西进运动中开荒拓土的开拓者们:高尔夫是在人与自然之间进行的运动,若要获胜则需击败对手,而这个对手事实上就是严苛的环境,获胜的目标则是在自然中开疆扩土、寻找一系列被诸如水、沙子、如茵的绿草、风等自然中"风险因素"所保护的绿洲/球洞,比赛的过程是完成18洞的旅程,比赛的胜者是经历这些风险因素后损失最小且征服疆域的人(Schrank,2011:167-168)。与"蛮荒之地"搏斗、独立自强是美国"天定命运"论支持下的实践,是国民性格的彰显,也是小人物白手起家、铸成大业的助推器。但是,考虑到社会阶层和体育项目的选择,通常通过私人俱乐部才有参与资格的高尔夫和网球,以及长期训练费用高于普通家庭承受能力的滑雪、水球、马术等都是普通出身的运动员们所望尘莫及的项目(伍茨,2011:180)。因而,与美国梦关联最为紧密的运动当属拳击、篮球和棒球。美国的拳击运动是大英帝国的舶来品。尽管殖民地和内战前时期的拳击比赛与21世纪的拳击比赛相比是难以想象的残忍野蛮和组织混乱,但它在当时迅速得到了美国社会经济阶梯上最底层男性的追捧(Roberts & Smith,2014:273)。这些在都市贫民窟和奴隶种植园苟延残喘的角斗士们试图从令人窒息的环境中赤手空拳地打出一条获取男子气概、自尊自主性的通道(Roberts & Smith,2014:273)。19世纪晚期,约翰·萨利文(John Sullivan)和他的传奇经历——从默默无闻的爱尔兰移民后裔到名利双收的拳击手——将这项既臭名昭著又颇受欢迎的亚文化运动带入了主流视野,也使拳击成为美国梦活灵活现的宣传书(Roberts & Smith,2014:274)。浸泡在充斥着暴力、毒品、酒精、淫乱、犯罪街区里的青少年或主动或被动地参与拳击,因为"拳击以外的选择就是蹲监狱或者死在街头"。比起"无序的暴力",他们更希冀将血肉之躯献祭给拳击场内"有序的暴力",以此逃离贫困,摆脱没有就业前景的生活(伍茨,2011:219)。正如讲述美国几代拳王的纪录片《冠军》(Champs)所言,拳击是贫民窟的出路——前一秒一无所有,但因为一次出拳,下一秒就签到了百万美元的合同。在此意义上,拳击运动成为贩卖美国梦的文化货币。与拳击类似,篮球也脱胎于贫民窟。起源于1891年的马萨诸塞州的篮球运动,"在20世纪初获得了生活在(皇后区)洛克威的爱尔兰和意大利天主教徒,以及生活在布朗克斯区富敦路的犹太人的青睐后,成为都市穷街陋巷中的生存者的一种消遣方式,一种地位的象征,一种出路"(转引自Greenfield,2011:

182）。在缺乏资金购买棒球棒和手套、冰球棍和冰刀鞋、橄榄球面罩和头盔的街区里，篮球是最唾手可及的运动：无论是公园、柏油球场还是停车场，只要有篮筐和篮球，运动马上就可进行。而且，"对于很多少年而言，篮球运动场是唯一一个他们能为自己所作所为真正感到自豪、不受限制地自由移动、凭借自身的杰出球技暂时超越单调乏味的生活的地方"；在一次次投篮进球、在有限的场地中力争上游中，他们获得了作为"人"的真实感（Greenfield，2011：181-182）。特别是在篮球被引入黑人社区、名为"哈莱姆文艺复兴五"的篮球队在全国所向披靡，球员因此获利后，这种真实感从掌控赛场上的成败延伸到了把握人生的方向与获得阶层的晋升（Goudsouzian，2014：250）。比起拳击和篮球的意象侧重美国梦的实现过程，棒球的意象似乎更接近于美国梦本身。这项运动由美国人戴伯特于1839年在纽约正式推广开来（Heaphy，2014：156），并在20世纪初至中叶被逐渐认可为"美国国家消遣"。著名作家伯纳德·马拉默德（Bernard Malamud）的《天生好手》（*The Natural*）、欧文·肖（Irwin Shaw）的《夏日之声》（*Voices of a Summer Day*）等围绕棒球展开的美国文学作品也让我们对"在众多体育运动中棒球占据美国人的主要视野"这一现象窥见一斑。美国文化史学家雅克·巴赞（Jacques Barzun）曾直言"无论谁想要了解美国人的情感和心智，最好都学学棒球"（转引自Shore，1990：12）。因为对于美国大众来说，首先，正如"超验主义"作者惠特曼等人所言，作为国球的棒球"将参与者们带离了疲惫不堪的生活"，"带出户外，让他们呼吸氧气，远离令人紧张不适的环境"，它象征着"在工业化、城市化时代对童年、夏日、田园牧歌式的农耕时代的怀旧之情"，"激发了生命激情、充实了家庭的周末、润滑了社交关系"（转引自张世强，2012：9；Shore，1990：12；Alpert，2014：179）。换言之，打棒球就是幸福美满的美国"中产阶层"家庭——美国梦最为迷人的标签之一——的生活方式。此外，棒球在为来自五湖四海的新大陆移民提供共享的社会经验的同时，也促进建立了社群想象和身份认同，成为移民们进入"美国化"的符码标志；而融入主流社会的可能性正是建立在自由、平等的基础上，是美国梦神话的现实例证。

二、体育、美国梦与美国软实力

从关注具体的体育运动到凸显体育背后的美国梦，是从物质生活深入到文化观念的过程，但体育的影响力不止步于此，借助体育的吸引力向全球输出美国梦的价值观,这是美国软实力运作的重要方式。作为美国流行文化的窗口之一,体育以其吸引、感染、同化能力协助甚至主导美国在国际关系的政治角斗中脱颖而出,其重要性不言而喻。以下将分别从体育与美国梦的联结如何印证并再生产美国精神、如何被政府(政客)挪用、如何受大众媒体和市场利益的驱动这三个方面进一步阐释体育与美国梦的联结对于美国软实力的运作所发挥的作用。

体育与美国梦之间的联结由体育界人士的传奇经历——通过刻苦奋斗从名不见经传的底层公民一跃成为手握巨额合同的明星运动员——来提供具有说服力的注脚。他们取得成就的故事契合了美式英雄传奇的话语:因为在美国,所有阶层、性别、种族、族裔人群都有"向上晋升"的平等机会,在平等的机会中个人凭借才能和努力获得成功,所以即使来自边缘群体的个体也能够通过在体育领域的不懈奋斗实现其美国梦——提升其社会经济地位、获得身份自信和认可、融入主流社会。换言之,体育与美国梦的联结印证了《独立宣言》中的政治共识:"我们认为这些真理是不言而喻的:人人生而平等,造物者赋予他们若干不可剥夺的权利,其中包括生命权、自由权和追求幸福的权利。"通过体育名利双收的例子不胜枚举:从巴尔的摩无所事事的小混混到无可争议的棒球之神的贝比•鲁斯(Babe Ruth);20 岁离开祖国只身奔赴美国达拉斯,后当选 NBA 总决赛最有价值球员的"德国战车"德克•诺维茨基(Dirk Nowitzki);出生于布鲁克林贫民区,至 2018 年底总资产达到 17 亿美元的"飞人"迈克尔•乔丹(Michael Jordan);等等。当然,通过体育实现价值的人毕竟是少数,但是这些少数者一旦和美国梦接上关系,美国梦的概念和理想则有了广泛传播的渠道,继而也成为(全球)大众认可的现象。这是体育之于美国价值传输与实现的重要方面。

体育在印证美国梦及自由、平等等美国价值观的同时,也在一定程度上推动了美国社会的民主化进程,成为塑造美国价值观的一部分,而这些正是美国梦"再生产"的必要助推器。借用功能主义理论家们的话,"体育是巩固现有社会价值体系的一种社会构成"(伍茨,2011:20)。曾经属于弱势群体的明星运动员会成为孩子们追梦的榜样,成为后者确立自身身份价值的重要来源;他们在赛场上与来自不同种族和民族文化背景的运动健将们通力合作,展现文化多样性和社会包容性在美国的更大可能性;他们还很可能将其在体育领域取得的傲人成绩"变现"为自身影响力,为族群的利益发声,这对少数族裔整体社会地位的提升大有裨益。以网球姐妹花威廉姆斯姐妹(Venus Williams 和 Serena Williams)为例,她们曾公开表述:"我们打破了困苦的控制,赢得了很多个大满贯的冠军,并且改变了网球的面貌。在过去，网球一直是白人所掌控的运动……不论你的背景如何，不论你来自于哪里，如果你有梦想和目标，一切困难都变得无所谓了。这是我们要发出的信息。"威廉姆斯姐妹的奔走疾呼让新一代黑人女性将目光投向这个她们从未想过尝试的运动，而网球的大门也因更多非裔女性的参与向这个群体敞得更开了。据统计，"市中心非洲裔学生居多的学校迅速出现了 50 个女孩子参加网球队的选拔"（伍茨，2011：75）。青少年非裔女性树立自己的体育楷模并表达参与网球的诉求，有助于《民权法案》《教育法第九篇修正案》的切实落实，进一步确保体育领域种族与性别的平等。这为黑人女性在网球领域中崭露头角提供了丰厚的土壤：自大小威廉姆斯参加职业比赛 20 多年来，"小黑珍珠"斯蒂文斯、凯斯等健将相继出世，把美国网球公开赛女单冠军、国际女子职业网球赛冠军等荣誉收入囊中，续写了美国梦的迷思。

　　值得注意的是，将体育与美国梦结合的诸多叙述中有些是无意的，即是深入人心的民族精神运作的结果；而有些则是出于政治目的，为政客、国家所挪用，成为对内树立政客形象、吸引选票、激发民族主义和爱国精神，对外证明美国意识形态优越性、彰显软实力的修辞。许多政治家们将自己的成功部分归功于在体育运动中获得的诸如自律、团队协作、领导力等品质，以及体育参与所带来的社会资本和文化资本（转引自伍茨，2011：224）。作为美国历史上第一位非裔总统，也是第一位热衷于与篮球捆绑的总统，巴拉克·奥巴马（Barack Obama）曾在自传《我父亲的梦想》（*Dreams from My Father*）中把他实现自我价值的经典美国式故事的源头追溯到在夏威夷州——一个多元文化交集的熔炉州——打篮球的经历。拥有美国白人母亲和非洲黑人父亲的少年奥巴马通过"决定加入（篮球场）这个世界"来探索、建构自己的身份：在学会"跳投、交叉运球"的技巧和"比赛时只有成绩才重要"的道理的同时，他"也学会了其他人并没有在谈论的东西"，即"男性气概、尽职尽责与团结协作的品质"，和"如何在美国人和非裔美国人的身份间达到平衡"（Goudsouzian，2014：246；Obama，2004：78-79）。这段他津津乐道的"篮球助攻政坛"的经历在树立他的"草根总统"人设的同时，也带来了 NBA 球星大腕们的站台和募资，助力其 2012 年总统连任的成功。此外，将"体育和美国梦"的话语运用得炉火纯青的奥巴马还通过奥运会的平台传输这一理念，以激发国民的爱国主义情怀，向世界宣传"美国的方式才是最好的方式"。在 2016 年 8 月 6 日的白宫每周演说中，他谈到不同出身的美国运动员在国际赛事中夺魁的原因在于三个词——"努力、专注、梦想"，"这是奥林匹克精神,也是美国精神……每一个运动员个体背后都站着一个国家……作为一个移民国家,我们从多元化中汲取力量,在民族自豪中团结在一起,从而使美国成为金牌的标杆"(Obama,2016,"Remarks of President Barack Obama as Delivered Weekly Address")。在此,在代表政治立场的政府运作下,运动员的个人神话与美国例外论走到了一起,甚至成为价值观母题。而这种"共享价值"正是奈反复强调的美国软实力(文化吸引力)的合法性来源(奈,2005:64)。

不可忽略的是,自 20 世纪中叶,因科技进步,信息、娱乐与文化的传播方式得以升级,大众媒体以及市场在传播美国体育运动、强化体育与诸如美国梦等文化价值理念的关联中发挥了推波助澜的作用。从 1939 年美国全国广播公司(NBC)旗下的实验台 W2XBS 播放哥伦比亚大学对阵普林斯顿大学的校际棒球赛,开创电视播放体育的新纪元,到 1970 年左右因赛事实时播放、实时评论而掀起的全民追捧"超级碗周末"和"橄榄球周一晚"等电视节目的狂潮,到 1979 年成立的娱乐与体育节目电视网络(ESPN)确保涵盖了"所有体育项目、在所有时段不间断播放",可以说"电视革新了体育"(Davies,2017:217)。在与电视、网络等渠道结合下,体育资讯的辐射范围也逐渐从美国国内到覆盖世界每一个角落。根据小约瑟夫•奈的统计数据,现今,"美国全国篮球锦标赛用 42 种语言向 224 个国家的 7.5 亿家庭播放。主要的篮球联赛用 11 种语言向 224 个国家播放。2003 年全国足联的超级杯赛估计吸引了 8 亿观众。收看运动赛事的观众数目与 2002 年全球 73 亿看美国电影的人数旗鼓相当"(奈,2005:59)。电视线和网线在向国际观众传递赛事"胜利的战栗和失败的痛苦"的同时,也在散播政治与文化信息。被评为 NBA50 大巨星之一的黑人球员查尔斯•巴克利(Charles Barkley)曾言:"在换衣间里,我们都一样,只是你的球技在说话。"(Ashby,2006:490)事实确实如此,3.05 米高的篮筐并不在乎肤色、阶层,而只认可血、汗、泪:在 NBA 解说评论员们口中,"小巨人"姚明、"林来疯"林书豪等球员成功在主流视野中占据一席之地,出生于贫寒黑人家庭的"魔术师"埃尔文•约翰逊(Ervin Johnson)、"大鲨鱼"沙奎尔•奥尼尔(Shaquille O'Neal)等球员书写了一代传奇,他们的"傲人成就"与在多元化和包容性的社会中"自我造就"密不可分。这一文化暗语也顺理成章地与市场互相结合,形成双赢局面。一方面,商业品牌借助运动员的背书和其圆梦英雄的形象吸引顾客的青睐,获取巨额利润。"黑曼巴"科比•布莱恩特(Kobe Bryant)在被问到能获得如此伟大成就——5 届 NBA 总冠军得主、2 届总决赛最有价值球员、18 届 NBA 全明星、15 届 NBA 最佳阵容——的原因时,回答道:"你见过凌晨 4 点的洛杉矶吗?"认识到科比奋斗精神和杰出战绩背后的商业价值,有着敏锐市场嗅觉的美国体育品牌耐克邀其签约代言。另一方面,商品营销出售的过程也是商品背后美国神话走进千家万户、被拥抱认可的过程。科比的耐克广告词:"只要心够决,就能征服痛苦,利用它,控制它。只要心够决,就去实现梦想。只要心够决,就从失败中学习取胜之道。只要心够决,将所有痛苦、失败、批评燃烧成荣耀,夺球绝杀。只要心够决,你无所不能。"(NIKE Kobe Bryant advertisement 2016)。文化(美国梦)和(体育)商品被牢牢地捆绑在一起,甚至文化本身也成为商品的一部分。因而,从某种意义而言,顾客消费耐克产品就可以被认为是与其品牌理念、与美国梦建立价值认同。也正是媒体和市场的双引擎,不断驱动美国文化、价值观展现吸引力,获得其他国家民众的共鸣。

三、体育与"美国噩梦"

值得注意的是,体育社会学界对体育日益成为媒体宣传中美国梦的代名词这一现象的质疑声此起彼伏。泛非研究学者毛拉纳·卡伦加(Maulana Karenga)把体育运动的"酷"诠释为"神话导向的浮夸之梦"——体现的是大众文化的"欺骗价值"(Karenga,1980:19)。一方面,在借助体育渠道实现美国梦前,圆梦的艰难性与机会平等的虚假性让美国梦名存实亡。成千上万名对自身潜质抱有幻想的孩子试图从体育这个"大众鸦片"中找到一把金钥匙,却只找到了现实的幻灭感。这些怀揣梦想的少年们大多成为残酷体育竞争——层层筛选机制和高淘汰率——的牺牲品。美国高中男生中大约有 70 万人打篮球,超过 100 万人打橄榄球;全国大学体育协会提供的数据则显示大学生中篮球运动员人数锐减至 1.5 万,橄榄球运动员人数下滑至 4.1 万;职业运动员的人数则更为稀少,每年仅有 200 名左右的大学篮球男运动员能被 NBA 收入麾下,大约 150 名橄榄球男运动员能通过 NFL 在各高校的招募考核,他们还需通过大约 3/4 的淘汰率才能最终签约球队(Underwood,1980:60)。在这个成功率断崖式下跌的过程中,运动员还可能遭受运动天赋被高校剥削的情况:大学以颁发奖学金为条件要求他们全力训练,致使在校运动员在文化方面学无所成、毕业率极低;大学还出于本校体育成绩排名考虑,阻止大学生与职业联盟签约以谋求更好发展的意愿。此外,即便是进入了职业体育也不意味着美梦成真,非裔运动员还不得不面临"体育中的堆叠现象"带来的影响。这一概念由研究种族和体育的权威人士——社会学家哈里·爱德华兹（Harry Edwards）提出，指代"在某些特定的运动位置黑人与白人不符合随机分布特征的不寻常分布状况"（伍茨，2011：180）。即黑人运动员一直被塞在球队的非中心位置，缺乏担任如四分卫、投球手等明星角色的机会（Riess，1980：228），直接导致了他们获得的报酬较低，职业生涯较短暂，影响到未来担任教练或管理人员的前景（伍茨，2011：181）。对于"同等能力的不平等机会"现象也适用于性别研究，在"制度性的歧视"运作下，女性运动员在体育参与、享有体育资源及其附属品（受邀演讲、商业代言、获得赞助等）方面难以与男性比肩（伍茨，2011：182）。与此同时，在借助体育渠道实现美国梦后，美国梦中平等、民主等核心价值理念却被种族和性别歧视等政治因素以及商业利益、市场驱动等经济考量所消解。非裔运动员取得的巨大成功被用来证实"黑人只有肌肉、没有大脑"的刻板印象（伍茨，2011：176）；被用来转移民众对于不公正现象的关注，使同情黑人、反对种族主义的白人感到大功告成的惬意（Smith，2003：225）。著名民权运动者埃尔德里奇·克利弗（Eldridge Cleaver）在其著作《冰上的灵魂》（Soul on Ice）中描述此类现象："毫无疑问，美国白人会接受一名黑人冠军，为他鼓掌，给他赏金……但是，美国白人要求他们的黑人冠军有一副绝妙、强健的体魄和一个迟钝、野蛮的大脑——拳击场上黑人可以是头虎，拳击场外他必须是只猫"（Cleaver，1968：92）。此外，高水平竞技运动商业化的后果之一是比赛资格控制权和话语权被俱乐部老板和联盟管理层掌握，圆梦的幸运儿们可能因伤病终止运动生涯，因缺乏其他工作技能而完成不了职业转型，从而被教练、粉丝和国家神话所抛弃。拳王泰森在纪录片《冠军》中道尽了"美国噩梦"的心酸苦楚，拳手们的奖金被水蛭般的经纪公司盘剥，直到他们的最后一滴血被吸干，很高比例的拳手退役后为债所困，一无所有，受脑部伤病困扰，而这种前后云泥之别的情况——从一个备受优待的明星运动员到在现实中苦苦挣扎的失梦人——事实上司空见惯。因此，不难理解，非裔领袖们一直反对将体育视为本族群的文化宿命。大众媒体所呈现的光鲜亮丽"现实"显然与上述"美国噩梦"背道而驰，而且媒体信息中成功的非裔人士形象更多地是被粉丝追捧的日进斗金的运动员和娱乐明星，而非医生、律师、工程师等（Gaston，1986：377）。基于对明星榜样的认同感，非裔青少年往往忽略了对其自身进入美国主流社会所必备的能力（如受教育后得到学历）的培养，而后者才是黑人群体在严峻现实中安身立命、不断发展的基石（Gaston，1986：371）。也正因为如此，著名网球男单冠军阿瑟·阿什（Arthur Ashe）在 1977 年《纽约时报》发表的《致黑人父母的一份公开信》中说到："我们走这同一条老路——体育与娱乐已经太久了。我们应该罢手了，赶快到图书馆去，力争进入国会、最高法院、工会和商界。"（转引自沃茨，2011：226）他的意思是，只有少数族裔在各关键领域中都掷地有声，族裔平等才能得到有力保障，实现美国梦的可能性也才能在此坚实的基础上建立起来。

四、结语

　　作为大众文化的一种重要形态，任何国家都可以利用体育作为推崇其文化和民族精神的途径。但正是在美国，体育被挪用来颂扬其生活方式，即所谓以美国例外论、美国神话和美国梦为特征的"美国式的生活方式"。体育与美国梦的联结是美国宗教、政治、经济等因素合力运作的结果，契合了美国国家精神和价值取向。通过体育运动员的英雄式传奇，国家独一无二性的话语与大众性活动被很好地结合在一起。虽然在美国，运动员个体总是被视为个人英雄，但在势不可挡的国家政治使命面前，他（她）也不可避免地被挪用为美国文化独特性的表征。当然，这一方面与美国政治文化理念中对于个人主义的关注和强调、对民主的普遍需求息息相关；另一方面，也代表了国家的形象和使命。在美国，这两者——个人的奋斗和国家的追求——往往互利互惠、互为灵感、互相融合，而这恰恰也是"美国式的生活方式"中不可或缺的一部分。这其中包含的价值母题经过大众媒体和市场的进一步运作和强化，使运动员们从默默无闻到名利双收的人生经历成为美国文化吸引力的合法性来源，体育运动也因此成为美国软实力的助推器。但无法忽略的是，基于机会平等、族群融合的美国梦的神话叙事不断遭受着体育界现实的驳斥，种族和性别歧视等政治因素以及商业利益、市场驱动等经济考量埋下了运动员们"美国噩梦"中的因子，揭露了美国价值观中的"虚伪性"。

第二节　体育中的美国政治

　　在美国，公众舆论和新闻媒体都普遍认为，体育和政治是相对独立的个体，应该保持各自为政、互不干涉的状态:"与音乐和其他艺术类似,体育运动超越了政治范畴……对于体育,我们要关注的应该仅仅是其本身,而非与其相关的政治。"(Strenk,1979:128)。然而,纵观历史,体育中包含政治暗语的传统可以追溯到古希腊和古罗马时期,当时对体育的重视与对"高尚"品质和"尚武"理念的推崇息息相关。亚里士多德曾在《政治学》(Politics)中说,体育"通常能培养勇敢坚毅的品格","有助于健康并能增强战斗力量"(转引自赵爱国,2013:2)。作为组织性体育活动和泛希腊的运动盛会,奥林匹克运动会开创了颂扬城邦公民与希腊精神(Hellenism)的时代,各类比赛项目是希腊人推崇自治和公平理念的彰显,也是对城邦的威望与权力的颂歌。罗马人则钟爱被诗人维纳利斯称为"面包与马戏"(Panemet circenses)的战车比赛和角斗士比赛,这两类竞技运动不但起到了娱乐大众的功能,而且有效加强了帝国的内部统治:它们凸显了罗马帝国的严苛纪律和威猛势力,所以观众们观赏比赛的过程,其实也是受国家精神洗礼的过程(贝林格,2015:46-60)。

这一将体育和政治联姻的早期西方传统在美国体育中得到了进一步加强。正如每年度超级碗(即美国职业橄榄球大联盟 NFL 的年度冠军赛)的电视收视率一直遥遥领先,观赏超级碗已经成为美国国民的集体经历(Dyreson,Rorke,& Berg 363);1980 年冬季奥运会上美国冰球队意外击败苏联,胜利带来的喜悦和民族自豪感在冷战的历史背景下更是显得意味深长;美国职业篮球联赛(NBA)赛场上白人球员由高强度正规训练得来的成果和黑人球员令人眼花缭乱的技巧更是印证了美国文化多样性和文化融合的魅力(Greenfield 186)。类似的例子不胜枚举。这里采用文化社会学的视角,梳理被称为"体育共和国"的美国社会中体育与政治之间的重要关联与发展历程,例证作为大众文化的主要媒介之一的体育是美国软实力的重要来源。

一、体育与美国政治的关系溯源

早在北美殖民地时期,政治就"浸入"了体育领域,当权者在体育的令行禁止和塑造体育接纳标准方面起着决定性作用。尽管在当时,体育这一概念还未清晰明确,"运动"(sports)、"竞技"(athletics)、"游戏"(games)、"玩耍"(play)等词之间的细微差别也难以区分,但新英格兰殖民地的清教徒们将它们统统视为"享乐"的代名词。引用著名政治经济学家马克斯·韦伯(Max Weber)的话,清教徒的工作伦理是"要勤奋刻苦地完成上帝对你的感召；一切社交、空谈、享受以及超过健康必须的睡眠时间（大约 6—8 小时），都是浪费时间，需要接受强烈的道德谴责"（Weber，1970：157 - 158）。因此，对于早期殖民者而言，"任何对殖民地不提供切实利益的事，包括无益于大众福利的各类游戏（games），都必须被避免（Higgs，2011：188）。据史料记载，1621 年，普利茅斯殖民地总督威廉·布拉德福德（William Bradford）曾对着大街上明目张胆地玩耍球类的年轻人大声呵斥。因为在他看来，"任何在大街上放纵游戏的行为"都要被唾弃。清教统治者们对游戏的厌恶如此之深，甚至殖民地议会颁布了官方禁令和具有惩戒性质的法律；所有缺乏实用主义价值并且易导致蓄意破坏和财产损失的体育活动都被明令禁止，特别在安息日，更是被严厉打击（Wakefield，2017：374）。在 1659 年，新阿姆斯特丹总督皮特·施托伊弗桑特（Peter Struyvesant）将一周中的一天设定为禁食日。当天，"所有如网球、球类游戏、狩猎、捕鱼、耕作、播种的运动和游戏项目，以及如掷骰子、醉酒等违法行为"都被严惩不贷（Higgs，2011：189）。1693 年，康涅狄格州东部的一名男子因违反规定在安息日打球被处以 12 先令的罚款和 6 小时的监禁（Higgs，2011：188）。当然，统治阶级难以长此以往地保留如此严苛的制裁：其一，大多数人很难压抑玩乐的自然欲望，其二，类似于狩猎这样的活动具有生存劳作、休闲消遣和竞技等多重功能。正因为如此，这些"享乐"和"游戏"成为体育运动的雏形。

现代化进程见证了美国体育的急速发展与本土化革新，这一过程与美国例外论思想有所关联。美国例外论在体育领域体现如下：在 19 世纪末和 20 世纪初，欧洲大陆体育运动的影响力在美的影响逐渐式微；加上南北内战的结束和镀金时代的到来，美国民族主义情绪被催化，体育成为美国寻求区别于殖民者的新文化与美利坚民族的身份认同的重要媒介。与新英格兰殖民地创建者们主要从英格兰母国的体育文化中汲取养分不同，现代美国人将体育文化的重心挪至更为美国化的"四大运动"（the Big Four），即棒球、美式足球（美式橄榄球）、篮球和冰球。特别是被奉为"美国国家消遣"的棒球，说它是美国体育界的《独立宣言》也不为过。著名棒坛学者与民族主义人士 A. G. 斯伯丁（A. G. Spalding）曾言："从未像美国公民一样呼吸过自由空气的英国人是难以欣赏代表美国民族性的棒球运动的。"（Pope，1997：70 - 71）可见，斯伯丁的论述其实与超验主义学者爱默生在《论美国学者》（The American Scholar）中号召年轻的美国超越欧洲大陆文化、发扬民族自尊、建立起文化自信的呼吁一脉相承。在本土化的体育项目成为文化主体的符码过程中,体育比赛的各方面也都日臻完善:从组织非正式、规则宽松、局限于地方、媒体报道的篇幅有限,演变为组织正式、规则标准化、竞争全国化或国际化、媒体报道专业化。

二、国内体育中的民族主义和大熔炉思想

在体育比赛逐渐现代化过程中,后来成为美国国歌的《星条旗永不落》①(*The Star-Spangled Banner*)登上了竞技舞台,这不仅说明体育赛事的形式更为正式,也意味着美国民族身份被仪式化地融入体育活动中,赛场也化身为民族主义和爱国主义情绪激荡的摇篮。现今,在体育赛事中播放、演奏或者歌唱国歌的传统已被深深根植于国民意识之中。这一惯例始于 1918 年。那年的世界职业棒球大赛在芝加哥科米斯基体育场举行,红袜队和小熊队迎来了首场角逐。当时距美国参加第一次世界大战已经 17 个月,超过 10 万名美国士兵血洒战场,而近日的芝加哥联邦大厦爆炸事件更是进一步削弱了士气和国民精气神(Graham,2017)。因而不难理解,整场比赛死气沉沉。但是,当军乐队开始奏响爱国歌曲,观众们的情绪发生了翻天覆地的变化——看台上的激情被触发,雷鸣般的掌声和欢呼声响彻云霄。第二天,《纽约时报》(*The New York Times*)等媒体以激情澎湃的笔触报道了这一高光时刻。因为在高昂的歌曲声中,体育成为鼓舞士气的来源,成为国内民众与远渡重洋的战士们风雨同舟、共同进退的情感联结点,成为爱国情怀的具体形式。此后,播放爱国歌曲《上帝保佑美国》②(*God Bless America*)、升旗敬礼等仪式与开赛前队员们拥抱在一起祈祷的活动共同成了体育赛事不可或缺的一部分。这些颇具戏剧化的环节其实在无形中强调了"体育不仅仅是一场独立的游戏,更是参与者和观众们集体向某种超验的价值观顶礼膜拜的活动"这一观念。换言之,对于观众和运动员而言,美国国歌和国旗这些带有强烈爱国主义意味的符号不仅提醒他们比赛的进行场地在美国,而且在无形中验证了这一事实:各项赛事是在美国国家价值观的语境下进行的活动,是契合和发扬美国国家精神和民族性格的事件(Combs,2011:172)。而

---

① 《星条旗永不落》创作于 1814 年,经常在美国独立日等国家庆典中被演奏,深受美国人民喜爱。让此歌成为美国国歌的想法始于 1892 年,并在 1931 年被正式确定为国歌。
② 《上帝保佑美国》是创作于 1918 年的歌曲,此曲在美国具有"第二国歌的地位"。

美国国家精神的基本理念就是建国先驱在《独立宣言》《美国宪法》中所凸显的自由民主、个人主义、机会平等等思想。

大熔炉也是美国国家身份的重要组成部分，而体育中潜在的政治和文化暗语恰恰促进了美国社会不同群体之间的融合。大熔炉一词取自英国作家伊斯雷尔·赞格威尔（Israel Zangwill）于 1908 年首演的戏剧《大熔炉》（*The Melting Pot*）。剧中，身份为俄裔犹太移民的主人公倾情赞美道："美国是上帝的熔炉，是将欧洲所有种族群体融化后重塑的伟大熔炉⋯⋯德国人和法国人，爱尔兰人和英国人，犹太人和俄国人——统统和你一起进入熔炉。上帝在创造美利坚民族。"（Gerstle，2017：51）自此，将各个族裔人群同化、归属至一个美利坚民族的熔炉思想被推广开来。作为文化最大公分母之一的体育具有海纳百川的文化包容性。这一正面属性在棒球运动上体现得淋漓尽致。在美国历史上，曾有大量的人口从农村社区迁移到繁荣的城市，而棒球不仅以物质形式，更是以精神形式陪伴迁移人口。换言之，对迁徙者们而言，棒球提供的不仅仅是单纯的运动功能，更是赠与了搬到新的地方、加入新的社群、开展新的生活时个体所迫切需要的归属感和融入新环境的方式。同样的道理适用于移民群体。正是因为体育超越了群体差异、国家界限和语言屏障，它赋予了不同祖籍国家的运动参与者们对于同一个国家——美国——的归属感，锻造了他们的民族身份，外来移民通过成为棒球运动的参与者、球迷和观众，能更加容易地融入美国社会。这是因为：其一，棒球运动是美国梦的代名词。出生在加利福尼亚州北部小城、身高仅 170 厘米的二垒手达斯汀·佩德罗亚（Dustin Pedroia）曾夺得美国职业棒球联盟的"最有价值球员奖"，他的个人经历就是美国梦的化身。至少在形式上，这成为很多人的美国式信仰。其二，棒球的比赛规则更是与美国有着千丝万缕的关联。棒球赛在进攻方（一名击球者）与防守方（一名扔球者、一名接球者和 7 名捡球者）之间进行；两者的对抗关系其实就是美国"文化战争的戏剧化表现：如何平衡社群价值利益与个人主义之间的关系"（Shore，1990：15）。击球者完成本垒打需要将来自对方队扔出的球击出后，依次跑过一、二、三垒并安全回到本垒；这个成功时刻是如此的"真实而神圣"，是"个体超越环境的限制、激发潜能而做出的英雄式行为"，是个人主义的表征（Shore，1990：14）。由此就不难理解，进步时代的改革家们在为促进少数族裔移民子女的美国化而制定系统的教育方针时，将体育课列为初等教育阶段的必修课程。运动激发了竞争意识，而后者正是资本主义经济的基石；团体运动教会了孩子们团队合作、自我牺牲、自律、领导力等特质,这些都是民主精神的重要组成部分;孩子们若在赛场与裁判争论会被判出局,在此过程中他们学会了尊重权威,培育了良好的公民意识(Gems,2017:162)。当然,这些想法并不是公开灌输给孩子们,而是借运动的形式潜移默化地施加影响。因此,从某种意义上而言,任何一个打棒球的孩子,无论他的祖籍国家在哪里,实际上都在建构自身作为美国人的民族身份。或许在任何一个国家,这样的被阐发的体育精神都会上升为国家意识,只是因其移民国家的特征,在强调民族意识方面,美国会更加有意为之,而类似棒球这样的运动因其凸显的个人与集体间的关系,则天生地被融入了美国精神的象征之中,这自然也是体育与政治在美国的一种表现。

但这并不意味着体育领域就是大同世界。熔炉的神话并非现实,美国历史上种族、族裔、性别的权力斗争经历了长期艰苦卓绝的过程,而体育界就是见证这一过程的窗口之一(Soares,2017:7)。正如文化研究学者葛兰西在《狱中笔记》中所写,市民社会是"交换和谈判、抵制和融合"的场域,是"集体意志的强加和个人权力的挪用的结合"。作为大众文化中不可或缺的子项目,体育也是各方权力的必争之地。大熔炉理念颇具争议之处在于将美国民族身份定义为"盎格鲁-撒克逊新教白人"(WASP)文化,强调异质文化、少数人群的文化融合并同化于主流文化的"美国信条"。正如棒球历史学家哈罗德·西摩(Harold Seymours)所言,美国文化史学家雅克·巴赞(Jacques Barzun)在论述"无论谁想要了解美国人的情感和心智,最好都学学棒球"时(转引自 Shore,1990:12),"其实在向新大陆的移民们宣告,成为美国人最好的方式就是打棒球,因为这是融入主流白人精英社会价值体系的最好途径"(转引自张世强,2010:22)。历史上,与种族、族裔与性别歧视的较量就曾渗透到体育话语中。在 1865 美国内战结束后,《第十三条修正案》正式废除了奴隶制。但 1896 年"普莱西诉弗格森案"(Plessy v. Ferguson)的裁决事实上确立了"隔离但平等"的教条[即臭名昭著的吉姆·克劳(Jim Crow)体系]的合法性。甚嚣尘上的种族隔离使黑人球员陷入了职业困境——如果他们想打棒球,他们必须加入全是由黑人球员组成的黑人球队中,只能参加全是由黑人球员参与的联赛。美国历史上第一个打破职业棒球大联盟中肤色隔离的运动员是大名鼎鼎的非裔美国球员杰基·罗宾森(Jackie Robinson)。1947 年 4 月 15 日,罗宾森代表布鲁克林道奇队登上联赛舞台。尽管媒体铺天盖地的不公正报道接踵而至,他的许多队友以冷漠或敌对的态度对待他,对方球员更是对他羞辱谩骂,奉行白人至上和歧视有色族裔的南方三 K 党甚至公开发出死亡威胁,但罗宾森忍辱负重、排除万难,赢得了他第一个赛季的"年度最佳新秀"称号(Martin,2017:114)。毫无疑问,罗宾森的成就是对美国种族主义意识形态的有力一击。他激励了一代非裔美国人对种族隔离法的质疑。在像他一样的民权斗士的影响下,民权运动的进程不断推进,1964年《民权法案》和 1965 年《选举权法案》的颁布在法律层面确保了黑人在各个领域(包括在体育界)的平等权利。

三、国际体育中的美国软实力

除了国内赛事,我们也需要在现代奥林匹克运动复兴的国际背景下审视美国体育,正是在国际奥运赛事中美国例外论和美国民族身份得到了再确认。自1896 年现代奥运会复兴后,国家成为运动场上主要的身份载体,奥运会为各个国家提供了衡量竞争对手的国力水平、传播本国话语、建立与世界上其他国家良好关系的重要平台(Dyreson,Rorke,& Berg,2017:364)。在 1896 年雅典奥运上,美国队在田径赛场叱咤风云。当时美国媒体在报道中将竞技赛场的夺魁视为美国神话——美利坚合众国民主、自由、平等、青春活力的制度——的隐喻,从而开创了将奥运胜利视为"美国例外论"表征的传统(Borish,Wiggins,& Gems,2017:365)。在 1968 年墨西哥奥运会上,时任美国总统林登·约翰逊(Lyndon Johnson)面向美国选手发言:"感谢你们充满生机活力、不懈追求公平,让全世界再一次见证了美国的国民性格。"类似地,里根总统在 1984 年的讲话中感叹:"只有在美国这样的大熔炉中,才会产生一个混合不同种族、信仰和国籍的运动队。"(Dyreson,Rorke,& Berg,2017:362)从这些言论里,我们可以看到美国民族身份中自由、个人主义、人民主权、平等等概念被广泛地挪用到体育层面上了。

除了借助国际体育对内宣扬民族主义,美国也热衷于将本国强劲的体育实力解读为政治制度和意识形态优越性的成果,从而达到对外展现软实力的效果。现代奥林匹克之父顾拜旦在被后人称为"奥林匹克宣言"的演说中直言:"我似乎不是在研究体育而是在研究外交问题。事实上,我只是在强调一个重要的社会法规,这就是,一个民族的精神、志向和习俗,直接影响着这个民族对体育运动的理解和所采用的组织方式,前后两者之间存在着密切联系。"(顾拜旦,2008:6)换言之,各国利用奥运会传达对国际事务的政治立场以及其立场背后文化价值观的合法性和吸引力。凭借体育的吸引力向全球输出美国梦的价值观,这是美国软实力运作的重要方式。作为美国流行文化的窗口之一,体育以其吸引力、感染力、同化力协助甚至主导美国在国际关系的政治角斗中脱颖而出,其重要性不言而喻。1964 年的东京奥运会见证了美国队在田径场上压倒苏联队的盛况。赛后,《纽约时报》等媒体既幸灾乐祸又不无讽刺地用政治化的笔触对苏进行舆论围攻,"如果说(东京奥运会的比赛)结果让红色兄弟们羞愧难当,那么当他们意识到'美国的方式是更好的方式'时,更要难以接受,痛不欲生了"(转引自Elzey,2017:392)。从这个意义而言,铁幕两边都把体育赛事视为冷战中国家形象博弈的代理战;若能在国际大赛中击败意识形态层面的对手,那么似乎就有铁证来论证某一意识形态是更好的。而冷战时期美苏两大巨头的剑拔弩张在20 世纪 80 年代的奥运会抵制运动上达到高潮,两国都把抵制运动视为传达政治不满的信号。由于 1979 年苏联入侵阿富汗,美国发起了对 1980 年莫斯科奥运会的强硬抵制;而礼尚往来,以苏联为首的 15 个国家联合抵制了 1984 年的洛杉矶奥运会。就这一层面而言,美国政府以政治焦点模糊了体育理念,体育文化在代表政治立场的政府运作下被挪用,体育运动场成为弥漫着浓浓硝烟味的政治战场(塞恩,2008:473)。这正是奈曾阐释的"通过集团(国家)的行为,以文化的形式,传输知识和价值观"的理念。在全球化发展的过程中,体育作为美国软实力的重要中介之一,在大众媒体以及市场的推波助澜中,有意或无意地承担了向世界宣扬美国式生活、美国例外论、美国梦、美国迷思、美国精神的文化传教士的责任,推动了世界美国化。NBA 不仅仅是一场被全球电视媒体转播的体育赛事,更是美国神话和美国梦的营销机器。奥运会游泳赛事逐渐成为加利福尼亚州的代名词,被贴上了阳光、沙滩、财富以及美国人的生活方式的标签,吸引着全球的消费市场。从这层意义而言,"从体育商品深入到文化观念再到价值观传输",体育已经成为向世界传达美国话语的渠道,成为辐射美国文化光芒的灯塔(Dyreson,Rorke,& Berg,2017:369)。

四、个体对体育的政治挪用

不仅仅是国家或者政府借助体育发出含蓄的政治信号,对大众文化有着灵敏嗅觉的美国政客也娴熟地将体育挪用为宝贵的政治资源,从而达到各种政治目的。通过体育运动,政治家们能与选民们建立起一种貌似与政治无关的联系——政客们倾向于通过参与某种"政治上正确的而且能在公共场合展现"的大众体育活动来强调他们与"普通平民的共性",展示其"年轻活力"的一面(Combs,2011:177)。这一编码信息借助语言、话语和文字的力量,即隐喻和符号,通过媒体向公众传达。比如,奥巴马与篮球之间的情缘一直为人津津乐道。当然,政治家们参加体育运动的初衷是暧昧的,大众始终难以分辨政客们到底是真的出于个人喜好还是在表演作秀。卡特总统曾为了加强与南部地区的关系,在各大媒体和白宫官员们面前参加了南方地区盛行的慢速垒球运动。除了宣称对大众体育的热爱之外,政府职位候选人也热衷于寻求知名体育运动员的背书,期望他们能帮助自己在选民中树立正面形象。甚至有个专门的词汇来称呼他们,即"运动员嗅探器"(jock-sniffers)(Combs,2011:178)。当然,运动员们的倾力声援并不能确保政客平步青云。例如,尽管有无数运动员的站台,福特总统仍然在1976年失去了连任总统的资格。除了做"运动员嗅探器"外,精明的政治家们还通过为美国运动代表队摇旗呐喊来塑造他们爱国的形象。罗斯福是采用此计的开山鼻祖。在竞选总统时,他多次强调了体育运动员、教练为国争光的重要价值,并借此把他的竞选活动与颂扬民族主义、爱国主义和美国例外论关联起来。他经常邀请全国大学体育协会(NCAA)的冠军们和体育专业人士来白宫进行亲切交流、合影留念(Dyreson,Rorke,& Berg,2011:361)。罗斯福对体育的一腔热情被美国政客沿袭下来,他之后的政治家们——小到地方社区理事会成员,大到一国的总统——很多都效仿他借助体育展示爱国形象的做法。

挪用体育修辞的不仅仅是政客,还有体育明星们、运动健将们意识到他们可以利用公众对他们的关注来参与政治事件或者谋得一官半职。也许没有一个运动员比拳王穆罕默德·阿里更积极主动地参与政治。20世纪60年代的美国社会充斥着公民不服从、反文化等反叛运动。而体育正是一个讨论、质询由民权和人权问题引发的身份政治危机的成熟平台。阿里的人格魅力和政治意识在60年代的政治浪潮中展露无遗。他公开反对越战,拒绝在1967年应征入伍,因而失去了冠军头衔,还陷入持久的法律纠纷,直到三年后才能重返拳击擂台。但阿里并不为付出的惨痛代价而后悔,"那些为了冠军头衔而出卖自己灵魂的人不仅对我造成了伤害,而且让他们自己颜面扫地"(转引自Bass,2017:402)。除反战之外,他的黑人穆斯林的身份更使他成为民权运动的极具有影响力的代表和美国体育史上评价最为两极化的人物。拳王阿里公开的政治立场说明一个运动员能以独特的形式扩散政治事件,进行政治抗议;更重要的是,它体现了美国式的民主精神：虽然运动员、政治家、媒体挪用体育来传播美国神话、弘扬民族精神，但这并不意味着他们所称颂的与当时政府所支持的完全一致。美国的文化和政治情怀的重要特征是"异议"，特别是对国家、对政府的政策行为，对特定时期的文化倾向进行批判、自审与纠正，这一传统的践行人有撰写《论公民不服从》（*Civil Disobedience*）的超验主义者梭罗（Thoreau）、撰写《资本主义的文化矛盾》（*The Cultural Contradictions of Capitalism*）的社会学家丹尼尔·贝尔（Daniel Bell）、撰写《我们是谁？美国民族认同的挑战》（*Who Are We?：The Challenges to America's National Identity*）的政治学家塞缪尔·亨廷顿，阿里的所做所言也是"异议"的实践；而正是"异议"的传统助力国家迷思和民族身份的生生不息。除了以社会抗议的形式表达政治观点外，一些退役了的体育界人士直接"弃体从政"。作为美国梦活生生的例证，运动员们拥有的英雄形象、社会声望、名人地位和巨额财富本身就是极其宝贵的政治资源。最广为人知的是加利福尼亚州州长阿诺德·施瓦辛格（Arnold Schwarzenegger），他自幼练习健美，曾荣获"环球健美先生"的称号。在 2003 年参选加州州长时，他赢得了 48.6% 的选票，成功当选。一些民意观察家们认为，加州选民对明星运动员的崇拜情节是施瓦辛格能顺利开启政治生涯的助推器。其他"挂靴"参政的运动员们还包括曾入选全美大学橄榄球最佳阵容的美国最高法院大法官拜伦·怀特（Byron White），曾为著名棒球投手和绝对主力的美国众议院议员威尔默·米泽尔（Wilmer Mizell），等等。

五、结语

从 1621 年普利茅斯殖民地总督威廉·布拉德福德的"体育禁令"到 2018 超级碗冠军老鹰队的"抵制白宫运动"，体育与美国政治之间的关联有时显著，有时微妙，但从未消失。就国内而言，当权者在体育参与的令行禁止和塑造体育接纳标准方面起着决定性作用。美国民族身份被仪式化地注入体育活动，在赛场激发民族主义和爱国主义情绪。虽然体育中暗含的政治和文化色彩促进了美国社会不同群体之间的融合，但体育曾经是而且仍然是文化霸权运作的场所，是种族、族裔、性别、少数群体权力斗争的必争之地，也是定义美国民族身份的重要维度之一。此外，政客们娴熟地将体育作为其政治资本以实现其政治诉求；无独有偶，体育明星们也利用其身份优势博得关注，引导舆论，参政议政。就国际层面而言,随着现代奥林匹克运动的复兴,国家成为世界运动赛事中的主要成员。美国借助国际赛事的佳绩增强国民的民族自信,强调美国迷思和民族身份。面对政治对手和敌对国家,美国热衷于将本国在世界比赛中的胜利作为其政治制度和意识形态优越性的有力佐证。在全球化的发展中,体育更是美国向世界宣扬美国式生活、美国例外论、美国梦、美国迷思等理念的平台,是美国软实力的重要中介。

引用文献:

Adams, James. 2012. *The Epic of America*. New Brunswick: Transaction Publishers.

Alpert, Rebecca. 2014. "Baseball Since 1920." In *A Companion to American Sport History*, *First Edition*, ed. Steven Rices, pp. 177 – 201. New York: John Wiley & Sons, Inc.

Ashby, Leroy. 2006. *With Amusement for All*: *A History of American Popular Culture since 1830*. Kentucky: The University Press of Kentucky.

Bass, Amy. 2017. "Active Radicals, the Political Athlete in the Contemporary Moment." In *The Routledge History of American Sports*, edited by Linda J. Borish, David K. Wiggins, and Gerald R, pp. 401 – 413. New York: Routledge.

Borish, Linda J., David K. Wiggins, & Gerald R. 2017. *Sports*. New York: Routledge.

Cleaver, Eldridge. 1968. *Soul on Ice*. New York: Dell.

Combs, James. 2011. "Jockpop: Popular Sports and Sports." In *Critical Readings of American Popular Culture*, edited by Jin Hengshan and Liao Weichun, pp. 170 – 179. Nanjing: Dongnan University Press.

Dalen, D. B. Van. 1971. *A World History of Physical Education*. California: California Prentice-Hall.

Davies, Richard. 2017. *Sports in American Life*: *A History*. *Third Edition*. Malden: Wiley Blackwell.

Dyreson, Mark, Tom Rorke, & Adam Berg. 2017. "Faster, Higher, Stronger and More Patriotic, American Olympic Narratives." In *The Routledge History of American Sports*, edited by Linda J. Borish, David K. Wiggins, and Gerald R, pp. 361 – 372. New York: Routledge.

Elzey, Chris. 2017. "A Divided World The U. S., the U. S. S. R., and Sport During the Cold War." In *The Routledge History of American Sports*, edited by Linda J. Borish, David K. Wiggins, and Gerald R, pp. 385 – 397. New York: Routledge.

Fields, Sarah. 2017. "Title X, Race, and Recent Sport" In *The Routledge History of American Sports*, edited by Linda J. Borish, David K. Wiggins, and Gerald R, pp. 214 – 226. New York: Routledge.

Franklin, Benjamin. 1928. "Proposals Relating to the Education of Youth in Pennsylvania." *Journal of General Education* 3: 256 – 261.

Gaston, John. 1986. "The Destruction of the Young Black Male: The Impact of Popular Culture and Organized Sports." *Journal of Black Studies* 16(4): 369 – 384.

Gems, Gerald. 2017. "Sport and Italian American identity." In *The Routledge History of American Sports*, edited by Linda J. Borish, David K. Wiggins, and Gerald R, pp. 159 – 171. New York: Routledge.

Gerstle, Gary. 2001. *American Crucible: Race and Nation in the Twentieth Century*, Princeton: Princeton University Press.

God Bless America, wikipedia. 2022. https://en. wikipedia. org/wiki/God_Bless_America. Accessed Feb 20,2022.

Goudsouzian, Aram. 2014. "Basketball" In *A Companion to American Sport History*, *First Edition*, edited by Steven Rices, pp. 246 – 268. New York: John Wiley & Sons, Inc.

Graham, Bryan. *The Guardian*. 2017. "Star-Spangled Banner: how the anthem became central to the story of American sports". https://www. theguardian. com/sport/2017/nov/12/history-national-anthem-sports-military-flag　Accessed　May 5,2019.

Greenfield, Jeff. 2011. "The Black and White Truth About Basketball." In *Critical Readings of American Popular Culture*, edited by Jin Hengshan and Liao Weichun, pp. 180 – 186. Nanjing: Dongnan University Press.

Heaphy, Leslie. 2014. "Baseball Before 1920." In *A Companion to American Sport History*, *First Edition*, edited by Steven Rices. New York: John Wiley & Sons, Inc.

Higgs, Robert. 2011. "Sports." In *Critical Readings of American Popular Culture*, edited by Jin Hengshan and Liao Weichun, pp. 187 – 198. Nanjing: Dongnan University Press.

Karenga, Maulana. 1980. *Kawaida Theory: An Introductory Outline*. Inglewood, CA:

Kawaida.

Martin, Charles. 2017. "African Americans and Sports." In *The Routledge History of American Sports*, edited by Linda J. Borish, David K. Wiggins, and Gerald R., pp. 109 - 121. New York: Routledge.

NIKE Kobe Bryant advertisement "If You Really Want It", 2016. https://www.freshnessmag.com/2009/01/23/nike-kobe-bryant-if-it/. Accessed May 12, 2019.

Obama, Barack. 2004. *Dreams from My Father: A Story of Race and Inheritance*. New York: Three River Press.

Obama, Barack. "Remarks of President Barack Obama as Delivered Weekly Address." The White House, 2016. http://language.chinadaily.com.cn/2016-08/12/content_26448253.htm. Accessed May 12, 2019.

Pope, Stephen. 1997. *Patriotic Games: Sporting Traditions in the American Imagination, 1876 - 1926*. New York: Oxford University Press.

Riess, Steven. 1980. "Sport and the American Dream." *Journal of Social History* 14 (2): 295 - 303.

Roberts, Randy & Andrew Smith. 2014. "Boxing: The Manly Art." In *A Companion to American Sport History, First Edition*, edited by Steven Rices, pp. 271 - 291. New York: John Wiley & Sons, Inc.

Schrank, Jeffery. 2011. "Sports and the American Dream." In *Critical Readings of American Popular Culture*, edited by Jin Hengshan and Liao Weichun, pp. 165 - 169. Nanjing: Dongnan University Press.

Shore, Bradd. 1990. "Loading the Bases: How Our Tribe Projects Its Own Image into the National Pastime." *The Sciences* 30(3): 10 - 18.

Smith, Earl. 2003. *Race, Sport, and the American Dream*. Durham, NC: Carolina Academic Press.

Soares, John. 2017. "Theory and Method in American History." In *The Routledge History of American Sports*, edited by Linda J. Borish, David K. Wiggins, and Gerald R, pp. 5 - 16. New York: Routledge.

Strenk, Andrew. 1979. "What Price Victory? The World Of International Sports and Politics." *Sociology of Sport Journal* 445(1): 128 - 140.

The Star-Spangled Banner, wikipedia. 2022. https://en.wikipedia.org/wiki/The_Star-Spangled_Banner. Accessed Feb 20, 2022.

Turner，Fredric. 1962. *The Frontier in American History*. New York：Holt，Rinehart and Winston.

Underwood，J. 1980. "The writing is on the wall." *Sports Illustrated*. 19 May，pp. 36 - 72.

Wakefield，Wanda. 2017. "American Military Sport from Colonial Times to the Twenty-First Century." In *The Routledge History of American Sports*，edited by Linda J. Borish，David K. Wiggins，and Gerald R，pp. 373 - 384. New York：Routledge.

Weber，Max. 1970. *The Protestant Ethic and the Spirit of Capitalism*，London：Unwin University Books.

Webster，Noah. 1970. *A Collection of Essays and Fugitive Writings*. Boston：Thomas and E. T. Andrews.

阿尔弗雷德·塞恩，2008，《权利、政治和奥运会》，贡娟、宋健、孟爽译，北京体育大学出版社。

边宇，2018,《美国体育思想演变与启示》，华南理工大学出版社。

顾拜旦，2008,《奥林匹克宣言》，董强译，人民出版社。

罗纳德·伍茨，2011,《体育运动中的社会学问题》，田慧等译，人民体育出版社。

沃尔夫冈·贝林格，2015,《运动通史：从古希腊罗马到 21 世纪》，丁娜译，北京大学出版社。

约瑟夫·奈，2005,《软力量：世界政坛成功之道》，吴晓辉等译，东方出版社。

张世强，张世泽，2010,《美国棒球世界中的族群融合神话与现实》，《体育与科学》第 31 卷第 6 期。

张世强，张世泽，2012,《棒球起源神话与美国例外主义》，《西安体育学院学报》第 29 卷第 1 期。

赵爱国，2013,《国际政治视角中的中美体育体制与政策》，华中师范大学出版社。

第四章　广告与美国梦

第一节　广告历史记忆中的美国梦

一、新教伦理、清教精神与美利坚价值观

小约瑟夫·奈在《软实力》一书中引述了一位法国前部长对美国的评论,后者认为美国之所以强大,是因为它能"激起人的梦想与渴望"(奈,2013:12),这种"梦想与渴望"指的就是美国梦,也是美国向世界输出软实力时所依托的核心卖点。美国梦的理念从第一批清教徒抵达美洲大陆时便已萌芽,自始至终贯穿于美利坚民族的诞生与开拓、动荡与怀疑的每一个历史阶段。直到 1931 年,美国梦作为一个有具体所指、定义明确的概念,在詹姆斯·特拉洛斯·亚当斯的(James Truslow Adams)《美利坚史诗》(*Epic of America*)一书的结语中被第一次提出:"有一个美国梦,梦想着有一片土地,在那里每个人的生活会变得更美好、更加富有、更加充实,每个人都能够依靠自己的能力和成就得到机会。"(Adams,2012:404)他将美国与欧洲作了区分,在美国,无论出身与地位如何,每个人都有获得成功和财富的机会,对于普通人而言,它可以被具体化为一个快乐的家庭、一个理想的工作和一所温馨的房子,对于少数族裔和移民来说,它更有一层自由和平等的光环。

美国梦的源起与宗教息息相关,是清教徒首先在这片土地上点起了日后燎原的星星之火。马克斯·韦伯(Max Weber)在考察美国时,发现美国的资本主义精神根植于一种矛盾的宗教理性主义:一方面清教徒强调禁欲主义的基本宗教观念,另一方面美国的清教徒比以往更看重现世的福祉。清教徒虽然秉承反对无节制追逐财富这一态度,但同时又多了一层讲求实际的理性,他们反对将贪

念金钱与资本主义绝对等同,指出这是一种人类本能,因此财富本身并不是罪恶,只有当其"在诱人无所事事,甚至沉溺于罪恶的享乐之时,才是邪恶的。如果一个人追求财富的目的是一种高枕无忧甚至穷奢极欲的生活,那么他的行为就是不正当的。可是,如果财富能够使人履行其社会职责,那么它就是正当而且必须的"(韦伯,2010:149)。所以美国人的祖先已经倾向于一种实用主义的态度来平衡眼前的生活和心中的信仰,寻找一种将矛盾消解甚至成为生活驱动力的有效手段。正如托克维尔在《论美国的民主》一书中所言:"在他们看来,现世的幸福在宗教上虽属次要,但仍不失其重要性。他们虽不从事实业活动,但对实业的进步至少还是关心和赞扬的。在他们不断向信徒讲述来世才是人们应当害怕和希望的伟大目标的同时,并不禁止信徒以正当的方法去追求现世的荣华。他们并不怎么多讲来世和现世的差别和不同,而是仔细地研究用什么方法使两者结合和联系起来。"(托克维尔,2017:596-597)在现世的荣华与来世的希望间,理性务实的清教徒找到了一个最好的联结点和出口:工作。新教伦理认为,一个人坚持不懈地进行某种体力或脑力劳动的过程本身就是一种禁欲手段,其目的是让人摆脱享乐主义的冲动,才可以成为睿智、机敏和理性的人。于是清教徒往往具有"集严肃呆板、坚韧不拔、吃苦耐劳、严于律己于一身的精神"(韦伯,2010:153)。对于清教徒来说,通过劳动积累财富的意义不是为了无度的挥霍,他们绝不认同欧洲贵族挥霍金钱、安逸舒适的生活,对他们来说,工作是一种自我定义的方式和自我价值实现的手段,工作不是一个迫不得已的生活需要,而是主动的选择,财富作为一种工作所产生的自然生成品,并不是他们心目中的第一要务,保持一种工作状态本身是他们更深层的心理动机。

顺着这个历史线索,贝尔在《资本主义文化矛盾》一书中将美国社会的核心价值观的源起追溯到"新教伦理"与"清教精神",这两种精神作为美国性格的精华代代相传,一方是乔纳森·爱德华兹所代表的"虔诚和苦恼,心中萦绕着人类堕落的问题",另一方是本杰明·富兰克林所代表的"实用和私利,一心关注成就和所得"(贝尔,2010:59)。最初来到美利坚这片满是"牛奶与蜂蜜"(land of milk and honey)的丰裕沃土的清教徒坚信自己是上帝的选民,要在此建立一个山巅之城(city upon the hill)和新耶路撒冷(new Jerusalem),在上帝光辉的指引下,勇敢地对于丰裕的生活和社会进行大胆想象正是清教精神对于新教伦理的独特贡献,并深深扎根于美国梦中产生看似对立,实际互为驱动的张力。而这种独具美国个性的梦想,在本杰明·富兰克林为代表的实现美国梦先驱的推动下,生根发芽,代代相传。富兰克林所信奉的每一条真理出发点均为"有用",并秉持着13种"有用"的美德:禁酒、默言、有序、坚定、节俭、勤勉、诚挚、公正、节制、干净、宁静、贞洁和谦逊。贝尔认为,"也许没有比这更好的美国信条了"(贝尔,2010:59)。富兰克林所写的教导穷人如何成为天助的自助者的《穷理查德历书》(*Poor Richard Almanack*)俯首皆是体现朴素的实用主义色彩的句子,比如"随着骄傲的滋长,财富会逐渐减少"(富兰克林,1999:59),"浪费时间是最大的奢侈"(富兰克林,1999:62),"省着花一便士等于节省四便士"(富兰克林,1999:86),等等。字里行间无不流露着这样的信念:以最积极的态度面对生活,用最高效的方式工作,从而产生利益最大化的结果。而这恰恰与广告的理念不谋而合:作为一种说服人的艺术,广告要在最短的时间内,找到最合适的人群进行宣传,以附加于某种商品的价值观为起点,投射到最大利润的终点。因此富兰克林成为美国现代广告业的先驱,广告成为传播美国梦和输出美国软实力的有效媒介,也就有了顺理成章的合理性。

二、现代广告的源起、传统媒体与矛盾的美国梦

现代广告是伴随着报纸的发展而出现的。advertisement 这个词语是新闻报纸的出版商为了引起读者的注意冠在商业通告之前的,"这个词从古英语 advertisen 派生而来,本意是'通告'"(西沃卡,2001:14)。1607 年,伦敦弗吉尼亚公司组织移民到达现在的弗吉尼亚詹姆斯河畔,建立了英国在北美的第一个殖民地——詹姆斯敦。从那时起,殖民者就努力号召新的移民到北美开拓新天地,他们用美好的文字把新大陆描绘成一个地大物博的广袤伊甸园,一个充满机遇的新世界,于是一批又一批的移民漂洋过海来到殖民地寻找自己的机遇。历史学家理查德·霍夫斯认为,"这是世界现代史上第一次协调一致而且旷日持久的广告战役之一"(转引自西沃卡,2001:14)。

1620 年,"五月花号"船载着 104 个清教徒和其他移民到达了北美,其中有一名叫威廉·伯留斯特的印刷技工。1638 年,哈佛大学受捐得到一台印刷机,这是北美拥有的第一台印刷机。1690 年 9 月 25 日,在波士顿发行的《国内外公共事件》(*Public Occurrence,Both Foreign and Domestic*)是北美的第一份报纸,但由于未经殖民当局批准,只发行了一期便告夭折。1704 年,波士顿邮政局局长约翰·坎贝尔出版的《波士顿新闻信札》(*The Boston News-Letter*)成为第

图 4 - 1　《宾夕法尼亚公报》的插图广告

资料来源：GraphicDesign History.com

一份定期发行的报纸。1728 年,富兰克林创办了《宾夕法尼亚公报》(*Pennsylvania Gazette*),并在该报上运用插图广告(见图 4 - 1),成为第一个在广告中使用插图的人。

富兰克林本人也会为他的新奇发明撰写广告词,他为他的改进版新壁炉"宾夕法尼亚壁炉"(也被称为"富兰克林壁炉")所写的广告词语言流畅朴实、形象具体:

"壁炉虽好就怕跑风。许多壁炉开口较窄,用时会袭来阵阵寒气。人们面对壁炉而坐,犹如自愿临风受寒,这样的情况令人非常难受。何况女性比男性在室内所待时间更久,自然也更容易受到寒气的侵袭,以致鼻涕、眼泪、唾液纷纷流出,伤及下巴与牙床,使你的玉齿受损。而且,壁炉火势旺时会发出耀眼的光亮,使眼睛干涩、皮肤干燥、脸起皱纹,使那些年轻的脸庞变得像老妇一般。但是,您应当知道,宾夕法尼亚壁炉断无以上问题。"(何玉杰,2017:245)

将别人的缺陷作为自己的优势的佐证,以凸显自己的独一无二的优越性,这非常符合美国人作为"上帝的选民"与生俱来的乐观主义精神,而这种思维模式也与 100 多年之后法国人托克维尔对于美国的观察遥相呼应,"美国人的际遇完全是一个例外,我相信今后不会再有一个民主的民族能逢这样的际遇……人们的激情、需要、教育和环境,实际上都在驱使美国的居民去面对现世。宗教只能使他们偶尔抬起头来,漫不经心地望一望天堂"(托克维尔,2017:607)。托克维尔的这段话带着许多理想主义的色彩:仰望天堂、心系梦想。这既成为美国梦的一个坚硬的学术支持,又成为美国例外主义(American Exceptionalism)的起源,尽管后来这个概念常常被作为美国霸权主义的佐证进行批判,但托克维尔在当时的历史语境中提出却是带有赞美色彩的,并且美国历史上第一位代表天助自助精神的英雄富兰克林也成为他的完美证明。

富兰克林以勤勉乐观的清教主义精神在出版和广告领域开疆拓土,就像他在许多其他领域一样,但是在前工业革命时期以及消费文化到来之前,广告的魔力也仅在有限的领域发挥作用，在一段时间内，主要靠卖特许药（patent medicine）的江湖郎中（mountebank）和游走于各个小镇村落的小商贩们（huckster）的卖力叫卖，他们用极度渲染的词语使得自己的商品无比神秘化、异域化、魔法化，让偏爱充满感官刺激的煽情主义文学的美国早期读者非常受用，这也是他们后来成为批评家眼中的骗子代言人的原因。而工业革命的进程拉开了欲望合法化的序幕，这片土地上所有的梦想与愿景都有伟大的《独立宣言》为其背书："我们认为这些真理是不言而喻的：人人生而平等，造物者赋予他们若干不可剥夺的权利，其中包括生命权、自由权和追求幸福的权利。"（Jefferson 转引自金衡山，2011：34）

托克维尔在对比美法两国的宗教与自由精神时察觉到，相比起法国的宗教与自由精神完全背离，在美国，两者却是紧密相连、共同统治国家的。究其原因，他认为，一是源于美国的政教分离，并且各个教派之间虽然崇敬上帝的方式不同，却有高度的道德一致性；二是源于美国阶层的形成方式不同："美国的富人大部分曾是穷人。他们饱尝辛酸，长期同逆境搏斗，对贫困深有体会，而今刚刚取得胜利，所以原来的斗争热情仍然未减，好像还沉醉于 40 多年来所追求的小小享乐之中。这并不是说美国不同于其他国家，没有相当一部人富人是依靠继承遗产毫不费力就过上富裕生活的。但是即使这些人，对于物质生活的享乐也兴趣不减。喜爱物质生活的享乐，正在变成全国性的和居于统治地位的爱好。人心所向的这股巨流，正把所有的人卷进它的狂涛。"（托克维尔，2017：719）

所以美国梦从一开始就建构于一种矛盾的二元对立中：它的成立是因为人人平等，人人都有一样的机会；它的实现却是期望出人头地、与众不同、傲立于世。"平等"与"出人头地"至少在表面上是矛盾的，但是在美国梦里，这个矛盾被消弭掉了，在奔向人人富裕的过程中，"出人头地"是行动的动力来源，而最后的结果则是"平等"的实现。自然，在现实生活中这样的"平等"不可能完全实现，因此，美国梦在很大程度上只是一种口号和理想而已，但在美国社会中，因其普遍的受欢迎程度，这个本质上属于修辞性激励语词的口头禅成为一种社会要求，生活在这个社会里的人有意无意地将此视为自己生活的目标，同时也是责任，而更重要的是，美国梦也成为一种身份标志，一种被标识为美国人的社会身份。在美国历史中，将此两端联结起来的是工业革命。工业革命带来的机器大生产和城市化进程从生产方式开始引发了生活方式的改变，封闭的小镇生活被铁路和汽车打破，很难代表消费文化的小商小贩让位于大型零售商店。而与之相应的，消费方式也悄然发生质的变革,人们花钱的对象早已不再局限于面粉、黄油等生活必需品,越来越多的人比他们的祖先有了更进一步的觉悟:或许享受本身并不是一件那么糟糕的事情;又或许物欲从来都是人类的本能,只不过他们从没有面临如此丰富的物质。工业化带来的消费生活方式让社会具有了一种表面繁荣的景象,使得美国梦的实现多了一份保障。

19世纪八九十年代,广告的最重要发展就是"批量生产的包装上有品牌名称的商品开始出现在全国性的广告上"(西沃卡,2001:68)。品牌、商标的出现为商品注入了个性,正如一直以来爱默生呼吁美国人要成为一个具有独立个性的大写的人一样,这个思想如今也渗透进了商品之中,消费者面前的不仅仅是一块肥皂或是一听罐头,而是一块独一无二的肥皂或者一听独一无二的罐头,而这个独一无二的个性,换言之,也是"出人头地"的象征,更加坚定了消费者购买它的意愿。广告要做的就是制造出它的个性来吸引消费者,进而为其买单。于是

图4-2 1877年贵格燕麦广告
资料来源:triaviahappy.com

商品的包装有了革命性的发展,而通过包装和商标获得成功的第一个案例是贵格燕麦(Quaker Oats)。1877年,贵格燕麦注册了第一个商标,从此之后身着贵格派教友服装的男子这一著名形象成为了它的象征(见图4-2)。如亚当斯所言,17世纪初美利坚的祖先刚开始进行大移民时,美国梦就有了雏形,与以往迫于封建领主之命的移民不同,这一次对于普通人和其引领者来说,都怀有"为了自己和他的孩子拥有更大的自由和幸福"的希望踏入新大陆(Adams,2012:31)。贵格教徒作为早期宗教派别的一支,在威廉·潘的带领下来到了宾夕法尼亚进行"神圣试验"(holy experiment),作为基督教的一支激进派别,他们摒弃了清教徒的人人有罪的原罪论,在很大程度上符合美国梦的自由和平等的理念,他们相信,"每个人生来平等和无罪孽,他们可以直接与上帝取得联系,因为人人生来有灵光"(朱永涛,2002:30)。通过"神圣试验",潘允诺他的追随者一个自由的宗教和安定的生活,这无疑是美国梦的典型化身。贵格燕麦选用这个贵格派教友作为其品牌代言人,巧妙地在美国梦轰轰烈烈进行中的时代提醒国人这个梦的源起以及支撑其后的美利坚信念,当然他们也不忘将"健康""营养""干净""方便"等附加价值加之于这位教友形象之

中,将一款寻常的燕麦与美国梦的大主题进行了最有效联结。

19—20世纪之交,工业化和城市化为美国社会带来了新的生活方式以及不断壮大的新中产阶层。社会学家莱特·米尔斯(Charles Wright Mills)把他们称为白领,据他在《白领:美国的中产阶层》(*White Collar:The American Middle Classes*)一书中的研究,"1890年,白领职业群体的平均收入大约是雇佣劳动者的两倍左右"(米尔斯,2016:68),而在声望上,"从事白领职业的人要求获得高于雇佣劳动者的声望"(米尔斯,2016:69)。拥有不错的收入,并且在心理上希望获得与之相匹配的声望与地位,所谓"出人头地"。因此这个人群将是未来广告业的主要说服对象,而印刷业、媒体与商业的发展促使职业广告人和广告机构的应运而生,他们要为美国梦设计出五彩斑斓的招贴画。

三、麦迪逊大街、大众媒体与美国梦的延伸

1888年,广告代理人乔治·P.洛威尔(George P. Rowell)创办了第一家广告杂志《印刷者的油墨》(*Printer's Ink*),作为一个经营印刷油墨的商人,他创办该杂志的目的是为自己的生意做广告,这份杂志让不同行业的人了解"为什么他们应该做广告和如何做广告"(西沃卡 85),并对广告词的撰写、排版和设计提出建议。另外,《有利可图的广告》(*Profitable Advertising*,1890)、《动脑》(*Brains*,1892)等期刊相继出现,而纳撒尼尔·福勒的《广告与印刷》(*Advertising and Printing*,1889)成为第一本广告学专著。

越来越丰富的广告媒介为广告撰稿人提供了巨大的舞台,也源源不断地涌现出风靡一时的广告语和广告形象。1899年,N. W.艾尔父子公司(N. W. Ayer & Son)根据品牌名称优力达饼干(Uneeda)所玩的文字游戏创意让人过目不忘:"你需要一块饼干"(You need a biscuit!)成为当时流行的广告(见图4-3)。值得注意的是,在这个广告中,这块饼干被冠以"民族食品"之誉,而生产饼干的公司也用了"民族"(也可以理解为"全国")一词来指称其公司名称,如此的词语创意把简单的饼干与"民族的",继而也是"爱国的"这些意味联系在了一起;显然,在意义的转换过程中,国家的形象也经历了挪用的过程。由此,再来理解"你需要一块饼干"这句广告词,便可体悟出其无限的丰富的意义:美国人需要这样的饼干! 美国梦需要靠其实现!

通过充满巧智和创意的广告语,一批商品在市场上具有了品牌影响力,皇家

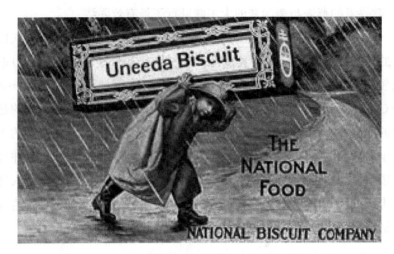

图 4-3   1899 年艾尔父子公司为优力达饼干创作的广告
资料来源：TheOldMotor.com

发酵粉（Royal Baking Powder）、萨普里奥香皂（Sapolio Soap）和象牙皂（Ivory Soap）成为十分走俏的家用商品"三驾马车"（西沃卡，2001：100）。其中阿特迈斯·沃德（Artemas Ward）为萨普里奥香皂设计的"无瑕小镇"（spotless town）系列广告创意成为又一例经典的广告案例（见图 4-4），他虚构了一个清洁无瑕的小镇，并为其设计了种种身份的普通居民，从大小姐、医生到厨师、女佣，不管从事什么样的职业，做什么样的工作，他们都能享受清洁的生活，因为他们都使用萨普里奥香皂。美国梦的提出依赖于自由和平等两个核心概念，而在已经获得自由的 19 世纪的美国，正如美国历史学家康马杰在《美国的精神》一书中所说："平等观念渗透到美国人的生活和思想领域，他们的行为、工作、娱乐、语言和文学、宗教、政治无不体现平等观念，现实生活中的各种关系无不受这种观念的制约。"（康马杰，1988：16）在欧洲的等级制社会中，大小姐、医生和厨师、女佣有楼上和楼下的严格区分，而这则广告有意识地设计了一系列普通人，特别是中下阶层劳动人民的身份，并通过一块肥皂将平等的价值观渗透到每个人心里：不管你的身份如何、以何为生，这块肥皂能够让所有人的皮肤得到平等的对待——一样的清洁、一样的无瑕，从皮肤开始，你这个人也会像那些身份显赫的人那样得到平等的对待。而这些女佣、厨师、杂货商等形象会让人自然联想他们平日辛勤劳作的场景，完全契合了从富兰克林以来就被大力宣扬的勤勉工作以换取幸福生活的观念，每则广告中劳动者脸上朴实自信的笑容似乎也在向美国人民传达他们的信念：只要认真工作、努力生活，每个人都能够实现自己的美国梦。更棒的是，萨普里奥香皂还能为你在一天辛苦的工作之后，擦去汗水与灰尘，享受舒适无瑕的人生。

图 4-4　萨普里奥肥皂广告的女佣形象

资料来源：DonsMarylandHistory.com

这个时期是报刊行业的繁荣时期，报刊行业的激烈竞争带动了广告业的发展，纽约作为全国的商业中心吸引主要的广告代理机构至沓并开设公司，比如N.W.艾尔父子公司、智威汤逊公司（J. Walter Thompson）、洛德-托马斯公司（Lord & Thomas）即后来的富康贝尔丁公司（Foote Cone & Belding）、乔治·巴顿公司（George Batten Co.）即后来的 BBDO 公司、贝茨公司（Bates Agency）等。正如华尔街代表金融业，麦迪逊大道也成为美国广告业的代名词。由American Movie Classic 公司出品，艾美奖、金球奖双料最佳美剧的《广告狂人》（*Mad Man*）描写的就是 20 世纪 60 年代广告业全盛时期的麦迪逊大道，主人公说过这样的话："广告建立在一样东西上，就是幸福感。什么是幸福感？幸福就是一辆新车的气息，是无所畏惧的自由，是路边的广告牌，让人尖叫，对你保证说：无论你做什么都是可以的，你没有问题。"

从户外广告牌、广播到电影、电视，在大众媒体的推波助澜之下，广告所具有的实现丰裕梦想的魔力在大众中如期发酵，人们对广告所承诺的点点滴滴心向往之，随着流水线上被大规模生产出来的商品，同样被大规模生产出来的是人们获得这些商品的欲望。特威切尔（James B. Twitchell）在《美国的广告》（*AD*

Cult USA）一书中指出："既生产物品又生产其意义是美国文化的全部。如果说古希腊给世界以哲学,英国给世界以戏剧,德国给世界以政治,意大利给世界以艺术,美国给世界的则是大批量生产的物品。"(特威切尔,2006：14)这就是工业化时代广告的基本方法论：预设出一种意义,也就是价值,加之于大规模生产出的物品中,随着流水线的推动这种价值也被无限放大,然后投向适当的目标人群。所以对于一则广告而言,价值的定位是构思的起点,而美式价值从来与美国梦脱不了干系。可口可乐就是一个品牌将自己与美国梦捆绑,共同向世界销售的经典例子。

1886 年,当时禁酒令已经在一些地区颁布,亚特兰大的药剂师约翰·彭伯顿(John Pemberton)研发了一款无酒精饮料,他用糖浆和水相兑,喝完之后感觉神清气爽,而助手不小心加入的苏打水让饮料的口感更好。南美的古柯(coca)叶和非洲的可乐(kola)果实组成了这款神奇饮料的名字,彭伯顿的记账员弗兰克·罗宾逊为了使名字看起来更加工整,将 k 改成 c,并且以优雅流畅的字体写下了商标名称 Coca-Cola。最早的可口可乐广告于 1896 年出现在《亚特兰大日报》(*The Atlanta Journal*)上,并被彭伯顿冠以"美味可口！神清气爽！令人振奋！精力充沛！"等形容词(见图 4-5)。

图 4-5　可口可乐的第一个广告
资料来源：coca-colacompany.com

优雅美好、风韵十足的女性形象是当时中产阶级妇女的美好愿景和丰裕社会的最原始标志,因此经常成为广告的形象代言人,于是有了一大批"可口可乐女郎",通常是演员或明星。在美国社会,所谓中产阶级是美国梦实现的标志,中产阶级的妇女形象对家庭妇女占多数的美国社会而言有着迷人的吸引力。第一位"可口可乐女郎"是一位非常受欢迎的女演员兼歌手希尔达·凯瑟琳·克拉克(Hilda Kathryn Clark)(见图4-6),广告一经出现,她的粉丝们迅速在其维多利亚式的美感和那款配方神秘的碳酸饮料间找到了完美合理的契合点。

图4-6 第一位"可口可乐女郎"希尔达·凯瑟琳·克拉克(此广告还出现在挂历中)

资料来源：thespruce.com

可口可乐得以占据20世纪早期极大的市场份额在很大程度上归功于它对主要消费者中产阶层的定位——它的医用功效和神秘配方聪明地让其对于疲于工作同时充满梦想的生意人和疲于购物同时充满幻想的生意人的妻子有着巨大说服力,因为即使对于他们中最秉承节俭的清教传统的人来说,购买一瓶饮料所引发的思考也远不及购买一辆汽车或是香水那样需要有任何哪怕是表面上的负罪感。杰克逊·李尔斯(Jackson Lears)在《丰裕的寓言：美国广告文化史》(*Fables of Abundance：A Cultural History of Advertising in America*)中援引一则1907年的可口可乐广告:"秘鲁的古柯,非洲的可乐,融在可口可乐中来到了现代生意人的面前。古柯叶的兴奋效果,再加上可乐果的滋补效果……将缓解过度工作过度思考的疲劳。把活力与'劲头'充进疲倦的大脑和劳累的身体";并且,他还补充:"当然,也包括那些风度翩翩、自信满满的广告代理人。"(李尔斯,2005：114)在市场上站稳脚跟之后,这些自信满满的广告代理人抓住蓬勃发展的大众媒体,以才思不竭的美国梦广告形象为依托,向世界销售装在小瓶子里的美利坚价值。作为与好莱坞、肥皂剧、麦当劳等并肩的美国软实力代表,可口可乐广告中不断出现的中产阶层家庭画面向世界传达了一种美国式的生活方式:一位温存的丈夫为在厨房中干活的妻子递上一瓶可口可乐,或是家人朋友在洒满阳光的庭院中一边烧烤、一边喝着可口可乐,无不渲染着一种自由美好的主流中产阶层家庭生活的氛围(见图4-7)。而中

图4-7 可口可乐烧烤系列广告
资料来源：pinterest.com

产阶层之于美国梦的意义以及其与广告之间的联系,在下文详细阐述。

第二节　广告与美国形象塑造

一、消费社会符号建构下的中产阶层家庭意象

李·阿尔茨(Lee Artz)和布伦·墨菲(Bren Murphy)在他们的著作《文化霸权在美国》(*Cultural Hegemony in the United States*)中指出:"美国梦即消费之梦";认为:"'美国梦'的神话实现,皆和资本主义提供商品的能力密切相关。守护这一神话的,是一种崇尚个人能力、弱化集体所处环境与集体经验的观念。"(转引自萨缪尔,2015:序言17)20世纪开始愈来愈渗入社会的消费文化的一个根本原则是大众无时无刻不在被劝说着购买一种"合适的"产品:一款"合适的"清洁剂,一瓶"合适的"香水或是一辆"合适的"汽车,最终人们被说服拥有的是一种"合适的"生活方式。就像特威切尔所说:"广告做什么、如何做与特定商品的发展情况无关。有如宗教,它与另一个世界的具体救赎无关,却与现世的生活秩序息息相关。广告与物质对象本身并没有关系,却与我们如何看待它们有关。广告中最终被打上品牌标记的不是物质对象,而是消费者。如果说宗教的作用是证明上帝对人的方式的正当性,那么广告的作用是要证明物质对人的方式是正当的。"(特威切尔,2006:144)

据此,广告的魔术逻辑在于,商品本身并不是魔法的重点,而是从这件商品衍生出去并施以更具蛊惑魅力的附加价值,根据目标消费者的不同,这个附加价值可能是性吸引力、成功的梦想或是美满家庭生活的意象等等,而在很大程度上,对美国的广告商而言,这些内容都能通过曲径通幽的方式与美国梦的要求、美国人的形象,继而与美国的价值观联系在一起。从消费行为的实质而言,不管是什么,它其实就是让·鲍德里亚在《消费社会》(*The Consumer Society*)中对于"消费"这个概念的定义"消费是一种编码",以无意识的形态让人们不知不觉中就进入了它所预设的游戏规则中,于是消费便"只身替代一切意识形态,并同时只身担负起整个社会的一体化,就像原始社会的等级或宗教礼仪所做到的那样"(鲍德里亚,2014:78)。而在这个编码的过程中,广告扮演的是一个同谋者的角色,它以不断重复的画面在所有消费者之间产生了一种一致性,于是所有个体都

被迫对其"进行解码",进而被吸附于这个编码游戏中,广告便成功地"让一个符号参照另一个符号,一件物品参照另一件物品,一个消费者参照另一个消费者"(鲍德里亚,2014:116)。在这种互相参照的过程中,美国的形象往往得到了建构,并传输给消费者。

中产阶层这个概念,在美国并不是固定的。传统的等级分明的欧洲社会,你的出身就决定了你的社会阶层,你也可以努力拼搏,但你能够得到的只有金钱,却没有被贵族阶层承认的地位。作家恺蒂发表在《万象》杂志的文章《莫根的伤心事》中说过一个这样的故事:一位叫约翰·莫根的英国时尚礼仪专家,他是男性时尚杂志 *GQ* 的主笔,并在《泰晤士报》上开设专栏,教人们关于礼仪的方方面面。平日里衣着精致、风度翩翩地奔走于各个上流社会的社交场所,就是这样一个十足的英国绅士,却在 2000 年 7 月的一天从自己的高级公寓的窗户一跃而下,看起来很美的生命戛然而止。莫根来自一个苏格兰家庭,一生追随闯入英国上流社会的梦想并且不懈努力,他考入艺术学校学艺术,并将自己的苏格兰腔调整为字正腔圆的西伦敦口音,效仿王尔德与伍尔夫的做派,每天严格执行喝下午茶的作息习惯,然而即使已经在伦敦的社交圈获得一席之地,也无法改变让他伤心的苏格兰身份。莫根之死当然主要归咎于他本人的怀旧情绪,要知道 21 世纪的英国人早已不再留恋于曾经的传统,但他不合时宜的怀旧价值观和敏感的自我身份否定让他觉得自己这样的"冒牌货"无法真正被英国的上流社会所接纳。但正如凯蒂所说,莫根的伤心事,归根到底还是在于英国的阶层等级制度(恺蒂,2002:141)。欧洲的继承制使得贵族阶层从出生那刻就有不可撼动的优越感,这种优越感来自他们的阶层本身而不仅仅是金钱,他们会把拼命工作获得大量金钱的中产阶层定义为暴发户,认为这并不是一种所谓体面的生活。

如果把莫根的事迹移植到美国,他或许还会被认为是一个了不起的白手起家的英雄。美国当然也有阶级或阶层,但是在民主制度下,阶级或阶层是可以通过后天的努力和成就加以改变而获得新的身份认证,这也正是美国梦的重要卖点。如果你能够通过努力考入哈佛、耶鲁等常青藤顶尖名校也意味着你的一只脚已经踏入了精英阶层,你的同学中很可能潜伏着未来的总统、大法官或华尔街精英。当然,来自大家族的肯尼迪、小布什有平步青云的金钱和各种资源,顺理成章地进入名校,有趣的是,他们却时刻不忘宣扬自己的民主理念,淡化自己的精英家族背景以凸显自身的能力和素养。与此形成鲜明对比的是,克林顿逢人就提自己艰辛的童年生活以及通过不懈努力获得耶鲁奖学金的经历,把自己打造成美国大众更为喜闻乐见的平民总统。所以,在美国,对于阶层的划分是模糊的。蒂诺和比奇指出:"超过一半的美国人认为自己是中产阶层,越来越多的人利用这个政治标签来指那些努力工作、奉行美国价值观的人们,他们希望自己的家族不断发展壮大。"(蒂诺、比奇,2016:40)美国人流动的工作和生活习惯使阶层的划分有了不确定性,最便捷的方法就是计算家庭年收入,而年收入的区分在家庭生活中主要体现于两个大件:房子和车子。

"几十年来,'居者有其屋'已经成为'美国梦'最为明晰的主题象征。(与住房相比)没哪一个'美国梦'更具吸引力,也没有哪一个'美国梦'如此大范围地成为现实"(萨缪尔,2015:18)。对于大部分美国人来说,美国梦具有非常具体化的物质依托:"一栋带车库的独家楼(single family house),涂了白漆的木篱笆,围起前后院绿油油的草坪;夫妻加上两个半孩子,再加上一条狗。"(孙惠柱,1999:202)对于美国人来说,家庭(family)这个概念与房子(house)紧密相连,一处房产是自己努力奋斗的结果和证明,而一栋带着漂亮花园的宽敞房子对于"美好的中产阶层家庭"而言具有了符号化意义,因此在广告中,我们尽可以看到以房子和房子外的草坪为背景衬托的温馨的家庭生活场景。比如图4-8广告中,干净而整洁的厨房中,新烤箱的到来使烦琐的家务变得轻松简单,漂亮的主妇可以得到解放;一家四口开心地围着一台洗衣机画了个心,想象着这个新的家庭成员置于家中后生活会更加方便而美好;而图4-9中1950年Crosley电视机广告海报中呈现的一家人其乐融融看电视的场面无疑是对那个年代中产阶层家庭休闲生活的极好注解。这些用于客厅、厨房或是洗衣房的新物件使得房子这个符号有了具体的附着之物。基于对美国梦非常透彻的领悟,广告商不失时机地将这些符号塑型于广告中,满足了美国人对于美好家庭生活的期待。美国人天性好动、喜欢改变,为了学习、工作和生活的需要经常搬家。正如康马杰对美国人的评价:美国人"很少留恋一处地方,对搬家满不在乎,而且很容易在新的群体中安顿下来"(康马杰,1988:15)。据统计,美国人一生平均搬14次家,而英国人平均5次、日本人4次(蒂格、比奇,2016:70),但是不管流动性有多强,家这个概念还是需要一所房子能以具体化,加之美国人性格中对于隐私的重视,认为自家房子里的事情与他人毫无瓜葛,于是房子的私密空间对于美国人来说也是一个必需的心理需求。图4-10中1956年房产杂志广告中,父亲、母亲和女儿透过汽车玻璃共同微笑地凝望着面前未来的家园,将房子和汽车两个代表中产阶层家庭的符号并置,向大众展示了一个典型的中产阶层家庭正在实现着的实

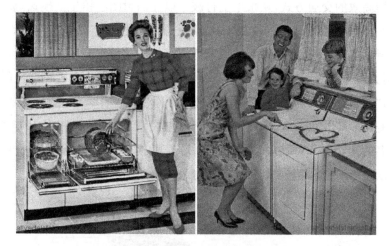

图4-8　二战后的烤箱和洗衣机广告
资料来源：courses.lumenlearning.com

图4-9　1950年Crosley电视机广告
资料来源：alamy.com

图4-10　1956年房产杂志广告
资料来源：www.pinterest.com

实在在的美国梦。

与房子相比，汽车是一种更有效方便地展示自己中产阶层地位的标签。贝尔认为，汽车是大众消费的象征，也是技术改变社会习惯的一个主要例子（贝尔，2010：67）。美国幅员辽阔，点与点之间的距离通常非常遥远，对于充满工作干劲的美国人来说，借助一种有效的交通工具是生活的需要，汽车比之火车和马车更为便捷高效的交通方式,从根本上打破了以往的封闭小镇生活模式,提高了美国人的生活节奏。在这样的背景下,亨利·福特在世界上第一次使用流水生产线大批量生产汽车,从而能够大幅地降低汽车价格并且提高雇员的工资,一时间"通过努力获得财富与物质享受"对于普通民众来说成为一个近在咫尺的可能。在当时,"普通车以大约2 800美元左右的价钱售出,而名牌车则从8 000美元到10 000美元不等"(西沃卡,2001:183)。顺理成章地,福特汽车在1910年为其那款著名的T型轿车(T Model)打出了广告,其中大写加粗的价格——950美元深得大众之心,让他们感觉到自己有能力迈出走向中产阶层的坚实一步。

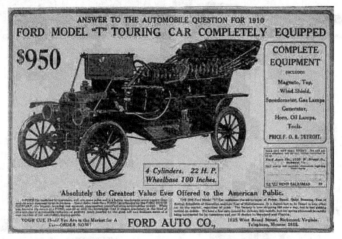

图4-11   1910年福特T型轿车广告
资料来源:economics1920.blogspot.com

然而此时还远不是美国梦的尽头,当你的邻居都得到了美好生活的机会时,美国梦的另一张面孔——"出人头地"的愿望开始抬头,于是这个梦延续为获得比你的邻居更加美好的生活。西奥多·麦克马纳斯(Theodore MacManus)为凯迪拉克汽车所写的"对领导者的惩罚"(The Penalty of Leadership)这一文案毫无疑问吻合了这一个层面的美国梦。该文案洋洋洒洒、文风雄辩,但除了商标之外,一个字也没有提到汽车的品质或性能:

"在人类进步的每个领域中,处于领先地位的人,必定永远生活在公众注目的焦点处。不论是一个人还是一种商品,一旦他出人头地,模仿、赶超和嫉妒总会接踵而至。在艺术界、文学界、音乐界和工业界,酬劳和惩罚总是相同的……杰出的诗人、著名的画家、优秀工作者,每个人都会遭到攻击,但每个人最终也会拥有荣誉。不论反对的声音如何喧嚣,美好的或是伟大的总会流传于世,该存在的总是存在。"(转引自林升梁,2008:245)

这是一种拟人化的方式,暗示凯迪拉克是汽车领域中的领导者,于是自然地,拥有凯迪拉克的人就是社会中的佼佼者,而拥有者则可以顺理成章地进入了美国梦的上升途径。这个广告中根本不提美国梦,但其美丽的描述、雄辩的修辞,无不契合美国梦的对个体的要求,价值观由此也得到了隐含但强有力的表示,所谓最好的宣传是不宣传。

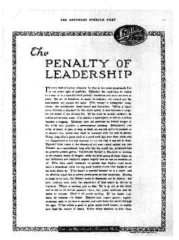

图 4-12 麦克马纳斯为凯迪拉克
所写的"对领导者的惩罚"
资料来源:secondchancegarage.com

广告的任务是为商品符号确定合适的编码,然后向适当的消费者转达信息,因此他们才能够顺利地解码那些符号中的附加价值。比如,麦克马纳斯那篇颇有些孤芳自赏的傲慢语气的凯迪拉克文案必定不适用于福特汽车,因为平民大众从来就是福特汽车的品牌基石。当然,这也完全符合美国梦价值的中心思想:既让你有平等的感觉,也让你有"出人头地"的幻想。美国学者杰克·所罗门(Jack Solomon)提及美国梦时,指出其存在两张面孔:一是"人人如此的平等观"(communally egalitarian),二是"我比你强的精英观"(competitively elitist)(Solomon,2015:167)。两者是美国梦的内涵,也是其张力所在。而广告商是如此的精明,他们各取所需,把物品的品性与美国梦的指向之一紧密结合起来。想拥有一款又便宜又实用的汽车吗?想和你的邻居一样吗?请选择福特!想拥有一款让你的邻居羡慕的汽车吗?想让你与众不同吗?请选择凯迪拉克!无论你来自这样或者那样的生活,抑或怀揣这样或者那样的梦想,你都能在美国、在美国的商品中找到你的价值,而广告将这些价值在各种商品上进行了符号化和具体化。

当产品在流水线上大量生产的时候,当分期付款缓解了新教徒对欠款顾虑的时候,当汽车、电影等技术手段带动了大众消费的时候,贝尔认为,是广告重塑了城市面貌,闪烁于大城市中心的灯光标牌为都市的文明贴上了"鲜艳标签",

"广告是物质商品的标志,是新生活方式的例示,是新价值观的预报。作为一种时尚,广告强调魅惑"(贝尔,2010:69)。这种魅惑感正是一种魔力,鼓舞着大众接受诱惑,实现对于丰裕人生的伟大梦想。

二、实用主义和个人主义中的美国梦

康马杰指出,"美国人思想中的数量观念说明他们非常注重实际,他们对很多问题是讲实际的""(美国人)倾向于以数量来评价几乎所有的事物"(康马杰,1988:8-9)。美国人虽然非常注重个人隐私,但又热衷于由统计学家乔治·盖洛普(George Gallup)发明的民意调查,也表明了他们对于各种事实和数据的执念。科学主义广告人的代表克劳德·霍普金斯(Claude Hopkins)将美国人对数据和事实的着迷和爱搞实验的天性结合在广告中,典型的例子是那则赢得巨大成功的喜力滋啤酒(Schlitz)广告(见图4-13)。他在分析了大多数啤酒广告后发现,这些广告都是在强调"纯"这个概念却都没有解释这个纯度是如何得来的,于是深入细致地考察了喜力滋啤酒厂之后,他将他的发现写在广告中与读者分享:"喜力滋啤酒是来自4000英尺地下的纯水,酵母是一块经过1018次口味测试之后,具有独特风味的酵母,喜力滋啤酒的酒瓶都是经过4次高温消毒,等等。"(转引自何玉杰,2017:273)相比于其他同类广告的千篇一律的"纯净""清爽"之类的形容词,消费者们很难不被这些严谨的数据打动。于是该广告成功地将喜力滋啤酒的市场份额从第五提升到了第一。这种用数据表明实力的做法,在一定程度上展现了美国社会的价值观。通过数量的测算,可以看得见事物的实际价值,这样一种简单的生活经验在美国社会中上升到了价值观念的高度,是美国式的"实用主义"的具体体现。喜力滋啤酒广告在不经意间传递了美国的价值观,强化了美国形象。

图4-13　霍普金斯的喜
力滋啤酒广告
资料来源:k3hamilton.com

威廉·詹姆斯(William James)提出的基于经验主义的实用主义哲学是符合美国价值观的真正美国本土哲学,他从事物带来的实效是否有利、有用的角度来决定问题的对错:"正确的思想就是我们能够吸收、证明、确定和证实的思想。

而错误的思想就是我们不能够吸收、证明、确定和证实的思想。"进而又推断出："任何可供我们利用的思想，从工具角度来说，都可以视为真理。"（转引自康马杰,1988：139-140）因此实用主义的出发点是"我"，是个人，康马杰认为，实用主义是民主的、个人主义的、人道和乐观主义的、富有冒险精神的哲学，非常符合美国人国民性格，因此其"不仅同美国民性一拍即合，而且它的推断和结论同最真实的美国想想一致"（康马杰,1988：143）。实用主义者们对于个人主义的重视在此后慢慢演化为美国文化的核心价值观，因此广告中也时刻注意寻找某种个性作为卖点，以符合美国人自我表达的需要。如奈所言："牛仔服、可口可乐、某一种香烟品牌，每样东西都拥有一层附加价值，使年轻一代得以表达自我的个性。"（奈,2013：66）然而消费社会有意思的地方在于，它先依托于某种商品制造出某种具有个性的符号，并在不断地循环往复让它出现的过程中使大众淹没于这个符号中，大众原本被这个符号吸引是因为它的个性，但是当所有人的品位越来越一致时，个性便消逝于人群之中，于是另一种代表新的个性、具有新的附加价值的符号便呼之欲出，以飨大众。而在这个被文化批评学者们称为"大众诱惑与大众欺骗"的过程中，美国梦所指向的美国的价值观同时也随处可见，尽管也有着和大众文化一样的幻想甚至欺骗的本性，但传递出去的梦想则依然是美好无比、光彩照人，这便是广告和美国梦价值观无缝连接产生的效果。而从软实力的发生与展现来看，二战之后，进入成熟时期的美国的现代广告业自然更有条件和能力在其间发挥不可或缺的作用。

著名广告人李奥·贝纳（Leo Burnett）塑造的那个口叼万宝路香烟的男性便是个性十足的个人英雄主义的经典形象（见图4-14），很自然地触动了美国大众心中对于那段西部往事的回忆。美国的历史是一个从东向西扩张的历史，美国独立后，美国人对于丰裕的渴望已经超过了东部13个州所能够提供的土地和物质，在政府的宣传下，充满冒险精神和征服欲望的美国人心中又一次燃起了作为上帝选民的神圣使命感——向着据说有更多财富和机会的西部挺进，"他们认为向西占领整个大陆是上帝赐予美国的'显然天命'，其目的是让美国式的现代文明制度和生

图4-14　贝纳1954年的万宝路牛仔广告
资料来源：pinterest.com

活方式扩展到整个北美大陆"(朱榕、黄坚,2000:15)。西进运动成为西部大平原和落基山脉一带牧牛业繁荣的前提,于是在19世纪四五十年代特别是南北战争之后涌现了一大批以牧牛和贩牛为职业的西部牛仔。作为与草原相伴的马背上的男人,他们通常具有许多同时能够征服牛、马和草原的技能,如强健的体魄、精湛的骑术等,而这些技能经过好莱坞西部片的渲染,又被赋予"追求自由的梦想"。约翰·韦恩(John Wayne)、加里·库珀(Gary Cooper)等明星在《关山飞渡》(*Stagecoach*)、《正午》(*High Noon*)等一系列好莱坞西部片中对于牛仔的代言将牛仔精神作为一种符号化的概念在美国文化中得以保留。作为一种美国独创的、风格独特的类型电影,好莱坞将一种美利坚民族的自我写照向世界传播,被史学家J.C.埃里斯称为"美国完全独占的对世界的贡献"(转引自朱榕、黄坚,2000:191)。全世界人民通过好莱坞电影的熏陶记住了这些坚韧不拔、勇往直前、除暴安良,代表美式道德理想和正义化身的牛仔英雄。在这样的基础上,万宝路利用了这一文化符号,同时也为这种文化的输出进行了完美的助攻。万宝路广告中刻画了一个早已被烙上开拓、进取、自由、个人英雄主义等文化印迹的男子气十足的牛仔形象,这一自带光环的形象也让他手中的万宝路香烟熠熠生辉,使之成为广告中的点睛之笔,除了和牛仔精神进行直接联系外,还能产生辛苦的牛仔在工作或打斗之余,偷得浮生半日闲的联想。此牛仔形象一经推出,万宝路从一个市场份额很小的品牌一跃成为世界上销量最大的香烟品牌,消费者买下香烟,同时也消费了它所附带的代表自由与英雄主义的牛仔精神这一附加价值,于是顺理成章,万宝路成为又一个美国文化软实力的成功代言人。

与牛仔文化同时向世界输出的还有牛仔服。牛仔服最早出现并不是作为用以加固牛仔文化的另一个符号,而是作为一种适应西部淘金者们艰苦工作环境需要的服装,因为它具有耐久、自然、舒适、便宜等天然属性,将它带入主流大众文化的仍然是好莱坞的西部片。穿着牛仔服的西部明星圆了美国观众心中的英雄梦,纷纷效法,穿上牛仔服,感受那种桀骜不驯、自由不羁、独立自主的个人主义,于是在20世纪30年代之后,牛仔服成为一种流行服饰。牛仔服最大的魔力在于,任何人都在穿它,它消除了所有阶层、性别、年龄、种族、国别间的差异,甚至女性也纷纷成为它的拥趸。二战后新一拨的女性主义浪潮使女性更有意识地消除与男性间的差异,主动接受或是要求与男性相同的工作或是着装。正如耶鲁大学教授查理·里兹(Charles Reich)所说:"牛仔服极为深刻地表达了一种民主价值观。没有财富与地位的区别,没有精英主义,人们在彼此之间被消除了这些差异。"(转引自 Davis 载金衡山、廖炜春,2011：26)作为一种极度民主的服饰,牛仔服契合了美国价值观的方方面面,既有独立的精神,又有代表自由冒险的户外性,更不失时尚的性感和美感。而美国牛仔服品牌的代表李维斯在它的广告词中用一句话便把美式价值观囊括其中：每个人的工作同样重要(Everybody's work is equally important.)。简单的一句话涵盖了多层美国核心价值观,最基础的信息是美国人一直秉持的工作重要性理念,在此理念的基础上又有"人人生而平等"的价值观作为坚实的背景,进而得出了每个人的工作同样重要的结论。图 4-15 广告中身着牛仔服、手执铁锹的普通工作者眼神坚定地凝视前方,像世界人民传达着一个最熟悉不过的美国理念：通过工作获得尊严和安身立命的自信;立足自身,完善自己,未来的美国梦中必有你的一席之地。这则广告极好地诠释了个人主义价值观,"牛仔"这个符号的印迹延伸了一种个人英雄主义的可能性。

图 4-15　李维斯牛仔服广告
资料来源：pinterest. nz

　　1955 年,好莱坞推出了由詹姆斯·迪恩(James Dean)主演的电影《无因的反叛》(*Rebel Without A Cause*),电影海报中迪恩的经典造型无疑回应了万宝路牛仔：香烟,牛仔般的自由与不羁,以及无比英俊的面容,而迪恩本人也成为婴儿潮之后的大众偶像。美国人崇拜英雄,崇尚成功。理查德·休伯(Richard Huber)在《美国人的成功意识》(*The American Idea of Success*)一书中说道："什么是成功？ 在美国,成功意味着赚钱,并把钱变成地位,或一举成名。"他又接着解释成功这个概念："成功记录了一个人与他人比较时在金钱、权势、声望、名誉的不平等分配上的提升以及地位等级的变化。然而成功不是简单的有钱有名，

图4-16　好莱坞 1955 年电影
《无因的反叛》海报
资料来源：ebay.com

它意味着获得金钱或者取得名望。"（转引自朱永涛，2022：76）也就是说，对于美国人来说，除了金钱和地位本身，他们更加看重获得金钱和地位的这一过程。大家族产业的继承人对于他们来说不是英雄，他们更加崇拜那些从较低的起点通过自强不息的努力和卓越的个人才华脱颖而出、出人头地的"天助自助者"。因此，好莱坞电影中源源不断地贡献着奋力拼搏、拯救世界的孤胆英雄以满足观众的英雄梦想。而诸如迪恩这样的大众明星本身就是一个典型的成功符号，广告商往往不惜高额的代言费请明星为其背书，因为这样能够最为高效地吸引消费者的注意力，并在某种品牌与名人已经实现的美国梦之间建构起一个可以被消费的桥梁。

与电影、电视明星相比，另一类颇受广告商青睐的名人是运动员。运动员的职业可以让人联想到的汗水与努力，不懈与拼搏本身就是一个完美的"美国精神"的诠释。另外，与其他明星相比，运动员"不扮演任何人。他参加比赛。观众不需要解构这个偶像，他表现的是真实的自己，是观众目标的真实体现"（特威切尔，2006：179）。他不需要借助任何抽象于作品中的理念来传达价值，一个成功的运动员本身就是美国梦的理想化身，对于热爱数据和事实的美国人来说，他们的奥运金牌、冠军奖杯或是手中的最有价值球员（MVP）戒指是美国梦实实在在的具体物质化体现。比如耐克这样的大品牌，向全世界兜售着以独立、自信、敢作敢为的运动精神为代表的美国软实力，但无法估算的是，在它向世界渗透的过程中，借助了多少迈克·乔丹、科比·布莱恩特这些成功运动员的附加价值。图4-17 阿迪达斯广告中，拳王阿里一声力大无比的"没有什么不可能"咆哮后面，有着一个伟大的黑人拳王对抗命运、战胜命运的传奇经历为它做最生动的注解。这是最完美的美式英雄主义理想的表达，足以让美国和世界的消费者都为之心潮澎湃。

图 4 - 17　穆罕默德阿里为阿迪达斯代言的 Impossible is Nothing 广告
资料来源：vseuslugi. msk. ru

三、多元化与无限可能的美国梦

奈在《软实力》中指出，早在冷战前，"美国公司高层、广告商和好莱坞制作室的负责人就向全世界推销美国文化、价值观，以及成功的秘诀"（奈，2013：137）。之后，二战后首任美国总统杜鲁门拉开的冷战序幕，如历史学家埃里克·戈尔德曼所言，"结束了半个世纪的革命——由现代化、工业革命和农业生产所带来的不流血但无比激烈的五十年的改变"（转引自 Levin，2011：2），冷战、朝鲜战争的阴影使美国大众陷入了一种焦虑与疲惫的情绪，美国梦似乎面临着一个严重的危机，具有支离破碎的可能。1949 年，后来成为共和党总统候选人的德怀特·艾森豪威尔（Dwight Eisenhower）在《纽约先驱论坛报》（*New York Herald Tribune*）中提出："除非我们能理解'美国梦'，否则它可能变成一场'美国噩梦'。"（转引自萨缪尔，2015：42）三年之后，广告大师罗瑟·瑞夫斯（Rosser Reeves）为艾森豪威尔的竞选团队创作了广告史上第一支电视政治竞选广告，题为《艾森豪威尔回答美国！》（EISENHOWER Answers America!）（见图 4 - 18）。在长达 30 分钟的广告中，一系列的普通美国民众向艾森豪威尔提出了事先准备好的问题，而后者也用事先准备好的短暂精辟的回答予以回应，并且都以一句话结束："是时候做出改变了！"（It's time to change!）。

对于身陷美国梦瓶颈的美国民众来说，"改变"无疑是一个具有巨大号召力

图 4 - 18   瑞夫斯为艾斯豪威尔所做的竞选广告创意
资料来源：rosenblumtv. wordpress.com

的口号，因为喜欢冒险、热爱机会的美利坚民族并不惧怕改变，只要这个改变所指向的是一个更富足的生活和更美好的未来，"美国人习惯于繁荣，对任何有碍繁荣之事都表示愤懑"（康马杰，1988：8）。于是，美国民众纷纷把票投给了艾森豪威尔，而美国社会也开始进行越来越深刻的改变；改变表现为社会方方面面的民权运动，女性、黑人、少数族裔、同性恋等曾经被边缘化的少数人群为自己发声并且取得了越来越大的话语权，美国的价值观在这一时期也得到了极大的重塑。马丁·路德·金（Martin Luther King）的"我有一个梦想"将美国梦抹上了一层美丽的黑色，在他的感召之下，在广告界也出产了一系列"黑色是美丽的"（black is beautiful）广告作品，通常由一些漂亮迷人的黑人女性自信地发出"我的黑也是我的美"这样的声音。而伊丽莎白·卡迪·斯坦顿（Elisabeth Cady Stanton）在塞尼卡大会①《宣言与决议》中喊出的"有一个不言自明的真理：所有的男人与女人都是生而平等的"这一口号又一次扩展了美国梦的内涵，而广告中的女性形象慢慢地从面带微笑地为丈夫、孩子准备晚餐的中产阶层家庭主妇越来越多地转变为更加独立、自信的职场女性，而办公室、工作场域也更多地取代厨房而成为广告内容的背景。

———————————

① 1848 年 7 月，斯坦顿等女权主义者在纽约州的塞尼卡·福尔斯的韦斯利安卫理公会教堂召集了第一届女权大会，会上通过了一份《宣言与决议》（*The Seneca Falls Declaration of Sentiments and Resolutions*）。历史学家认为，这次大会的召开标志着美国女权运动的正式开始。

　　二战后,文人批评者提出了对"大熔炉"(melting pot)这个概念的异议,认为所谓的"熔炉"就是要求少数族裔的文化融合并同化于美国的主流价值观。二战后的新移民较之早期移民更具教育和技术背景,而以黑人为代表的少数族裔也有了更强的自我意识,他们不再满足于被主流文化边缘化的状态,也更有意愿保护自己的民族文化特性不被完全美国化,于是鼓励各个种族的文化共生共存的"沙拉碗"(salad bowl)的价值观渐渐成为主流意识形态,多元文化主义者呼吁一个"马赛克式的多元种族身份"(Levin,2011:148)并存的美国。当少数族裔的平等权利和社会身份得到了法律和主流价值观的肯定后,现代的广告通常不再将政治性和意识形态置于前景,而是直接展示出一幅幅各种肤色、各种性别、各

种身份的人和谐共存,在同一世界共同追寻梦想的美好画面。如图4-19所示,百威啤酒(Budweiser)的广告体现了许多现代广告的定位倾向:男人、女人,白人、黑人以及亚裔人群,其乐融融,一个不少。在新的世纪这个时时以人人平等、人人都有机会自我标榜的国家不得不对传统的主流WASP(White Anglo-Saxon Protestant),[①]即精英价值观进行修正,将"人人"这个概念所涵盖的范围扩展化,重塑了一个具有更加多元内涵的美国梦。或

图4-19　百威啤酒广告
资料来源:businessesgrow.com

许这也正表现了美国人所信奉的实用主义哲学。康马杰认为实用主义"内涵丰富,兼容并蓄,势力强大",并且"所有我们认为是宽宏大度和高贵豪爽的感情,实用主义都一概加以融化以丰富自己"(康马杰,1988:147)。因为那是有利于自身的,而对于文化他们也秉持相同的态度,文化上的多元使得美国软实力对于世界具有更强的说服力,那么何乐而不为?至于如何在一个新的时代环境中更好地进行文化输出,美国人从来不缺乏想象力和创造力。

　　康马杰认为:"美国人视野广阔,他们的想象力驰骋于整个大陆;他们讨厌琐

---

① 一般认为,最早乘坐"五月花"号轮船到达美洲大陆源自盎格鲁-撒克逊人的白人新教徒(WASP)和他们的后代成为美国社会的主流,代表美利坚民族的主流价值观和精英文化。

碎的事务、犹豫不决和胆小怕事。"（康马杰，1988：7）也就是说，美国人对于想象力的热爱也同样也与他们的自由奔放的个人主义精神息息相关。对于任何事情，他们拒绝一种固化的思维和权威解读，更愿意有一个个人思考的空间。以海明威（Ernest Hemingway）、卡佛（Raymond Carver）为代表的美国 20 世纪极简主义小说家引领的留白式写作潮流与此不谋而合：作者说得越少，读者想得越多，只需要留下一些线索，就能让时刻准备飞奔的美国人的想象力得到释放。广告界传奇人物大卫·奥格威（David Ogilvy）为哈赛威（Hathaway）衬衫设计的"哈撒威男人"的系列品牌形象广告就是一个典型的想象力激发案例（见图 4 - 20）。奥格威设计这个广告的出发点是要做到"不同寻常"，而体现其不同寻常个性的关键点就在于男人脸上的那只神秘眼罩。他让一位眼睛没毛病的模特戴上眼罩出现在各个场景中：或是在图书馆阅览，或是在音乐厅演奏大提琴，或是在把弄长枪，或是与友人交杯下棋。这一系列的场景和那个神秘的眼罩引起了消费者无数的联想：他是谁？他为什么戴着眼罩？他经历过战争吗？他是个贵族吗？抑或是间谍？等等。这个不断推出的叙事广告大大地带动了哈赛威衬衫的销量，与其说顾客购买的是一件衬衫，不如说购买的是一个形象，以及那个形象背后的所有的叙事可能。从叙述学意义而言，此广告的创意是因为叙述者运用不同的具体场景而并不对此做充分说明的方式在人物身上留下了"悬念"，进而引起消费者对于这个穿着哈赛威衬衫的男人的好奇心；而广告中最大的悬念，那只神秘的眼罩则最大限度地激发了消费者的想象力——他是怎么失去一只眼睛

图 4 - 20　奥格威的"哈赛威男人"系列广告
资料来源：sitepoint.com

的？该广告系列始于 1951 年，对于战争还记忆犹新的民众不免会把受伤原因与战场相联系，而其中一个广告场景中男人把玩着一支长枪，似乎也暗暗地鼓励着消费者们将这个神秘男子看作一个战场英雄的化身。这则广告另外一个巧妙之处在于它不露声色地传达了美国梦的一个中心内容：他不是"某一个人"或"某一种人"，他可是"每一个人"，你，我，或者他，而关于"这一个人"的一切，请你任意驰骋你的想象力。

　　如前文所说，康马杰在论述"美国精神"时指出美国人"是民主的，完全平等的"，对于他们来说，民主与其说是经济意义上的，不如说是社会意义上的，平等观念已经渗透他们生活中的各个领域，成为美国人的思维模式和考虑问题的出发点。想象力对于美国人而言，也是建立在民主的基础上，即便是想象力最集中体现的艺术领域，他们也持一样的态度。20 世纪高度的工业化使得艺术也来到了一个机械复制时代，波普艺术（Pop Art）的出现正代表着这种潮流，被解构的蒙娜丽莎、大卫或者维纳斯，安迪·沃霍尔（Andy Warhol）那些复制拼贴的罐头、香蕉，或者玛丽莲·梦露，都代表着这个时代的叛逆、戏谑和工业气。本雅明这样的文化批评者于是将"高雅"和"大众"艺术作了区分，痛心地认为艺术作品已经失去了本真性，失去了其原有的光晕（aura），更有悲观者认为大众艺术是一场自甘堕落的资本主义骗局。二战使得许多欧洲艺术家为了躲避战火和纳粹的迫害纷纷逃往美国，于是纽约也取代了巴黎成为现代艺术中心。李黎阳在《波普艺术》一书中写道："年轻的艺术家们见得多了，便减少了对这些已功成名就是传统艺术的屈从敬畏之心，他们开始有意识地摆脱欧洲艺术的制约，自由地挥洒出自己对于这个世界的感知。"（李黎阳，2008：17）对美国人来说，没有什么权威是高高在上不可撼动的，包括那曾经被视作神明的高雅艺术，也可以被拉下神坛，进入大众视野。正如贝尔所言，高雅和大众之间已经丧失了距离，于是"高雅文化和大众文化被纳入了一种共同的文化"（贝尔，2010：102）。作为在美国影响力巨大的大众艺术，波普艺术将立于高雅之堂的传统艺术纳入日常生活领域，在将它重新建构后，还给大众时已经被赋予新的个性。波普艺术对于文化的意义在于它不仅仅改变了艺术的形式，更是"改变了艺术的观念，无需精心铺垫，无需刻意宣扬，这种平易近人的艺术在极短的时间内便改变了人们的观念，进入了寻常百姓家里"（李黎阳，2008：18）。美国梦虽然崇拜精英，渴望成功，但这个精英是出自民主、来自人民的精英，对于艺术而言，意味着没有什么素材不能拿来为我所用，带上自我个性烙印。牛仔品牌李维斯也借鉴了这种艺术形式进行广告创作，它让米开朗基罗著名的大卫雕像穿上了自己的牛仔裤（见图4-21），一时间英俊骁勇的以色列明君带上了亲和的平民气和美式幽默感，英雄主义和民主气质在李维斯的戏仿之作里得到完美结合，并通过牛仔裤将这个意象输出到全世界，世界人民从此对于这个经典作品有了轻松风趣的美式解读。如安迪·沃霍尔所说："一切皆美，波普就是一切。"（转引自斯皮尔伯利，2009：14）一切东西均可以表达为艺术，蒙娜丽莎画像和罐头瓶子都可以作为艺术的素材被表现，大卫像和牛仔裤也可以碰撞出以民主为名义解构主义的火花。

图4-21　李维斯牛仔大卫雕塑广告
资料来源：pinterest.com

2009年11月，麦当劳进驻法国卢浮宫，一座满是珍贵艺术品的博物馆、一个法国文化艺术精髓的象征被一个绝对不能够代表高雅饮食品位的美国快餐店入侵的事实，让许多法国人感到深深痛心，甚至有历史学家在接受英国《每日电讯报》（*Daily Telegraph*）采访时表示，这无疑是穷凶极恶的消费主义对于传统文化所压下的最后一根稻草。对于所有的担心和忧虑，麦当劳用一则戏仿蒙娜丽莎的广告给予回应，依旧面带微笑的蒙娜丽莎与著名的金光闪闪的麦当劳标志并置，而那句同样著名的广告词"我真爱它"（I'm Loving It!）似乎在这里成为用来解释那个神秘微笑的潜台词（见图4-22）。这则广告再一次用调侃的方式传递着这样的信息：高卢雄鸡是时候低下骄傲的头颅，勇于接受时代的变化了，放松心态，享受当下美好的时刻，而这个美好时刻由美国人来创造的。

爱默生（Ralph Waldo Emerson）在1947年写下了一句话："倘若有一种为人们普遍接受的测验国民创造力的方法，那就是成功。"（转引自康马杰，1988：642）一句话道出了美国梦的精髓，"普遍接受"意味着美国人一向执着的民主的前提，"成功"作为一种被大众认可的方法论指向美国梦所期待的终点，那么充满"创造力"的美国人则会在造梦过程中想象出无限的可能性。这些可能性在美国的广告中被一遍遍地印证，进而随着被美国梦符号化后的商品来到了世界各地的消费者的生活中，劝说他们为一种价值、一种文化、一种软实力买单。

图 4 - 22　麦当劳开设法国卢浮宫分店时的蒙娜丽莎广告形象
资料来源：homorazzi.com

引用文献：

Adams，James Truslow. 2012. *The Epic of America*. New Brunswick：Transaction
　　Publishers.

Davis，Fred. 2011，"Blue Jeans"，载金衡山，廖炜春主编：《美国大众文化》，pp. 26 - 33，
　　东南大学出版社。

Jefferson，Thomas. 2011. "Declaration of Independence." In *An American Reader*，
　　edited by Jin Hengshan(金衡山)，pp. 34 - 38，Beijing：Beijing University Press.

Levine，Paul. 2011. *Postwar America：A Brief History of Politics，Society and Culture*.
　　Beijing：Beijing University Press.

Solomon，Jack. 2015. "Masters of Desire：The Culture of American Advertising." In
　　Signs of Life in the USA：Readings on Popular Culture for Writers，edited by Sonia
　　Maasik and Jack Solomon，pp. 166 - 177. Boston：Bedford/St. Martin's.

本杰明·富兰克林，1999，《穷理查德历书》，安惠英、刘云心、麻意民、杨波译，百花文艺出
　　版社。

C. 莱特·米尔斯，2016，《白领：美国的中产阶层》，周晓虹译，南京大学出版社。

丹尼尔·贝尔，2010，《资本主义文化矛盾》，严蓓雯译，江苏人民出版社。

何玉杰，2017，《中外广告史》，中国人民大学出版社。

吉娜·蒂诺，艾伦·比奇，2016，《这就是美国》，孟雪莲译，商务印书馆国际有限公司。

恺蒂，2002，《书缘，情缘》，辽宁教育出版社。

康马杰,1988,《美国精神》,南木等译,光明日报出版社。

劳伦斯·R.萨缪尔,2015,《美国人眼中的美国梦》,鲁创创译,新星出版社。

李尔斯,2005,《丰裕的寓言:美国广告文化史》,任海龙译,上海人民出版社。

李黎阳,2008,《波普艺术》,人民美术出版社。

理查德·斯皮尔伯利,2009,《波普艺术》,刘丽译,中国文联出版社。

林升梁编,2008,《美国伟大广告人》,中国经济出版社。

马克斯·韦伯,2010,《新教伦理与资本主义精神》,郑志勇译,江西人民出版社。

让·鲍德里亚,2014,《消费社会》,刘成富、全志钢译,南京大学出版社。

孙惠柱,1999,《感悟美国梦》,上海人民出版社。

托克维尔,2017,《论美国的民主》,董果良译,商务印书馆。

约瑟夫·奈,2013,《软实力》,马娟娟译,中信出版社。

詹姆斯·特威切尔,2006,《美国的广告》,屈虹丽译,江苏人民出版社。

朱利安·西沃卡,2001,《肥皂剧、性、香烟:美国广告 200 年经典范例》,周向民、田力男译,光明日报出版社。

朱榕、黄坚,2000,《美国西部牛仔》,福建人民出版社。

朱永涛,2002,《美国价值观:一个中国学者的探讨》,外语教学与研究出版社。

第五章 流行音乐与软实力

第一节 美国流行音乐概述与价值观体现

美国诗人沃尔特·惠特曼（Walt Whitman）在其《我听见美利坚在歌唱》（*I Hear America Singing*）一首诗中，以歌声为隐喻，描绘了一幅美国民众乐观向上、辛勤劳动的图景："我听见美利坚在歌唱，我听见种种不同的颂歌……每个人都在唱他或她而不是属于别人的事情……"这是一首对美国人民和美国精神的赞歌，是对美国多元性和个人主义的赞歌，而美国流行音乐的发展历程和内涵本身也是美国精神和价值观的绝佳写照。美国流行音乐在 20 世纪以来的世界流行音乐乐坛独领风骚。美国流行音乐这一概念所指代的绝不是某一单一类型的音乐，它是五颜六色的万花筒，不同类型的音乐在此创作、交流、融合，它是绮丽多姿的美国梦，吸引世界各地的音乐人来到这片乐土。美国流行音乐，带着强劲的创作热情和艺术动力，吸收各种音乐传统和表演风格，从黑人音乐中汲取养分，使音乐超越国别、种族和文化的限制，互相影响，多元共生，成为一种普遍的、大众的艺术形式。美国流行音乐的发展历程和多元景象已成为美国社会的一个缩影，打破种族歧视，追求自由平等，憧憬美好生活，激励奋斗向上。在表达和反映美国价值观的同时，美国流行音乐也参与型塑美国价值观，成为美国软实力展现的重要手段。

受人口构成和文化来源的影响，美国音乐自殖民地时期起就受欧洲音乐特别是英国音乐的影响。源源不断的欧洲移民不仅为这个国家注入了新的活力，也带来了丰富多样的音乐，包括宗教音乐和民谣（Ballad）、市井歌谣（Broadside）、客厅歌曲（Parlor Songs）和公园娱乐歌曲（Pleasure Garden Songs）等世俗音乐。独立战争时期，殖民地人民的反英情绪高涨，这种时代精神同样反映在流行音乐领域。大量革命诗歌和战争新闻被编成歌曲,例如《扬基曲》(*Yankee Doodle*)早在独立战争之前就在殖民地广为流传,最初它是英国殖民者创作出来嘲笑"美国佬"粗鄙的衣着和言行,但在独立战争期间,北美大陆军借用这首歌的曲调,填入新的歌词,并把这首歌作为大陆军的军歌,其中一段歌词为:

> 还有那首领华盛顿,他骑着一匹骏马,向部下发号又施令,约有上百万士兵。扬基嘟得儿加把劲儿,扬基嘟得儿快转身,留心音乐和步伐,轻巧地带着姑娘们。(章珍芳,1981:15-16)

在这首歌里,美国人敢于用"扬基嘟得儿"自嘲,轻快的节奏、愉悦的曲调和质朴昂扬的歌词,与这个积极进取、乐观向上、幽默自信的新兴国家的精神风貌是相契合的。同样,创作于1812—1814年英美战争期间的《星条旗》(*The Star-Spangled Banner*)(1931年被正式确定为国歌)也是借用了英国歌曲的曲调,歌颂星条旗"永远飘扬,在这自由国家,勇士的家乡"(章珍芳,1981:30-31)。饱含爱国情绪的新的歌词赋予这首歌蓬勃生命力,使其成为美国最早的爱国歌曲,激励着美国人民为国家独立英勇抗争,并持续建构和塑造着这个国家的精神风貌。

如果说以英国音乐为代表的欧洲音乐奠定了早期美国流行歌曲的基调,那它随后的发展过程就是不断吸收黑人音乐传统和形式的过程。黑人音乐中的切分音、滑音、应答轮唱模式(call-and-response)等技巧,简单直接、灵活生动、自由表达等风格,极大地影响了20世纪美国流行音乐的发展。在美国历史上,黑人是被压迫者,但是在美国文化中,尤其是在音乐中处处可见黑人文化的影子,整个20世纪的美国流行音乐"最重要,也是最显著的特征就是它和非裔美国形式和传统的相互吸收"(Firth,1987,144-145)。这一过程本身就说明美国社会是流动的,美国文化是开放的,并在此基础上逐渐走向多元,为美国大众文化的形成做出了特殊贡献。

17—19世纪,奴隶贸易把非洲黑人贩卖到新大陆,黑人音乐也随之而来。这些音乐在美洲大陆上发展演变,与欧洲文化传统和音乐风格巧妙融合,焕发出蓬勃的生命力,并形成一套独特的音乐形式和传统,成为影响20世纪美国流行音乐的最重要因素。美国黑人音乐的发展演变与黑人奴隶的悲惨命运是息息相关的。黑奴在艰苦繁重的体力劳动中，通过唱歌来舒缓压力，鼓舞精神，逐渐形成了黑人民歌。有些歌曲反映黑奴具体劳动内容，如玉米歌、伐木歌、船夫歌等，也有些歌曲哀叹黑奴悲惨命运。黑人奴隶也有自己独特的宗教音乐，即黑人灵歌（Negro Spirituals）。现实生活的苦难深重和基督教的长期浸淫，使得黑奴逐渐转向基督教义，以求肉体和灵魂的双重解放和寄托。基督受难这一形象帮助他们宣泄苦难和悲痛，死后升天这一愿景承载了他们来世的自由和希望，在这一过程中黑奴生活经历和情感经验、非洲音乐元素与基督教圣诗融合，形成了独具一格的黑人灵歌，如下面这首《雨水再不会把你淋湿》（*Dere's No Rain to Wet You*）：

> 雨水再不会把你淋湿了，哈利路亚。
>
> 烈日再也不会把你烤干了，哈利路亚。
>
> 在天国里再也不会有离别之苦了，哈利路亚。
>
> 在天国里再也没有背后说坏话的了，哈利路亚。
>
> 每天都将是星期天，哈利路亚。
>
> （章珍芳，1986：25–26）

对天堂和来世的向往背后是现实生活无力摆脱的深重苦难，因而他们把求而不得的自由和希望都寄托给来世。无论是世俗歌曲还是黑人灵歌，这些音乐都是黑人种族创伤与痛楚的真实写照，在代代相承中融入他们的种族记忆，在耳口相传中促进黑人的身份认同和意识觉醒。正如黑人领袖弗雷德里克·道格拉斯（Frederick Douglass）在其自传中谈到黑人音乐带给他的触动时说，每每听到那些曲调都会让他神情沮丧，悲伤难抑，因为"每一个音调都是反对奴隶制的证词，都是渴望挣脱枷锁的祈祷"，正是这些歌曲使他"对奴隶制度灭绝人性的特征有了初步的模糊的认识"，并一直伴随着他，加深他"对奴隶制的痛恨和对仍被奴役的同胞的同情"，甚至"听这些歌曲比阅读整部奴隶制历史更让人印象深刻"（Douglass，2009：26）。

此外，黑人音乐也充当不甘逆来顺受的黑人奴隶号召同胞、组织起义、传递消息的媒介，带有浓重的废奴主义思想，并与19世纪的解放黑奴运动相呼应，使黑人歌曲和种族斗争、国家命运交织在一起，有着积极的现实意义。例如，南北战争期间的歌曲《千万人走了》（*Many Thousand Go*）直白描写了黑人奴隶的残酷命运,号召黑人奴隶奋起反抗,"工头不会再鞭打我了……不用再忍受一百鞭了……不用上拍卖场了,千万人走了"(章珍芳,1981:94-95)。《啊!自由》(*Oh Freedom*)更是对奴隶制强有力的抨击,这种不自由毋宁死的精神激发了黑人奴隶投身解放的决心和勇气。无论是歌者还是听者,都能从中找寻对生活的信心和对正义的信仰,都相信有那么一种可能,即"在某个时候,某个地点,人判断人是根据灵魂,而不是肤色"(Du Bois,2007:175)。黑人奴隶音乐不仅积极参与了废奴运动,也传递了自由、平等、博爱的人道主义精神,这是超越国别、种族和文化的人类财富,是"全国难得的精神遗产,是黑人民族最伟大的贡献"(Du Bois,2007:168)。

19世纪的黑脸歌舞团在黑人音乐的发展过程中发挥了重要作用。它兴起于19世纪初,发展于二三十年代,在五六十年代进入鼎盛时期,它包括短剧、滑稽戏、舞蹈、歌曲等表演形式,其中的黑人形象由涂黑脸的白人来演,对黑人的外表、言行举止等进行夸张的、讽刺的、喜剧化的模仿,无论是出于艺术创新还是商业利益,不可否认的是,这种表演在今天看来带有明显的种族主义色彩。但是在另一方面,这一音乐和表演形式在南方黑人的劳动歌曲、灵歌的基础上加入了英国民谣和意大利歌剧等欧洲特色,曲调生动活泼,歌词中融合了黑人土话和俚语,风格独特,广受欢迎。这些音乐打破了当时白人中产阶层感伤抒情歌曲的审美局限,体现下层白人和黑人的共同生活经验和情感诉求,注重通俗性和娱乐性,符合大众审美趣味,是当时美国大众娱乐的重要形式。但在当时,这些黑脸歌舞团音乐被白人中产阶层所蔑视,被认为是"缺乏思想""有传染性的、病态的瘾"(转引自章珍芳,1986:53)。例如,丹尼尔·埃米特(Daniel Emmett)创作的著名歌曲《迪克西》(*Dixie*)在当时被认为是粗鄙的,直到南北战争后得到林肯总统的认可才被普遍接受;19世纪伟大作曲家史蒂芬·福斯特(Stephen Foster)的早期作品《故乡的亲人》(*Old Folks at Home*)是匿名发表的,他创作的《哦!苏珊娜》(*Oh! Susanna*)一经发表便广为流行,但因害怕受到中产阶层的非议而影响其作曲事业的发展,福斯特在歌曲发行后想要索回,没想到这首歌活泼幽默,大受欢迎,不久之后还成为1849年加利福尼亚淘金热时期广大淘金者最喜爱的歌曲,并流传至今。这种立足大众、由下而上的传播,顺应大众审美潮流,带有反精英主义的色彩,是美国大众文化的突出表现形式之一。同时,黑脸歌舞团歌曲的发展也有一个互相借鉴、互相影响的过程,这些歌曲"源出于真正的奴隶歌曲,经过白人的加工和改编以适应19世纪美国白人的需要;后来黑人又拿回去略作改变，以合乎自己的胃口，于是这些歌曲便又回到了它们从中诞生的民间传统中"（索森，1983：118－119）。这一过程就是冲破种族隔离、实现文化融合的过程。美国流行音乐发展过程中展示出的这种打破阶层界限和种族隔离的姿态，体现了美国社会中下层人民的意志，有着浓厚的民主和进步色彩，这也是美国大众文化的重要特点。到了19世纪末20世纪初，黑脸歌舞团逐渐被更多样、更成熟的表演形式，即轻歌剧（Operetta）和歌舞杂耍表演（Vaudeville），所取代。

　　第一次在美国流行音乐中产生全国性影响的黑人音乐形式是拉格泰姆（Ragtime）。南北战争后的重建时期，即19世纪70年代直到20世纪初，美国经济的繁荣和技术的提高促进了音乐的生产和传播，特别是乐器在黑人家庭中的普及直接影响了美国流行音乐的发展方向和进程。这一时期，刚获得自由解放的黑人对音乐有极大的热情和兴趣，他们纷纷用分期付款的方式购置钢琴以及更为便宜的风琴和手风琴，通过音乐来表达他们对获得自由的快乐，不少黑人音乐家都是通过家里的风琴获得音乐启蒙的。这一时期的黑人通常演奏盛行于南北战争时期的黑人步态舞（Cakewalk）音乐，左手弹奏的部分相当于步态舞中乐师顿脚和观众拍手的节奏，右手弹奏的部分则是切分旋律。到了1990年左右，芝加哥、圣路易斯等地举办的博览会吸引了一些中西部和南部的钢琴家，他们在酒吧、咖啡馆、饭馆等场所演奏这种有着独特切分节奏的音乐，这种"带有舞曲和说唱音乐常用的切分节奏的新体裁，开始为美国白人所察觉。于是，多年来只在黑人中间流行的拉格泰姆曲，一下子便冲出原先的狭隘范围，进入国民舞台的中心，为白人社会广泛采用"（索森，1983：350）。在当时也有人对拉格泰姆持反对态度，认为"有一股粗俗的、猥亵的、挑动性的音乐浪潮在此国家泛滥。戏院里、避暑旅馆里所演唱的都是些'黑人歌曲'。除了盛行的拉格泰姆别无其他"（转引自章珍芳，1986：68）。但尽管如此，拉格泰姆音乐注重节奏变化、情绪欢快，有着难以抵挡的独特的艺术魅力，也和重建时期美国社会经济复苏这一大环境相契合。有着"拉格泰姆之王"之称的斯科特·乔普林（Scott Joplin）对拉格泰姆的发展和传播做出了重大贡献，他的作品《枫叶拉格》（*Maple Leaf Rag*）在1899年一经出版便大获成功，乐谱在出版的头10年就卖出了10万份，也成为"每位拉格泰姆钢琴家必弹的名作"（索森，1983：357）。1911年，欧文·柏林（Irving Berlin）的《亚历山大的拉格泰姆乐队》（*Alexander's Ragtime Band*）更是将这一音乐风格推向了顶峰。拉格泰姆对后来爵士乐的发展产生了巨大影响，对美国流行音乐的发展起到了不可忽视的推动作用。

和拉格泰姆同时期发展的另一种黑人音乐形式是布鲁斯（Blues）。布鲁斯音乐源起于19世纪末美国南方的黑人社会，形式简单灵活、表达生动直接，主题大多围绕黑人悲惨的生活经验和哀伤的情感经历，这直接反映在其歌词、曲调和唱法里。例如，最早流行于南方黑人社会的《乔·特纳布鲁斯》（*Joe Turner*）被称为"布鲁斯祖先"，这首歌描述了地方长官乔·特纳把当地的囚犯带到另一个地方监狱去关押，给无数家庭带来妻离子散的恐惧和伤痛；再如，贝茜·史密斯（Bessie Smith）的歌曲有抗议社会的《穷人的布鲁斯》（*Poor Man's Blues*）、哀怨愁闷的《年轻女人的布鲁斯》（*Young Woman's Blues*）、大胆直接的性描写《空床布鲁斯》（*Empty Bed Blues*）、幽默放荡的《就放在这》（*Put It Right Here*）等，展示出独立的黑人女性姿态。她的歌声很有张力，时而如激昂嘶吼，时而如哀怨絮语，因而以特立独行、大胆直接的风格吸引了很多女性，特别是黑人女性听众，并和20世纪20年代女性意识觉醒、争取选举权这一社会思潮和政治运动交相辉映。以贝茜·史密斯为代表的布鲁斯女歌手以她们的音乐和行为方式成为女性的传声筒，帮助建立了"一种新的不同的黑人女性模范——她们更加坚毅自信，性感且性觉醒，独立自主，成熟务实，充满活力"（Harrison，1988：111）。除了给黑人群体提供感官享受和心灵慰藉外，布鲁斯和20年代哈莱姆文艺复兴相呼应，参与了这场复兴黑人文化、展现民族意识、反对种族歧视的新黑人运动。黑人音乐和黑人歌手的涌现对于整个黑人群体有着鼓舞人心的作用，唤醒了黑人群体的自豪感和自信心，在一定程度上促进了黑人群体的民族意识和身份认同。黑人音乐以一种反抗者的姿态，无视白人中产阶层的艺术品位和社会规范，通过"一种质疑现实的倾向，像一把尖刀一样戳破我们文化中的虚伪矫饰的一面"（Stearns，1956：107），戳破20年代美国社会歌舞升平的华丽幕布，透视黑人不得不面对的不平等和不为社会接受的现实。而黑人音乐和黑人歌手在白人社会的接受和欢迎也使黑人音乐成为打破种族隔离和阶层差异的重要渠道，使黑人群体得以有尊严地融入美国社会。

19世纪末，随着歌舞杂耍和音乐剧的发展，纽约剧院区聚集了一大批流行音乐出版商，叮砰巷（Tin Pan Alley）音乐源源不断地在此生产出来。叮砰巷不仅出版发行歌谱，还以市场为导向，发掘培养作曲家，生产推销流行音乐，可以看作是出版印刷业和戏剧行业的商业延伸。20世纪初至30年代，叮砰巷都是流行音乐出版业的大本营，引领流行音乐不断拓展新的音乐领域和受众群体。在这一时期，拉格泰姆、布鲁斯和爵士等黑人音乐不仅受到叮砰巷流行音乐元素的影响，也因叮砰巷的乐谱出版而更为大众熟知。例如，有"布鲁斯之父"之称的威廉·克里斯托弗·汉迪（William Christopher Handy）于1912年发表的《孟菲斯布鲁斯》（*Memphis Blues*）、1914年发表的《圣路易斯布鲁斯》（*St. Louis Blues*）引发了布鲁斯在全国范围内的热潮，同时他融合布鲁斯和叮砰巷音乐，带领布鲁斯走向商业化和市场化；乔治·格什温（George Gershwin）受过正统的古典音乐教育，又深受拉格泰姆、布鲁斯和爵士乐等黑人音乐的影响，他的创作横跨古典音乐和流行音乐两个范畴，在一定程度上打破了精英文化和大众文化的壁垒，促进流行音乐的大众化和娱乐化。这种商业化和市场化的倾向在早先美国大众文化的发展过程就一直在引领风潮，日后也成为大众文化得以快速发展的一大法宝。叮砰巷对美国流行音乐影响持久深远，它以一种轻快愉悦的音乐风格和表演方式，融合欧洲和黑人音乐的特性，与当时精英阶层大力倡导的欧洲古典音乐分庭抗礼。叮砰巷音乐反映了"美国广大民众在此时期的生活、思想、艺术趣味和娱乐音乐的动向"（章珍芳，1986：91），即"褊狭的维多利亚文化的克己道德观开始瓦解，取而代之的是一种更具自由思想、更有活力的城市社会风格"（乔伊纳，2012：7）。同时，叮砰巷音乐以其城市化、平民化和娱乐化等特征，也参与了20世纪二三十年代美国活力欢快、乐观向上的社会风气和美国价值观的构建。

　　19世纪末20世纪初，随着黑人灵歌、劳动歌曲、拉格泰姆和布鲁斯的不断发展融合，以及其他音乐形式持续影响，现代意义上的爵士乐逐渐形成。爵士乐是在美国南方独特的社会经济环境中成长起来的，新奥尔良素来被认为是爵士乐诞生的摇篮。新奥尔良位于美国东南部的墨西哥湾沿岸，是奴隶贸易时黑奴从西非被运至美国东部的必经之地，黑人数量众多。在南北战争后，由于这里社会风气较为宽松，待遇较高，因而有大量的黑人乐师聚集于此。早期爵士乐的发展深受黑人风俗习惯的影响，它既是婚丧嫁娶、巫道祭礼等场合的仪式性音乐，也为舞会妓院等场所提供娱乐性音乐。1917年，白人乐队"正宗迪克西兰爵士乐队"（Original Dixieland Jass Band，ODJB）的演出一举轰动全国，并录制了首张爵士乐唱片，正是通过这些白人乐队对黑人爵士乐的效仿和演奏，爵士乐才变得家喻户晓。直到1922年"国王"乔·奥利弗（Joe "King" Oliver）组建的"克里奥爵士乐队"（Creole Jazz Band）才录制了黑人乐队的首张爵士乐唱片。20年代，芝加哥工业化和城市化进程飞快，吸引了大量南方黑人移民，爵士乐也走出新奥尔良，在芝加哥蓬勃发展，开启了爵士乐的黄金时代，路易斯·阿姆斯特朗（Louis Armstrong）代表了芝加哥爵士乐的最高成就。20年代末，受到经济大萧条的影响,芝加哥的唱片业遭受重创,爵士乐的中心转到纽约,开启了一个新的时代。这一时期的爵士乐突破了新奥尔良时期的节奏和即兴音乐的传统,音乐手法更加复杂,同时乐队大型化,出现了大乐队现象,是爵士乐商业上最为成功的时期,也被称为摇摆乐(Swing)时代,代表人物有"公爵"埃灵顿(Edward Kennedy "Duke" Ellington)等。

但如同拉格泰姆和布鲁斯等其他黑人音乐形式一样,爵士乐的发展也非一帆风顺。从20世纪20年代初开始,爵士乐就频频受到舆论抨击,认为它"大肆宣扬娱乐、刺激和青春的欢乐"(蒂罗,1995:59),是"文化衰败的总征兆"(蒂罗,1995:58)。黑人音乐奋力突破偏见和藩篱的过程也是黑人群体努力融入主流社会的过程。但不同于拉格泰姆和布鲁斯在商业化道路上成功后归为沉寂,爵士乐在二三十年代大获成功后,作为美国的民族音乐和精神代言走上了一条独特的发展道路。爵士乐作为一种黑人音乐逐渐被主流社会接纳,说明在历史发展过程中"美国人"和"美利坚民族"从单一到多元的转变。在这一过程中,以爵士乐为代表的黑人音乐不仅反映社会进程,也积极参与民族身份构建和民族精神塑造,发挥了不可忽视的作用。爵士乐在冷战时期的"正统化",离不开爵士乐自身的音乐风格和理念,也在很大程度上受到当时国际局势和美国外交政策的影响。

首先,在音乐风格上,爵士乐节奏感强,注重即兴演奏,蕴含着美国社会自由、活力和享乐的时代精神和生活态度,这种时代精神和生活态度与20年代美国社会经济繁荣发展的国家风貌是相契合的。乔治·格什温(George Gershwin)在《文艺中的反抗》(Revolts in Arts)一文中曾总结说:"爵士乐是美国积蓄的能量的爆发,是一种非常精力充沛的音乐,它吵闹、喧嚣甚至有些粗俗。但有一点是确定的:从表达我们自己这一意义上讲,爵士乐为美国做出了有持久价值的贡献。"(Gershwin,2004:121)同时,爵士乐的自由表达和自我实现又是建立在乐队协商合作基础之上的,难怪英国著名文学评论家特里·伊格尔顿(Terry Eagleton)在其《人生的意义》(Meaning of Life)一书的结尾把爵士乐队视为美好生活的图景,即在一个爵士乐队中既有个体的即兴发挥,又有团体间的密切配合,这种自我表达和亲密合作充分体现出自由个体和良性群体的和谐共存,个体通过自我实现而非自我牺牲的方式达到整体的良性发展(Eagleton,2007:98-99)。进一步讲,这喻指了一个强调多元性存在的民族的生活方式和思维角度,即在尊重个体差异、承认个体价值的基础上实现社会的多元与和谐发展。

爵士乐的这些音乐风格和理念也是它在冷战时期被美国政府推出到世界各地巡演的重要原因。在冷战时期,美国政府为了应对苏联的文化宣传,成立了"总统国际事务紧急基金"(President's Emergency Fund for International Affairs),以期通过音乐、舞蹈等艺术形式来显示美国"自由制度之下的产品和文化价值所具有的优越性"(转引自 Prevots,1998:11)。艾森豪威尔总统很明白软实力的妙处,他把音乐送到苏联、东欧和中东和非洲等国,把这些国家的普通民众和年轻人作为核心目标,把音乐作为一种文化武器来打一场"观念之战",希望"改变人们认为美国是一个浮夸、沙文主义并热爱强权政治的固有印象"(曾琳智,2013:43),并建构文化认同、塑造良好的国家形象。爵士乐在冷战时期美国文化外交中占重要比重,仅次于古典音乐,位居第二。一方面,美国国内种族矛盾尖锐,发展爵士外交无疑能缓解这一矛盾,转移公众注意力;另一方面,美国的种族问题也是被苏联攻击的把柄,"许多欧洲人怀疑美国是否真能实现它将给这个世界带来民主的承诺"(曾琳智,2013:43)。为了缓和国内矛盾,平息国际舆论,美国政府派主要由黑人组成的爵士乐团进行外交访问,作为美国生活方式的象征。这种生活方式是由美国文化物质占主导内容并由此导向美国价值观念的生活方式,不仅展现了美国雄厚的物质和文化的优越性,更传递出这一物质和文化背后的制度和价值观的优越性,塑造美国的国家形象。这是美国公共外交史上的"最具有创建性的举措之一"(曾琳智,2013:43)。小约瑟夫·奈在提出软实力这个概念时就指出,一个国家的软实力就是通过吸引力,而非强制力,让别的国家做他想要做的事情。爵士乐的诱惑力和吸引力成为美国发挥国家影响力的重要途径,使冷战时期的美国在公共外交中拥有了无可比拟的同化性权力,这种同化性权力就是美国文化软实力。自由、平等、民主的观念被蕴藏在爵士乐的一个个音符和一次次演奏中,将美国文化和政治理念传递到世界,在无形中增强世界对美国文化和价值观的认同。这样一来,爵士乐就被赋予了一种"'象征性'力量,借以塑造民众的政治认同,树立自身在国际、国内社会的合法性",并"推动本国音乐在海外的传播,以影响其他国家,获得更多的国际支持"(陈玉聃,2012:39)。

在黑人音乐不断影响美国流行音乐的同时,另一种白人音乐形式——乡村音乐(Country Music)也在蓬勃发展。乡村音乐在美国有着悠久的历史,它最早由英格兰、苏格兰和爱尔兰移民带入新大陆,广泛流传于南部的乡村和山区。早期的乡村音乐曲调简单、节奏平稳、叙事性强,有着浓重的乡土气息,主要在家庭、教堂、乡村集会等场合演唱。进入 20 世纪,拉格泰姆、布鲁斯等黑人音乐都对乡村音乐的发展产生影响。20 世纪 20 年代,乡村音乐逐渐引起人们注意并开始商业化,在这一过程中唱片业以及广播电台发挥了重要作用,亚特兰大、纳什维尔等地的广播电台为乡村音乐设立了专门的节目,为乡村音乐的发展提供了很好的平台,乡村音乐迅速走红,也造就了一批乡村音乐人才。纳什维尔成为乡村音乐的中心,云集了大批杰出的乡村音乐歌手以及广播电台和录音棚。一直以来,乡村音乐被认为是"蓝领的"音乐,其主题与劳动人民的生活、情感密切相关。随着乡村音乐的发展,乡村音乐以动人的曲调、朴实的语言、诚挚的情感讲述了普通美国人的生活经验,表达了他们通过辛勤劳动获取幸福生活的美好愿望,"表现了普通美国人的理想和抱负,表现了他们的挫折与信念,反映了普通美国人的基本价值观"(斯通贝克,1987:37)。它已经打破"穷人的音乐"这一标签,逐渐被中产阶层所接受,在美国甚至全世界都拥有了越来越广泛的群众基础。

通过研究乡村音乐中的常见主题便可一窥乡村音乐被普遍接受的原因。首先,乡村音乐中最重要的主题就是爱情,调查显示,1960—1970 年间,75% 的乡村音乐主题都和爱情相关(Dimaggio, Peterson, & Escoe, 1972:41),而不论是歌颂甜美顺遂的爱情,还是哀叹爱而不得的苦楚,乡村音乐中的爱情均咏唱传统婚姻中的成年男女之爱,而鲜少涉及青少年和未婚同居这一现象(Buckley,1979:294)。对甜蜜爱情的憧憬和对婚姻家庭的颂扬,是与美国传统价值观相契合的。其次,乡村音乐描绘田园牧歌式的乡村生活,表达思乡怀旧之情,在这些歌曲中"'乡村'可以是一个可识别的地理位置,更是一种心理状态,一种生活方式"(Buckley,1979:295)。如脍炙人口的《乡村路带我回家》(*Take Me Home, Country Road*),表达了普通人的情感、生活和基本价值观,"一种其他国家的人民也共同具有的价值观",因而是"跨时代、跨国度的——它不仅是美国梦的实质,也是人类经验的精华"(斯通贝克,1987:37-38)。最后,民族主义和爱国主义也是乡村音乐的重要主题。例如,著名乡村音乐歌手比利·雷·赛勒斯(Billy Ray Cyrus)在《我是美国人》(*I'm American*)中高歌:"是这个国家成就了我,感谢上帝我是美国人。"

值得一提的是,经济发展、技术进步和传播媒介的改变,极大影响了流行音乐的发展革新。流行音乐在其发展早期只能依靠现场音乐和乐谱出版等形式出现,随后的唱片、电台广播、电视和电影等媒介都改变了流行音乐的生产和传播模式。例如,1920 年前唱片市场主要锁定白人中产阶层这一主流消费群体,大多数演奏家和歌手也都是白人,尽管这一时期流行的拉格泰姆和布鲁斯都有深深的黑人音乐的烙印,黑人歌手却被排除在唱片业之外。直到第一次世界大战后,大批黑人离开南方到芝加哥、底特律等北方工业城市谋求工作,技术的发展也极大降低了唱片制造成本和销售价格,刺激了新兴的黑人消费市场,随之而来的是大批面向黑人群体的种族唱片(race records)公司的涌现。当今互联网技术和便携式音乐播放器进一步改变了流行音乐的生产和传播模式,流行音乐成为一种更个人的选择,成为"反映群众动向、群众意愿、社会风尚的敏锐阵地"(章珍芳,1986:156)。一方面,流行音乐的平民化和大众化使其成为大众文化的重要部分和大众娱乐的重要手段,渗透人们日常生活的各个角落,它不断打破白人音乐和黑人音乐之间的界限,吸纳和融合不同音乐流派和风格,这背后蕴含的是打破种族、阶层和区域差异的多元共生思想。另一方面,流行音乐也受公众趣味影响,以市场为导向,不断走向商业化和专业化,成为一种供销售以谋取利益的商品,并在这一过程中回应大众音乐趣味和时代精神,参与美国民族性格的构建。美国流行音乐作为美国价值观的"物美价廉"的载体,成为美国发挥软实力的重要手段。惠特曼"听见美国在歌唱",美国流行音乐则让全世界"听到美国价值观在歌唱"。

第二节　越战与摇滚乐

第二次世界大战后,美国经济和文化事业全面繁荣,美国人有了充分的时间和金钱用于娱乐消遣,唱片行业飞速发展;同时,战后的婴儿潮(Baby Boomer)衍生出一个新兴的年轻人消费市场,这个庞大的群体叛逆、躁动,寻求抗争,他们渴望一种新的声音来反对"墨守成规、自我满足而又彬彬有礼"(乔伊纳,2012:221)的城市白人中产阶层的品味,于是更加契合时代精神的摇滚乐于 50 年代中期应运而生。摇滚乐(Rock and Roll)融合了黑人音乐节奏布鲁斯、乡村音乐和深受白人中产阶层喜爱的叮砰巷音乐。从音乐风格上来说,摇滚乐快速、激烈、亢奋,表演形式个性自由,更具渲染性和表现力,很容易与年轻人产生共鸣;从主题上来看,摇滚乐包含爱情、毒品和性等内容,正好迎合了年轻一代对于自由、热情和反叛的追求，是对传统文化和价值观的极大冲击。摇滚乐"强烈节奏的麻痹效果和极易产生共鸣的狂热情绪"引起了较为保守的父母的排斥和惶恐，在他们看来，摇滚乐包含野蛮的冲动和色情的欲望，是不道德的"劣等的黑人音乐"，将使美国"身陷在瘟疫般的葬礼之舞中无可挽回地垮台"（弗里德兰德，2013：34）。但是父母的抵制更激发了年轻人狂热，摇滚乐成为年轻人表达叛逆精神、寻求身份认同的途径。摇滚乐作为一种激进的音乐亚文化，"和吸毒、奇装异服、性解放、随意的生活方式等联系在一起"（钟子林，1993：89），彻底颠覆了年轻人的行为观念和道德准则，成为"一种代际冲突的修辞"（斯道雷，2007：80），年轻人身份的一种表征。

　　20世纪50年代最有代表性的摇滚歌手当属"猫王"埃尔维斯·普雷斯利。他生长于美国南方的穷苦白人家庭，从小受到节奏布鲁斯等黑人音乐的影响，并创造性地把黑人音乐与当时南方白人的乡村音乐融合起来，创造出"摇摆乡村音乐"（Rockabilly）或"摇滚音乐"这一音乐形式。他的黑人风格带有明显的白人色彩，这一大胆创新的结合，使得他的音乐能为白人唱片业所接受，打破种族歧视和种族隔离状态下黑人和白人两个音乐市场的对立状态，使摇滚乐成为席卷全国的音乐浪潮。黑人音乐被更广泛地吸纳，也影响了五六十年代民权运动的深入开展。同时，他年轻帅气的外表、自信个性的演唱和夸张性感的扭臀动作，使他迅速成为一代年轻人的偶像，是个人主义和反叛精神的完美融合。一代青少年对他的狂热崇拜，使得普雷斯利的形象已然犹如"拉尔夫·沃尔多·爱默生所梦想的超验主义太阳王"（马库斯 170）。出身卑微的普雷斯利成为一代"摇滚之王"，他的个人经历和表演风格所演绎的美国梦与强烈的自我意识相互影响，表现在大众文化上即是对具有英雄气质的个人的崇拜，这种个人英雄主义也是美国价值观的体现。

　　到了60年代，摇滚乐的发展与美国的政治和国际局势密切联系在一起。就国内来说，1963年约翰·F.肯尼迪总统遇刺，1964年国会通过《民权法案》，1968年民权运动领袖马丁·路德·金遇刺，以及参议员罗伯特·F.肯尼迪遇刺，国内环境动荡，种族矛盾尖锐。就国际形势而言，1962年古巴导弹危机，越南战争不断升级，冷战局势日益严峻。对传统价值观念的不满和对社会问题的激愤在青年人中掀起一股学生运动浪潮，并逐渐升级为轰轰烈烈的全国性的反文化运动，例如民权运动、反战运动、女权运动、反对核武器等。摇滚乐在这一系列运动中冲锋陷阵，通过对社会问题的关注和回应表达自己的态度和价值，是

"音乐形态与意识形态的最佳结合"(尤静波,2007：170)。作为大众文化的一种,摇滚乐既是 60 年代社会思潮的重要载体,又反过来参与了 60 年代的社会建构,以一种民主的、自下而上的方式对美国的社会运动和价值观念产生影响。

60 年代的动荡造成了美国人的代际撕裂,青年一代对现实的失望不满、对政府的不信任、对传统价值观念的怀疑,都投入到了一次次声势浩大的反文化运动中。而越南战争则进一步造成了一代美国人的撕裂。一方面,50 万年轻人应征入伍,在越南战场上流血战斗;另一方面,更多年轻人将对政府的不满和对战争的抗议带到街头巷尾,在国内掀起反战浪潮。无论是在越南战场,还是在美国街头,摇滚乐强有力的节拍和深刻的歌词使其成为越南战争的背景音乐,因而越南战争也被称为"美国第一场摇滚乐战争"(Moores,2016)。越南战场上的年轻士兵大多在 23 岁以下,平均年龄仅为 19 岁,他们在奔赴前线时也把摇滚乐带到了越南战场。在越南战场上,士兵们"左耳朵听着摇滚乐,右耳朵听着枪炮声"(Herr,1977：9),士兵们可以 24 小时收听武装部队越南广播网(Armed Forces Vietnam Network Radio,AFVN)[①]播放的甲壳虫乐队(The Beatles)、滚石乐队(The Rolling Stones)、鲍勃·迪伦(Bob Dylan)等人的音乐。而比广播更能反映越南战场上音乐喜好和品位的则是这些年轻人奔赴战场时所携带的收音机和磁带,这是战场上最流行的音乐媒介,更加便携,也更加私密。与在此前的战争中集体的收听行为与统一的收听渠道不同,越南战争中的音乐种类更为多样,收听方式也更为私人化,士兵们可以随时随地收听自己携带的音乐,这种多样化和个性化体现了强烈的个人主义色彩。据统计,1968 年,1/3 以上的士兵每天听广播的时间超过 5 小时,而对于 17—20 岁的士兵来说,这一比例高达 50%(Lair,2011：188)。对这些被派往地球另一端的年轻士兵来说,摇滚乐把他们和身后的美国及其所代表的文化联系在一起,为他们提供一种文化归属和心灵慰藉。

在美国历史上,音乐与战争的结合由来已久。从美国独立战争时期的《扬基曲》,到内战时的北方歌曲《共和国战歌》(*The Battle Hymn of the Republic*)和南方歌曲《迪克西》,再到一战时的《上帝保佑美国》(*God Bless America*)和二战时的《欢快的吹号手》(*Boogie Woogle Bugle Boy*),尽管这些歌曲的时代和曲风

---

① Armed Forces Vietnam Network Radio,由美军(U.S. Armed Forces)于 1965 年创办,1971 年关闭,属于 AFRTS(American Forces Radio and Television Service)的分支,是美军在越南的官方喉舌。

都不尽相同,但都有鼓舞士气、昂扬斗志的意味。就这一点来说,越南战争与以往的任何一次战争都不同。诚然越南战场也有脍炙人口的爱国歌曲,如巴里·萨德勒(Staff Sergeant Barry Sadler)的《绿色贝雷帽之歌》(*The Ballad of The Green Berets*,1966)、默尔·哈格德(Merle Haggard)的《马斯科吉的俄克拉荷马州人》(*Okie from Muskogee*,1969),但不无讽刺的是,越南战场上最广为流传的却是动物乐队(The Animals)的《我们要离开这个地方》(*We Gotta Get Out of This Place*,1965)。尽管这首歌本意是要逃离贫民窟而并非反战歌曲,但"我们要离开这个地方"的呐喊与越南战场上蔓延的思乡厌战情绪相契合,使其成为越战美军的非官方圣歌,士兵们听着这首歌掰着指头数回家的日子。[①]

在越南战场士气低沉的同时,美国国内的反战运动风起云涌,流行音乐领域也对这个变革的时代做出回应。有"民谣诗人"之称的鲍勃·迪伦把握时代脉搏,以其含义深刻的歌词成为 60 年代的代言人。在《时代在变革》(1963)歌曲中,他敏锐地感知到年轻一代要求变革和参与民主的要求。后者是 60 年代新左派的一个主要诉求,因而"要了解《休伦港宣言》,你必须先了解鲍勃·迪伦"[②](Miller,1987:161)。尽管他的早期歌曲并非直接针对越南战争而作,但不乏"对越南战争的间接表达"(斯道雷 53)。在《答案在风中飘荡》(*Blowin' in the Wind*,1962)中,迪伦高声发问:"炮弹在天上要飞多少次,才能被永远禁止……一个人要生存多少,才能获得自由……到底要牺牲多少生命,才能知道太多人死亡。"针对艾森豪威尔总统提出的"军事工业复合体"[③],他在《战争贩子》(*Masters of War*,1962)中大喊:"我能看穿你们面具下的嘴脸,你们除了带来毁灭,什么都没有做。"《上帝在我们这边》(*With God on Our Side*,1963)则细数了美国历史上数次战争,并认为"如果上帝在我们这边,他会阻止下一次战争"。这些歌曲对战争振聋发聩的拷问,对社会和平正义的呼唤,对人类良知博爱的关怀使其成为音乐史上的经典,成为民权运动和反战运动的圣歌。

---

① 可自海外返回日期(Date Eligible For Return From Overseas, DEROS),指美国军队海外服役期限,海军需服役 13 个月,陆军 12 个月。

② 1962 年,学生争取民主社会同盟(Students for a Democratic Society)成立,主要由年轻大学生组成,成为 60 年代美国社会最重要的新左派力量。在密歇根休伦港举行的成立大会上,该组织的主要创办者、时任主席的汤姆·海登起草了《休伦港宣言》(*The Port Huron Statement*)。该组织激发了 60 年代的诸多学生运动会和反文化运动。

③ 军工复合体(Military-Industrial Complex, MIC),指国家的军队和军事工业因相关的政治经济利益而紧密结合在一起形成的共生关系。由艾森豪威尔总统在 1961 年总统告别演说中首次提出。

　　在越南战争初期,这场战争并没有在国内引起太多的关注,1956—1962 年越南战场上的士兵人数仅为几千人,阵亡人数不到 80 人,随着战争的不断升级,越来越多的年轻人被送往战场,"到 1965 年底,在越南的美军已达 18.8 万人,1967 年,增加到 38.9 万人……1969 年,美军在越南人数已超过 50 万人"(钟子林 1998:82)。阵亡人数迅速上升,国内民众支持率下降。同时,电视的普及使得美国民众在自己家客厅里就能看到触目惊心的残酷战争场面,引起巨大争议。1968 年,大门乐队(The Doors)的《无名战士》(*The Unknown Soldier*)歌曲生动详细地描绘了这一场面:当一个美国人在家"读着报纸、吃着早餐,看着电视、喂着孩子"的时候,电视新闻里播放的是"一颗子弹穿透带着钢盔的头颅"。这一时期的摇滚乐是对战争的严正抗议和辛辣讽刺,如乡村乔·麦克唐纳(Country Joe McDonald)的歌曲《我知我注定死于战场》(*I-Feel-Like-I'm-Fixin'-To-Die-Rag*,1965)唱道:

　　　　一二三我们为何打仗?
　　　　别问我,我什么都不管,
　　　　下一站就是越南。
　　　　四五六打开天国之门,
　　　　没有时间问为什么,
　　　　哈哈! 我们都要死去。
　　　　全国的母亲们赶快行动,
　　　　把你们的儿子送到越南。
　　　　父亲们也别犹豫,
　　　　赶紧把你们的儿子送到前线,
　　　　争做你们街区第一个,
　　　　儿子躺在盒子里被运回来。

　　愤怒、讽刺夹杂着苦涩,"把战争再现为美国梦的一种扭曲延伸"(斯道雷,2007:97),是对"美国方式(American Way)"的一个不同层面——男子气概、军国主义、发战争财、妄想狂式的反共等"的深刻拷问(斯道雷,2007:54)。摇滚乐的这种拷问扎根于美国社会的反思传统之中,引领美国不断反思自己,修正错误。

　　战争的阴影和征兵的恐惧,加之对现实的不满和对社会的质疑,催生了一批追求理想主义乌托邦的"嬉皮士"(Hippies)和激进学生,他们在西海岸发起了一场反文化运动,试图建立一个"非竞争性的、不好战的'可供选择的'社会"(斯道雷,2007:94)。旧金山成为这一运动和思潮的中心。他们喊出"做爱不作战"(Make Love,Not War)的口号(这也是反文化运动中嬉皮士们反对传统家庭观、倡导性解放的口号),通过游行示威、爱情集会(love-in)和摇滚演唱会的方式来反对战争,向往和平。反战运动是反文化运动的核心内容,两者的基本诉求是一致的,即反文化运动就意味着"反对美国(Amerika)在越南的战争",将America 中的字母 c 替换为字母 k,意在"把美国表征为一个卡夫卡式梦魇"(斯道雷,2007:56)。西海岸摇滚乐与反文化运动的结合,使摇滚乐不仅是一种自我表达的渠道,也是"一种阐释和动员公众舆论的手段"(斯道雷,2007:55),"自我表达"与"社会阐释"两者共同成为反文化运动的核心,是实现个人价值与追求社会正义的结合。这种对自我的重视、对社会的反思和对体制的批判深深地烙印在美国历史文化传统中,也是美国价值观的一部分。所以说,反文化运动尽管致力于反对美国传统的、主流的文化,但其背后的价值和精神"始终坚定地置身于资本主义的美国、受制于美国的规章制度"(斯道雷,2007:96),也就是资本主义制度下的个人主义价值观。

　　美国国内反战运动的高潮则是 1969 年 8 月 15—17 日为期三天的伍德斯托克(Woodstock)音乐节。音乐节打出了"和平与音乐的三天"(Three Days of Peace and Music)的口号,以此呼吁用爱和和平取代压迫、仇恨和战争。包括鲍勃·迪伦、披头士等在内的强大演出阵容吸引了 45 万观众,使之成为 60 年代末最重要的摇滚乐演出,也是年轻人反战思想的集中表达。特别是吉米·亨德里克斯(Jim Hendrix)用他那把吉他模仿出战场上的枪炮和爆炸,将美国国歌《星条旗永不落》置于音乐的枪林弹雨之中,是对越南战争和国家精神的绝妙反讽,传达出强烈的反战信号。音乐节的听众并非被动的接受者,而是跟随舞台上的旋律和节拍一起欢呼呐喊、挥手踩脚,摇滚歌手和听众的互动使得摇滚乐以一种大众的、民主的方式实现了政治表达和政治参与,是年轻人的反抗姿态的集中体现。摇滚乐可能并没有直接改变政治局势,但它也"不再只是一种大众音乐形式,而是……一种抗议象征……一系列新价值观的宣言……一首革命的赞歌"(转引自郝舫,2010:58)。

　　随着尼克松总统的上台,反战运动掀起了新一波浪潮。尽管尼克松总统承诺结束越南战争,也确实有从越南战场撤兵的实质举措,但是 1970 年他向柬埔寨派兵的行为在全国范围内引起了广泛抗议。那些反对战争、要求变革的青年学生成为尼克松总统口中的"正在炸毁校园的那些无业游民"。当年 5 月 4 日,俄亥俄州国民警卫队杀害了 4 名肯特州立大学的抗议学生,短短两天之内,尼尔·扬(Neil Young)创作了歌曲《俄亥俄》(*Ohio*)作为对这一事件的回应,也为处于政府高压之下的反战运动和反文化运动摇旗呐喊。针对朱丽叶·尼克松(Julie Nixon,尼克松总统女儿)和大卫·艾森豪威尔(David Eisenhower,艾森豪威尔总统的孙子)的联姻,清水乐队(Creedence Clearwater Revival)的主唱约翰·弗格蒂(John Fogerty)认为"富人挑起战争,穷人流血牺牲",他创作的《幸运之子》(*Fortunate Son*,1969)是对战争和阶级问题的叩问,控诉战争把普通年轻人送到战场流血牺牲,而有钱有势的"参议院的儿子"和"百万富翁"的儿子却可以免除兵役。埃德温·斯塔尔(Edwin Starr)在《战争》(*War*,1970)中唱道:"战争呵耶,有什么好处,绝对一无是处",铿锵有力的旋律和大胆直白歌词,是对战争严正直白的抗议。

除了创作和演唱之外,很多音乐人身体力行,以社会活动家的身份参与 60 年代的民权运动和反文化运动,成为时代的领军者。例如,琼·贝兹(Joan Baez)的歌曲《我们终将胜利》(*We Shall Overcome*,1963)被奉为反文化运动的圣歌,1963 年马丁·路德·金在华盛顿民权集会上发表"我有一个梦想"的伟大演说之前,贝兹和迪伦演唱了多首抗议歌曲;此后贝兹继续投身社会运动。贝兹是"社会正义、人权以及和平的坚定信仰与亲身实践者"(张铁志,2008:47),是 60 年代理想主义精神的代表。此外,反战思潮和反战运动也蔓延至了大洋彼岸的英国,如摇滚乐明星约翰·列侬(John Lennon)的歌曲《给和平一个机会》(*Give Peace a Chance*,1969)、《想象》(*Imagine*,1971)都是反战的传世经典。滚石乐队主唱米克·贾格尔(Mick Jagger)参加了在美国驻英大使馆前面举行的反战游行,写下歌曲《街头斗士》(*Street Fighting Man*,1968)。

饱受争议的越南战争结束后,面对撕裂的一代人,摇滚乐再一次挺身而出,呼吁给越战老兵应有的待遇和关怀。越南战争结束后,受国内反战情绪的影响,内疚、羞耻等"越南综合征"(Vietnam Syndrome)困扰着越战老兵。摇滚歌手布鲁斯·史普林斯汀(Bruce Springsteen)自 80 年代初就致力于越战老兵的权益,1981 年他在洛杉矶举办公益演唱会,并将 10 万美元捐给美国越战老兵组织(Vietnam Veterans of America,VVA)。他创作并演唱的《墙》(*The Wall*,

2014)是以朋友的口吻纪念在越南战场牺牲的一名海军士兵,通过深情的演唱,他呼吁社会关注越战阵亡士兵和退伍老兵。摇滚乐又缝合了美国社会的裂痕,这一次它不是为了凸显两个阵营的对立,而是唤起人类共同的情感,引发人们对战争的反思和警惕,这是摇滚乐和美国的反思精神再一次结合。

随着 70 年代以后社会运动势头减弱和摇滚乐的商业化,摇滚乐更强调自我情感的表达,并延伸出了众多分支,如艺术摇滚(Art Rock)、乡村摇滚(Country Rock)、迷幻摇滚(Acid Rock)、温和摇滚(Soft Rock)、硬摇滚(Hard Rock)、朋克(Punk)等,而且也以其独特的音乐风格和艺术魅力影响着其他流行音乐流派,如在波普(Pop)、索尔(Soul)、放克(Funk)、雷鬼(Reggae)、迪斯科(Disco)和说唱音乐(Hip Hop)中,都能看到摇滚乐的影子。摇滚乐已经成为年轻人表达自我、寻求身份认同、反叛主流文化的工具,摇滚乐在美国乃至全世界的盛行,与其背后蕴含的强烈个人主义色彩是分不开的。同时,摇滚乐的商业成功,也反过来赋予它一种"成熟的、有道德良知的"(乔伊纳,2012:306)社会责任感,摇滚乐关心更为广泛的人道主义议题,包括抗议核武器、援助非洲饥荒、为艾滋病募集善款的慈善演唱会等。例如,1985 年美国和英国摇滚界同时在费城和伦敦举办了历时 17 个小时的大型音乐会"拯救生命"(Live Aid),呼吁为埃塞俄比亚的三年严重饥荒进行募捐,并通过卫星向全世界电视观众转播。这一举措传达了强烈的人道主义精神,这也是摇滚乐在全球范围内广泛传播的重要原因。

第三节　嘻哈音乐——从草根到产业

摇滚乐是 20 世纪 60 年代民权运动的背景音乐,一代年轻人听着黑人音乐,积极支持并投身 60 年代的民权运动。尽管如此,音乐产业内部仍是种族隔离制度的重灾区。长期以来,大唱片公司和电台管理层忽视黑人音乐的市场和价值,认为这些音乐太"黑人化"而不适合白人听众,把黑人音乐业务归到专门的种族音乐部门,实则是忽略甚至打压黑人音乐的发展。真正打破这一种族隔离的是嘻哈音乐。

在美国最重要的音乐奖之一——格莱美奖(Grammy Award)的五大音乐分类中,与流行、节奏布鲁斯、摇滚和民谣并列的是嘻哈音乐。嘻哈音乐,或者说唱乐(Rapping)的起源,离不开 20 世纪美国黑人不断从南方农村向北方工业城市的迁移,但是城市化的发展使得白人中产阶层纷纷迁往郊区,黑人聚居区则沦为人口拥挤、房屋破败、发展停滞的"隔都"(ghetto),并由此引发一系列社会问题,例如高失业率、地下彩票和赌场、毒品泛滥、帮派斗争、青少年暴力等。至 1970年,80 以上%的美国黑人生活在城市,而 58%的黑人居住在隔都(胡锦山,2007:122)。此外,尽管经过民权运动的洗礼,但种族隔离和种族歧视的阴影仍笼罩着黑人群体的日常生活,例如美国警察和司法机关对待黑人和白人的不同态度,这进一步影响了黑人的生活态度和心理状态。正是在这一背景下,嘻哈音乐诞生于 70 年代初纽约的布朗克斯,最初是黑人表达情绪、发泄愤怒的渠道,是美国底层黑人街头文化。嘻哈音乐并不是孤立的,DJ(Disc Jockey)、MC(Microphone Controller)、霹雳舞和涂鸦这四要素构成了嘻哈文化。过去的几十年中,嘻哈文化已经从一种亚文化发展成风靡全球的大众流行文化,也形成了一个兴旺庞大的产业。

　　1979 年,嘻哈音乐的先驱糖山帮(Sugarhill Gang)的《饶舌歌手的快乐》(*Rapper's Delight*)是第一首大获成功的嘻哈歌曲。这首歌里唱道:"我的衣服比拳王阿里还多,我还穿得很潮,我有贴身保镖,还有两辆超跑,这一点也不奇怪,我有林肯大陆,还有敞篷凯迪拉克⋯⋯"由此可以看到嘻哈音乐对物质主义和享乐主义的赤裸崇拜和直白颂扬,这种摆脱经济困境、获取财富和成功的渴求是长期以来饱受种族歧视和压迫的黑人青少年的物质的、现实的美国梦。这一美国梦却能激发黑人青少年的自我奋斗和自我肯定,他们发掘个人才华和潜能,投身嘻哈音乐、篮球运动中,努力摆脱生存困境,实现人生价值,具有重要的现实意义。值得一提的是,篮球明星艾弗森,他开创了 NBA 的嘻哈之风,他独特的地垄沟发型、纹身、宽大的外套裤子,将嘻哈和篮球这两项街头文化完美地融合在一起,他不仅是一位著名的篮球运动员,也是嘻哈文化传播者。而嘻哈文化作为一种白手起家的草根文化,逐渐发展成今天风靡全球的盛况,这种发展轨迹本身就和美国梦的内涵是不谋而合的。

　　嘻哈音乐也是对黑人生存现状的真实描写和对社会不公的严正抗议。"狂暴五人组"(The Furious Five)的《口信》(*The Message*)就深刻、细致地描绘了黑人作为"二等公民"的生活图景:臭气熏天,鼠蝇横行,垃圾遍地,失业率高,通胀严重,犯罪猖獗。这种无力摆脱的困境真像歌词中感慨的那样:"这城市就像一片森林,危机四伏,风声鹤唳,我居然没有垮在这里,想起来真是一个奇迹。"Run - DMC 在《就像那样》(*It's Like That*)中演唱:"失业率创历史新高,人们来来去去,生不如死,别问我,我不知道为什么,但生活就像那样,你别无选择。"这些对黑人生活困境的刻画和控诉使嘻哈音乐成为黑人的民族主义音乐,成为黑人的政治宣言。嘻哈音乐真实反映了黑人的生活,是黑人群体发声的途径,因而被查克·D(Chuck D)认为是"美国黑人的 CNN"(转引自袁越,2008:150-151)。

秉承"嘻哈音乐产业的声音"这一宗旨的《源泉》杂志(The Source)在做嘻哈音乐排行榜单、评论报道之外,还有一个专门的政治专栏——"做学问"(Doing The Knowledge),探讨有关嘻哈音乐的政治社会事件,例如贫困、暴力、毒品、文化价值冲突等问题。杂志主编、创办人之一詹姆斯·伯纳德(James Bernard)在该专栏中写到,嘻哈音乐不仅是为了卖唱片,通过嘻哈音乐,"年轻的非裔美国人将他们原先受压制的见解,投入到了国民大讨论当中……说唱歌手们提醒美国社会,所有黑人的生命都是有意义的"(转引自查纳斯,2015:255)。嘻哈音乐关注现实问题,参与社会议题的讨论。通过有节奏感的说唱,嘻哈音乐记录黑人被隔离、被边缘化的痛苦和悲愤,表达他们对平等、正义和尊严的渴求,内容涉及暴力、贫困、种族主义等社会问题,有助于黑人建立族群意识和身份认同。嘻哈音乐一方面展示出对抗权威的反叛姿态,为黑人传统和文化摇旗呐喊,另一方面也引导更多的黑人青年参与到社会政治事务中,成为他们"表达自我、突破桎梏、参与社会的精神动力"(陈敏,2012:66)。例如,2008 年,嘻哈团体"黑眼豆豆"(Black Eyed Peas)主唱 will. i. am 引用巴拉克·奥巴马在民主党总统预选期间的竞选演说词,合成制作了《是的我们可以》(Yes We Can)一曲,尽管奥巴马竞选团队并未参与该曲的制作,will. i. am 仍声称他的音乐帮助奥巴马赢得了2008 年大选;一批大牌嘻哈歌手都为奥巴马背书,在奥巴马赢得民主党总统候选人提名后,嘻哈歌手 Nas 发布了歌曲《黑人总统》(Black President),高唱"是的我们可以,改变世界"。奥巴马当选美国总统,这一标志性事件被认为是嘻哈政治的高潮,奥巴马也公开为嘻哈乐站台,称"嘻哈乐是过去 10—15 年以来最有生机的音乐艺术形式"(Montgomery,2012),奥巴马因而被称为"嘻哈总统"。

发源于东海岸纽约的嘻哈音乐,在西海岸洛杉矶出现了不同的声音。20 世纪 80 年代末 90 年代初,Tupac、Ice-T、N. W. A 等开创了西海岸匪帮说唱(Gangsta Rap)这一嘻哈音乐的独特分支和风格,匪帮说唱中充斥了性、毒品、枪支和暴力。1988 年,N. W. A 的专辑《冲出康普顿》(Straight Outta Compton)中收录《去他妈警察》(Fuck the Police)一曲抗议警察种族歧视和暴力执法,

N. W. A 因此被冠以"世界上最危险的组合"（The World's Most Dangerous Group）的称号。1992 年，Ice－T 的匪帮说唱歌曲《警察杀手》（*Cop Killer*）被认为是鼓励暴力袭警活动，并遭到警察联合抵制。但 Ice－T 回应说这是一首抗议警察暴力的歌，"以一个受够了警察暴力的人的第一人称歌唱，我从来没有杀过警察"（*The New York Times*，1992）。西海岸的匪帮说唱风格硬朗激进，展示出对自由、平等的不懈追求，以及敢于与偏见、歧视作斗争的反叛姿态。

嘻哈音乐并非全然是暴力的、破坏性的力量，在追求反叛与变革的同时，嘻哈音乐投身社会公益，展现出成熟的、有责任性的一面。1988 年，针对纽约市一起暴力事件，一批东海岸大牌嘻哈歌手凝聚在一起，发起"停止暴力运动"（Stop the Violence Movement），发表《自我毁灭》（*Self Destruction*）一歌；作为回应，1990 年，加州的一些嘻哈歌手，组成了"西海岸嘻哈全明星"（West Coast Rap All-Stars）也制作了一首反对暴力的歌曲《我们都属同一个帮派》（*We're All in the Same Gang*）。在东、西海岸嘻哈歌手的联合努力下，嘻哈音乐逐渐"变成一个独立的民族，具有道德心和共同的事业"（查纳斯，2015：237）。

同布鲁斯、爵士等流行音乐一样，嘻哈音乐根植于黑人文化，却吸引着各族裔的年轻人"寻求刺激、艺术满足，乃至一种身份"（Farley，1999）。嘻哈音乐发源于纽约黑人社区，但现在超过 70% 的嘻哈唱片都是白人听众购买的，嘻哈文化的影响早已超过族裔范畴，成为包括黑人、白人、拉丁裔和亚裔等在内的多元文化现象。1999 年，根据美国唱片工业协会（RIAA）的年度消费者调查，说唱乐在美国音乐市场中所占份额创下 10.8% 的新高，与乡村音乐并列第二，仅次于摇滚乐。随着嘻哈音乐的广泛流行，嘻哈音乐开始被商业包装，通过大众媒体的传播，从黑人街头文化逐渐发展成为一种商业文化。1999 年发表于《时代》杂志的《嘻哈民族》（*Hip-Hop Nation*）一文写道："嘻哈可能是唯一一种公开颂扬资本主义的艺术形式。"（Farley，1999）对物质主义、享乐主义和消费主义的直白歌颂，使得嘻哈乐天然地拥有与资本密不可分的立场，嘻哈歌手呐喊着"保持真实"（Keep It Real），使嘻哈音乐毫不掩饰对金钱财富的渴望。距离法利（Farley）写下这篇文章，20 年又过去了，现在看来，这个观点毫不过时，更有愈演愈烈之势。

提起嘻哈音乐的产业化，便不能不提有着"嘻哈教父"之称的拉塞尔·西蒙斯（Russell Simmons）。20 世纪 70 年代，在还是纽约大学的学生的时候，西蒙斯就敏锐地意识到嘻哈音乐在年轻人中的影响力，他认准这一"利基市场"（Niche

Market)①,担任音乐会和演出的承办人,出任嘻哈乐队 Run – DMC 的经纪人,并于 1983 年和里克·鲁宾(Rick Rubin)②合伙创办"街头教父唱片公司"(Def Jam Recordings),这引发了嘻哈音乐的商业革命,小唱片公司通过与大唱片公司合作,逐步把嘻哈音乐推向全国。随后,公司先后打造 Curtis Blow、LL Cool J 等嘻哈明星,使嘻哈音乐在美国社会流行起来,并打造"野兽男孩"(Beastie Boys)这一白人嘻哈组合,使嘻哈音乐打入白人主流社会。但西蒙斯的嘻哈产业并不局限于嘻哈音乐,在先后进军电影电视产业后,西蒙斯也发现了嘻哈街头服饰风格的商业价值,1992 年他创办 Phat Farm 服装公司,生产包括男装、女装和童装在内的嘻哈服装、珠宝和其他配饰,"街头教父唱片公司"的艺人在出席活动时都穿该品牌的服装,使得这一品牌迅速发展壮大,并将嘻哈元素带入主流时尚领域。尽管该服装公司并没有在短时间内为他带来直接经济效益,但是该公司最终使他的净资产飙升到 3 亿美元。2004 年,西蒙斯把 Phat Farm 和旗下的 Baby Phat 以 1.4 亿美元的价格出售(Porter,2016)。

从一开始,嘻哈文化就有自己独特的街头服饰风格。一些服装品牌曾力图与嘻哈文化划清界限,以保持自身良好形象。例如 90 年代,添柏岚(Timberland)靴子曾与连帽衫、毛线帽一样,是嘻哈 MV、舞台和街头的必备,但添柏岚公司却认为这有损公司生产高品质靴子的定位;又如,拉尔夫·劳伦(Ralph Lawren)多次拒绝了"名叫寻求的部落"(A Tribe Called Quest)主唱 Q – Tip 担任其旗下品牌 Polo 代言人的申请。但是汤米·希尔费格(Tommy Hilfiger)率先发现了嘻哈文化的商业价值,自 1985 年创立以来,其生产的色彩缤纷、宽大舒适的衣服一直受嘻哈一族的喜爱,这符合年轻人自我表现、标新立异的愿望,而衣服上很大的商标也满足了年轻人寻求身份认同的需求,一些嘻哈歌手对该品牌的力挺也吸引了更多消费者追随这股潮流。汤米·希尔费格对嘻哈文化的热情拥抱,使其在 1996 年成为纽约股票交易所排名第一的服装公司。与此同时,这种风潮也为一些黑人企业家和设计师提供了发挥自身聪明才智的机会和空间,一些独立服装品牌应运而生,如查克·D、"武当派"(Wu-Tang Clan)等说唱歌手和团体纷纷成立自己的服装品牌,音乐和服装产业双丰收。唱片公司"汤米男孩"(Tommy Boy Records)销售部经理吉姆·帕勒姆(Jim

---

① 指那些被市场中的统治者或有绝对优势的企业忽略的某些细分市场。
② 美国唱片制作人,曾任哥伦比亚唱片公司(Columbia Records)联席主席。

Parham)在解释音乐和商业是如何融为一体的时候说道："现在服装产业是一个独立的实体，但它最初产生的时候是作为音乐或品牌的促销品，由于服装产业非常流行，所以我们把它发展成了一条销售线。"（转引自 Negus，1999）"武当派"在音乐录影中就穿着他们自己的服装品牌 Wu-Wear，表演者和消费者之间形成一种良性的互动。

除了音乐和服装的巧妙结合外，主流广告商也逐渐意识到嘻哈文化的潜在商业价值，开始利用嘻哈音乐做广告。雪碧是最早拥抱嘻哈文化的主流商业品牌之一。早在 1986 年，雪碧就和 Kurtis Blow 合作拍摄电视广告，这是嘻哈和雪碧的第一次结缘，也是嘻哈歌手第一次出现在主流商业广告上。为了占领更大的年轻人消费市场，1994 年，雪碧吸收了更多的嘻哈文化元素，展开了"服从你的渴望"（Obey Your Thirst）广告攻势，先后与大牌嘻哈歌手合作电视广告，9 个月内雪碧的销售额增长了 9%，三年内雪碧占可口可乐公司总销售额从 3% 上升到 15%。2015 年，雪碧又推出了"服从你的韵律"（Obey Your Verse）限量款歌词瓶，把 Drake、Nas、The Notorious B. I. G.、Rakim 四位歌手的 16 句经典嘻哈音乐歌词印在了易拉罐上；2016 年，雪碧延续这一创意，继续推出限量款歌词瓶。雪碧已经不再是一款简单的碳酸饮料，更代表着嘻哈文化，以及"保持真实"、敢于做自己的生活态度。这和美国精神中的个人主义——肯定个人价值、解放个性、坚持自我是很契合的。

曾有人担心，嘻哈音乐从一种黑人草根文化变成一种流行消费，会导致黑人文化和传统的剥夺："主流群体反复收编被压迫群体的文化，剥夺他们的活力、形式和传统，而后进行推广，这是大错特错的……这可能会稀释嘻哈音乐的真实感受和态度，妨碍真实形式和自由表达。当嘻哈音乐被再包装得没有任何黑人历史经验痕迹的时候，黑人民族的表达就被扭曲了。"（Toop，1984：4－5）但 1999 年的格莱美音乐大奖出现了一个值得注意的现象，劳琳·希尔（Lauryn Hill）成为第一位荣获"格莱美年度最佳专辑"的嘻哈歌手，埃米纳姆（Eminem）成为第一个获"格莱美最佳说唱专辑"的白人。《嘻哈这门生意》（The Big Payback：The History of the Business of Hip-Hop）一书的作者丹·查纳斯（Daniel Charnas）感慨："这真是令人惊奇的种族角色互换，黑人艺人在传统上专属'白人'的奖项里获得最高荣誉，而白人艺人在通常属于'黑人'的奖项里取得了同样的成就。这一转换象征着美国音乐产业中种族政治的尾声。"（查纳斯，2015：521）2016 年，音乐剧《汉密尔顿》（Hamilton）充分吸纳了嘻哈元素，一举拿下包括"最佳音乐剧"在内的 11 项托尼奖。无论是风靡全球的格莱美奖还是音乐剧的殿堂级奖项托尼奖,嘻哈音乐都在不断颠覆着人们的认识。如此看来,嘻哈音乐的草根出身和商业道路并不一定是互相矛盾的,当嘻哈音乐释放自己的商业活力之时,嘻哈音乐的民族性并没有被稀释,而是在大众传媒和消费文化中打破种族和阶层的藩篱,赢得了更多元的听众和更长远的发展。

嘻哈音乐在从草根到产业的发展过程中,一方面以黑人生活为基础,反映黑人受压迫、受歧视的现实,同时嘻哈也将美国文化中的个人主义和反叛运动融入音乐之中,反映了黑人具有的斗争精神,反过来也丰富了美国文化、推动了美国文化的多元化,另一方面嘻哈与商业携手,共创产业,这也是美国社会商业气氛无处不在的折射,本身也是美国文化的一部分,这些在很大程度上也是美国软实力的表现。

引用文献:

Brummer, Justin. 2018. "The Vietnam War: A History in Song." *History Today*. https://www. historytoday. com/miscellanies/vietnam-war-history-song. Accessed Febrary 11,2022.

Buckley, John. 1979. "Country Music and American Values." *Popular Music and Society*, 6(4): 293 - 301.

DiMaggio, Paul, Richard A. Peterson, & Jack Escoe, Jr. 1972. "Country Music: Ballad of the Silent Majority." In *The Sounds of Social Change: Studies in Popular Culture*, edited by Ron Serge Denisoff & Richard A. Peterson. Chicago: Rand McNally & Company.

Douglass, Frederick. 2009. *Narrative of the Life of Frederick Douglass: An American Slave, Written by Himself*. Cambridge: The Belknap Press of Harvard University Press.

Du Bois, W. E. B. 2007. *The Souls of Black Folk*. New York: Oxford University Press.

Eagleton, Terry. 2007. *The Meaning of Life: A Very Short Introduction*. New York: Oxford University Press.

Farley, Christopher John. 1999. "Hip-Hop Nation." *Time*. http://content. time. com/time/magazine/article/0,9171,19134,00.html Accessed March 20,2018.

Firth, Simon. 1987. "Toward an Aesthetic of Popular Music." In *Music and Society: The Politics of Composition, Performance, and Reception*, edited by Richard

Leppert and Susan McClary. Cambridge：Cambridge University Press.

Gershwin, George. 2004. "Revolts in Arts." In *The George Gershwin Reader*, edited by Robert Wyatt and John Andrew Johnson. New York：Oxford University Press.

Harrison, Daphne Duval. 1988. *Black Pearls：Blues Queens of the 1920s*. New Brunswick：Rutgers University Press.

Herr, Michael. 1977. *Dispatches*. New York：Avon Books.

Lair, Meredith H. 2011. *Armed with Abundance：Consumerism and Soldiering in the Vietnam War*. Chapel Hill：University of North Carolina Press.

Miller, James. 1987. *Democracy Is in the Streets：From Port Huron to the Siege of Chicago*. Cambridge：Harvard University Press.

Montgomery, James. 2012. "Barack Obama Fields Your Questions, Reps the Roots on：Ask Obama'." *MTV News*. http：//www. mtv. com/news/1696356/ask-obama-live-interview-recap/Accessed March 22,2018.

Moores, Sean. 2016. "Vietnam：The First Rock and Roll War." *Stars and Stripes*. https：//www. stripes. com/news/special-reports/vietnam-at-50/1966/vietnam-the-first-rock-and-roll-war-1. 438304 # . Wa1FdzOZOt9. Accessed March 10,2018.

Negus, Keith. 1999. "The Music Business and Rap：Between the Street and the Executive Suite." *Cultural Studies*, 13(3)：488 – 508.

Porter, Nia. 2016. "Where Did These Hip-Hop Clothing Labels Go?" *Racked*. https：//www. racked. com/2016/1/11/10737956/hip-hop-brands-fubu-sean-john-rocawear-phat-farm Accessed March 20,2018.

Prevots, Naima. 1998. *Dance for Export：Cultural Diplomacy and the Cold War*. New Hampshire：Wesleyan University Press.

Stearns, Marshall. 1956. *The Story of Jazz*. New York：Oxford University Press.

The New York Times. 1992. "Rapper Ice-T Defends Song Against Spreading Boycott," https：//www. nytimes. com/1992/06/19/arts/rapper-ice-t-defends-song-against-spreading-boycott. html Accessed March 21,2018.

Toop, David. 1984. *The Rap Attack：African Jive to New York Hip Hop*. Boston：South End Press.

艾琳·索森,1983,《美国黑人音乐史》,袁华清译,人民音乐出版社。

保罗·弗里德兰德,2013,《摇滚:一部社会史》,佀康、钟小羽、孙琦译,江苏人民出版社。

陈敏,2012,《嘻哈文化对当代美国黑人青年的影响》,《中国青年政治学院学报》第 5 期。

陈玉聃,2012,《国际关系中的音乐与权力》,《世界经济与政治》第 6 期。

大卫・李・乔伊纳,2012,《美国流行音乐》,鞠薇译,人民音乐出版社。

丹・查纳斯,2015,《嘻哈这门生意》,金晓宇译,河南大学出版社。

弗兰克・蒂罗,1995,《爵士音乐史》,麦玲译,人民音乐出版社。

格雷尔・马库斯,2009,《神秘列车》,姚向辉译,南京大学出版。

哈里・斯通贝克,1987,《民歌、民谣、乡村音乐和美国梦》,胡亚非译,《人民音乐》第 2 期。

郝舫,2010,《伤花怒放：摇滚的被缚与抗争》,甘肃人民美术出版社。

胡锦山,2007,《美国中心城市的"隔都化"与黑人社会问题》,《厦门大学学报》(哲学社会科学版)第 2 期。

尼尔森・乔治,2013,《嘻哈美国》,李宏杰等译,江苏人民出版社。

沃尔特・惠特曼,2013,《草叶集选》,李野光译,译林出版社。

尤静波,2007,《流行音乐历史与风格》,湖南文艺出版社。

袁越,2008,《20 世纪最后的草根艺术：嘻哈文化发展史》,上海人民出版社。

约翰・斯道雷,2007,《记忆与欲望的耦合：英国文化研究中的文化与权力》,徐德林译,广西师范大学出版社。

曾琳智,2013,《音乐在公共外交中的运用及影响研究：以美国爵士乐在冷战中的运用为例》,《国际观察》第 3 期。

张铁志,2008,《声音与愤怒：摇滚乐可能改变世界吗?》,广西师范大学出版社。

章珍芳,1981,《美国歌曲选》,文化艺术出版社。

章珍芳,1986,《美国大众音乐》,中国文联出版公司。

钟子林,1993,《美国摇滚乐现象初探》,《中央音乐学院学报》第 1 期。

钟子林,1998,《摇滚乐的历史与风格》,人民音乐出版社。

第六章　美剧的魅力

第一节　美剧生产及其价值观传播

　　美国前总统安全顾问、著名战略学家布热津斯基在论述美国在当今世界的地位时把文化视为实现霸权的重要因素,指出美国应该重视文化的影响力,"文化统治是美国全球性力量的一个没有受到足够重视的方面"(布热津斯基,1998:34)。同时,他认为美国能够奉献给世界的除了科学技术外,就是大众文化。麦当劳、牛仔服、好莱坞、爵士乐、NBA、迪士尼,不一而足,美国大众文化几乎填充了人类生活的各个角落,其覆盖之广、影响之深,成就了美国在世界文化产业中不可撼动的霸主地位。仅以广播电视产业为例,"美国控制了世界 75% 的电视节目和 60% 以上的广播节目的生产和制作,每年向别国发行的电视节目总量达30 万个小时。许多第三世界国家的电视中美国的节目高达 60%—80%,成了美国电视的转播站"(李怀亮、刘悦笛,2015:253),诸如加拿大等发达国家的黄金时段也几乎被美国电视节目垄断。其中,美国电视剧(简称美剧,下同)凭借扣人心弦的剧情、精良的制作及成熟的营销机制成为风靡全球的美国大众文化传播者。早在 20 世纪 60 年代,曾有学者评价道,"美国的电视产品正在为全世界的电视播放定基调……美国电视出口产品使它们成为不断增长的数以百万计的外国人了解'美国形象'的主要渠道"(转引自怀特,2002:254-330)。美国民众更是对美国的电视产业信心满满。有民调显示,电视被普遍认为是继大型商业、政府、工会之后的第四大社会力量。美剧的魅力不仅仅在于人们茶余饭后的生活调味剂,更成为一种不可小觑的国家实力。

　　促使美剧成功跨越语言、文化差异的藩篱而在世界电视产业市场占有率中保持绝对优势,与其追求精益求精的编剧理念与"好莱坞式"的商业投资模式不无关系。尽管美剧坚持"年产量不超过5000集、晚间黄金时段主流电视剧(包括电视网首播情节系列剧、情景喜剧、电视电影和首轮辛迪加电视剧集)总计不过2000集"(张萍,2011:76)的小型生产模式,但近乎严苛的编剧要求,"三分钟一个高潮,五分钟一个悬念,八分钟悬念需要破解。甚至会要求到第五分钟,结构、问题、主要角色必须出来……每过几分钟都有明确要求"(转引自张萍,2011:76)和依赖受众审美情趣而采取自我淘汰式的"边播边拍"的季播模式,使呈现在全球观众眼前的美剧拥有上乘的质量,并在最大程度上迎合受众的观剧口味。与此同时,堪比好莱坞大片的大手笔投资进一步保证了美剧的制作品质,例如,入围2012年艾美奖最佳剧情奖的《冰与火之歌》(*A Song of Ice and Fire*)第一季共10集的制作成本高达5000多万美元,就连每集时长半小时的情景喜剧的拍摄成本也已达到150万—170万美元。不惜血本的精致锤炼赋予了美剧过硬的荧幕品质。美剧得以成功突破地域和时空的限制并吸引如此庞大的全球观众群,其内在的文化讯息及价值传播发挥着重要作用,美剧也因此成为筑构美国软实力的中流砥柱。

　　在传播学领域,价值传播是指传播主体将自身的价值及价值观念进行编码,以符号为载体,最终以信息的形式传递给接收主体,并对其产生价值观和行为方面的影响。美剧的价值传播也不例外。美国大众文化重要理论家约翰·菲斯克在其研究电视剧的经典著作《电视文化》(*Television Culture*)中曾这样定义电视:"我们还是把电视看成一种文化因素,特别是要把它看成是意义的激励和传播因素……电视传播了一些充满潜在意义的节目,它力图控制并把这些意义聚焦为比较单一的、为人们所喜爱的意义,起到主流意识形态的作用。"(菲斯克,2005:6)菲斯克运用符号学理论进一步梳理了电视的三级代码,即现实代码(外表、环境、行为、言语等)、技术代码(摄像、照明、音响等)、意识形态代码(个人主义、种族、阶级等),实现了电视文本、表现手法和意识形态的统一体。值得注意的是,菲斯克强调是意识形态代码将电视在不同层次的其他代码串联起来,使电视成为法国马克思主义哲学家阿尔图塞所言的"意识形态国家机器"[①],而受众也因此受到意识形态的"质询"而形成带有某种意识形态色彩的价值观。尽管美

---

① 在《意识形态和意识形态国家机器》(*Ideotogy and Ideological State Apparatuese*)一文中,阿尔图塞将国家机器分为强制性国家机器和意识形态国家机器两种,前者主要通过军队、警察、监狱等暴力手段发挥作用,后者包括宗教、教育、家庭、法律、政治、工会、传媒、文化8个方面,通过质询作为主体的个体,使个体在浑然不觉中服从意识形态建构的秩序。

剧风行于全世界，但在其创作伊始，美剧的目标受众仍是美国国内的电视观众，这就意味着，美剧的制作采用的是符合美国社会文化背景以及主流意识形态和价值观的编码规则。而问题的另一方面是，深深烙有"美国制造"印记的美剧却在世界各地喜闻乐见，虽然无法确切衡量美剧对各国受众的价值观造成了多大的影响，但仅从美剧出色的传播效果和接受程度来看，协调美剧制作的重要代码——美国的价值观及其生活方式——的巨大吸引力和感召力不言而喻。

意识形态、价值观等词语难免让人联想起自上而下的政治强压意味，然而，美国独特的社会体制使美剧在一片莺歌燕舞中实现了自下而上的价值渗透。"众所周知，绝大多数国家都设有专门统管文化的政府部门……像美国这样的政府职能完善的文化产出大国，却单单没有所谓的文化部。"（李怀亮、刘悦笛，2005：24）基于"无为而治"的文化政策传递了美国一贯以来引以为豪的"自由、民主"的价值观，使"无策略的战略"成为传播美国文化更为有效的"无法之法"。然而，值得注意的是，文化的"自律"依然受到商业的"他律"，来自市场的"看不见的手"在很大程度上影响着美剧的制作与传播。20世纪50年代中后期和60年代是美剧发展的所谓"黄金时代"，此时，"美国电视业奉行'最低公分母'（Lowest Common Denominator）和'最少抵制节目'（Least Objectionable Programming）原则，也就是说要求每个节目都能得到尽可能多的观众的喜爱和尽可能少的观众的反感"（苗棣，1999：5）。时至今日，美剧仍遵循高度商业化的运营模式，在电视台正式播出之前，均需经历样片季（Pilot Season）的甄选与淘汰，即对制片人选送的剧本在美剧主要播出网络（Cable Network）中进行小范围试播，并以收视率决定其是否适合"季播"。一旦试播显示该季剧集难以吸引观众的注意力，无论"季播"之前是否收视率斐然，无论情节是否即将推向高潮，电视台都会毫不留情地将其腰斩。"季播"模式不仅使美剧在生产时在最广泛程度上迎合了受众口味，同时更在传播过程中对受众产生了最大的影响效应。

即使众口难调，但贴近乃至融入民众生活的内容无疑是赢得尽可能多观众的有效手段。不仅如此，美剧在秉持"现实主义"的基调下涉猎多种多样的题材和表现形式，使其在最大范围内拴牢观众，保持较高的收视率。关注社会现实及其变化使美剧有了取之不尽、用之不竭的创作资源，不同阶层、不同种族、不同地域、不同文化中各式各样的男女老少以或惊险、或平淡、或严肃、或诙谐的方式述说着各自的生活故事，并"相对集中于一些更适合于电视表现的内容，那就是幽默、幻想、冒险、疾病和法律与犯罪"（苗棣，1999：4）。无论是情景喜剧《老友记》

（*Friends*）、《生活大爆炸》（*The Big Bang Theory*），都市生活剧《绝望的主妇》（*Desperate Housewives*）、《绯闻女孩》（*Gossip Girl*），冒险剧《迷失》（*Lost*），还是医疗剧《实习医生格蕾》（*Grey's Anatomy*）、《豪斯医生》（*House M. D.*），奇幻剧《吸血鬼日记》（*The Vampire Diaries*）、《英雄》（*Heroes*），警匪剧《越狱》（*Prison Break*），案情剧《犯罪现场调查》（*Grime Scene Investigation*），等等，都以不同的切入视角和表现形式，对现实问题和人性给予了高度关注与思考。然而，电视剧拥有一套独特的编码-解码系统，它所呈现的一切信息都经过了艺术加工和重新演绎，并被菲斯克所言的意识形态代码统筹协调。从这个角度而言，电视剧的"现实感"再现的并非是客观现实，而是被主流意识形态控制、在多种话语制约下建构的"主观现实"，从而使"现实具有意义……具有使它(现实)易于被理解的形式"(菲斯克，2005：36)，因此，菲斯克指明的"确保各组成元素之间的联系及其相互关系不仅清楚而且合乎逻辑……任何东西都不是枝节或偶然"(菲斯克，2005：36)的现实主义创作原则使电视剧的价值传播更加自然、有说服力，其中传递的价值信息给受众以来源于客观现实生活的真实感，而非某种政治体制的产物。立足"现实主义"的美剧，不仅实现了"众口可调"，也为其价值传播建立了乐于被受众接受的信任基础。

美剧传递的美国价值观不一而足，其核心要素则可概括为美国人向来标榜的"自由、民主、人权、法治"的美国精神，而被广泛认为是最具代表性的美国精神的"个人主义"可谓备受美剧的青睐，追求自我价值实现的人物形象活跃在各个美剧的荧屏上。基于北美早期清教徒移民对自己身为上帝选民、致力建造"山巅之城"的笃信，美国人从一开始便拥有了具备宗教合法性的"优越身份"；而从建国伊始本杰明·富兰克林践行的严格自律、到19世纪爱默生对自力更生的颂扬，"个人主义"早已内化为美国人习焉不察的英雄主义精神和身体力行的品性，更成为美剧塑造人物形象的重要灵感来源。在"9·11"气氛中应运而生的经典反恐剧《24小时》（*24 Hours*）缔造了主人公杰克·保尔凭借超凡的智慧和勇气战胜恐怖分子，成为力挽狂澜的救世英雄人物；平民气息浓郁的《丑女贝蒂》（*Ugly Betty*）塑造了长相平庸甚至有点难看的女孩贝蒂·苏雷斯凭借自身的勤勉与才智跻身时尚界的小人物形象，是一部典型的追求美国梦的个人励志剧。此外，注重个人价值、弘扬个性魅力的主题在诸多"怪异"的角色刻画中得以充分展现。《生活大爆炸》中的四位天才科学家，尤其是情商极低的"谢耳朵"凭借他的独特个性成为整部剧集的亮点和观众追捧的对象；《豪斯医生》中的主角豪斯以古怪残缺的性格成为名副其实的"异类"，但正是他敢于打破墨守成规的思维方式使他挽救了许多被放弃的生命，这位集万千性格缺点与精湛医术于一身的复杂矛盾体赋予了他颇具特色的荧幕魅力，也使他成为美国个人主义的极致代表。同个人主义一样，"自由"与"民主"也是美国文化的精髓及美国精神的主要表征，同样渗透在美剧的价值传播之中。在题材多样的各色美剧中，"自由"的权利和"民主"的气息常常通过刻画弱势个体挑战强势权威的情节表现：学生对老师的挑战，下级对上级的质疑，普通公民对政府不公的批判，等等。例如，随着"9·11"事件带给美国社会对自身问题与世界矛盾的反思，"政府阴谋论"成为当下美剧常见的情节模式；然而，值得注意的是，对民主政治"自黑"式的自省，其价值传递的内核依然是美国社会锲而不舍坚守的美国精神。被诸多观众大呼过瘾的《纸牌屋》(House of Cards)可谓是此类作品的集大成者——贪婪狡诈的美国政治家在"民主"体制的外衣下尔虞我诈、欺上瞒下，为自身谋权不惜牺牲国家利益，甚至将政府黑幕的源头直指总统、副总统等国家的最高权威，但这种戏剧化的剧集所揭露出的当下政府运作机制的低效与漏洞也从另一个侧面彰显出美国人质疑现行权威、敢言敢行的"自由"与"民主"思想。无论是正面颂扬、反面批判，还是隐晦的旁敲侧击，美国式的"民主"精神一直是美剧价值传播的重要内容，也是美国软实力赖以产生影响的重要因素。

不仅如此，美剧传递的价值理念常常掩盖其"美国"印记，这也是美剧成功风靡海内外、完成跨文化价值传播的重要法宝之一。意识形态或者价值观往往带有明显的地域、文化以及政治痕迹，而美剧的编作者颇具匠心地对主流意识形态和价值观进行了"免名"处理，使其在海内外颇得人心。法国著名符号学家罗兰·巴特曾定义资产阶级政权自我伪装的过程为"免名"，即"作为意识形态方面的现实，资产阶级彻底消失了，因为从现实到代表的过程中，从经济人到精神人的过程中，它已经删除了自己的名字。它与事实取得了一致，可是在价值观方面并没有让步，它使自身的地位经历了一次真正的'免名'的运作：资产阶级被定义为不希望被命名的社会阶级"(巴特，1999：138)。很大程度上，以大众文化、娱乐传媒的方式向全世界播撒一个国家的意识形态和一个民族的文化价值观，美剧本身的身份属性已使其成为当之无愧的"免名"实践者。不仅如此，在美剧的制作和价值传播中，"免名"的过程掩盖了其价值观的"美国"印记，而以所谓适用于全人类的价值观的面目出现，这不仅有利于被来自多元异质文化背景的受众所接纳，其外化的表现形式——美剧在荧屏中呈现出的基于价值观引导的现实再现——也与受众自我认知中的美国"取得了一致",甚至合法化为一种"常识"。因此,受众对美剧所传递价值观的同化行为变得自然而然、理所应当,而这正是美国软实力得以实现的一个渠道。

正如美剧时常将诸如个人主义的追求等美国精神的核心要素外化为价值传播的焦点,博爱、乐观、勇敢、坚强等全人类共同向往的理想品质也被内化成为美剧价值传播的母题。奇幻剧《吸血鬼日记》虽然是一部讲述吸血鬼、狼人与人类之间爱恨纠葛的情感故事,但"爱"的主题贯穿了整个剧集:为了爱情,吸血鬼兄弟可以义无反顾地全身心投入;为了亲情,弟弟斯特凡不惜出卖自己的灵魂、自由与爱情;为了友情,女巫邦妮冒死施救……非人类的吸血鬼将"爱"这个所有生命的意义所在、人性中最重要的闪光点表现得淋漓尽致,魔幻色彩的剧情背后却是全人类共享的美好诉求。生活剧《绝望的主妇》聚焦四位中产阶层家庭主妇展开:凡事力求完美、尽心尽力相夫教子,却被丈夫、孩子边缘化的主妇布里;昔日的事业女强人,却因婚后全身而退为全职太太而逐渐意志消沉的主妇勒奈特;温良贤淑、可谓贤妻良母的典范,却遭遇丈夫的抛弃、孩子的叛逆的主妇苏珊;年轻貌美、风光无限的知名模特,却在婚后饱尝孤寂与精神空虚的主妇盖比。整部剧集讲述着四位主妇令人艳羡却冷暖自知的婚姻生活,道出了平静生活表面下的暗潮汹涌,道出了平凡生活的平庸与缺憾,然而,"绝望"的她们坚持不懈地寻找希望,积极乐观地化解危机……在充满欲望与诱惑甚至几近崩溃堕落的现代社会中,"不绝望"的主妇们用乐观与希望唤醒每个人内心本真的渴望。冒险剧《迷失》讲述了一群飞机失事后幸存者被困荒无人烟、与世隔绝的太平洋孤岛的生存故事,尽管形形色色的幸存者之间编织着纷繁复杂的关系网,有父子、有朋友、有敌人,但他们在经历了最初的绝望之后,却有着共同的信念——活下去!为了生存,他们既要克服恶劣的天气,在蛮荒的热带丛林中寻找食物与水源,还要战胜个人私欲,化解彼此恩怨,相互帮持,同舟共济。他们在"迷失"之后找回的是充满人性关怀的纯净的"真我",绝望环境中彰显的是人们无畏的勇敢与不屈不挠的坚强,这对当下饱受来自各方巨大压力的观众而言,无疑是引起精神共鸣、激发前进动力的正能量,而从美国社会价值观和文化影响力方面而言,这些激发普通人的精神力量在无形中也播撒了美国强大软实力的种子。

倘若对美剧传递的"免名"后的所谓价值观进行"复名"处理,可以进一步看清美剧价值传播中处处表现出自诩的美国优越性。自由、民主、人权、博爱、乐观、坚强……如此种种的理想价值观念不仅为美剧在海内外市场博得了广泛持续的收视率，也向世人勾勒了一种令人心驰神往的生活方式和社会形态，美剧凭借其在全球范围强有力的轰动效应，使受众潜移默化地将这些人类理想同美国现实对等起来。正如小约瑟夫·奈在论述软实力时所描绘的那样，"我们的大众文化使美国被他国视为'令人兴奋、具有异域风情、富饶、强大、颇具吸引力、引领潮流——处在现代化和创新的前沿'。而这种形象'在人们向往体验美好的美国生活方式时很有吸引力'"(Nye，2004：12)。美剧之所以成为美国文化软实力的重要组成部分，很大程度上也源于它所传递的是不着政治强制痕迹却令人"心向往之"的价值观与生活方式。曾点燃 20 世纪 80 年代美剧狂潮的晚间肥皂剧《达拉斯》(Dallas)，一直以来是美国大众文化研究者试图揭开美剧魅力之谜的研究蓝本。这部经典美剧用十几年的时间(1978—1991)，讲述着一位得克萨斯州石油大亨家庭内外恩怨情仇的故事，它的足迹曾遍布全球 90 多个国家，创下亿万电视观众对每周更新的剧集翘首企盼的收视奇迹，"以至法国文化部长杰克·朗在一次会议上宣称，《达拉斯》是美国文化帝国主义的象征"(转引自苗棣，1999：71)。《达拉斯》的收视神话引来了国内外一大批效仿者，豪华庄园的阴谋与爱情也成为各国电视剧的经典情节设计。曾有美国评论者指出，"《达拉斯》的成功是由于它把古老的西部价值观植入到一个布满高速公路和摩天大楼的现代世界。而在一个低落、衰退、真正遇到麻烦的时代里，当东部和中西部陈旧的城市已经难以承负财政失败的严冬的时候，阳光地带的繁荣给观众以新的希望"(转引自苗棣，1999：71‑72)。如果说珠光宝气的豪门生活让当时的美国国人重拾起对经济复苏的希望，从而为此类豪门美剧赢得了一批忠实的美国观众，那么它们在世界最偏僻、最贫穷的角落也依然备受青睐就似乎显得有些匪夷所思了。事实上，诸如《达拉斯》等描写富人生活经历的美剧在非洲贫民窟亦大获成功，很大程度上归功于受众对美国生活方式的无限向往，荧幕上的富人生活与现实中的贫困落后形成的巨大反差并未引发受众的疏离感，反而形成了他们对美国这个梦想国度遥望甚至膜拜的有效距离。一定意义上，在这些人看来，美国文化本身就代表着"现代性"，美国生活方式也合乎逻辑地成为他们梦想或者是欲望的方向。正如西方现代影视理论研究提出的论点，"电影(电视剧)文本是否反映现实是无关紧要的，关键是创作者能否在创作中契合受众无意识的'欲望'，并根据这些'欲望'在文本中构建出一个'欲望客体'"(白小易，2007：133)，现代的、优越的美国生活方式便是美剧打造出的"欲望客体"。与此同时，在美国和其他国家特别是第三世界国家的人们之间还"存在着一种'心理交锋'：一方面，美国文化以一种个人主义和自由民主的形象出现,用'现代性'的自诩来诱惑接受者的最大内心认同;另一方面,那些第三世界国家却害怕自己被戴上'反现代'的传统帽子,从而竭力去认同美国形象",于是乎,在"引诱与迎合之间"(李怀亮、刘悦笛,2005:40),诸如美剧等美国大众文化的载体成功地向异质文化的受众输出了美国价值观和生活方式。

当然,《达拉斯》所展现的豪门生活方式并非是美国大众生活的常态,但美剧中的确不乏对美国生活方式的推销。近年来深受年轻人热捧的时尚剧《绯闻女孩》讲述的是纽约曼哈顿东区一所私立学校的富家子弟的感情生活和成长经历,一群光鲜亮丽的俊男靓女拥有殷实的家庭背景,不需要为生计奔波、为金钱发愁,他们生活的主题就是优雅地穿梭于各式各样的社交聚会,倘若心情不好便随时可以飞去欧洲来一场说走就走的旅行。加长悍马、林肯、凯迪拉克等豪车接连亮相,普拉达、迪奥等奢侈品在女主角手上频频更换,和一见钟情的对象调情玩暧昧,在激情派对上豪饮狂欢……如此物质富足、思想自由开放、行为放荡不羁的生活方式令无数年轻人痴迷,而这种生活方式传递的是盛行于当代美国社会的消费文化。美国著名学者丹尼尔·贝尔早在 20 世纪 70 年代论述资本主义文化矛盾时曾敏锐地指出,当代美国社会的一个重要转变就是传统的美国价值观,即以勤勉工作、自力更生的新教伦理和节制克欲、节俭持家的清教精神逐渐式微,而被追求快感刺激、及时行乐的享乐主义所取代,特别是随着消费社会的兴起,欲望消费、炫耀性消费成了经济活动的主导,昔日充满宗教约束与道德自律的生活方式也逐渐被消费主义至上的社会氛围感染而发生了巨大改变(贝尔,1989)。当代美国文化研究学者道格拉斯·凯尔纳曾指出,"富有吸引力的文化形式塑造消费者的需求,形成各种要求,并且以消费主义价值观来确定商品本身。伴随着工作重要性的减弱,休闲和文化成为日常生活的价值和焦点所在"(凯尔纳,2004:86)。从这个意义而言,诸如《绯闻女孩》等许多当代美剧在呈现充满吸引力的生活方式的同时,也在倾销一种"消费主义"的观念,而这种观念的输出"为美国文化的再消费及再生产提供了动力。如果说,'美国形象'的输出只是让人们对美国文化更加认同的话,那么,美国消费主义的输出则促使人们去'消费'美国文化"(李怀亮、刘悦笛,2005:41)。可以这么说,美剧的价值传播不仅在精神层面感召、同化受众的价值观,也在行为中影响甚至改变受众的生活方式,如此,"软"实力便可以产生"硬"效果。

尽管美国政府对文化产业的指导原则是"无为而治",但以美剧为代表的美国大众文化成功风靡全球,美国文化对外扩张的效果不言自明。美国商务部前高级官员大卫·罗斯科普(David Rothkopf)在《外交政策》上谈论全球化对文化整合的影响时曾宣称:"未来的世界文化一定要以美国文化居于支配地位……如果世界趋同一种共同的语言,它应该是英语;如果世界趋向共同的电信、安全和质量标准,那么,它们应该是美国的标准;如果世界正在由电视、广播和音乐联系在一起,节目应该是美国的;如果共同的价值观正在形成,它们应该是符合美国人意愿的价值观。"(转引自李怀亮、刘悦笛,2005:7)如此颇具帝国霸主色彩的话语实则道出的是一种美国的对外战略,即运用小约瑟夫·奈所说的软实力理论,通过主体释放的吸引力潜移默化地感召并同化客体的意识,从而完成权力的施行。美剧正是通过精良的制作与成熟的营销赋予自身对全球观众而言都无法阻挡的魅力,并且通过电视剧这一特殊大众媒介完成美国价值观的编码与传播,无论是个人主义的美国精神,还是博爱、乐观、坚强的价值观,抑或是消费主义至上的美国生活方式及其隐喻的代表"现代性"的楷模力量,美剧在为遍布世界各地、来自不同异质文化背景的观众带来视觉享受、休闲娱乐的同时,也成为美国构建与提升软实力的国家战略中不容忽视的功臣。

第二节 《摩登家庭》中的多元文化

2009 年,长久以来以家庭情景喜剧见长的美国广播公司在秋季档强力推出《摩登家庭》(*Modern Family*),一举成为接档老骥伏枥的《绝望的主妇》的生力军。《摩登家庭》一经推出就受到深陷金融危机的美国社会的热情追捧,大胆创新的拍摄制作手法、轻松幽默的荧幕表现以及颇具美国特色与时代感、"摩登"与"传统"并行的温情家庭模式,为在经济严冬中挣扎的美国民众注入了"美国家庭梦"的心灵抚慰与精神正能量。

家庭情景喜剧是美剧的主要门类——情景喜剧——的一个重要分支,曾在美剧历史上创造过辉煌的收视成绩。"在一般情况下,电视情景喜剧是一种 30 分钟(包括插播广告的时间)的系列喜剧,以播出时伴随着现场观众(或是后期配制的)笑声为主要外部特征。"(苗棣,1999:75)家庭情景喜剧,顾名思义,是以追踪日常家庭生活为主要故事情节、刻画不同家庭成员之间的亲情与摩擦的情景喜剧,是"接地气"的真实感与夸张"无厘头"的艺术审美观之间的完美结合,一直以来深受美国国内外普通大众的喜爱,如美国家庭情景喜剧的开山之作、热播于20世纪50—60年代的《我爱露西》(*I Love Lucy*),曾创下美国本土单集相对收视率高达92%的美剧收视奇迹;曾在20世纪90年代打入中国市场的《成长的烦恼》(*Growing Pains*),凭借其对美国郊区一个普通中产家庭的幸福生活的生动刻画,不仅荣登"美国最受欢迎的电视剧"榜单,还在欧洲、亚洲等海外市场取得了不菲的佳绩。然而,进入90年代中后期,情景喜剧的热播剧集不再拘泥于对家庭生活的聚焦,随着"雅皮士"一代青年人加入以传统家庭主妇为主的电视主流观众群体,像《老友记》《生活大爆炸》等着力表现都市白领青年单身男女情感、事业经历的经典美剧为情景喜剧注入了新的活力,而除了《人人都爱雷蒙德》(*Everybody Loves Raymond*)等个别作品徘徊荧屏以外,家庭情景喜剧陷入瓶颈期。《摩登家庭》的问世可谓打破了家庭情景喜剧发展的僵局,单就对其放映首日的关注来看,《摩登家庭》可谓一鸣惊人,"据尼尔森的收视率调查,当晚有4.6%的美国人口,也即11万人收看了这部剧集。第二季的首播剧集吸引了12.6万名观众,是当晚收视率最高的节目"(转引自吕晓志,2013:88)。影视评论界也对《摩登家庭》给予了近乎一致的好评,专门收集对电影、电视剧、音乐等评论的知名网站"元评论"(*Metacritic*)为它打出了百分制下的86分,《娱乐周刊》(*Entertainment Weekly*)赞它"一鸣惊人地成为本年度秋季档最佳情景喜剧"(转引自Modern Family, wikipedia),甚至有学者评价道,"《摩登家庭》单枪匹马把濒临死亡的家庭情景喜剧救活了"(转引自吕晓志,2013:88)。不仅如此,2010—2014年,《摩登家庭》无疑是美国电视界的最高奖项——艾美奖喜剧类的最大赢家,连续五年获得艾美奖喜剧类最佳剧集奖,以及最佳编剧、最佳导演、最佳男配角等多项大奖与提名。如此不凡的收视成绩与业界认可不仅要归功于《摩登家庭》对美国情景喜剧艺术的创新表现手段及其成功的商业推广营销,更在很大程度上得益于它颇具时代气息的价值传播。

　　相比诸如《成长的烦恼》等传统家庭情景喜剧将美国核心家庭(即一对异性夫妇及其子女组成的家庭)作为刻画的主体,《摩登家庭》则向观众呈现了21世纪新时期美国中产阶层各式各样的"摩登"家庭结构。正如《摩登家庭》的宣传标语显示的那样,这是"一个幸福的大家庭":一家之长的老爸杰有着老夫少妻的跨国婚姻,女儿克莱尔的家是颇为传统的核心家庭(由身为房地产中介的丈夫和家庭主妇的妻子,还有三个性格迥异的孩子组成),儿子米歇尔却拥有最为"摩登"的家庭组合(同性恋的伴侣和跨国领养的孩子)。整个剧集就是围绕这三个相互关联又各自独立的美国现代大家庭展开,每个家庭成员都被赋予了鲜明的个性,在包容与爱的氛围中述说着家家那本难念的经,笑料百出亦温馨感人。

《摩登家庭》的"摩登"之处不仅在于它颇为大胆地集所有现代家庭模式于一身,使之成为该剧吸引眼球的最大亮点之一,还在于它创新的拍摄手法。早期情景喜剧来源于广播喜剧,有许多直播电视节目的特点,比如在摄影棚中搭景拍摄、面对观众的直接表演、机位固定的多机位拍摄等。随着电视录像技术的进步,后期制作日臻完善,现场直播式的情景喜剧成了明日黄花,其中影响最为深远的成果就是"罐装笑声"的推广应用。"罐装笑声"将情景喜剧的拍摄过程从现场观众中解放出来,利用电子笑声合成器制作的混杂笑声交响融入剧集的后期制作中,以期为荧幕前的观众提供一种喜剧标识,同时强化他们的喜剧体验。然而,近年来,随着观众对艺术审美要求的提高,"罐装笑声"的虚假做作感愈发让人难以接受。《摩登家庭》彻底放弃了"罐装笑声"的应用,大胆尝试了一种"伪纪录片"的纪实风格,进一步增强了受众观看时的亲切感与真实感。每一集的开始都伴随着一部摇摇晃晃的摄像机从隐藏的暗处逐步推进,直至聚焦至一幢体面但不奢华的中产阶层住房,仿佛一台家庭 DV 邀请观众走入一家人的戏剧生活。例如,第一季第一集的开篇便给观众留下传统叙事题材与新潮荧幕表现相结合的新鲜感,一位"看不见"的摄像师扛着摄像机慢慢走进"摩登"大家庭中的"传统"守卫者——克莱尔的五口之家,剧集从他们吵吵闹闹的清晨厨房中拉开序幕:家庭主妇克莱尔一边忙乱地准备早餐,一边喊楼上的孩子下来吃饭,一旁的丈夫菲尔专心致志地摆弄着手机,大女儿海莉身着超短裙姗姗来迟,抱怨老妈为什么不用短信通知早餐时间,而当克莱尔责备海莉裙子太短、太过招摇的时候,菲尔却一味地称赞女儿穿这裙子漂亮,此时,二女儿艾利克斯"镇定自若"地通知大家,弟弟卢克又把头卡在栏杆中出不来了……仅仅凭借对这个家庭普通清晨琐碎点滴的简单记录,观众对克莱尔一家的大致结构和五位家庭成员的各自性格有了初步的预判:唱黑脸的母亲克莱尔对照顾家庭尽心尽力;唱白脸的父亲菲尔不仅做了甩手掌柜,自己也童心未泯还时不时和孩子一起犯二;正值青春期的大女儿海莉漂亮叛逆;二女儿艾利克斯性格冷傲,俨然一副学霸派头;小儿子卢克则被一致认为是个呆萌的麻烦制造者。几十秒钟的白描镜头加上只言片语的角色对白,使观众自觉推开的仿佛是隔壁邻居的屋门,刻意打造的"随意"场景激发的是观众"真实性"的共鸣,这在很大程度上改进了传统情景喜剧的做作以及与观众的距离感,"纪录片"一般的"纪实性"为剧集的价值传播奠定了观众的信任基础。

与此同时,《摩登家庭》选取的"伪纪录片"式的拍摄手法还借鉴了纪录片中常见的人物采访模式,剧中主人公常常出人意料地跳出正在进行中的叙事,时而对着镜头袒露真实心声(例如,第一季第五集中克莱尔被儿子揭发曾嘲笑年轻貌美的继母哥洛莉亚只是一个"傍大款"的拜金女,正当两人剑拔弩张之时,克莱尔突然独自面对镜头羞愧地承认自己其实是一个"刻薄的人"),时而面向观众扮演一个说教者(又如该集中,菲尔曾现身说教"一个人可以同时扮演麻烦制造者和问题的解决者,正所谓解铃还须系铃人",由此引出克莱尔主动向哥洛莉亚道歉,最终两人握手言和的情景)。有意插入人物采访的设计显然与传统情景喜剧努力保持叙述流畅性的后期剪辑原则大相径庭,但人物自我剖析式的内心独白为更加真实地塑造人物的性格省去了大量篇幅的铺陈赘述,以期观众对角色及故事发展获得最全面的认知,这对时长仅 30 分钟的情景喜剧而言,在很大程度上提高了剧集的信息量和叙事效率。而类似菲尔说教式的陈述也可谓是剧集价值输出的一种策略。《摩登家庭》大胆突破了传统家庭情景喜剧的拍摄模式,从纪录片的制作中汲取创新的灵感,无论是"随意"镜头推进的真实感,还是剧中的人物独白,都为其价值传播给予了技术支撑。

在有效选取创新的拍摄手法的基础上,《摩登家庭》设计精巧的故事情节更成为其价值传播的制胜关键。美国历史上经历了种族冲突和融合的过程,对多元种族及文化身份包容在这个过程中逐渐形成,尤其是自 20 世纪 60 年代民权运动以来对种族、性别身份去中心化并以平等态度相待的呼声越来越高,美国社会的各个层面呈现出日益突出的多元化形态。《摩登家庭》以家庭作为社会的缩影,通过呈现多元结构的家庭(传统核心家庭、白人与新移民组合而成的家庭、同性恋家庭、领养家庭等)表现出美国社会多元文化并存的时代特征,并由此传递出美国自由、平等的价值理念。首先,身为大家之长的杰有着颇为"摩登"的家庭,年过六旬的他是参加过越战的退伍老兵,白手起家直至今日成为橱柜公司的老板,家底殷实,可谓是实现美国梦的成功典范,在结束了第一段婚姻之后,他迎娶了比自己孩子还年轻的貌美娇妻哥洛莉亚。哥洛莉亚是从哥伦比亚贫民窟偷渡到美国的单身母亲,带着个年仅 11 岁的调皮捣蛋的胖儿子曼尼。奇妙的三口之家汇集离异家庭重组、老少配、继父继子相处、跨国跨种族跨文化婚姻于一身,其本身就充满了社会象征意义,尤其是杰和哥洛莉亚这两个来自不同种族身份的结合,在一定意义上反映出当代美国新型的移民文化氛围。从最初的"大熔炉"强调异质文化的"美国化",到 20 世纪 70 年代的"色拉碗"强调保留移民母源文化特质,再到以当代美国著名政治学家塞缪尔·亨廷顿为代表的一批文化保守主义者在世纪之交发出坚持以"盎格鲁-撒克逊新教文化"作为"美国信条"的民族主义呼声,移民文化一直以来是美国文化与社会形态领域的核心议题。在杰和哥洛莉亚的家中,盎格鲁-撒克逊文化时常与异质的哥伦比亚文化遭遇冲突。例如,在第一季第十集中,杰想要保持美国圣诞节的传统,坚持认为既然在美国生活就要遵循美国的过节方式,而哥洛莉亚和曼尼却想过哥伦比亚式的圣诞节,对故国记忆表达出强烈的怀旧情绪;然而,双方的文化交锋并非硝烟弥漫,而是在轻松的搞笑情节中屡屡成为该集的笑点,并在剧集最后以双方的妥协告终——一家人其乐融融地围坐在餐桌前,共享美式的圣诞前夜晚餐。与此同时,杰效仿了曼尼教给他的哥伦比亚圣诞节的活动方式,更圆了哥洛莉亚母子的心愿——参照哥伦比亚圣诞节的传统燃起了绚烂的烟花。在集末温馨的音乐背景中,旁白娓娓道出了对待"传统"的态度,"每年的这个时候,我们都会经常谈论传统,尽管每个人都深爱自己的传统,但有时我们最美好的记忆却来源于最颠覆传统的时刻"。正如旁白的结束语所言,"'传统'这个字眼在这里因更加包容而变得更有意义",无论是"美国信条"下的盎格鲁-撒克逊传统,还是各方移民来到新世界所裹挟的故国传统,在新时代的美国社会形成多元文化间相互交织、共生共融新的"传统",它的"新"就在于打破了"大熔炉"和"色拉碗"带来的两种可能的极端,从而更加有力地彰显美国社会对待多元文化所秉持的价值观。

整部剧集中,最为"摩登"也最具看点的家庭结构莫过于由杰的儿子米歇尔与其同性恋伴侣卡梅隆,以及被他们领养的越南女孩莉莉所组成的新式家庭。伴随着 20 世纪 60 年代激荡岁月的反叛力量,同性恋解放运动成为反主流文化、黑人民权和女权运动在现实层面的逻辑延伸。美国学者莫里斯·迪克斯坦(Morris Dickstein)在其代表作《伊甸园之门:六十年代美国文化》(*Gates of Eden:American Culture in Sixties*)一书中曾指出,60 年代的社会反叛运动所带来的巨大变化是"情感、意识、态度的变化而不是社会制度的变化"(迪克斯坦,1985:28)。同性恋群体的政治自我意识促使他们决定与法律、宗教与医学上有关同性恋的消极言论决裂,勇敢的"出柜"行为和争取平等民权、摆脱亚文化边缘地位的努力使他们成为美国社会与政治改革的又一股强劲力量。时至今日,同性恋群体不仅早已摆脱了曾被视为"精神错乱"的病理化立场,同性恋婚姻也在美国马萨诸塞州和加利福尼亚州相继合法化,2013 年,美国最高法院更是做出了一项历史性裁决,裁定1996年通过的《婚姻保护法》因歧视同性伴侣而违宪,同时联邦政府将赋予同性恋伴侣与异性夫妻同等的权利。《摩登家庭》将同性恋家庭纳入叙事主体的三个家庭之一,甚至在第五季的故事主线中加入了同性恋婚礼的情节,可见其密切追踪社会变革的步伐,同时也向世界观众传递出美国宣扬的尊重并保护平等人权的人文关怀。剧中的米歇尔是名律师,从小被强势的老爸认为缺乏男子气概,而他的同性伴侣卡梅隆却对他崇拜有加,因为卡梅隆自己更加温柔又多愁善感,在家自觉扮演起主妇的角色,两人的生活因小摩擦不断而笑料百出,但清新、阳光、充满爱心的人物形象却深入人心,博得了不少观众的喜爱。不仅如此,这个最为"摩登"的同性恋家庭还领养了越南女孩莉莉,将近些年来美国流行的一种社会现象——跨国领养(特别是领养亚洲孩子)——展现在荧幕上,为《摩登家庭》注入了更多社会养分与新潮能量。然而,同性恋与跨国领养的三口之家不免过于"引人注目",即使在时刻标榜自由、平等、人权的美国,也难免受到周遭异样的眼光与审慎。例如,在第一季第一集中,米歇尔和卡梅隆抱着刚从越南领养的女孩莉莉坐飞机回国,当他们暴露出同性恋身份后,周围的乘客从之前的友好打招呼瞬间转变为冷冰冰的漠视态度,接着米歇尔因为一个小误会愤然发表了他的"同性恋宣言":"爱不分种族、信仰和性别……你们这些搞歧视的人应该感到羞耻";同时,他也给出了同性恋跨国领养的有力声明:"这个宝宝本原本可能在人满为患的孤儿院长大,多亏了像我们这样'娘娘腔'的人收养。"这段义正言辞的讨伐与颇具说服力的解释为同性恋和跨国领养做了一次直白的"植入性广告",可谓该剧价值传播的又一力证。

《摩登家庭》中最不"摩登"的当属克莱尔一家,异性夫妻和三个儿女组成了传统的由纯粹亲缘关系维系起来的社会共同体。加入颇为典型的美国中产阶层家庭结构使整部剧集不至于太过"摩登"而显得与真实社会格格不入,相比老夫少妻的杰一家和同性恋的米歇尔一家,克莱尔一家因不够"引人注目"而使更多普通观众心生真实感与亲切感。曾经事业小有成就的克莱尔在婚后退隐成为一心料理家务的全职主妇,是协调家庭各种势力以求均衡的中心点,时常会为教育三个不让人省心的孩子与充当老好人的丈夫意见不合甚至闹出矛盾。然而,即使这样一个传统的核心家庭依然有着"摩登"的时代感,从克莱尔性格的复杂性中甚至可以看出当代美国女性面临的艰难取舍。在第一季第十四集中,克莱尔偶遇了原来公司的同事瓦莱丽,相比瓦莱丽单身的自由、事业的成功、颇高的收入和令人艳羡的全球旅行经历,克莱尔发现自己生活的主题只是干不完的家务和操不完心的孩子，在袒露心声的镜头面前，克莱尔也表达出当初为了家庭放弃事业的遗憾。好强的克莱尔本想通过邀请瓦莱丽参观在她的打理下井井有条、温馨有爱的家来挽回面子，不料此时的菲尔和三个孩子正在家中状况百出，一片狼藉的场面让克莱尔尴尬不已。一面是职场女性散发出的独立个性，一面是日常家务的繁复琐碎，克莱尔将何去何从？集末的场景给出了答案，一家五口围坐餐桌吃晚饭的温馨画面让克莱尔意识到体贴的丈夫和可爱的孩子正是自己幸福的源泉，营造和美的家庭也是她实现个人价值的一种方式。20世纪60年代兴起的女权运动呼吁"杀死房中的天使"，号召女性以经济的独立追求两性的平等，而克莱尔的抉择似乎传递出对当代女性颇有启发意义的讯息：私人家庭相比于公众事业同样拥有独特的价值。在美国文化中，一直以来流淌着一股重视"家"的浓厚的传统。"家"的概念，对"家"的重视，在美国历史和文化中历来占有重要位置，如在19世纪流行小说《汤姆叔叔的小屋》（*Uncle Tom's Cabin*）中，作者对家，特别是女人操持的家寄予了厚望，把"家中的女人"视为"道德模范"，可以引领社会道德风范。二战后出现了女性回归"家"的潮流，操持好家也就相当于操持好了整个社会，这个传统思想在美国人的价值观中根深蒂固；虽然有女性主义思潮对女性等同于家的观念进行了批判，但是这并不等于说，"家"失去了价值；相反，在很多大众文化中"家"的观念非常强，比如，在讲述60年代风云变化一部的名为《60s》（*The '60s*）的电影，在潮起潮涌的社会运动之后，那些在社会中奋争的孩子们最后都回了家，最终在"家"中心灵得到了抚慰。自然，正是这种倾向家庭价值的流露也为《摩登家庭》引来了一些女权主义者的批评，曾有人发出质疑，"如果摩登家庭真的'摩登'，为何女主角们都没有工作"；美国著名传媒公司CNET的一位评论员就第一季第十三集克莱尔和海莉向菲尔讨教如何使用遥控器的剧集发表评论时指出，"妻子和女儿因不知如何使用遥控器而不得不求教于父亲，而儿子却精通电子产品，哪怕他被认为是全家最迟钝的成员"，一定意义上这是对女性才能低于男性的性别偏见（参见wikipedia）。有意思的一点是，美剧"边拍边播"的季播模式使它的剧情编写拥有了很大的灵活性，为了迎合更多观众口味以提高收视率，美剧编剧可以随时调整剧情的发展方向。《摩登家庭》从第三季开始，对克莱尔的事业发展给予了越来越多的关注，比如第三季中她在家人的鼓励下参加镇议员选举，在面对其他男性竞争对手的挑战时表现出刚毅稳重的一面；第五季中克莱尔走出家庭，高调地来到父亲的公司上班，其中不乏许多剧集倾注了大量细节描绘她颇为人称道的工作能力。值得注意的是，尽管克莱尔有了为之奋斗的事业,但照顾家庭从未远离她的生活主题,相亲相爱的和谐家庭观依然是《摩登家庭》传递的最大价值理念。

　　当《绝望的主妇》述说着平静生活表面下暗潮汹涌的欲望与诱惑、《生活大爆炸》以独具个性的人物形象在美国情景喜剧市场站稳脚跟之时,回归家庭主线的家庭情景喜剧是否还能拥有电视市场的一席之地?《摩登家庭》交出了满意的答卷,其中,"爱"的正能量成为其价值传播的法宝。电视剧评论者马科·D.赫斯特(Marc D. Hauster)曾指出,"美国情景喜剧为美国文化描绘了一系列规则——恋爱的规则,分辨真伪的规律,培养孩子的原则,举行晚宴的细则等等"(转引自吕晓志,2013:90)。《摩登家庭》以"摩登"的形式、"摩登"的线索,描绘着在"摩登"的当代美国社会也依然普适的家庭规则,尽管没有随意出轨、一夜情作为剧集发展的爆点,没有低级趣味的性暗示、情欲似火渲染而成的兴奋点,但家庭成员、左邻右舍之间爱的真情流露为刚刚经历过金融危机、在经济萧条的现实生活中疲于奔命的美国大众带来了温暖的心灵慰藉与追求美好生活的希望。在第一季第二集中,杰的继子曼尼满心期待地坐在街边等他的生父带他去迪士尼乐园,不料却被放了鸽子;原本打算借此机会携娇妻去温泉度假的杰此时走到曼尼身边,为了不让曼尼对父亲彻底失望而编织了善意的谎言,"瞧你爸送来了什么?""加长轿车?""没错,是他让我和你妈妈带你去迪士尼乐园"。剧集的最后是玩累的曼尼依偎在杰肩膀的温馨画面,面对没有血缘、对杰心有芥蒂的继子,杰依然坚持做一个好父亲,如此亲情,令人动容。在第三季第八集中,克莱尔的邻居兰德家遭遇大火,损失惨重,于是克莱尔自愿发起了"援助兰德计划",动员了整个社区为邻居一家捐赠衣物、家具和日常用品,菲尔为他们找到了新的房子,米歇尔一家和杰一家也纷纷加入。三家人再次聚集成为博爱的大家庭,各显其能地向邻居伸出援手。剧集的末尾,一大家子人围坐在一起讨论各自生活中最重要的东西,克莱尔道出了"只要家人在我身边,便别无他求"的箴言。无论是传统的核心家庭、重组家庭,还是同性恋家庭、领养家庭,《摩登家庭》时刻彰显着"大爱无疆、亲情无价"这样的人文关怀,而当美国进入处处"摩登"的新时代,"爱"的坚守也更显示出其永不过时的价值能量。

　　在美国家庭情景喜剧世风日下的今天,《摩登家庭》凭借大胆创新的"伪纪录片"式的拍摄手法、极具时代气息的剧情设计、妙趣横生中的温情感动,成为大众生活与美剧产业的巨大赢家。如此"摩登"的《摩登家庭》,不仅以轻松、温情的演绎方式博得了广泛的人心,更将传统的美国价值观内化为剧集灵魂,成为彰显美国软实力的又一力证。

引用文献：

Modern Family，wikipedia. 2017. http：//en. wikipedia. org/wiki/Modern＿Family＃cite_note-106. Accessed March. 23,2018.

Nye，Joseph. 2004. *Soft Power：The Means to Success in World Politics*. New York：Public Affairs.

白小易，2007，《新语境中的中国电视剧创作》，中国电影出版社。

丹尼尔·贝尔，1989，《资本主义文化矛盾》，赵一凡等译，生活·读书·新知三联书店。

道格拉斯·凯尔纳，2004，《媒介文化：介于现代与后现代之间的文化研究、认同性与政治》，丁宁译，商务印书馆。

李怀亮，刘悦笛，2005，《文化巨无霸：当代美国文化产业研究》，广东人民出版社。

吕晓志，2013，《试论美国情景喜剧〈摩登家庭〉的艺术风格和文化意义》，《中国电视》第6期。

罗兰·巴特，1999，《神话：大众文化诠释》，许蔷蔷、许绮玲译，上海人民出版社。

苗棣，1999，《美国电视剧》，北京广播学院出版社。

莫里斯·迪克斯坦，1985，《伊甸园之门：六十年代美国文化》，方晓光译，上海外语教育出版社。

唐纳德·怀特，2002，《美国的兴盛与衰落》，徐朝友、胡雨谭译，江苏人民出版社。

约翰·菲斯克，2005，《电视文化》，祁阿红、张鲲译，商务印书馆。

张萍，2011，《跨越文化障碍：美剧风行全球原因分析》，《电视研究》第3期。

兹比格纽·布热津斯基，1998，《大棋局：美国的首要地位及其地缘战略》，中国国际问题研究所译，上海人民出版社。

第七章　神奇好莱坞

第一节　好莱坞中的美国形象

美国电影史研究者斯科拉指出,从 19 世纪末到 20 世纪 40 年代末,电影一直是美国人生活中最主要的娱乐方式(Sklar 1994:3)。好莱坞在其中自然发挥了主力军的作用。二战后由于新型娱乐方式电视的影响,电影的受欢迎程度受到了削弱,在一段时间内开始走下坡路,但很快电影在美国人的娱乐生活中又拔得头筹。自 20 世纪 70 年代出现好莱坞的"大片"(blockbuster)[①]后,电影的影响力更是与日俱增。从大众文化的研究角度而言,电影不单单是一种简单的娱乐手段,更是施展文化影响力、传播思想意识、强化价值观念的有力渠道。作为大众的日常生活方式,好莱坞电影在提供娱乐的同时也在这些方面大展身手,成为渗透和推广美国软实力有效、快捷的方式之一。

好莱坞电影形式多样,内容丰富,娱乐趣味强烈。在影片生产过程中,在讲述美国以及世界的故事中,好莱坞在很大程度上也融入了美国形象的制造,有时候是有意为之,另外一些时候是无心栽柳柳成荫,无论是有意还是无意,美国形象如影随形出现在很多好莱坞电影中。值得注意的是,美国形象的表现尽管非常不同,有时候甚至大相径庭,但是更多时候在不同的表现形式背后展现的则是相似的内容,或者是相同的意义指向,这是好莱坞影片中的美国形象的要旨所在。

[①] 1975 年斯皮尔伯格的电影《大白鲨》(*The Jaws*)和 1977 年卢卡奇的电影《星球大战》开启了"大片"时代。见 Leroy Ashby: *With Amusement for All: A History of Popular Culture Since 1920*, Lexington: The University Press of Kentucky, 2006, p.421。

　　要讨论美国形象的关键内容，则需要先说明"形象"的内涵。形象一词以其简单含义而言，可指"外貌、外表"（见《现代汉语词典》释义，1988：1289）；从文学创作手段的角度来说，可指"表达艺术家主体思想感情的一种美学手段"（见《辞海》释义，1999：1237），而这种手段也是通过外现的方式来表现的，即与外部形状有关。汉语形象一词的英文对应词是 image。根据《美国传统词典》的释义，除了"外貌、外表"以及"相似、相近"的含义以外，此词的两个核心含义是："公众所相信的有关人和事的概念"，"通过人或事尤其是大众媒体投向大众的事物或人"（American Heritage Dictionary，1982：642）。显然，这里所说的"人或事"是"投射"（project）的结果，也就是"概念"的形成。换成通俗语言，即形象的形成、形成的过程是经过了"投射"，也即把某些思想投入进去，变成了形象。这也是文学艺术的形成过程。强调从"思想"变成"形象"的过程，是要说明"形象"与"思想"和概念不可分离，在这个变换的过程中，"思想"具备了可以认知、可以感触也可以被想象的功能，这也就是形象所蕴含的内在品性。美国学者肯尼思·艾瓦特·博尔丁（Knenneth Ewart Boulding）在研究国际关系和国家形象时指出："形象必须理解为是行为整体的认知的、情感的、可评估的结构，或者是其对于自己的和世界的内在的观察。"（Boulding，1959：120 - 121）这个定义既指向理解（认知）也包括情感的表达，而结果是对行为整体的"内在观察"，所谓"观察"则是建立在认知和评估的基础上。换言之，是"思想"在起作用，也就是"投射"的作用。更进一步而言，所谓"投射"则是在理解之上的"想象"。形象是想象后的思想的外在表现。

　　如上所述，形象是为公众所设的。美国政治思想论者沃尔特·李普曼（Walter Lippmann）早在 20 世纪初的著作《公共舆论》（Public Opinion）中就指出，作为公共舆论的报道"是知者和被知物之间的联合产品，观察者（报道者）总是有所选择，有所创造"（Lippmann，2015：59）。换言之，所谓的公共舆论也是被建构出来的，但与此同时，体现了"公共"的一些特性，如为大众所认同的概念和认知方式，被"知者"所接受。在这个意义上而言，大众形象构成与公共舆论形成的逻辑是一致的，都要围绕公众而行事。大众形象的一个特别表现则是国家形象。从形象到国家形象，不仅是范围和规模发生了变化，更主要的是，公众的含义也发生了变化。在后者中，国家成为投射的对象，公众既是指接受形象的大众，也指经过思想和概念的酝酿和发酵后的公众形象，也即国家形象。于是，公众与国家相向面对，但这个国家并不是一个实体的事物，而是一个形象，一个可以被认知、被感触、被评估的形象。在这个意义上，我们可以说有关国家的思想被形象化了。

国家形象的公众化过程既可以出自国家的内部也可以来自国家的外部。有学者认为，国家形象是一国内部公众和外部公众对该国政治、经济、社会和文化与地理等方面状况的认识与评价（孙有中，2002：16）。内部与外部公众在有些时候对于一个定向的国家形象的认识和评价并不总是一致，矛盾和冲突时有发生，这在国际关系方面应是正常现象，毕竟国与国之间的交流建立在利益维护的基础上，而国家利益本质上是以自我为中心的，与他国的冲突不可避免，由此而投射的国家形象自然会有内外之别。但另一方面，国家形象更多地是来自价值观（常常以某些观念词的方式表现）尤其是核心价值观念，这是因为在其走向公众以及被称为公众的过程中，形象的融合与形成经历了被投射和被认同的过程，其结果也就是李普曼所言的成为一个"知者和被知物之间的联合产品"。一旦这样的"产品"形成，国家形象便会逐渐深入人心，甚至超越国界，成为文化的代言人，而这正是奈所说的软实力的表现。

美国的形象需要从以上方面来加以理解。需要指出的是，美国的形象既包括国家形象也包括一般意义上的形象，两者既有联系又有区别。一个常见的现象是，就美国而言，一个普通的形象中时常会包含"美国"的意味，因为美国文化有一些被普遍接受的认同，被认为是美国文化的特征，这些特征一方面可以在象征意义上指代国家，另一方面也可以在日常生活和普通人的行为中得以表现。这里说的表现（representation）是指文化上的显现，如电影中的形象。这种国家与具体个体间文化特征的互依互承、互为表里的关系，也是美国意识形态高度统一化的表现。同样需要指出的是，就美国而言，"国家"并不一定就代表政府；相反，政府和"国家"时常会出现相悖的情况，这是因为在美国公众眼里，"国家"应是一种理念[①]，也就是美国价值观的表现，政府时常会被认为其行为背离了国家理念，而国家理念也常常出现在有关个体形象的表现中，这些都是好莱坞电影所诉诸的对象。好莱坞会演绎有关国家的故事，如历史上的珍珠港事件、水门事件、肯尼迪刺杀事件等，但是出现在这些事件中的"美国"或"美国政府"完全可以

---

① 2019 年 4 月 25 日美国前副总统拜登又一次启程其竞选总统之路，他的口号之一即是称"美国是一个理念，一个可以回溯到我们所知晓的建国原则，即人生来平等……"（见 https://www.washingtonpost.com/.../joe-biden-america-is-an-idea...2019-4-25, retrieved on 2020 - 4 - 5），其实拜登只是在重复这个为很多美国政治家们所常用的一个口号。

是被批判的对象，只是反映在批判角度背后的则是对美国理念的赞颂，如个人主义的胜利、平等观念的重要、对国家事务真实与透明的要求、个人与国家命运共同体的建立等等。从形象表述的角度而言，"国家"的形象既会出现在叙述国家事务的故事中，也会出现在与国家相关（在历史与现实的层面上而言）但纯粹是个人故事的演绎中，在后者中，对于国家的批判性常常会更加强烈。但与此同时，对于美国的核心价值的推崇和强调则也会更加炽烈。这种表面上的悖论实则是美国文化尤其是好莱坞电影的一个突出特征。

我们可以从好莱坞的一些分类电影，如政治片、战争片、个人英雄片中选择一些相关的影片，从中分析美国形象在其中的展现。

一、政治片中的颂赞与批判及其软实力表现的意义

政治题材的影片在好莱坞有着悠久的历史。1915 年由 D. W. 格利菲斯（D. W. Griffith）执导的美国第一部故事片《一个国家的诞生》（*The Birth of a Nation*）即是一部充满了政治意味的影片，讲述内战后，美国南方地区白人因黑人掌握政权而遭受的种种苦难以及最终组织"三 K 党"拯救自己于水深火热之中的故事。影片充斥了对黑人的种族主义歧视，白人至上思想是影片的主调。影片的意识形态氛围很大程度上来自导演格利菲斯自己的家庭背景，其父是内战期间南方邦联军队的一个著名英雄（Sklar，1994：1）。这部影片在 20 世纪初能够流行一时，也反映了很长一段时间内种族主义在美国的盛行。有意思的是，影片的题目出现了"国家"字样，突出了政治与国家的关系在日后好莱坞电影中的位置。正如一些电影研究专家所指出的，美国政治影片与政治文化之间确有水乳交融、彼此映照的关系（戴锦华、王炎）。就政治影片的内容而言，可以分为政治人物传记、政治事件描述、政治思想揭示等，这方面在好莱坞形成了一种历史和传统。

1939 年由著名导演亨利·福特执导的影片《青年林肯》（Young Mr. Lincoln）被视为好莱坞历史上的优秀政治影片。影片讲述了林肯的成长过程和作为律师的出色才能，从传记片的角度而言，影片聚焦林肯一生的一个重要片段，描述了林肯自我成才的过程以及从中透视出的爱好学习、努力向上的精神，在很大程度上，这促使林肯从一个穷小子变成了社会名流。换个角度而言，林肯也是实现美国梦的代表，美国文化价值观中的个人进取精神通过影片对青年林

肯一言一行的精准刻画得以展示。但这只是影片的一个方面，比这更重要的是，影片渲染了林肯对民主和正义的追求。通过描述林肯为穷人打官司并从中展示其丰富的法律知识和出色的辩才，影片一方面表现了林肯为民请愿的行为，另一方面则集中烘托了其为了社会正义不怕邪恶、坚持斗争、勇往直前的精神，用他自己的话说，则是"要做那些对的事"(doing what is right)。这是影片中林肯的形象被赋予领袖魅力风范的重要方面。而就导演福特来说，这也是他着迷于林肯的地方，认为是"让美国成为美国的那种力量和情感所在"(Rotten Tomatoes commentary of Young Lincoln，2020)。关于林肯的传记片曾被拍过很多次，与林肯相关的电影多达130余部(王希，2017：129)。2012年，导演斯皮尔伯格再次把林肯形象搬上银幕，取名《林肯》(Lincoln)。他聚焦的是临近内战结束时，林肯花费巨大心思和精力，极力推进《宪法修正案第十三条》在国会通过的故事。影片刻画的林肯人物形象沉稳、幽默，非常具有人情味，同时又坚毅、果敢，在正义面前不弃不舍，坚持到底，这让人想起了福特影片中展现的林肯精神，即做他认为是对的事。这两部影片相隔年代久远，但在人物精神表现上显然有非常一致的地方，这也说明了价值观的统一与延续。《宪法修正案第十三条》内容很简单，是要从根本上宣布奴隶制在美国的终结，从法律上为林肯在1862年颁布的《解放奴隶宣言》奠定扎实的基础。但即便是在内战行将结束、北方胜利在握的情况下，要在国会获得通过此修正案也不是一件容易的事。影片通过描述林肯与周边各个人物包括底层黑人士兵和上层黑人妇女等的接触，讲述了他对美国社会的深层次洞悉，凸显了其不可动摇的信念：如果不从根本上废除奴隶制，美国的民主不可能实现、内战的成果不可能留住、正义不可能存在。这个信念集中表现在影片中林肯面对内阁成员有个别人对通过修正案的必要性表述怀疑时说的一句话："直到奴隶制在我们中间绝迹，否则我们很难说我们取得了任何有人性价值的功绩。"很显然，影片的编导是从人性角度来表述林肯对废除奴隶制的坚定意志。换言之，影片通过林肯的信仰表达了美国价值观，是软实力的强有力的表达。影片同时也描绘了一些黑人正面形象，让一个上层黑人妇女面对林肯说出了这样的话："自从他们踏上这片土地时，黑人就在为其自由不懈斗争。"这个形象应是导演充分吸纳了自20世纪60年代开始民权运动后在美国普遍接受的种族平等的观念，由此表明美国在这方面走过的道路，这是对美国国家形象非常有效和肯定的表述。

　　如果说上述两部传记片皆是从正面的角度讲述与美国形象有关的内容，蕴含比较强烈的颂赞口吻,那么在好莱坞的一些电影中关于美国政治的描述则呈现了相反的情形,批评、讽刺、挖苦、嘲笑占据了这些影片的主调。但与此同时,透过不留情面的批判,也传递了对美国价值观的肯定,而且从反面的角度凸显美国价值观的重要性,这使得传播的效果更加醒目,在某些方面也更为有力。这些影片在描写美国的负面形象时得到的正面的收获,也是美国软实力的一种表现。

这种负面描绘的传统同样在好莱坞也有很长的历史。1939 年出品的电影《史密斯先生去华盛顿》(*Mr. Smith Goes to Washington*)即是此类影片的一个典范。影片叙说从小镇来的年轻人史密斯在不经意间当选参议员,到华盛顿任职,但随后不得不面对乌七八糟的政治丑相,其富有理想的计划遭遇搁置,最后本人也陷入被诬陷之中,在挣扎中几乎丧命。电影揭示了美国社会中资本控制政治,政客为献金服务,政治话语表面堂皇,背后却黑暗,伪善笼罩华盛顿,众人习以为常的怪相。这实际上确是击中了美国政治中的一些黑暗现象。影片的讽刺语调是如此犀利,以致引起了其时一些政客的反对和攻击,称之为"反美"和"为共产党宣传"服务(见 Mr. Smith Goes to Washington,wikipedia)。但影片通过刻画具有理想精神的史密斯的形象,与黑暗政治形成鲜明对照,反过来也颂赞了坚持执政为民的精神,以及投身民主道路、捍卫正义的斗争勇气。影片有一个镜头描述主人公在遭遇四面围攻时,到林肯纪念雕像前以吸取林肯精神,鼓舞其前进。这暗示了以林肯为代表的美国价值观的启示作用,也是一种爱国精神的表现。正如有评论所言:"电影号召要坚信传统的爱国的美国价值,坚信人民的力量,而这也是教育的方向所在。"(filmsite review,2020)。影片以年轻人的最后胜利而结尾,最终让善压倒了恶,这一方面符合好莱坞大团圆结局的套路,另一方面也显示了追求正义的价值观的力量。

这种用"正话反说"来展现美国形象的方式在后来的好莱坞电影中常常出现,甚至成为一个套路。区别在于有时候反面形象在影片中占主导,另外一些时候则是正反对峙成为故事的中心,但最终仍然是正面形象得到了赞颂。

前者的一个典型是 1997 年拍摄的《摇尾狗》(*Wag the Dog*),影片讲述一个虚构的总统期间发生的故事。为了转移公众对陷入性丑闻的现任总统的注意力,为其续任扫清道路,总统的政治顾问提出了一个制造一场战争的设想,并找到好莱坞的一个制片人帮助在媒体上营造战争场面和气氛。在这两个人的操作下,一场虚构的战争发生了并且影响了选举。影片犀利讽刺了媒体话语在政治生活中的控制作用,巧妙使用了后现代文论中的"再现"(representation)①说,推倒了关于"真"与"真实"的概念和信仰,由此揭示了政治的虚伪与黑暗。值得注意的是,影片在表现战争的需要时,挪用了美国价值观中一些关键概念,如"自由""美国生活""美国梦"等。两位幕后操作人非常懂得这些观念对于推动美国人为战争辩护的重要性,在媒体上大造舆论,让美国人知道国家之所以卷入战争是因为恐怖主义者企图毁灭美国的自由,而"现在则是到了捍卫美国梦、美国精神的时候了,我们的国家是建立在自由的岩石上的,我们作为人民,必须要捍卫其不受侵犯"。正是在这种假借捍卫自由精神的名义下,保卫美国的战争竟然堂而皇之地就开始了,尽管事实上什么也没有发生。影片的讥讽力度不可谓不强,触及了美国价值观的虚伪和被利用,美国的形象因而也被打上了深深的负面印记。但与此同时,这种讽刺能够在好莱坞出现,这本身也说明了强烈的反思精神,而这也让负面的批判染上了正面颂赞的色彩。这是此类影片的一个显著特征,也是好莱坞美国形象展示的一个重要方面。

相对于批判占主导的政治揭露片,另外一类的影片也会强调揭露,但同时也把注意力放到正面形象的刻画上,一正一邪在影片中遭遇,既有强烈的批判力度,也有一曲唱响正面形象的赞歌,这都非常有助于美国形象的建立。

出品于 1976 年的《总统班底》(*All the President's Men*)聚焦于尼克松总统任职期间的"水门事件",讲述《华盛顿邮报》两名记者的调查过程,揭露了政治丑闻,结果迫使尼克松辞职。影片基于真实事件改编,具有强烈的新闻追踪风格,以致著名影评家罗杰·伊伯特(Roger Ebert)抱怨说:"这部电影太过贴近新闻调查,故事讲述却不是那么像样。"(Ebert,1976)伊伯特认为这是一个问题,但从另外一个角度看,正是影片贴近现实的叙述风格让故事有了一种真实感,突出地表现在揭露的主题上,与历史事实吻合。与此同时,影片把人物塑造的重点放在两位记者身上,其专业扎实的工作作风、为民请愿的思想、意志坚定的精神与美国政治生活中的欺骗和虚伪的丑陋现象形成鲜明对照。更重要的是,正如一位观者在其网站评论里所说的,影片一方面凸显了记者的正直形象,另一方面则

---

① 法国哲学家让·鲍德里亚(Jean Baudrilard)的文章《模拟与仿真》谈及在后现代语境下,对于"真"(truth)的反映并不是直接来自现实,而是对关于现实的反映的反映,也就是再现的再现。"真的现实"的反映在这种再现中被一再推延直至消失。见 Jean Baudrillard:"Simulacra and Simulations" In Julie Rivkin and Michael Ryan, ed., *Literary Theory: An Anthology*, second edition, Oxford: Blackwell Publishing, 2004。

强调了维护社会正义的绝对重要性（imdb all the president's men user review，2020）。正义的行为与正直的形象让这部从观感上多少显得有些乏味的影片被赋予了一份超越感，超越了故事讲述本身，指向了行为背后的价值观的关怀，即美国式民主思想的深入人心。正因为如此，两位记者才会冒着很大危险甚至付出生命的代价深挖猛追，最终刨出丑闻的根源。影片对美国政治黑暗面的揭露不留情面，同时通过一种纪实的手法也宣扬了两位记者的捍卫正义的无畏勇气，而这压倒了前者，更好地提升了美国的形象。

类似的手法也体现在著名导演奥利弗·斯通（Oliver Stone）1991 拍摄的影片《刺杀肯尼迪》（JFK）中。这部电影的故事并不是聚焦肯尼迪刺杀案件本身，而是讲述肯尼迪事件之后发生的一个故事。美国路易斯安那州新奥尔良市检察官吉姆·加里森不满政府的调查结果，愤而拍案，只身组织调查，起诉事件相关人员，进而直指肯尼迪事件背后的巨大阴谋：军工集体为了利益阻止肯尼迪从越南撤兵的企图，政府诸多高层官员包括其时副总统约翰逊卷入阴谋之中，成为刺杀的蓄谋者。斯通的电影也是基于真实事件改编，检察官加里森是真实人物，他是肯尼迪事件后唯一一个质疑政府调查报告，进而开展独立调查的法律界人士。斯通的电影在美国社会引入了有很大市场的"阴谋论"，满足了不少人的口味，同时也引起了极大的争议。《华盛顿邮报》一则评论称其为"荒诞不经，只是娱乐而已"（Howe），这代表了相当一部分人的看法（见 JFK，wikipedia）。影评家伊伯特认为斯通的目的并不是表现事实，而是"展露情绪"，通过主要人物加里森的事迹，表达"挫败与愤怒"的情绪（Ebert，2002）。电影上映于 1991 年，从历史回顾的角度而言，正如伊伯特所指出的，斯通假借加里森之口对美国政府越南战争的政策和结果表示了极大的不满，而这也代表了自 60 年代以来很多美国人的反战立场和对政府行为的批评性反思。这是影片展示内容的一个大背景，而就影片如何刻画人物，尤其是将其表现为某些美国价值观的代表而言，斯通显然也是费尽了心思，巧妙地将维护正义、捍卫民主等思想嵌入了加里森的行为和言语之中。影片描述加里森的调查经历了曲折的过程，生命遭到威胁、家庭分离、团队分裂，最后的起诉以失败告终，但所有这一切并没有改变他的初衷，因为他坚信："我的工作是为了我的孩子能生活在一个更加正义的国家里"。影片的一个特写镜头是加里森在华盛顿拜谒林肯雕像，让人想起了《史密斯先生去华盛顿》中的相关描述，而林肯的"民享、民有、民治"的思想也回响在加里森在法庭上的慷慨陈词中。显然，斯通把加里森打造成了一个理想人物，给予其支持的则是来自广为流行的美国价值观中一些关键观念，这使得影片一方面增强了批判性力度，另一方面赞颂味儿很浓，两者都有助于美国形象的树立。上述两部影片都获得了奥斯卡多个大奖，也在商业方面赢得了巨额利润，可谓双赢。

21 世纪，一些美国电影关于美国政治的描述出现了新的趋向，更加倾向于纪实风格，目的在于表现政治生态的变化。尽管影片的语调仍然会带有明显的讽刺，但同时又因此有利于刻画并不完美但更加真实的人物形象，而人物的"真实性"的背后则透视了诸多美国的价值观。

2011 年上映的《大而不倒》（*Too Big to Fail*）即是一个典型。如同上述分析的两部影片，这也是一部描述真实事件的电影，且有着强烈的纪实风格。影片叙述了 2008 年金融风暴期间美国政府遭遇的危机，以其时美国财长保尔森为主要人物，讲述小布什政府为了挽救一些大企业，不得不出面注入资金，在这个过程中与多方势力斡旋，最终达到目的。所谓"大而不倒"其实说的是企业太大，不能倒闭，因为一旦倒闭会引发多米尼诺骨牌效应，继而国家陷入灾难，小布什政府因此不得不以国家的名义采取拯救方式。而换个角度而言，这也说明美国的资本主义已经走到了一个新的时期，与传统的自由资本主义形态有很大不同。按照经典资本主义定义，企业倒闭是个体行为，是市场行为导致的结果，只能由市场去解决。但是，当下的美国资本主义已经与国家不可分割，正像影片所描述的，美国财政部与多家保险和再保险公司有千丝万缕的关系，一旦公司倒闭势必影响国库，再继而影响政府的各项经济政策，直到不可收拾。正是在这个背景下，影片围绕保尔森的救市行动，聚焦一些惊心动魄的场景，一方面是颇具真实感的纪实叙述，另一方面从故事叙述的紧张度上来说，丝毫不亚于一些以娱乐为主的一些大片。与此同时，影片也套用了好莱坞擅长的个人英雄的描述套路，把保尔森刻画成了英雄式的人物，把国家放在心上，忍辱负重，竭尽全力，拼命工作。这个人物当然不是十全十美，保尔森时常口出脏话，为达到目的不惜使用诡计，但为了国家（这里的国家其实更多是指政府，但就其个人而言，两者是不分的）竭尽全力并敢于负责的精神还是跃然纸上。在这个形象的背后闪烁着美国文化中的"工作伦理"①精神，而因其财长的身份，这种精神则自然和国家形象搭

---

① Work Ethic，来自新教伦理（protestant ethic）这个说法。后者是德国社会学家马克斯·韦伯的著作《新教伦理和资本主义精神》（*The Protestant Ethic and the Spirit of Capitalism*）（1905）阐释的主要内容。美国社会学家丹尼尔·贝尔在《资本主义的文化矛盾》（*The Cultural Contradictions of Capitalism*）（1976）中分析了美国社会中的"工作伦理"，认为这是美国价值观的重要内容。

上了界。这是这部影片在美国形象上的额外收获。影片揭示了美国式的资本主义的种种问题，但最终在保尔森等人的努力下，渡过难关，这似乎也说明了美国的胜利。当然后一点其实显得很苍白，远不如人物形象刻画上的成功。

2012 年出产的《规则改变》（*Game Change*）也是一部有强烈纪实风格的政治电影，讲述了 2008 年美国总统大选期间，共和党总统候选人麦凯恩选择佩林作搭档，后者成为副总统候选人后发生的一系列故事。影片主要围绕佩林的行为展开，讥讽了佩林缺乏一些基本的政治常识，如不知道英国的政府首脑是首相不是女王。佩林被选为副总统候选人纯粹是共和党为了打出一张奇牌，下一次堵住，这说明了美国政坛的实用主义倾向，政治的功利性由此也昭然若揭。佩林在很多时候是被当作演滑稽戏的人物出场的，不但不懂得一些基本政治常识，还时常说错话、做错事，而且脾气怪异，弄得共和党的竞选班子不知所措。影片在这些方面的讽刺意味非常强烈，批判美国的一些政客把政治当作演戏来对待。但同时，影片对佩林也不无同情，因为她的一举一动都被要求符合媒体的期待，政治在摆弄政治的人看来只是一种作秀。正是围绕这一点，佩林这个人物被赋予了一些鲜明的个性，她会不按套路行事，直接说出自己的想法，不经意间流露出女性常有的柔情和对家庭的依赖之感，恰恰是其这些品格赢得了不少选民的好感。而就美国价值观的表现而言，影片从这些方面对佩林的塑造着实凸显了个人主义的要旨，即想自己所想，说自己所说，尽管这只是个人主义的一种表层显现，但在影片的具体语境中，也足以让佩林这个人物显得与众不同。而女性柔情和家庭关怀则更是传统美国价值观的重要内容，两者叠加多少使得佩林的头上被罩上了美国形象的光环，影片因此在批判美国与颂赞美国的道路上相向而行，这本身就是一种文化软实力的表现。

二、战争片中的正反描述与美国形象的定格

战争片在好莱坞电影中占有重要位置，美国第一部故事片《一个国家的诞生》中就有内战战场的描述，一战、二战、朝鲜战争等都在银幕上得到了表现[①]。战争是国家行为，有关战争的电影叙述势必与国家形象相关。在这方面，好莱坞

---

① 可参考 Peter C. Rollins, ed., *The Columbia Companion to American History of Film：How Movies Have Portrayed The American Past*, New York：Columbia University Press, 2003。

一方面是通过战争歌颂爱国主义，另一方面则也表达了反战情绪与批判精神。两者并不是均匀出现在影片中，而是与时代相关，反映时代特征，在不同的时候，两者的占比不同，但都指涉了美国形象，通过正反两面的交叉描述，定格美国形象的不同表现。

当代战争片中，有关越南战争的电影早已经构筑了好莱坞的经典传统。强烈的反战情绪直接转换成了对美国的批判，这与越南战争在美国人心中留下的悲怆是非常吻合的，表达了一种时代特征。在批判的同时，其中的一些反战电影也从各个层面思考了战争的残酷、人性的冲突、美国的命运等话题，而由此展现的则是与美国价值观相关的美国形象的刻画。

《猎鹿人》(*Deer Hunter*)上映于1978年，是一部较早反映越战的电影，也是反战影片(就越南战争而言)的先锋。影片从个体的角度讲述参加越南战争的经历、遭受的痛苦。几个普通的年轻人怀着天真的报效国家的情感，来到越南战场，很快就当了俘虏，遭遇不堪回首的虐待。最后尽管逃了出来，但世界观蒙受重大打击，人生从此改变了模样。影片的反战立场突出表现在战争毁灭人性的刻画上。逃出敌人魔爪的一个年轻人最终留在了南越，成为当地"俄罗斯轮盘"①地下娱乐节目的参与人；战争的无情让他失去了感知，唯有在同样残酷的游戏中感觉生命的暂时存在，但生命本身已经失去了意义。影片的叙述语调呈现散文诗的方式，用饱满的个体情感来对照战争带来的无情与人性的丧失。影片结尾时，已经回到家乡的主人公和朋友们一起唱起了《上帝保佑美国》，这一方面表达了对美国命运的担心，另一方面也表明个体与国家间的不能分离。显然，这是影片在美国形象刻画上的点睛之笔。

1979年的好莱坞大片《现代启示录》(*Apocalypse Now*)是导演科波拉的倾力之作，也是越战电影中一部颇有分量的作品。影片以越南和柬埔寨战场为背景，描述美国军队肆无忌惮的屠杀行为，同时也表述了战争带来的巨大恐惧以及由此导致的人性的扭曲，两者都构成了影片反战情绪的主要内容。影片在叙述手段上借鉴了19世纪英国小说家康拉德《黑暗的心脏》(*Heart of Darkness*)的故事框架，通过猎杀背叛美军的库尔兹上校的过程描述，从象征的意义上，探讨

---

① 俄罗斯轮盘(Russian Roulette)，一种残忍的赌博游戏，赌具是左轮手枪和人的性命。在这部影片中，被俘的美国大兵在越军枪口下被迫进行这个游戏；之后，逃脱的一个美军士兵在南越城市参与此游戏的非法活动。

战争与人性黑暗的互构关系，这让影片拥有了一种哲学思考的高度。与此同时，影片也从现实角度勾勒了美军疯狂的行为，由此更是直指黑暗人性的所在。影片中有一个特写场景描述一个美军军官指挥部队扫荡越南村庄，因其对冲浪的喜爱，所以他指挥下的直升机掩护下的冲锋酷似在海面上的冲浪行为。战争在这里转换成了日常生活的嬉戏，而村庄里的平民则成为冲浪的对象。人性在这种行为里由疯狂变得丑恶再继而一头扎向黑暗。在这个场景里，导演因过于沉浸于表现冲浪与冲锋、游戏与屠杀间的纠葛，对于前者的特写镜头在一段时间里压倒了后者的表现，使得场面看上去更像是一场大规模的海上武装冲浪行动。更重要的是，这种特写传递出了有关美国的信息：美国物质力量的极其庞大，美军行动的排山倒海气势。应该说导演是从讥讽和批判的角度去表现这种场面的，但镜头的图像本身也不可避免地烘托出了这种氛围。正如法国批评家让·鲍德里亚所指出的那样，科波拉演绎其电影，如同美国演绎其战争，两者享有共同的（力量）的无限、手段的极致、魔鬼般的诚实和同样的成功（见 Apocalypse Now，wikipedia）。战争的"魔鬼"本性在描述战争的魔性般的魅力时被替换了，观众看到的更多是美国的"魅力"。影片家伊伯特评论说此片并不是要聚焦越战的经历而是要表现一种"（壮观）的伟大"（Ebert in wikipedia），这其中有对人性丑陋的深度刻画而达到的"壮观"，但从实际效果看，这种壮观也表现在了对美国力量的渲染之中。无疑，在一定程度上，这加深了观众对美国形象的感受，尽管这或许不是导演的原意。

围绕人性冲突的刻画也是 1986 年出品的《野战排》（Platnoon）聚焦的内容。导演斯通把自己在越南战场的经历融入了影片的叙事之中，讲述的故事突出美国大兵间的互相对立和仇杀，正如影片的叙述者所言："我们在这里并不与我们的敌人作战，我们是在和我们自己作战，敌人就是我们自己。"反战情绪通过反映底层士兵对于战争目标的一无所知和互相间的敌视表达出来。在刻画恶人形象的同时，影片也聚焦了一些心怀善良和同情的好人形象，表现了他们对越南平民的同情态度和救助行为，在无处不在的残酷背景下，这些充满人性善的表现作为一种针对战争恶的纠正行动在影片中得到了有力表达。在导演的处置下，善最终压倒了恶，尽管这本身并不能改变战争的恶的本质，但在一个有限的场景里，善的胜利让希望的苗头有了发芽的机会，而这实际上也是影片要表述的对于正义感的追求。影片的表现手段并不复杂，善恶对立是好莱坞的拿手好戏；同样，对正义立场的追求也是好莱坞的传统之一。在这个方面，影片一边极力表现战争造成的恶人当道的景象,另一边则聚焦普通人的慢慢觉醒过程,并最终体悟到正义的力量,最终为了维护正义而不惜付出生命的代价。这种通过战争的丑恶来反衬正义感升起的描述手段也定格了美国形象:不排斥美国与恶之关系的展现,同时也表明,总有一股纠正的力量在美国内部产生,并最终胜出。这种形象的力量本身也是无比强大的。

越战影片反战主调明显,对美国的批判力度很强,同时也在各个层面上表现了美国的正面形象。另外,批判本身也是正面形象的有力支持。在后来的一些好莱坞战争片中,仍然可见批判的意味,但随着时代的变化,表现力度有所变化,对于战争本身如残酷无情的本质描述上升为主调,与此同时,嵌入了富有时代特征的解读,并由此凸显美国形象的意义。

2002年的《我们曾是战士》(We Were Soldiers)讲述的是美军在越南战场与越军对垒的第一场战斗。影片基于真实故事改写,残酷的战争场面表现得非常逼真,对于国家机器把普通人拖入战争的批判也很是明显。另外,与以往越战影片不同的是,对敌方的描写不再是完全的丑化形象,相对而言比较人性。与此同时,影片表现了高昂的爱国主义精神,但不是直接表现在对于国家的颂扬上,而是重在刻画士兵的舍生忘死、互助互救,军官的冲锋陷阵、率先示范的行为上,并由此延伸出来的对国家的忠诚上。由影星梅尔·吉布森(Mel Gibson)饰演的带队军官不仅表现出一股军人常有的勇气,而且非常体恤下士,平等对待不同肤色的士兵。显然,这种态度渗透了当下美国多元文化下的族裔平等思想,这本身是与美国国家的形象联系在一起的。影片在描述战斗场面时,一方面表现了战争的残酷无情,另一方面则着力刻画美军士兵的勇敢、无惧、机智、善战的行为。在影片纪录片似描绘的战场上,这些美国大兵们打出了气概、打出了作风,在一些观众看来,这部影片改变了以往越战影片的厌战情绪,一些越战老兵更是看了后觉得很真实,似是有点扬眉吐气的味道(见 we were soldiers, Imdb)。尽管影片也受到了一些评论者的批评,认为影片中类似"我很高兴,我为我的国家战死"(见 we were soldiers, wikipedia)这类表述过于肉麻,但是就影片情节构成的语境而言,这恰恰是影片相关人物出自内心的表述,而就大背景而言,即在"9·11"后美国爱国情绪高涨的情形下,影片的这种爱国主义演绎鲜明地表明了时代特征,也有力地传递了美国的正面形象。

此前于2001年5月在北美上映的好莱坞大片《珍珠港》(Pearl Harbour)因其情节编造痕迹过于明显、人物塑造过于做作而遭到很多评论者的批评,但就影片试图打造美国形象而言,此片还是付出了不遗余力的努力,尤其是在国家形象的刻画上煞费苦心。影片中有一些镜头围绕罗斯福总统展开,讲述其在珍珠港遇袭后的危急时刻领导美国如何走出阴影,反击日本。其中的一个特写镜头聚焦总统和幕僚讨论有关空袭日本首都东京的计划,有一个海军将军提出反对意见,认为美国航空兵还不具备条件,如果硬要偷袭,则会产生致命的结果。此时,镜头转向罗斯福,特写其脸上现出的坚毅神色,只见因患小儿麻痹症而两腿不能行走的罗斯福颤颤巍巍地从椅子猛地站立了起来,他用自己的行动表明,用坚定的意志就能拥有战胜敌人的法宝。这个镜头遭到很多人的批评甚至讽刺,因为事实上罗斯福不可能站立起来,但显然,影片的编导在这里是要越过现实这道坎,用浪漫想象和超现实的手法赋予罗斯福神一般的力量,而这也是影片要表达的珍珠港事件后美国应有的精神状态。这个特写镜头与影片的整体叙述语调是一致的,即一种先抑后扬的叙述步骤。影片在故事开始后不久用了很长时间集中描述珍珠港被日本海空军袭击的场面,这段逼近真实的纪录片式的描述也是影片最为人褒扬的地方,美军的无力招架、四处奔逃、狼狈不堪的情景尽显画面。在这个压抑意味浓厚的场面过后,影片开始调配情绪,甩出包括罗斯福站立在内的朝向反击日本的情节,最后以成功轰炸东京作为高潮。这整个过程也是美国的国家形象在影片中逐渐超越个人浪漫故事的过程,错综复杂的恋人故事最终为着国家的目的而达到完满的高度,个人与国家间的合二为一成为这部电影要表达的最重要的主题,这也是美国形象绝佳的表现方式。此片虽在"9·11"前放映,但显然为此后的爱国主义氛围贡献了一份力量。

　　从时间上说,《珍珠港》一片中的纪录片式的轰炸场面描述借鉴了此前的《拯救大兵瑞恩》(*Saving Private Ryan*)的战场描述手段。上映于1998年的由好莱坞大导演斯皮尔伯格一手打造的这部影片被称为是战争片中的史诗,其中一个因素就在于影片对于战争真实度的描写和烘托,真实地反映了战争的残酷、野蛮、人性摧残;但同时,面对着战争的无情,人性的高尚、伟大、坚毅等品格也得到了充分展示,并由此延伸到了家国情怀的赞颂,这是这部以战争场面为主,实则深度刻画人性美好的影片成功的要旨,而背后透露的自然和美国的形象密切相关。影片一开始描述的诺曼底登录场景极其逼真,甚至让主要演员汤姆·汉克斯忘记了自己身在何处(见 Saving Private Ryan, wikipedia)。逼真是为了要展现真实环境下的战争的残酷无情,同时也是为了要与影片的故事主线形成一个对照,即拯救大兵瑞恩。依据一些真实情况改编的影片故事凸显了战争中发生的浓厚的人情与暖心的人性温度,同时也因为故事发生在一些普通人身上,所以一方面更容易被人接受,另一方面也更具有感召力。这种感召的力量在影片里在不知不觉中与富有政治意味的话语天衣无缝地连接在一起,更拓宽了小人物行为的思想意义,而这其实是直指美国精神的表现。影片讲述美军上层知悉大兵瑞恩的几个兄弟都已经在战场上牺牲的消息后,决定派出一个小分队到各个战场寻找并召回这个普通士兵。美国军事主官、参谋长联合会议主席马歇尔将军在决定派出小分队时,要求部下给瑞恩的母亲递交一份他亲自写的一封信,感谢这位伟大的母亲,在信中他引述了林肯在内战期间得知一位母亲的五个孩子死在战场后写给她的一封慰问信中的一段话。林肯告诉这位母亲,她的孩子"为了自由的祭坛"而死,她付出了巨大的牺牲,但也是她的骄傲;马歇尔在信中称美国士兵正在进行的战争是一场"让世界免除独裁和压迫的战斗"。显然,导演在这里用一条政治主线把美国历史上的独立战争和第二次世界大战联系在一起,它们都是为了自由而战的战争,美国的价值观与影片的具体情节悄无声息地对接。在这个背景下,拯救大兵瑞恩的行动既是出于人道主义和无畏的自我牺牲精神,同时也弘扬了美国历史的重要遗产,为自由而战的价值观,两者都在战争的血色中渲染并树立了美国的形象。从 2001—2004 年美国广播公司(ABC)每年在老兵节时放映这部电影,这显然是与"9·11"后国家的爱国主义教育的需要有关,反过来也说明此片蕴含了强烈的宣传美国的因素。

从历史中汲取战场能够给予的营养,配合时代跳动的脉搏,为国家的形象画上鲜明的色彩,这是好莱坞战争片在"9·11"后的一个显著特色。除了上述论及的《影片》外,还有 2001 年下半年上映的《黑鹰坠落》(Black Hawk Down)。此片讲述的是在 1993 年索马里战争期间,美军特种兵部队为了实施人道主义援助,深入敌区,但因情报错误陷入包围,不到百人的美军遭遇千人以上的敌军的围困,两架黑鹰直升机坠落,尽管最后迎来了援军到来,但美军付出了惨重代价,多人死伤,使命宣告失败。如同以往类似的战争片,此片也是从正反对照的角度描述战斗场面、刻画人物性格。美军无论在装备还是士兵素质上都比索马里的民兵强上多倍,但是从影片的画面叙述来看,影片在多个镜头中聚焦了美军面对极端困境的状况:部队被隔离在多个地方,互相照顾不到,更糟糕的是几乎弹尽粮绝,只待被俘。战争的残酷无情即便是在有限的规模中也一样不可避免。影片在表现索马里民兵形象时更是把"残酷"两字硬生生套在他们头上,他们对奄奄一息的美军士兵的残酷虐待被放成了特写镜头。对于战争的残酷本性的描述在影片中也与参加战斗的一些美军士兵的情绪表达是一致的,他们中的一些人并不清楚这场战斗的目的到底是什么,还有一些人本能地反对这种"为他人而打"的战事。这些其实都是一些基本的反战情绪的表现。但是,在另一方面,影片更多地颂赞了美军士兵的军人以服从命令为天职的素养,由此而延伸出来的其勇敢、无畏、机敏、善战的品格和作风在影片记录风格的叙事中更是成为这部电影的核心内容。虽败犹荣,这成为此片的主调。这也是为什么在一些论者看来,此片的一些反战表述只是流于表面,背后的实质是在颂战。而就"9·11"后的形势而言,影片为小布什要发动的伊拉克战争提供了一个欲望投射的机会(见 Black Hawk Down, wikipedia)。这样的评论或许过于主观判断,但是影片表达的在困境中坚持到底的精神确实会给现实中的美国人带来一些精神上的启示,而这也应是强化美国形象的一种方式,也即既批判又颂扬,正反两面同时表现,但最终通过与现实和历史的勾连凸显美国行为的正义所在,如影片中的人道援助行动,这为国家形象的树立获得了法理上的重要依据。

这种在历史与现实的缝隙中寻找理据,从而发现历史发展过程中的思想联姻,进而丰富美国形象的饱满度,是好莱坞战争历史片的一个有效的表述手段。中国香港导演吴宇森执导的好莱坞影片《风语者》(Windtalker)(2002)是这方面的一个典型。影片的背景是二战时的太平洋战争,美军为了避免日军获得他们密码传输的内容,找了几个美国印第安人作为密码传输者,一些美国白人大兵被命令与他们合作作战并保护其安全。在战斗中,白人与印第安人经历了从互不理解到冲突,再到结下生死之交的过程。这个故事本身非常具有现实意义,反映了自 20 世纪 60 年代以来多元文化在美国的影响,历史中的一个插曲折射了现实中的族裔关系的变化,这与美国的形象有直接的关联。印第安人不仅以正面形象出现,而且被赋予了英雄的角色,影片由此表现了历史与当下的关联,表明了多元文化下的美国的进步。但是也正是在这个方面影片遭到了一些论者的抨击(见 Ebert, 2002-6-14),因为这部电影的主角并不是印第安人,他们只是作为配角出现,主角是著名演员尼古拉斯·凯奇饰演的白人军士,影片聚焦的是这位美国大兵神一般的勇敢无畏的战斗精神。吴宇森试图把对文化多元性的倡导与好莱坞战争片中的个人英雄形象融合在一起,从中反映美国形象的历史传统与当下意义。这个意图可以说是一箭双雕,既能配合"9·11"后的形势,也能透视当下美国的社会变化。只是在人物刻画上依然没有摆脱个人英雄的模式,印第安人自然不能在二战历史上成为英雄的代表,所以白人士兵形象与英雄间的关系也就再顺理成章不过了。这其实也反映了美国形象塑造中种族偏见问题的存在,它一方面维护了传统的美国形象,另一方面则也说明美国形象完整性的缺失。

三、个人英雄片中的美国形象表现

无论是政治片还是战争片,其故事主体还是围绕个人形象展开的;但同时,故事本身又与国家层面的事件或历史有一定的关联,所以相对而言,比较容易展现美国的形象,或者说与美国形象的表现或多或少不无关系。好莱坞电影的分类中,一大类别是个人英雄片,广义而言包括个人动作片、个人成长片等。与政治和战争片相比,似乎与国家的关系不是非常紧密,如果有的话也只是作为大背景出现,但这只是从事件或历史阶段来理解"国家"的出现与存在。国家其实也是一种理念的表现。就美国而言,价值观的理念与国家间的关系由于历史原因凝聚成了更加密切的关系。从这个角度而言,在一些个人英雄片中,美国价值观的一些理念,如个人主义、个人尊严、正义追求、平等观念、美国梦实现等方面构成了将个人转化为英雄的主要推动力,在个人实现目标的同时,这些价值观念也得以展现,并通过具体情节上的关联与镜头拍摄,时时与美国的形象挂上钩,在有意与无意间,个人的行为在不同程度上或代表或象征或指向或烘托了美国的形象。

1976年上映的《洛奇(Ⅰ)》(Rocky I)不仅是好莱坞名星史泰龙入行之作,也是体现美国价值观中机会平等概念的一部影响巨大影片。机会平等在美国社会中的展现非以美国梦为代表莫属。正如历史学家亚当斯所言,平等观念和平等机会是美国梦实现的基础,但这并不等于这个抽象的概念一定就会带来梦的实现。美国梦其实更多是建立在个人奋斗的基础上的。换言之,美国梦与美国式的个人主义是分不开的,两者合力才有可能在朝向美国梦的道路上迈开步子。从这个大背景来理解《洛奇》,则可以体悟到这部情节简单的影片的深刻用意。史泰龙饰演的名为洛奇的主角是一个靠着替人收债为生的小人物,虽然也算是一个小有名气的业余拳击手,但并不能以此谋生,更多时候则是常常混迹于一些街头小混混之间;在一个偶然的机会里,顶替他人与一位世界级拳手对决。影片聚焦小人物不惧压力、抓住机遇、迎面而上、奋发努力,最终击败对手的过程,表现了强烈的个人奋斗精神。在影片结尾时,观众看到了一场血肉模糊的拳击大战,洛奇咬紧牙根坚持到了最后,一些观众也随着其打出的最后一拳,情绪上升到了高潮,激动于这个小人物的不懈努力。洛奇的胜出给他们注入了深深的代入感,以至在其眼中,这不仅仅是一场拳击,而是一种类似有着"宗教经历的感受",洛奇不仅仅是洛奇个人,而是代表着"你和我这样的普通人",洛奇的故事则表明一个"无名小辈"(nobody)也可以成为一个"像模像样的人"(somebody)(Rocky user reviews,Imdb)。这些来自一些普通观众的评论其实是说出了他们对洛奇的认同感,也即对于实现梦想的可能性的认同感。影片不单单是讲述一个小人物的成功故事,更是把这个故事的讲述置放到具体的背景中,从中烘托出成功者走过的路上所留下的美国痕迹。洛奇生活的费城一角的近乎贫民窟的景象在影片中得到非常细致的描述,从洛奇身边的人的行为也可以看出其移民身份和背景,这些美国特征明显的背景给这个成功故事打上了深深的美国梦及其背后延伸出来的机会平等、个人奋斗等观念的烙印。美国的形象不言而喻地超越了史泰龙发达的肌肉的表征而成为一种精神的渲染。

如果说《洛奇》是一部通过宣传个人奋斗从而道出美国梦之真谛的影片,那么同样也是与个人行为相关的《第一滴血》(*The First Blood*)则从另外一个角度讲述了个人与国家间的关系,用一种极端的行为显示了维护正义的重要性。个人主义在这部影片中通过传统的个人英雄动作片的模式得以展现,但同时也在其中注入了个人与正义共在的理念,由此曲折迂回地表现了美国的形象。这部1982年出品的史泰龙另一系列的开头片围绕一个越战退伍老兵兰博在一个小镇遇到不公正待遇,进而引发一连串暴力反抗行为展开。老兵兰博把在越南战场上施展的杀敌本领搬移到了偏僻小镇的山林中,一个人对阵一整个镇上的国家机器:警察和国民警卫队。相较于兰博的勇武、机敏与身手不凡,后者显得不堪一击、徒有其名。从动作展示的角度看,影片极具观赏性,从好人斗恶人(好莱坞通行的故事套路)的故事线索而言,此片也会让人看得大快人心。但是,这只是影片套路给人留下的表面印象,在其背后反映的是个人面对正义缺失时挺身而出的反抗行为以及这种行为之于美国的意义。小镇警长以貌取人,把兰博当成流浪汉,进而阻止他在这儿找地方吃饭。警长的理由是这个地方他说了算,他的话就是法律。兰博随后所做的一切既是对这个傲慢警长的警告,也更是对以他为代表的法律滥用者的抗议。《第一滴血》中的兰博行为的动机在很大程度上与传统西部片中的英雄人物的行为动机如出一辙,后者在荒野西部遭遇无视法律的绑匪时,其大无畏的精神和勇敢行为一方面表现了正义的存在,另一方面也是代表法律对那些恶人进行严惩。在此片中,逻辑关系发生了一些变化,本应代表法律和正义的警长戴上了恶人的面具,被迫反抗的一介草民兰博的行为进而被赋予了维护正义的形象。兰博在与小镇国家机器中的各式人等的搏斗中,很少采取致人于死地的动作,至多伤其身体,直到最后与警长一对一的枪战中也只是不得已致其重伤。影片这样的描述,表明了兰博与残忍杀人者间的距离,同时也多少暗示了其维护正义而采取的策略,因为在一个和平的年代里正义并不是要用完全的生死对立来维持的,法律毕竟是要用法理来达致,而不是一味的暴力。这也是为什么影片结尾时安排了兰博把自己交给警察的情节,而不是影片摄制过程原本考虑过的以兰博的自杀来结尾(见 The First Blood, wikipedia)。与前面讨论过的一些政治片的表述方式类似,此片也是通过正反两方面的对比来凸显兰博的形象。不同的是,个人形象在此片中的比重显然占了大头,这一方面是因为要适应影片个人英雄片的套路要求;另一方面从深层次而言,个人对于集体乃至国家的反抗与对立关系在美国历史上也曾留下过踪迹。19 世纪内战前著名人物梭罗所著《论公民的不服从》(Civil Disobedience)即是这个方面的典型代表。所谓"不服从"是指不遵照国家的要求,而这种行为的动机缘由则来自个人对自己良心的顺从,良心在梭罗看来是道德的真正源头,国家的行为违背了个人所遵从的道德良心,所以才会发生"不服从"。这是 19 世纪时期自由主义在个人信仰方面的反映与表现。需要指出的是,梭罗针对的"国家"指的是当时的政府,对于美国本身而言,尤其是就杰弗逊在《独立宣言》中所描绘的美国的信仰而言,梭罗是坚定的笃信者,这也是他坚守的良心的来源,也是作为历史遗产的美国价值观作用的表现。兰博的形象不能完全与梭罗同日而语,但在个人出自良心而行动这个逻辑上有一定的相关性。这也正是影片与美国形象的表达的相关之处。

　　这种个人与"国家"间的对立关系也出现在另一部动作大片中。1988 年上映的《龙胆虎威》(Die Hard)(后来有系列电影出现)讲述一个警察偶然碰上恐怖分子杀人劫财行为,他立即以一己之力对付一帮匪徒,最后完胜他们。在这个过程中,代表国家的地方警察局和联邦调查局人员也在外围加入战斗,但是他们要么表现迟钝,要么就是官僚作风严重,机械行事,其行为并没有给在内线作战的警察个人提供多少帮助,反而制造了不少麻烦。通过这种对照方式的描述,影片突出了警察个人行为的英雄形象,同时亦沿袭了个人主义思想传统的重要内容,即个人常常才是正义道德力量的源泉。与兰博一样,影片中的警察以暴制暴,这也是大多西部片的正义表现逻辑,而这个逻辑背后所依赖的则是对于个人道德力量存在的崇信。相对而言,代表国家的一些行政机构及其人员则反而在这方面患了缺乏症。这是美国式的个人主义内涵中的一个重要因素,个人之重要往往是在与"国家"或"集体"的对照中表现出来。好莱坞在这方面显然体悟到了个人主义的一些真谛所在,从而也在一些诸如此片这种以动作为主的观赏片中透露了美国的形象。

1994 年好莱坞大片应是《阿甘正传》(Forest Gump)莫属。此片故事围绕主要人物阿甘的人生经历而展开,可以看成是个人成长片。与很多聚焦个人行为的影片不同,此片把镜头对准了历史中的国家,个人与国家背景相互交融与交叉,构成了这部个人成长片的与众不同之处。从绝对意义而言,阿甘这样的半傻之人(half-idiot)无所谓成长,但是从影片的叙述角度和过程来看,通过阿甘的眼光和视角我们看到了他的变化,从懵懂到发现德性,进而分辨是非,判断善恶;再者,我们还跟着阿甘经历了从 20 世纪 50—70 年代的美国,正是在这个过程中看到了美国的变化,阿甘自己也随着发生了变化,这或许也可以看作是成长的过程。成长的意义同样也在于作为观众的我们从中分享了阿甘的行为背后体现的比较复杂的思想观念。也正是在一点上,此片与情节和叙述都相对简单的单纯个人英雄片有所不同。阿甘不是传统意义上的个人英雄,但是可以看到在他身上杂糅进了诸多个人英雄的痕迹。例如美国梦的表现,影片讲述阿甘从越南战场回来后按照在战场上死去的战友布鲁的指引干起捕虾的行当,经过不舍的努力,终于获得成功,最后成为百万富翁。这中间尽管有机遇的巧合,而巧合也是整部片子的一个叙事框架,借此加强喜剧效果,不过,阿甘相信的"说到就要做到"这一信条更应是推动其走向成功的主要动力,而这也体现了实现梦想过程中个人的坚毅品格和奋斗精神的重要性,也是美国梦的主要内涵之一。除了美国梦以外,影片还表现了阿甘的一些个人英雄行为,比如在橄榄球场上拼命奔跑、赢得球赛,在娱乐场所不顾一切地勇敢救美,在炮火连天的战场上舍身救战友,等等,尽管这只是在整个故事中占据了一些边角地方,但也足以说明这些行为的英雄品性,更重要的是,作为故事的主角这些行为突出了阿甘的个人行动承担者的角色,进而呈现了这些行为背后折射的追求美好与正义的意味。在这一点上,影片更是通过把阿甘融入历史的过程,让他成为一些重要历史节点的见证人,通过这个方式,放大了这种追求,使得这种追求成为美国历史的一部分,这是影片要宣传的一个主调。作为一个来自美国南方的白人,阿甘一方面可以是突破种族主义偏见的先行者，与黑人士兵布鲁结成生死之交，另一方面也是关爱家庭、关爱国家这些传统观念的践行者。就阿甘所处的时代背景而言，前者可以说是表现了自由主义运动的时代特征，后者则指向了保守主义思潮①的回归（Lynn，2005：107）。相对而言，后者在影片中占据了更多的表述机会，阿甘与珍妮由青梅竹马走向相恋，中间因时代变迁而互相隔阂，最后又双双回归家庭，这整个过程贯穿了影片的全部叙述，这本身就表明了影片的一个思想主调，或言曰：意识形态。这种意识形态在影片中与历史叙述交叉展开，通过阿甘与珍妮两个人物行为，用比较的方式展现其博弈的过程和结果。如果说珍妮从乡村走出、寻找自由与解放、参加嬉皮士组织、参与反战活动，所有这些一方面与美国 50 年代后期到 70 年代的历史走向相合拍，另一方面也与自由主义思潮的影响相关联，那么阿甘的行为路径，从进入大学成为橄榄球运动明星到参加越战，再到站在反战运动的对立面和变成百万富翁，之后回到家乡在不经意间拥抱珍妮的回家，这个过程朝着珍妮行为的相反方向发展，其中保守主义思想中的传统家庭观念得以非常清晰地显露。而影片把阿甘置放于一些重要历史节点之中，其成为历史见证人的一些特写镜头则也清楚地表明了阿甘与国家间立场一致的关系，这同样与珍妮所代表的反文化运动相违逆（见 Forest Gump, wikipedia），而这正也是保守主义思想的一个重要内容。这些都表明了影片的意识形态立场，即趋向文化保守的态度，并从这个立场和态度出发重写二战后美国历史（Lynn，2005：107）。而所谓重写，在某种意义上也是"洗白"（whitewash）这期间错综复杂的历史纠葛，包括种族冲突、民权运动、越战影响、嬉皮士运动、反文化运动等（Lynn，2005：118）这些曾经深刻影响了美国社会走向的事件和现象。影片采用了阿甘的视角对待这些事情，一方面展示这些历史留下的脚印，另一方面则明显地表明了反对与批判的态度，这是影片意识形态立场的所指。关于好莱坞的意识形态展现，有论者这样说道："好莱坞电影中的政治代表了美国这个大熔炉里面各种种族、阶级、团体、性别和经济的观念，也就是各种意识形态。"（徐海龙，

---

① 这里所说的自由主义既是广而言之的自由主义，即萌生于 19 世纪、强调个人自由的思想，也指具体而言的美国的新政自由主义（New Liberalism），即源于 20 世纪 30 年代罗斯福总统的新政，着重政府在国家管理中的作用。60 年代肯尼迪和约翰逊的政策延续了罗斯福的部分新政思想；相对来说，保守主义在经济上则表现为小政府、少规则倾向，被称为是新型自由主义（Neo-Liberalism），在社会层面强调宗教、家庭、秩序等传统观念。这部影片传递了这些思想在历史上的交汇情景。关于保守主义的阐释可参见 George H. Nash, *The Conservative Intellectual Movement in America Since 1945*, Wilmington, Delaware：ISI Books, 2006。

2013：3)意识形态是某种政治观念的代表，而政治观念又指示了时代的某些特征。就《阿甘正传》而言，它是从 90 年代看历史的回眸，是克林顿时代保守主义回潮的表现，其代表征候即国会重又从民主党移到共和党的掌控之中（见 Forest Gump，wikipedia），集中在阿甘身上的传统观念也正是共和党保守派一直在孜孜以求的东西，而这其实也是当时社会的一种氛围（见 Forest Gump，wikipedia）。由此而言，影片传递了那个时候美国的一种社会氛围。但从表现方式来看，此片比那些较单纯的个人英雄动作片要复杂得多，不是以那种单一的以一个人物的品质代表某种精神，如个人主义，而是通过多种势力和因素的交融回合、冲突往复的形式迂回曲折地展现意识形态立场，继而表现美国的形象。《阿甘正传》在这方面树立了一个典型。

　　好莱坞并不是完全的宣传机器，它是文化制造者，更是文化工业①的运行者，两者皆以获取最大值的利润为其最终目的。但毋庸置疑，商业化的运作与文化的表现和传播在这里并不逆行相悖，尽管这种情况也时有发生，更多时候，则是这两个方面互为表里、互依互承、互相支撑，其结果之一便是有关美国形象的产生。美国形象及其表现并不是遵循一个固定的格式，好莱坞电影尽管大多会按照类型与套路演绎故事，但具体内容还是千差万别，拍摄方式也很不相同，只是在涉及美国形象时，大多会与被广为接受的美国价值观念中的一些重要内容相关联，而这正是构造美国文化的要素，也是美国软实力借以表现的主要渠道。在这个意义上，可以说好莱坞是宣传美国形象的有力机器；但同时，值得注意的是，宣传一词在这里与其一般的意义还是差别很大，好莱坞的宣传之于美国形象，可以是正面直接表述，也可以是曲折迂回演绎，更多的时候是以负面揭露和反面批判的方式加以抖搂，或者是几种方式混合使用。所以，与其说是宣传，不如说是宣告，即宣告美国及其思想价值观念的存在与影响。在上述讨论的影片中，这样的宣告程度与方式各不相同，但指向应是一致的。上述影片中有不少被纳入美国国会的"国家电影名录"（National Film Registry）（又名"美国国会电影收藏目录"），如《青年林肯》《史密斯先生去华盛顿》《总统班底》《猎鹿人》《拯救大兵瑞恩》《洛奇》《阿甘正传》等。进入这个名录的电影须在历史、文化和美学三个

---

① 德国哲学家阿多诺（Theodor Adorno）和霍克海默（Max Horkheimer）于 1947 年出版《启蒙辨证法》（*Dialectic of Enlightenment*）一书，其中一章的标题是"文化工业：作为大众欺骗的启蒙"（The Culture Industry：Enlightenment as Mass Deception），"文化工业"在其笔下成为资本主义社会大众文化的代名词，大众文化的单调、统一、受工业控制等特征成为一种"文化"现象。

方面都有创获,显然这多少要与美国的形象相关。此外,上述讨论的影片大多获得过奥斯卡各项大奖,同时又在票房上屡创新高。这可以说是宣告美国形象的最有效的宣传。

第二节　永不消失的边疆:西部片
中的美国历史与价值观

　　若问美国以外的观众,好莱坞电影中什么电影最具有美国特色? 什么人物形象最能代表美国? 答案一定是西部片和西部牛仔。2015 年,BBC 邀请来自全球 62 位知名影评人投票选出历史上最伟大的 100 部美国电影,至少有 8 部西部片上榜(如果仅仅指严格意义上的西部片)。其中,由著名的西部片导演约翰·福特(John Ford)执导、最具有代表性的西部片明星约翰·韦恩(John Wayne)主演的《日落狂沙》(*The Searchers*,1956)超越《卡萨布兰卡》(*Casablanca*,1942)、《愤怒的公牛》(*Raging Bull*,1980)等经典名片,排名第 5。美国电影学会(The American Film Institute)从 1998 年开始,综合学术界、电影业界和普通观众的投票,评选出 20 世纪 100 部最佳美国影片,其中西部片有 9 部上榜(Rollins & O'Connor,2009:x),而其他佳作中还有不少是起源于西部片或者借用西部片的符号和主题。西部片在美国国内外都得到广泛认同,被认为是最有美国特色的艺术形式(Rollins & O'Connor,2009:1)。

一、西部片发展史

　　作为美国所独有的故事片类型,西部片,顾名思义,是表现美国西部的电影。美国电影学会(American Film Institute,AFI)将西部片定义为“故事背景为美国西部,表现拓荒精神、拓荒者的奋斗以及边疆的终结的影片”①。西部一般是指美国密西西比河以西的地区,西部片的故事内容讲述的是一个特定的历史时代,即“西进运动”(Westward Movement/Expansion),尤其是 19 世纪下半叶到 20 世纪初。这一时期美国领土迅速向西扩张直至到达北美洲西岸的太平洋,伴

---

① 本节中的译文除注明外均为作者翻译。

随着领土扩张的是来自东部和欧洲的移民潮以及移民在西部的拓荒和定居。这段历史是美国气质(ethos)和美国文化价值观形成的重要时期,因而成为专属美国电影的独一无二的素材来源。电影诞生仅仅8年之后,美国就拍出了第一部西部片《火车大劫案》(*The Great Train Robbery*,1903)。可以说西部片诞生于西进运动中,并与美国电影工业一起成长。

西部片的故事发生地大多是美国中西部干燥荒凉的原野,表现的是文明如何征服原始的自然。在这一过程中,拓荒者要拿起武器,克服严苛的自然条件,抵御"野蛮"的印第安人的仇杀,维护文明秩序,惩治不法分子。西部片的情节常常沿着罪行-追踪-复仇这一脉络展开,最后往往结束在一场惊险的枪战中(Agnew,2014:88):坏人被惩戒,正义得到伸张。广袤的荒野,壮丽的山谷,旷野中的小镇,马背上的牛仔,行踪不定的枪手和赏金猎人,坚定强悍的警长,异教徒面孔的印第安人,扣人心弦的枪战……所有这些异域元素都在提醒着美国观众这是他们的国家和民族成长和发展的历程,而且这看上去是一段"从无到有"的激动人心的奋斗史,是与"蛮荒"角力的惊心动魄的斗争史,因而西部片从诞生之日起在默片时期(1894—1927)就非常受欢迎。进入有声片时代后,虽然西部片一度沦为粗制滥造的低俗品,但在20世纪30年代末随着约翰·福特等导演的崛起,西部片重回主流,其艺术声誉也随之提高。以约翰·福特导演、约翰·韦恩主演的《关山飞渡》(*The Stagecoach*,1939)为里程碑,西部片呈现出史诗般的风格,着力表现西方移民驯服荒野、拓展疆域的奋斗历程,涌现出如霍华德·霍克斯(Howard Hawks)导演的《红河》(*Red River*,1948)、迈克尔·柯蒂斯(Michael Curtiz)导演的《圣菲小径》和《维城血战》(*Santa Fe Trail* and *Virginia City*,1940)、弗里兹·朗(Fritz Lang)导演的《西部联盟》(*Western Union*,1941)、威廉·威尔曼(William Wellman)导演的《龙城风云》(*The Ox-Bow Incident*,1943)、金·维多(King Vidor)导演的《太阳浴血记》(*Duel in the Sun*,1946)等众多西部片导演及其经典作品,以及约翰·韦恩、詹姆斯·斯图尔特(James Stewart)和贾利·古柏(Gary Cooper)等一批西部片偶像明星。20世纪50—60年代,战争的残酷和血腥、冷战的阴影、美国国内的社会动荡等都让好莱坞电影人重新思索传统西部片中的暴力倾向、英雄主义、正邪之战以及种族关系等主题,这些反思使得西部片的历史呈现趋向现实主义风格,人物形象更加复杂,主题更为深刻和丰富,艺术价值也进一步提高。以弗雷德·金尼曼(Fred Zinnemann)导演的《正午》(*High Noon*,1952)为代表,许多赢得全球声誉的西部片都产生于这一时期,例如乔治·斯蒂文斯(George Stevens)导演的《原野奇侠》(*Shane*,1953)、福特导演的《日落狂沙》(*The Searchers*,1956)和《双虎屠龙》(*The Man Who Shot Liberty Valance*,1962)、霍克斯导演的《赤胆威龙》(*Rio Bravo*,1959)、尼古拉斯·雷(Nicholas Ray)导演的《荒漠怪客》(*Johnny Guitar*,1954)、约翰·斯特奇斯(John Sturges)导演改编自黑泽明《七武士》的《豪勇七蛟龙》(*The Magnificent Seven*,1960),以及德尔马·戴维斯(Delmer Daves)导演的《决战犹马镇》(*3:10 to Yuma*,1957),等等。

进入 20 世纪 70 年代以后,由于越战给美国社会带来的冲击,再加上欧洲西部片,特别是意大利西部片[通心粉西部片(Spaghetti Western)]的影响,西部片里的正邪之分开始模糊,许多导演开始质疑甚至否定传统西部片所塑造的西部神话。从山姆·佩金法(Sam Peckinpah)导演的《日落黄沙》(*The Wild Bunch*,1969)、乔治·罗伊·希尔(George Roy Hill)导演的《虎豹小霸王》(*Butch Cassidy and the Sundance Kid*,1969)到阿瑟·佩恩(Arthur Penn)导演的《小巨人》(*Little Big Man*,1970)和罗伯特·奥特曼(Robert Altman)导演的《麦凯比与米勒夫人》(*McCabe & Mrs. Miller*,1971),以及克林特·伊斯特伍德(Clint Eastwood)导演的《不法之徒》(*The Outlaw Josey Wales*,1976),西部片的主角不再是锄强扶弱的警长或者边疆游侠,印第安人也不再是单一的邪恶面孔,疆土的扩张不再是可歌可泣的开拓史,导演更多地借用西部片这一类型来折射出自己对于美国社会问题和价值观的批判,因而这类西部片被称为"修正主义"西部片(Revisionist Western)。到了 80 年代,随着太空历险片的崛起,辉煌了大半个世纪的西部片也日暮西山,走向衰落。然而,西部片作为美国独一无二的类型片,因其所表现的美国特有的地理风貌、美国特定的历史阶段和美国了民众特有的经历体验,并没有终结。90 年代,随着凯文·科斯特纳(Kevin Costner)导演的《与狼共舞》(*Dances with Wolves*,1990)和克林特·伊斯特伍德导演的《不可饶恕》(*Unforgiven*,1992)赢得广泛好评和全球票房,西部片携着 70 年代开始的反思再次进入人们的视野。近年来,许多著名导演或重拍以前的经典西部片,或改编西部小说,使西部片这一明日黄花又焕发出新的生机。例如,詹姆斯·曼高德(James Mangold)导演的《决战犹马镇》(2007)、科恩兄弟(Ethan Coen,Joel Coen)导演的《大地惊雷》(*True Grit*,2010)、昆汀·塔伦蒂诺(Quentin Tarantino)导演的《八恶人》(*The Hateful Eight*,2015)、亚利桑德罗·冈萨雷斯·伊纳里图(Alejandro G. Iñárritu)导演的《荒野猎人》(The *Revenant*,

2015），以及安东尼·福奎阿（Antoine Fuqua）导演的《豪勇七蛟龙》（2016），等等。这些作品一面向传统西部片致敬，一面叩问经典作品里的暴力取向、种族关系、性别关系和价值观，昭示着西部片的发展还远远没有结束。

随着信息时代的来临，当代社会越来越影像化，影视作为信息的主要载体，既是大众文化的镜子，又是铸造者。因此，毋庸置疑，好莱坞电影最能代表美国文化，也是美国文化最有影响力、最有效的输出工具。最新数据显示，2017年全球电影票房总收入达399亿美元，而美国资本的电影公司占据其中的80%以上（Box Office Mojo）。正是因为好莱坞电影工业在全球拥有无可比拟的广泛影响力，美国的文化、生活方式和价值观得以以潜移默化的形式影响其他国家和民族。最能直观而生动地体现美国文化的好莱坞电影，正是美国软实力的重要源泉，无意或者有意地传播着美国的意识形态和价值观。而在长达100多年的时间里，一直在美国电影中长盛不衰、打着美国独家拥有标签的西部片，正是集中体现了美国的价值观，并以其异域风情的特点吸引了全球观众，将美国的历史观、世界观和种族观等意识形态传播到全世界。

二、西部与西部神话

西部片里的西部在哪里？西部的概念是如何形成的？广义的西部与"美国边疆"（American Frontier）的概念紧密相连。美国的边疆指的是来自欧洲和美国东部的移民向北美大陆西部（也包括南部）迁徙，探索和开垦荒地的前沿地区。这里是人类文明和原始自然的交界线，移民在这里与新大陆的蛮荒（Wild West）抗衡，也直面被看作蛮荒的一部分的原住民印第安人，最终将边疆的界限步步向西推移，直至将大半个北美大陆纳入美国版图。从17世纪第一批英国清教徒到达美洲建立定居点开始，不断向西推进疆界，原始的自然风光、独立战争与建国史、各种地方传奇、与欧洲截然不同的边疆文化和生活方式，这一切渐渐形成了美国的边疆话语。

美国著名历史学家弗雷德里克·杰克逊·特纳（Frederick Jackson Turner）在1893年提出了著名的"边疆理论"（The Turner Frontier thesis），他认为旧大陆的许多固有的主张、习俗和思考方式在边疆都会变得无关紧要。在旧大陆，既有的贵族阶层占有和控制了大部分土地，国教教会约束着人们的思想和行为；而在荒野，没有贵族、没有教会，也没有驻军，土地就在那里，等待人们去开拓,每个人的机会都是平等的(Turner,1921:Chapter 1)。一个人的社会地位、种族差异等因素在旧大陆能决定他的身份、财富和人生,而在新大陆,在美洲干旱的沙漠里熬过饥荒,在洪荒森林里与野兽搏斗,在与比野兽更"野蛮"的印第安人对抗时,这些都毫无用处,关键是一个人在面对荒野时的体力、智慧和毅力。边疆移民们不受政府和教会的约束,但也没有政府和教会可以依靠。他们所能依靠的是自己。他们自己拿起武器保卫自己,而后,他们开垦的土地被政府认可为私人财产,他们自己形成的管理组织得到政府的承认。特纳强调,美国的民主制度正是在边疆的平等主义和对暴力的推崇中形成的(Turner,1893)。因此,西部是美国民主实践的源泉,是美国民族身份的试金石,是美国国民性格的训练场,西进运动是包含平等、民主、个人主义、乐观主义甚至暴力等价值观的美国民族性的形成阶段(Rollins & O'Connor,2009:2-6)。

　　几乎每一个民族的诞生都有一部史诗来定义。如何定义美利坚民族的形成? 如何书写美国的传奇? 美国建国之后,随着历史的进程和国际形势的变化,美国与原宗主国英国不再敌对,关系逐渐趋于缓和,进而发展为合作关系,特别是在两次世界大战后,更是变为盟友关系。因此,美国建国神话就不能取材于独立战争,英国人不能以敌人面目出现。由特纳所定义的美国西部和边疆,作为美国经验和价值观的独特体现,成为艺术创作取材的重要来源。先是通过通俗文学作品,而后是影视,美国的大众媒体逐渐铸就了一个西部神话(Murdoch 2001:vii)(Deverell 2004:5-20)。很多西部片都是改编自西部小说,相对于文字,影视用图像更为直观地呈现了一个蛮荒的西部。在西部片中,观众看到的西部是无人开垦的土地、幽深的峡谷、野兽出没的原始森林⋯⋯总之,是一片等待开发的"处女地"(Virgin land)。战胜自然,驯服这片蛮荒的处女地,让它变为良田或者牧场,这是移民们通过艰辛的努力立下的丰功伟绩,而移民在这片土地上的所作所为——砍倒拦路的大树、圈拦广阔的土地、播种粮食、饲养牲畜、在旷野中建立城镇,并让城镇不断扩张,这是文明的胜利,是美国人的"天定命运"(Manifest destiny)。以西部片的第一个里程碑《关山飞渡》为例,导演福特选择的外景地纪念碑山谷(Monument Valley),成为了后续西部片的标志景观。

　　纪念碑山谷位于亚利桑那州和犹他州交界处的科罗拉多高原上,地貌特点是在干燥荒凉的高地上矗立起一座座宛如纪念碑般巍峨的砂岩山丘,在印第安纳瓦霍(Navajo)语中这一带被称为"岩石山谷"(valley of the rocks)。一马平川的高地上，突然耸立起一座座笔直的山岩，有的离地面高达 300 米，视觉效果极为震撼。在福特拍摄《关山飞渡》之前，西部片大部分是在摄影棚里拍摄的廉价消遣片，而福特在争取到足够的投资后，选择了纪念碑山谷作为《关山飞渡》的主要外景地。片中，1880 年，一辆驿站马车载着 9 名不同身份的乘客从亚利桑那的唐托(Tonto)驶往新墨西哥的洛兹堡(Lordsburg)。出发之际，他们便得知印第安人阿帕切(Apache)部落的领袖杰罗尼莫(Geronimo)正带领他的印第安战士袭扰他们途经的地区。于是，整个影片都在车内外的紧张气氛中展开。尽管印第安人直到接近影片尾声时才露面，但故事情节的推进和转换依靠的是不断传来的阿帕切人的消息。车上的 9 名白人乘客时刻担心着车外随时可能出现的印第安人。在这样的紧张氛围中，一辆代表着人类和人类文明的马车单独驶入山岩壁立的纪念碑谷。远镜头中，孤单渺小的马车、广袤荒凉的旷野中高耸的孤峰、峰顶上沉默的印第安人……纪念碑谷与片头片尾的西部城镇，壮丽的山谷与形单影只的马车都形成了强烈的视觉反差与对比。最终，车上的几名白人男性在飞驰中与奔袭包抄的印第安人进行了惊险刺激的马上枪战，并坚持到美国骑兵部队前来救援。印第安人被歼灭，驿车成功到达终点城镇，乘客们回到了熟悉的文明世界。由于纪念碑山谷在视觉上的鲜明吸引力，导演福特随后的一系列西部片都选择在此地拍摄，使得"这仅仅五平方英里的土地在随后几十年间成为观众想象中的西部"(Phipps，2009)。

马车驶入纪念碑山谷，正是象征着人类文明向荒野的推进。不管移民在初来乍到时面对北美大陆的壮阔自然是如何渺小，他们凭借手中的工具和武器，最终"征服"了自然，让建筑、农场和铁轨等文明的象征一点点地向西部深入、扩展，最终将整个北美大陆打上文明的印迹，这是美国人的"天定命运"。"天定命运"是 19 世纪的美国人普遍深信不疑的概念。1776 年，托马斯·佩恩(Thomas Paine)在他著名的《常识》(Common Sense)一文中宣称：美国革命(美国独立战争)提供了一个创造一个崭新的、更好的社会的良机。他说："我们有力量开启一个崭新的世界。我们现在的机遇，是挪亚之后还从未出现过的。一个新世界的诞生即将到来。"(Paine 1776)美国人认为，美国人民通过奋斗在新大陆上建立了一个崭新的民主制国度，因而美国人民和美国的制度具有独一无二的优越性；美国人有责任将这些优越的制度扩散到新大陆的其他地区(以西部为代表的蛮荒之地)；这一责任是上帝赋予美国人民的使命(Miller，2006：120)(Weeks 1996：61)。"天定命运"的信仰植根于美国的清教精神，植根于最早的美国梦。

从约翰·温思罗普(John Winthrop)1630 年在前往马萨诸塞的船上布道时,引用《圣经》里的"山巅之城"(A city upon a hill,Matthew 5:14)开始,清教徒就坚信他们建立的新社区将是全世界所瞩目的典范(Witham,2007)。当美国人成功地摆脱英国统治,建立了自己的民主国家后,他们更加坚信自己的道路和命运。托马斯·杰斐逊在写给詹姆斯·门罗(James Monroe)的信中说:"我们会情不自禁地想象,未来我们的高速增长会超越那些疆界,覆盖整个北部大陆。"(Ford ed. 2010:315-319)1862 年,林肯在国会致辞中将美国描述为"世界最后和最大的希望所在"(the last,best hope of Earth)。随后在 1863 年著名的葛底斯堡演讲中,他将美国内战——南北战争定性为对一个民主国家能否存在下去的考验(Johannsen,1997)。因此,打着传播民主制度的旗号,美国对北美大陆的侵占既有宗教的背书,又取得了道义上的正确性。既然是传播文明,那么这片土地必定是尚未被人类踏足的荒野,是尚未被上帝的真理所照亮的混沌,是未被开垦的"处女地"。从《关山飞渡》里的纪念碑山谷成为标志性的西部影像,到1992 年作为修正派西部片代表作的《不可饶恕》,再到近年拍摄的《大地惊雷》《荒野猎人》等,西部片呈现的西部无不是渺无人烟的干燥原野,或者是深不可测的原始山林。在《关山飞渡》里,当马车穿越纪念碑谷,当印第安人最终被击退,山谷里那一座座奇峰突起的山岩俨然见证了文明胜利的丰碑。小约瑟夫·奈说"最好的宣传就是不宣传"(Nye,2012)。美国的西部电影正是运用了动人的影像和故事,将美国西部是不毛之地这一概念投射到美国国内外,让全世界都相信是勇敢的美国人将文明带到了西部,并由此而延伸到全世界。西部片是造就西部神话的主力军,同时让国外观众在奇迹般的影像与故事中认同美国的历史观。

三、无法回避的印第安人

文明的胜利是驯服蛮荒,然而,在欧洲移民到达北美之前,这片辽阔的土地上并非没有人类的足迹。美国历史无法回避的一点就是印第安种族的覆灭和印第安文明的消失。西进运动中征服蛮荒,也包括抗击直至消灭印第安人。美国建国之后,一直通过战争和谈判等各种手段从印第安人手中夺取土地。在此期间,印第安各部落一直不间断地试图通过武装袭击阻止白人向中部和西部迁移,白人移民和印第安人之间发生过大大小小无数次血腥残酷的争斗,仅 1784 年一年,印第安人就在通往肯塔基的荒野之路上杀死了上百个白人开拓者(Donald

1996：21）。在美国，印第安人逐渐成为野蛮的代名词，是须被文明碾压的蛮荒力量之一，终将被文明西进的滔滔洪流所吞没。在早期的西部片中，印第安人总是以单一的野蛮人形象出现。作为西部片里程碑的《关山飞渡》也因其对印第安人的刻画带有种族主义的色彩而颇受诟病。《关山飞渡》一开始，便是旷野中的小镇上，当地驻军升美国国旗的镜头。小镇被荒野环绕，骑兵部队升起国旗，昭示着文明与野蛮的对抗。很快，军官接到电报通知，说杰罗尼莫正带领他的阿帕切战士在周边地区袭击往来的边疆居民，此时电影给了一个特写镜头给一旁的印第安信使：一张毫无表情的恍如杰罗尼莫的脸。历史上的杰罗尼莫（1829—1909）是阿帕切部落的著名领袖，在 1850—1886 几十年里，他领导族人同美国和墨西哥军队在美国西南部地区进行了长时间的武装对抗。在电影里，无论是军官还是平民，提起杰罗尼莫的名字无不为之色变，他的名字成了恐怖的代名词。故事围绕着旅程展开，作为全片中心的驿车上承载的都是白人，车外是车夫和负责保卫的警长，车厢里有妓女、医生、威士忌推销商、银行家和前来探望军官丈夫的南方淑女，还有前南方军队士兵、现在的赌棍，以及中途上车的原来是牛仔、现在要去为家人复仇的越狱逃犯。这 9 个不同身份的白人构成了一个代表着西部城镇的微缩社会，也构成了车内的文明世界，与车外隐藏着无数危险的荒漠形成对照。最终，在他们将要到达目的地时，印第安人出现了。在这场追逐和枪战中，再没有印第安人的近镜头，他们只是会使用武器的异类，残酷、嗜血，没有感情。因此当美国骑兵部队在关键时刻出现并击溃这些野蛮人时，绝对是值得欢庆的胜利。

《独立宣言》中写道："人人生而平等，造物主赋予他们若干不可让与的权利，其中包括生存权、自由权和追求幸福的权利。"① 但这句话的英文原文是："All men are created equal，that they are endowed by their Creator with certain unalienable rights，that they are among these are life，liberty and the pursuit of happiness"（*The Declaration of Independence*）。也就是说，由造物主——上帝创造的人才是平等的，才有生存权、自由权和追求幸福的权利，而印第安人是异教徒，也就不在平等之列。《独立宣言》在控诉英国的罪行时还说道："他（指英国）在我们中间煽动内乱，并竭力挑唆残酷无情的印第安蛮子来对付我们边疆的居民，而众所周知，印第安人作战的准则是不分男女老幼、是非曲直，格杀勿论。"

---

① 汉译为 1962 年商务印书馆版。

将印第安人视作"残酷无情的野蛮人"（the merciless Indian savages）（*The Declaration of Independence*），在本就崇尚暴力、适者生存的边疆，占领印第安人生存的土地、屠杀印第安人便名正言顺了。

从1990年的《与狼共舞》开始，西部片开始对西进运动和种族关系进行反思。《与狼共舞》着重表现了印第安苏族部落的古老文化，特别是印第安人与自然的和谐相处，与之形成对比的是白人的贪婪以及对北美原始自然风貌的践踏和破坏。1992年的电影《最后一个莫西干人》（*The Last of the Mohicans*）也对印第安人的形象有了正面和更加人性化的表现。该电影改编自美国著名作家詹姆斯·费尼莫尔·库柏（James Fenimore Cooper）的同名代表作，库柏的边疆系列作品——"皮袜子系列"（*The Leather Stocking Series*）被认为是美国史诗，是最早的边疆文学，其中的《大草原》（*The Prairie*）是第一部西部小说（Rollins & O'Connor，2009：2）。因此《最后一个莫西干人》的故事背景虽然是现在美国东北部的纽约州地区，作为反映边疆的作品，也可以看作西部片。电影一开始就呈现了边疆的白人拓荒者与当地的印第安莫霍克人（Mohawk）和谐相处的场面，并与之对照批判英国和法国军队对待边疆居民的冷漠甚至残酷。片中的莫西干人父子是勇敢、智慧和善良的印第安人的代表，然而这部90年代的改编电影也并没有完全摒弃原著里的种族主义阴影。库柏的原著虽然正面表现了主角"鹰眼"（Hawkeye）与莫西干人父子之间跨越种族的深厚友谊，但文本里经常用"野蛮人"（savages）一词来指代其他与英国人敌对的印第安人。电影虽然依照原著塑造了"好印第安人"——莫西干人的高大形象，同时也着力表现了以马瓜（Magua）为代表的"坏印第安人"的血腥、野蛮和暴力。片中有不少如剥头皮、挖心等血淋淋的镜头，都与马瓜率领的休伦（Huron）人有关，而休伦部落是法军的盟友。在影片临近结尾时，休伦部落的长老提出一个问题："白人的到来使休伦人的未来蒙上阴影，休伦人该怎么办？"这个问题也是所有印第安部落面临的困境。影片结尾，随着莫西干年轻勇士的丧生，莫西干部落即将消亡，也象征着印第安种族和文化的消亡。仅存的莫西干长老在日落时分，面对夕阳下苍茫壮阔的山林指出：

> 边疆随着太阳的移动自东向西，将这些原始森林和其中的红番人（印第安人）推到西面，直到有一天再也没有印第安人的立足之地。那时我们的种族将不复存在，或者我们将变得不再是我们自己。……边疆属于像我的白

人儿子和他妻子那样的开拓者，以及他们的孩子。有一天，边疆也会消失，而像你这样的拓荒者也会逝去，就如我们莫西干人一样。新的人会来到这片土地，劳作、奋斗，有的会在这里开创一番事业。但曾经，这里属于我们。

莫西干长老的预言回答了之前休伦长老提出的问题。随着白人的侵袭和扩张，随着边疆界线的西进，印第安人不得不面对种族灭亡的悲剧。即使有印第安人幸存，他们也再无赖以生存的土地，再也不可能保持原有的生活方式，森林被砍伐，土地被开垦，野牛、鹿和其他野生动物被屠杀。"到19世纪末时，美国已经失去了其1/5的森林面积"（顾向阳，2010：56）。幸存的印第安人只能拿起火药武器，像白人一样变成猎人和生意人。《最后一个莫西干人》虽然哀悼了印第安人的命运，但白人才是电影的主角。让莫西干长老以预言家的形象指出边疆属于白人、白人终将占领整个北美大陆，再配以史诗般恢弘的音乐，似乎是让印第安人承认西进运动是不可逆转的历史进程，印第安人的命运如日落西山，无可奈何。按照影片的逻辑，印第安人的悲剧是宏大的历史潮流中溅起的一朵浪花，或许是一朵相当引人瞩目的浪花，然而它终将消弭于潮流的进程中。

2015年的《荒野猎人》以冷静得近乎冷酷的画面表现了1823年在北美的荒野之地，白人与白人，白人与印第安人，白人、印第安人与野兽之间的残酷搏杀。相对于90年代的《与狼共舞》和《最后一个莫西干人》，这部影片对印第安人的刻画更加克制，总是从白人的视角远观印第安阿里卡拉人（Arikara）。但是，值得注意的是，在《与狼共舞》中，白人男主角的爱人是一个在印第安人中长大、有着印第安名字的白人女性；《最后一个莫西干人》中的莫西干勇士虽然为了救白人女孩而死，但他的爱意并未明确表达；而《荒野猎人》的男主角格拉斯却有一个印第安妻子和混血儿子。电影中，虽然一开始是印第安人对白人皮货商毫不留情的狙杀，但格拉斯被熊撕裂时的血腥，同伴菲茨杰拉德刺死他儿子及数次想杀死他时的残忍，被白人吊死的印第安人的尸体，更加触目惊心。茫茫雪原上的厮杀和求生，令人疑惑：人与荒野，究竟谁更加野蛮、更加可怕？最终，格拉斯没有选择结果菲茨杰拉德的性命来达到复仇的目的，他把后者留给了在河对岸观望的阿里卡拉人。阿里卡拉人离开时，曾被格拉斯解救的族长的女儿，在远处对他微微一笑。最后，格拉斯用尽最后的体力回到山林，在幻觉中与他的印第安妻子的亡魂团聚。这部电影并没有近距离描写印第安人的生活，只是侧面揭示印第安人的行为并非没有逻辑，他们的爱憎情感并非没有缘由，但电影中印第安人在镜头中大多是沉默无声的,格拉斯的印第安妻子也只在其碎片式的回忆中出现。导演没有给印第安人太多说话的机会。或许如影片所呈现,印第安人是如荒野般静默、遥远而神秘的存在,白人从未真正了解过他们。今天的好莱坞无论如何回顾那段历史,如何表现印第安人,都是在召唤已经逝去的亡魂,正如影片英文名所指——Revenant,意为"亡灵,久别归来者"。

1800 年杰弗逊当选美国总统后,将国土西扩作为美国国家政策的基石,美国政府加快了向西殖民的进程,印第安人也随之更快地失去他们的土地。在1820 年之前,印第安各部落尚能在英国、法国、西班牙和美国等殖民者之间周旋,尽力维护自己的利益,英国也曾试图帮助在西部建立一个统一的印第安国家,以期与美国抗衡。然而,随着英国、法国和西班牙逐渐从美洲撤退,印第安人再也无法抵御美国的吞噬(Deverell,2004:19-20),到 20 世纪初,边疆彻底消失。美国的西部片从丑化印第安人、维护西进运动的正当性,到反思西进运动对自然造成的危害,追溯印第安文化,重新审视种族关系,都是美国软实力的体现。归根结底,不管是野蛮的印第安人,还是神秘的印第安人,我们都只能从好莱坞的镜头里看到。当美国人奉行白人至上时,我们为文明征服蛮荒的丰功伟绩而赞叹;当美国人强调多元文化时,世界称许他们回归自然,尊重每一种文化的独特价值。好莱坞电影对美国价值观的反思,对美国历史和现实并非颠覆性的批判,是其魅力和活力所在,也是构造软实力的重要内容。

四、个人主义与美国优越主义

20 世纪美国著名政治学家和社会学家西摩·马丁·利普塞特(Seymour Martin Lipset)认为美国独特的意识形态可以用五个词涵括:自由、平等、个人主义、民粹主义(平民主义)和自由经济(Tumulty,2013)。在西部片中,这五种美国文化观念都可以找到,其核心是个人主义。"个人主义(Individualism)一词最早由法国政治家托克维尔(Alexis de Tocqueville)在《论美国的民主》(Democracy in America)一书中提出,它是一种政治和社会哲学,高度重视个人自由,广泛强调自我支配、自我控制、不受外来约束的个人或自我"(转引自顾向阳,2010:55)。前面提到的历史学家、边疆理论的创始人特纳认为西部对美国个人主义的发展影响深远,他指出:"西部广阔富饶的土地使人们真正体会到了个人的自由,也由此带来了影响到生活各个领域的个人主义。"(端木义万,1999:

55)

　　西部片中的人物类型出现频率最高的是牛仔、警长和匪徒，他们总是骑着骏马出现。西部片让美国人意识到他们是一个喜欢变动的民族，过去是马背上，现在是车轮上。西部的旷野让人们来去自由，似乎永远可以提供未知的土地供人们去探索、开垦。美国政府为了推动西部移民，允许拓荒者以极低的价格拥有土地，并且边疆居民可以组建自己的地方政府进行管理，西部俨然一片"自由的土地"（free land）（Wyman and Kroeber，1957）。一个定居点建立后，居民们可以自己组建政府，自己聘用警察作为执法者。而一个人是否具有执法官的资质并不在于他是否熟悉法律条文，而在于小镇居民是否认为他具有作为警察的品质，如正直、勇敢、锄强扶弱，当然，还得要有好身手、好枪法，因为警察常常得单枪匹马地面对匪徒。因而，西部社会松散的组织结构不同于人口稠密的东部城镇，边疆居民的道德判断和行为准则建立在自己的荣誉感和个人的正义感之上，即"边疆正义"（frontier justice），而正义的伸张常常是通过个人行为——枪战来实现的。边疆的这种个人正义与城市文明建立在理性基础上、通过法庭实施的抽象正义形成强烈反差（Newman，1991）。许多西部片都是以个人复仇为主题，如福特导演的《侠骨柔情》（*My Darling Clementine*，1946）和两次拍摄的《大地惊雷》。这种依靠个人、强调个人选择的倾向也可以谓之为美国著名先验主义思想家爱默生所提出的"自立"（self-reliance），更源于清教徒从旧大陆出走新大陆的初衷：坚持自己独立的道路。

　　自立、自主的精神是每一部西部片的主题。在《关山飞渡》中，当驿车上的9人得知骑兵部队无法再继续护送他们时，只有马车夫一人想随骑兵一起掉头返回，而其余的乘客不论男女都想继续旅程。随车的警长认为他们一共有4个人能用枪战斗，足以抵御印第安人的袭击，因而决定"自助"，依靠自己走完剩下的行程。影片最后，驿车到达终点，警长先是默许由韦恩饰演的逃犯"林果小子"前去找他的杀父仇人报仇；"林果小子"报仇雪恨之后，自觉地回到警长身边准备被带回监狱，然而警长却让他带着他的爱人离去，乘着马车驶向墨西哥边境。《关山飞渡》中警长的所作所为不是以法律为准绳，但却符合西部社会的道德标准，更符合观众的期待。无论是警长、牛仔还是猎人，西部片所褒扬的英雄是依照自己心中的是非观行事：不随波逐流、特立独行的男子汉。作为西部片正面人物的代表，警长常常被塑造成孤胆英雄的形象。在孤立无援的情况下，也要有勇气和决心坚持自己的选择，这是西部片打造的男性气概，也是自立的终极表达。正午的阳光下,警长孤独地走在西部小镇人迹全无的大街上,与匪徒狭路相逢——这一经典西部片场景来自著名的《正午》。

《正午》拍摄于20世纪50年代初,正值朝鲜战争和美国"红色恐怖"(Red Scare)时期。该片的编剧卡尔·福尔曼(Carl Foreman)曾是美国共产党党员,被众议院非美活动委员会(The House Un-American Activities Committee,HUAC)传唤,要求他为调查共产主义在好莱坞的传播和影响作证。由于福尔曼拒绝供认任何人,他被非美活动委员会定性为"不合作证人",极有可能被列入当时的好莱坞黑名单。由于担心被牵连,《正午》的制片人与福尔曼解除了合作关系,他最后也因为无法在好莱坞找到工作机会而被迫移民到英国(Byman,2004)。鉴于《正午》拍摄前所涉及的政治风波,许多评论都认为福尔曼所撰写的剧本是对当时在美国蔓延的麦卡锡主义的抨击。故事发生在内战前夕美国西南部的一个小镇上。小镇执法官威尔·凯恩(贾利·古柏饰)在卸任的当天,同未婚妻艾米举行了婚礼。正当两人准备离开小镇开始蜜月旅行时,传来一个消息:五年前被凯恩抓获的恶棍弗兰克·米勒从狱中出来了,将乘正午12点的火车到达;而他以前的三个同伴已经大摇大摆地穿过小镇,去火车站等候他的归来。由于弗兰克和他的同伴之前曾宣称要找凯恩报仇,小镇居民预感到如果凯恩留下,将有一场血雨腥风降临。他们认为只要凯恩不在,小镇就安全了,于是纷纷劝他离去。刚刚主持了婚礼、当年给弗兰克判刑的法官已先一步避走,但凯恩认为自己不能逃跑,他决定留下来面对匪徒。然而小镇居民没有一个人愿意为他提供帮助,同他并肩战斗。无论是前任警长,还是凯恩现在的副手,都决定置身事外。他的未婚妻反对他,他的好友躲避他,敌视他的酒馆老板等着看他的下场。电影时间的进度与片中时间的流逝一致,不时出现的钟表特写加剧了紧张的气氛。在小镇上孤独地来回穿梭数次后,凯恩没有找到一个愿意戴上执法者标志的星形徽章、同他一起抗击恶势力的人。他写好遗书,来到空无一人的街上,独自面对4个匪徒。最终,在未婚妻的协助下,凯恩击毙了所有的恶棍。面对渐渐聚拢来的小镇居民,他坚决地扯下警徽掷在地上,同未婚妻一同离开了小镇。

《正午》里的警长在所有人都反对、都回避的困境中,依然坚持孤身迎敌,以一对四,最后大获全胜,可谓西部片个人主义的顶峰。有趣的是,虽然《正午》所表达的内容很可能是编剧福尔曼对当时美国政府的抗议,但这部电影却是1954—1986年白宫放映次数最多的影片(Rowlins & O'Connor,2009:22)。从艾森豪威尔到里根、克林顿,都曾多次观看这部影片。克林顿曾说:"政治家们把自己看作《正午》里的贾利·古柏并不是偶然的。不仅是政治家,任何不得不违背公众意愿的人都会如此。当你孤独无援的时候,古柏的凯恩就是最贴切的比喻。"(Clinton,2004:21)除了在美国国内,《正午》在国外也有深远的影响。

从西部神话到西部英雄,从歌颂到批评,西部片集中体现的实际上是"美国优越主义",又称"美国例外主义"(American Exceptionalism)。西部片对于西部的塑造,正是体现了美国的"独一无二"。只有在美国西部辽阔的土地上,人们才可以没有贵贱之分,才可以白手起家,才可以来去如风,才可以快意恩仇,将正义掌握在自己手中的枪杆子里。西部片是美国自我形象的最佳体现(Murdoch 2001:vii)。

作为有极强同化作用的软实力工具,西部片的魅力遍及全球例如,意大利仿照西部片拍摄了"通心粉西部片"。王沪宁在1993年就发表《作为国家实力的文化:软权力》一文,他从国家实力的高度来剖析文化和文化传播,指出:"文化不仅是一个国家政策的背景,而且是一种权力"(王沪宁,1993:92);"文化的传播总是体现一种趋势,可以超国界传播,一旦一种文化成为其他国家和国际社会的基本价值式主流文化时,发源这种文化的社会自然就获得了更大的'软权力'"(王沪宁,1993:91),并且"一个国家的文化传播地越广,其潜在的软权力就越大"(王沪宁,1993:96)。这正是以西部片为代表的美国电影所发挥的效用。西部片是美国的标志,却让全世界喜闻乐见,为输出美国的价值观发挥了重要作用,这充分体现了美国文化的软实力。

引用文献:

Adams, James Truslow. 2012. *The Epic of America*. London: Transaction Publishers.

AFI. "America's 10 Greatest Films in 10 Classic Genres." http://www. afi. com/ 10top10/. Accessed June 17,2018.

Agnew, Jeremy. 2014. *The Creation of the Cowboy Hero: Fiction, Film and Fact*. Jefferson, North Carolina: McFarland.

Apocalypse Now, wikipedia. https://en. wikipedia. org/wiki/Apocalypse Now. Accessed Feburary 25,2020.

Black Hawk Down, wikipedia. https://en. wikipedia. org/Black Hawk Down. Accessed Feburary 26,2020.

Boulding, K.E. 1959. "National Images and International Systems." *The Journal of*

Conflict Resolution, No. 2, June: 120 - 131.

Box Office Mojo. Box Office by Studio: 2017. http://www. boxofficemojo. com/ studio/? view = company&view2 = yearly&yr = 2017&p =. htm. Accessed June 17,2018.

Clinton, Bill. 2004. *My Life*. New York: Knopf.

Deverell, William, ed. 2004. *A Companion to the American West*. Malden, MA: Blackwell.

Donald, David Herbert. 1996. *Lincoln*. New York: Simon and Schuster.

Ebert, Roger in wikipedia: https://en. wikipedia. org/wiki/Apocalypse. Accessed September 20,2019.

Ebert, Roger. 1976. https://www. rogerebert. com/reviews/January 1976. Accessed Feburary 2,2020.

Ebert, Roger. 2002. https://www. rogerebert. com/reviews/great-movie/2002 - 4 - 19. Accessed December 13,2019.

Ebert, Roger. 2002 - 6 - 14. https://www. rogerebert. com/reviews/windtalkers-2002 - 6 - 14. Accessed December 26,2019.

Filmsite review. 2020. Mr. Smith Goes to Washington, https://www. filmsite. org/ mrsm. html. Accessed March 23,2020.

Ford, Paul L. , ed. 2010. *Works of Thomas Jefferson*, *IX*. Chicago, IL: Cosmo Press Inc.

Forest Gump, Wikipedia. https://en. wikipedia. org/Forest Gump. Accessed Feburary 27,2020.

Howe, Desson. 1991. https://www. washingtonpost. com/wp-srv/style/1991-12-20. Accessed December 15,2019.

Imdb all the president's men user review. 2020. https://www. imdb. com/title/ tt0074119/reviews, Accessed Feburary 4,2020.

Imdb Rocky user reviews. 2019. https://www. imdb. com/title/tt0075148/reviews. Accessed December 26,2019.

Imdb we were soldiers user review. 2019. https://www. imdb. com/title/tt0277434/ reviews. Accessed December 26,2019.

JFK, wikipedia. https://en. wikipedia. org/wiki/JFK _ (film). Accessed Feburary 25,020.

Johannsen, Robert Walter. 1997. *Manifest Destiny and Empire: American Antebellum Expansionism*. College Station, Texas: Texas A&M University Press.

Lippman, Walter. 2015. *Public Opinion*. ebook edition. Start Publishing, ILC.

Lipset, Seymour Martin. 1963. *The First New Nation*. New York: Basic Books, Inc.

Lipset, Seymour Martin. 1996. *American Exceptionalism: A Double-Edged Sword*. Norton.

Miller, Robert J. 2006. *Native America, Discovered and Conquered: Thomas Jefferson, Lewis & Clark, and Manifest Destiny*. Santa Barbara, CA: Greenwood.

Mr. Smith Goes to Washington, wikipedia. https://en.wikipedia.org/wiki/Mr. Smith Goes to Washington_(film). Accessed Feburaray 23,2020.

Murdoch, David. 2001. *The American West: The Invention of a Myth*. Reno: University of Nevada Press.

Newman, Kim. 1991. *Wild West Movies*. New York: Bloomsbury.

Nye, Joseph. 2012. "China's Soft Power Deficit to Catch Up, Its Politics Must Unleash the Many Talents of Its Civil Society." *The Wall Street Journal*, 8 May. https://www.wsj.com/articles/SB10001424052702304451104577389 923098678842. Accessed June 17,2018.

Paine, Thomas. 1776. *Common Sense*. http://www.ushistory.org/paine/commonsense/sense6.htm. Accessed June 17,2018.

Phipps, Keith. 2009. "The Easy Rider Road Trip." *Slate*, 17 November, http://www.slate.com/articles/arts/dvdextras/features/2009/the_easy_rider_road_trip/monument_valley_where_peter_and_henry_fondas_careers_intersected.html. Accessed June 17,2018.

Rollins, Peter C. & John E. O'Connor, eds. 2009. *Hollywood's West: The American Frontier in Film, Television, and History*. Lexington, Kentucky: University Press of Kentucky.

Rotten Tomatoes Commentary of *Young Lincoln*. 2020. https://www.rottentomatoes.com/m/young_mr_lincoln. Accessed April 3,2020.

Saving Private Ryan, wikipedia. https://en.wikipedia.org/wiki/Saving Private Ryan. Accessed Feburary 26,2020.

Sklar, Robert. 1994. *Movie-Made America: A Cultural History of American Movies*, revised and updated. New York: Vintage Books.

The American Heritage Dictionary. 1982. second college edition，Boston：Houghton Mifflin Company.

The Declaration of Independence. 1776. http://www. ushistory. org/Declaration/ document/. Accessed June 17,2018.

The First Blood，wikipedia. https://en. wikipedia. org/The First Blood. Accessed Feburary 23,2020.

Tumulty，Karen. 2013. "American exceptionalism，explained." *The Washington Post*，12 Sept. https://www. washingtonpost. com/news/the-fix/wp/2013/09/12/ american-exceptionalism-explained/? utm _ term ＝ .b0d1f77e1a7a. Accessed June 17,2018.

Turner，Frederick J. 1893. "The Significance of the Frontier in American History." https://www. historians. org/about-aha-and-membership/aha-history-and-archives/ historical-archives/the-significance-of-the-frontier-in-american-history. Accessed June 17,2018.

Turner，Frederick J. 1921. *The Frontier in American History*. New York：Henry Holt and Company.

We Were Soldiers，wikipedia. https://en. wikipedia. org/wiki/We _ Were _ Soldiers. Accessed Feburary 25,2020.

Weeks，William Earl. 1996. *Building the Continental Empire：American Expansion from the Revolution to the Civil War*. Chicago，IL：Ivan R. Dee.

Witham，Larry. 2007. *A City Upon a Hill：How Sermons Changed the Course of American History*. New York：Harper.

Wyman，Walker D. & Clifton B. Kroeber，eds. 1957. *Frontier in Perspective*. Madison：University of Wisconsin Press.

Andrew Lynn，2005，《英语电影赏析》，霍斯亮译，外语教学与研究出版社。

辞海编辑委员会，1999，《辞海》，上海辞书出版社。

戴锦华，王炎，2013，《电影中透视的政治文化：好莱坞建构美国?》，《中华读书报》11 月 23 日，第 13 版。

端木义万，1999，《美国社会文化透视》，南京大学出版社。

顾向阳，2010，《电影〈与狼共舞〉对美国边疆个人主义的反思》，《大理学院学报》第 9 卷第 7 期。

孙有中，2002，《国家形象的内涵及其功能》，《国际论坛》第 3 期。

王沪宁,1993,《作为国家实力的文化：软权力》,《复旦学报》第 3 期。

王希,2017,《伟大解放者的迷思与真实：读埃里克·方纳〈烈火中的考验：亚伯拉罕·林肯与美国奴隶制〉》,《美国研究》第 1 期。

徐海龙,2013,《好莱坞电影中的意识形态和文化：1967—1983》,首都师范大学出版社。

中国社会科学院语言研究所词典编辑室编,1988,《现代汉语词典》,商务印书馆。

第八章 百老汇音乐剧的引力与盈利

第一节 美国音乐剧概述

　　音乐剧是一种融音乐、舞蹈和对白为一体的综合性舞台表演艺术。它作为一种独特的表演美学,凭借优美动听的歌队式合唱、别出心裁的舞美设计,以及产生强烈感官刺激的身体展演,成为喜闻乐见的娱乐方式之一。同时,轻歌曼舞的音乐剧围绕简单抑或复杂的情节框架,在美轮美奂的舞台场景中演绎着诸如性别歧视、种族隔离等严肃的社会主题,不仅在全球范围内产生极大的商业感召力,而且体现出极高的美学价值。当然,音乐和舞蹈并非音乐剧的专属。从古希腊悲剧到文艺复兴时期的戏剧,再到现代戏剧,都或多或少有演唱、舞蹈和器乐的配合。但是,音乐剧打破戏剧结构和文本叙事的时空局限,兼收并蓄,吸收了轻歌剧、芭蕾、美国的滑稽说唱和杂耍表演等元素,发展成为传递大众文化的主要载体之一,是塑造和传递美国价值观的重要渠道,也是展现美国软实力的一种重要艺术手段。

　　纵观美国戏剧发展史,音乐剧最初是一种来自欧洲的舶来品。虽然我们通常认为音乐剧本质上是一种美国艺术形式,但事实上并非如此。音乐剧由18、19世纪流行于欧洲的芭蕾歌剧、喜歌剧、轻喜剧,以及美国歌舞杂耍表演发展而来(Lundskaer-Nielsen,2008:8-9)。而这种戏剧形式历经150余年的发展,从不严肃的音乐喜剧(Musical Comedy)到本土化的音乐正剧(Proper Musical),逐渐在美国扎根并得到长足的发展,为世界戏剧的发展做出了重大贡献。正如罗伯特·科恩(Robert Cohen)所言:"就商业和娱乐业的成功而言,哪里也比不上一向被誉为世界音乐剧首都的纽约,尽管目前伦敦、多伦多甚至悉尼也已经成为强有力的竞争对手。过去10年中,纽约百老汇80%的票房收入来自音乐剧,其中有几部剧如《剧院魅影》(*The Phantom of the Opera*，1988)、《悲惨世界》(*Les Misérables*，1987)和《制作人》(*The Producers*，2001)好像永远安在了剧院中，每周演 8 场从不停止。"(Cohen，2006：267)

与其他国家相比，美国拥有更为丰富的软实力资源，其文化便是一种相对廉价而又切实有用的资源。而音乐剧作为美国文化和意识形态的重要载体，无疑将美国的价值观推向了世界，其发展过程及其呈现出的复杂性都折射出美国社会的政治、经济、文化生活等各种因素。由此可以说，"美国音乐剧就是美国的声音"(余丹红，2002：173)，既歌颂了美国人的梦想与憧憬，也展现了美国人的喜怒哀乐与悲欢离合。那么，美国音乐剧是如何从舶来品发展成为承载美国软实力的文化产品？其间，这种百老汇舞台上经久不衰的戏剧形式历经了哪些阶段？而在每个阶段，又有哪些美国价值观和社会问题得到了呈现和阐释？

一、音乐喜剧：美国音乐剧的萌芽

1866 年 9 月 12 日，在纽约市尼波罗花园剧院首演的《黑魔鬼》(*The Black Crook*)标志着美国音乐剧的开始。虽然该剧的剧情没有新奇之处，但将音乐、舞蹈等元素融入其中，同时舞台上一群穿着暴露、性感妩媚的妙龄女郎吸引了观众的眼球。该剧曾连续演出 16 个月，上演 474 场，引起了强烈的轰动效应。然而，该剧不顾情节，只顾音乐和舞蹈的"大杂烩"表演激发了媚俗的歌舞表演。一些制作人为了追求高额的票房收入，以大尺度的裸露表演来招揽观众，表现出低级、粗俗的审美趣味，触犯了当时清教主义的"清规戒律"和伦理禁忌。但不可否认的是，《黑魔鬼》被视为美国音乐喜剧(Musical Comedy)萌芽的标志，促使了音乐喜剧在美国的流行，是美国现代音乐剧的先驱(罗薇，2013：39)。这种戏剧形式在其发展的过程中，日趋本土化，为美国音乐剧的黄金时代的到来铺平了道路。

追溯其渊源，风靡美国百老汇的音乐喜剧最初是基于对英国爱德华时代音乐喜剧的效仿。19 世纪 90 年代，英国伦敦欢乐剧院(Gaiety Theatre)的经理乔治·爱德华兹(George Edwardes)为伦敦观众上演了"姑娘系列"的音乐剧目，其中包括《售货姑娘》(*The Shop Girl*，1894)、《艺伎》(*The Geisha*，1896)等，深受英国观众的青睐。而当爱德华时代音乐喜剧传播到美国后，得到剧评界和观众的热烈追捧和一致好评。从 19 世纪 90 年代到 20 世纪初期，上百部音乐喜剧在百老汇上演,并在全国范围内巡回演出。

值得一提的是,在音乐喜剧在美国扎根并本土化的过程中,另一种戏剧形式,即轻歌剧(Operetta)与之并存。该剧种对美国音乐剧的发展起到了承上启下的作用,它上承赏心悦目的歌剧,下启歌舞升平的音乐剧,其情节浪漫,舞台场面华丽、喧闹,气氛轻松愉快,喜剧色彩较浓。诚然,它与音乐喜剧没有泾渭分明的区别。但从严格意义上来说,轻歌剧的娱乐性较强,贵族气较重,很少触及严肃的主题,缺乏现实批判性,其表演风格又过于欧化,便逐渐无法满足美国观众的审美旨趣。1907 年,维也纳轻歌剧《风流寡妇》(*The Merry Widow*)在纽约首演,让轻歌剧蔚然成风。而这种来自欧洲的戏剧形式在美国落户后,经由雷吉诺德·德·科文(Reginald De Koven)等人对该戏剧形式的模仿与加工,将其推向新的高度。他创作的《罗宾汉》(*Robin Hood*,1891)以理查德一世统治时期的罗宾汉传奇为故事原型,成为当时的成功作品之一。贯穿整部剧的音乐由哈利·B.斯密斯(Harry B. Smith)和克莱门特·司各特(Clement Scott)填词,其中,第三幕婚礼中的歌曲《哦,答应我》(*Oh Promise Me*)成为世代传颂的经典婚礼赞歌之一。科文向世人证明,美国舞台不再依赖于外国创作者的作品来撑门面。此外,推动该戏剧形式发展的还有另外三位制作人,即维克多·赫伯特(Victor Herbert)、鲁道夫·弗雷姆(Rudolf Friml)和西格蒙德·罗姆伯格(Sigmund Romberg)。赫伯特是一位多产的创作人,毕生共创作了 43 部轻歌剧,其中包括《占卜者》(*The Fortune Teller*,1898)、《玩具王国的娃娃》(*Babes in Toyland*,1903)以及上演 247 场的《红风车》(*The Red Mill*,1906)等。虽然,他在第一次世界大战之后转行,尝试创作音乐剧,但并没达到轻歌剧所取得的成就。轻歌剧《安纳尼亚斯王子》(*Prince Ananias*,1894)被一致推崇为他的成名作。随后,《尼罗河的巫师》(*The Wizard of the Nile*,1895)在百老汇获得巨大成功,而 1897 年的《小夜曲》(*The Serenade*)为赫伯特赢得了国际声誉。弗雷姆作为另一位美国知名的轻歌剧作曲家,共创作轻歌剧 22 部,以 1922 年的《萤火虫》(*The Firefly*)一炮走红。他接受过专业的音乐训练,并有短暂的表演经历。当时,在一次轻歌剧演出中,由于担任女高音的艾玛·特伦缇尼(Emma Trentini)拒绝了观众要求她再唱一遍的请求,让赫伯特勃然大怒,决定不再与她合作。赞助商亚瑟·汉默斯坦(Arthur Hammerstein)无法找到像赫伯特这样优秀的创作人,只好让有着古典音乐功底的弗雷姆来接替。弗雷姆也就误打误撞地步入了轻歌剧的创作领域。随后,他所创作的《罗斯·玛丽》(*Rose-*

Marie，1924)和《流浪国王》(*The Vagabond King*，1925)均在百老汇、伦敦西区获得了成功。与两位并驾齐驱的另一位轻歌剧创作人是罗姆伯格。起初，他为舒伯特三兄弟(Shubert Brothers)的音乐剧和时事讽刺剧谱曲，并为美国观众改编欧洲轻歌剧，其中包括《五月时光》(*Maytime*，1917)和《豆蔻年华》(*Blossom Time*，1931)等，但这些作品都有着较重的欧式轻歌剧的痕迹。而随后，他逐渐借鉴当时美国音乐喜剧的风格，所创作的《学生王子》(*The Student Prince*，1924)、《沙漠之歌》(*The Desert Song*，1926)和《新月》(*The New Moon*，1928)等轻歌剧让他深受观众的青睐。

　　轻歌剧作为 20 世纪前几十年里美国最流行的戏剧形式，在以上三位创作人的推动之下达到了顶峰，为美国音乐剧的发展起到了重要的推动作用。然而，这种娱乐性较强的舞台表演形式"太顾及美感而少一点喧闹；太多的矜持而少一点明快节奏；太古典、欧化而少了一些美国的本土气息"(余丹红，2002：13)，逐渐难以适应美国观众的审美旨趣。他们开始对轻歌剧表演心生厌倦，期待在娱乐的背后可以窥探对社会现实的映射。毋庸置疑，这种缺乏艺术深度和严肃性的舞台歌剧形式最终被音乐喜剧所取代。音乐剧创作人安德鲁·兰姆(Andrew Lamb)说："反映 19 世纪社会结构的歌剧舞台风格被另一种更适合 20 世纪社会及其习语表达的音乐形式所替代。正是在美国，这种更直接的风格开始崭露头角，正是在美国，这种被 19 世纪传统所禁锢的风格在一个发展中国家才得以发展与繁荣。"(Lamb，1986：47)显然，兰姆所推崇的戏剧形式便是音乐喜剧。

　　音乐喜剧在美国的立足与繁荣表明，美国人在摆脱欧洲影响的过程中逐渐体现出一种文化自信与独立性，他们乐观豁达、锐意进取、求实创新，力图冲破传统观念的束缚。音乐喜剧在风格上，除了幽默诙谐的基调之外，将诸如说唱、地方口语、拉格泰姆、爵士乐等具有美国文化特征的元素融入其中；而在主题上，音乐喜剧逐渐摆脱轻歌剧的欧式风格，聚焦纽约底层人的日常生活和美国社会的现实问题，体现出浓厚的本土气息。一方面，这种独特的舞台表演形式立足本土，力图反映本民族的文化特征，正好为传达美国人的文化诉求，以及塑造民族性格提供了有利的途径；另一方面，它将乐观向上的生活态度、爱国主义、开放性、民主与人权等观念在美国乃至全球范围内传播开来。可以说，音乐喜剧这一独特的展演形式日趋呈现出美国文化特征，同时它以歌舞的形式演绎着美国精神，通过传递美国主流价值观来塑造美国人的性格特征。如果参照康马杰对美

国人民精神所进行的概括,①乐观精神、物质至上的文化理念以及民主、平等的
价值观等都在这一时代的音乐喜剧中得到了很好的呈现与传播。

　　乔治·M.科汉(George M. Cohan)是美国音乐剧历史上的"音乐喜剧之
父"。他是一位全才型艺术家,集演员、舞者、谱曲和创作为一身。虽然,他最初
的百老汇作品《州长的儿子》(*The Governor's Son*,1901)和《竞选公职》
(*Running for Office*,1903)都草草收场,以失败告终,但剧中充满幽默趣味的歌
舞杂耍式舞台表演让观众乐在其中。科汉的成名作《小琼尼·琼斯》(*Little
Johnny Jones*,1904)一经上演,旋即获得好评。剧中的经典插曲《美国傻小伙》
(*The Yankee Doodle Boy*)以及《代我向百老汇致敬》(*Give My Regard to
Broadway*)等也成为纽约大街小巷广为流传的经典歌曲。第二部大获成功的音
乐喜剧是 1906 年上演的《百老汇 45 分钟》(*Forty-five Minutes from
Broadway*)。随后创作的音乐喜剧还有《小乔治·华盛顿》(*George Washington
Jr.*,1906)和《小奈莉·凯丽》(*Little Nellie Kelly*,1922)等。其中,《小乔治·
华盛顿》中的歌曲《你是一面老旗帜》(*You Are a Grand Old Flag*)成为用音乐赞
颂美国国旗的经典之作,也表现了浓厚的爱国主义氛围。此类赞颂美国国旗的
音乐剧插曲通过传播爱国主义,将美国人凝聚在一起,体现出极强的政治感召
力。这表明,歌舞升平的音乐喜剧也承载着宣扬主流意识形态的使命。从美国
文化中所提炼出的民主、自由、平等、乐观、爱国主义等价值观借由本土化音乐喜
剧呈现出来,既型塑了美国人的性格,也达到了传播其价值观的目的。

　　从某种意义上来说,"科汉的音乐喜剧是 19 世纪末 20 世纪初美国时代精神
的产物,是一种美国民族自豪感迅速膨胀的具现"(罗薇,2013:46)。他所创作
的音乐喜剧作品"通俗有趣,极富平民色彩,往往还带有强烈的爱国主义热情"
(余丹红,2002:26)。虽然,无论是在创作手法或是戏剧元素方面,科氏音乐喜
剧与现代音乐剧相比还略显陈旧,但他却在欧式音乐喜剧的基础之上,采用极具
个人风格的舞台造型和极具魅力的肢体语言,"传达着一种美国式的幽默与乐
观、一种自信开朗的美国精神和一种沙文主义的爱国情怀"(罗薇,2013:50)。
幽默诙谐本是音乐喜剧的基调,其源于杂耍、说唱等元素,而这些元素根植于美
国本土文化之中,日渐成为美国民族性格的一大特征,既有助于针砭时弊,又最
能自我反省。乐观、自信也是美国人的主要性格特征,他们不畏艰难险阻,一切

---

① 详见王沪宁:《美国反对美国》,上海文艺出版社,1991 年,第 33 - 36 页。

向前看，坚信明天会更美好；而沙文主义却体现出美国人夜郎自大的性格，他们在颂扬爱国主义的同时，以极强的民族优越感来鄙视其他国家和民族。正如上文所述，美国音乐喜剧，包括科氏音乐喜剧无论是从展演形式抑或主题上来看，都紧紧地围绕着美国的文化生活，以潜移默化的方式塑造着美国民族性格，同时也将映射时代精神的价值观传递给观众。

正是得益于科汉在音乐喜剧创作方面的不断创新，音乐喜剧开始呈现出美国音乐剧的特质。他去除音乐喜剧的欧式风格，竭力让这种戏剧形式更好地传达美国精神，成为反映纽约生活的艺术表现方式。他的多数音乐喜剧都以鲜明的情节和叙事结构为核心，通过音乐、舞蹈等非言语方式颂扬美国精神，演绎美国民众的生活图景，传递出深厚的爱国情愫。当然，其作品所传递的美国精神主要包括幽默诙谐的民族性格、乐观豁达的生活态度以及夜郎自大的信念等等。一方面，他侧重以精心设计的情节布局来构建和提升音乐喜剧文本的喜剧性，减少与情节无关的插科打诨、滑稽搞笑的表演场面，紧紧围绕剧情，经由本土化的口语词汇来展演戏剧事件，传递上述的美国精神，以此让观众紧跟剧情的发展，体悟舞台表演的震撼力与感染力。另一方面，科汉注重建立歌舞与情节之间的内在逻辑关系。科氏音乐喜剧扭转了以往轻歌剧重歌舞、轻文本的做法，尽量让插曲、编舞为文本服务，实现了音乐、舞蹈与文本三者之间的高度融合。长期以来，音乐和舞蹈都被当成与音乐喜剧文本不相关的舞台艺术元素。但是，科汉力图让歌曲、舞蹈和剧情丝丝入扣，以此缓缓推动剧情达到高潮。不难看出，科氏音乐喜剧被打上独特的美国文化印记，成为传播美国价值观的重要载体。它们在本土化的过程中逐渐成为一种文化产品，在百老汇乃至世界舞台上演绎极具开放性、包容性、多元性的美国文化。由此，可以说，科汉的音乐喜剧在美国音乐剧现代化的进程中发挥了推波助澜的作用，为音乐剧的成型以及本土化做了很好的铺垫。

二、音乐正剧：美国音乐剧的成型

在经历了浮夸华丽、感伤情调浓厚的音乐喜剧以及轻歌剧之后，美国舞台上出现了一种全新的表演样式，即音乐正剧。音乐正剧"通常处理更为严肃的问题，其重点在脚本（故事、人物和情节）上；音乐配乐抑或舞蹈的目的是推动和深化故事，而不像在音乐喜剧中那样，仅仅出于娱乐目的"（Lundskaer-Nielsen，

2008：6)。在这种舞台戏剧的表现中,歌曲、舞蹈、配乐等元素构成有机的艺术整体。以往,无论是轻歌剧还是音乐喜剧,音乐是目的,文本叙事和故事情节等都是手段。而音乐正剧将目的与手段倒置,以音乐、舞蹈作为手段,尽力为推动情节服务。

　　随着时代的进步与社会的发展,过于欧化的轻歌剧难以满足美国平民百姓的审美旨趣,因为他们偏爱娱乐性较强的歌舞表演。而音乐喜剧中的插科打诨与幽默风趣又逐渐无法符合美国上流社会群体的审美需求。于是,音乐正剧作为一种雅俗共赏的舞台表演形式,将严肃性与娱乐性有机地结合起来,正好符合了美国大众的审美期待。它围绕市井生活中的现实问题,以载歌载舞的形式对其进行展演,其音乐、舞蹈以及对白达到高度的融合,体现出极强的戏剧性。

　　1927年上演的《演艺船》(Show Boat)由杰罗姆·科恩(Jerome Kern)(剧本)和奥斯卡·汉默斯坦(Oscar Hammerstein II)(歌词)①合作而成。该剧开启了美国的音乐正剧时代,成为美国音乐剧发展史上的第一个里程碑式作品。《演艺船》甫一问世,其新奇的演绎方式让剧评界和观众很难对其加以界定。也正是由于剧中严肃且又发人深省的主题意蕴,以及对歌舞与戏剧形式之间的关系所进行的探索,这部最初被命名为音乐喜剧的作品被改名为"一部美国化的音乐剧表演"(余丹红,2002：40),从而成为美国音乐剧历史上的分水岭。

　　《演艺船》之所以被认为是一部美国化的作品,其原因可以从音乐正剧的特征上进行审视。音乐正剧有两个典型特征:一是严肃的情节,二是复杂的音乐处理(科恩,2006：271)。从主题层面来看,《演艺船》将批判的矛头指向当时的种族隔离制度。这不仅体现出创作人的胆识,同时也让观众惊叹不已甚至迷惑不解,因为歌舞剧长期以来总被认为是无法表现严肃的主题,而仅仅是出于娱乐的目的。然而,该剧作为当时美国社会盛行的种族神话的缩影,通过讲述演艺船几代人的生活经历来揭露种族歧视、异族通婚等社会问题,从而体现出对长期承受非正义的美国黑人群体的人文关怀与深切同情。此剧基于美国女作家艾德纳·费尔柏(Edna Ferber)的畅销小说《演艺船》(1926)改编而成。科恩和汉默斯坦采用歌舞的形式来展现小说书写的历史事件。他们将严肃性与娱乐性有机

---

① 由于和从事戏剧工作的祖父(Oscar Hammerstein I,1847—1919)同名,为了区分,一般称其为小汉默斯坦或汉默斯坦二世。而随着他在音乐剧界声名鹊起,并与理查德·罗杰斯(Richard Rodgers,1902—1979)组成"R&H"组合,学界也就称其为汉默斯坦。

地结合起来,通过歌舞形式来演绎敏感的种族隔离问题。《演艺船》向剧评界以及观众再次证明,歌舞升平的音乐剧除了娱乐性之外,完全可以表达深刻的文本内涵,映射社会现实问题。与此同时,这部音乐正剧还成功地颠覆了黑人在舞台上的"他者"形象,以歌舞的形式展示了美国黑人在白人主宰的社会中所遭受的不公平待遇。在以往的作品中,黑人往往被丑化,尤其是在"墨面秀"(Minstrel Show)①中,是被嘲讽和贬损的对象。而《演艺船》却首次让黑人以主人翁的姿态出现在百老汇的舞台上,通过强劲且能体现其文化存在性的舞蹈和音乐来表达他们的文化身份诉求,折射出深广的人性光芒。显然,该剧中所呈现出的现实主义批评精神,实际上来自民主、平等观念的影响。以往注重娱乐性的音乐喜剧盲目、乐观地宣扬爱国主义,不经意间体现出一种民族优越感,而此时的音乐正剧却针对社会现实问题,促使美国人进行自我反思,重新审视民主、自由、平等等核心价值观,进而形成一种忧患意识。而这种自我批判的精神是美国文化丰富度的重要表现。它作为维护美国社会稳步发展的一股重要力量,巩固且推动着美国价值观的形成与传递。

另外,《演艺船》中的音乐是当时美国黑人这一特殊群体的文化表征。从该剧的音乐选取上来看,科恩在创作插曲时,始终围绕剧本的情节,力求歌曲能恰如其分地体现剧中人的性格特征,同时还确保音乐可以将剧情串联起来。其中,最有代表性的就是那首广为流传的咏叹调《老人河》(Ol'man River)。这首插曲由第一幕中的黑人劳工乔(Joe)饱含深情地唱出来,并在随后的剧情中被反复吟唱:

> 黑人在密西西比河上干活,
> 白人就一天到晚寻欢作乐。
> 黑人从早到晚拉船,
> 只有到死才能算完。
> 别向上看,也别往下瞅。
> 别让白人皱眉头,

① 墨面秀是19世纪初兴起的一种诋毁黑人文化为基调的杂耍艺术,由白人喜剧演员以黑人生活为素材而创作的载歌载舞的音乐喜剧表演形式,表演时演员会用烧成炭的软木塞把脸涂黑,用一口浓重的黑人土话演唱"黑人歌曲",并用极其夸张的手法滑稽地模仿黑人的动作姿态。

只有自己屈膝低头。

拉起绳子,一直到生命的尽头。

（转引自科恩,2006:271）

该曲调的旋律凄凉悲亢,"不是简单意义上的伴奏旋律,而是一种富于戏剧呈示性的艺术表达手段"（罗薇,2013:63）,唱出了黑人劳工在种族主义笼罩之下的怨愤与抗争。而独具匠心的是,科恩从黑人音乐中寻找灵感和汲取创作素材,将布鲁斯、拉格泰姆、爵士乐等音乐元素融入该部作品中。这些音乐元素作为美国黑人文化的表征,可以激发观众的共鸣以及对种族问题的反思。多元化的音乐元素与文本主题交相辉映,体现出极高的民俗价值和社会意义。爵士乐来自黑人的舞蹈音乐,在形式上雄劲奔放、放荡不羁,在内涵上离经叛道、不受约束。音乐剧创作人将这种表征黑人文化的音乐元素融入剧作中,既在娱乐的过程中将观众引向黑人文化,又以大众文化的方式传播黑人文化。当然,黑人文化在其流行与被接受的过程中难免会与白人主流文化发生冲突。但是,音乐剧以歌舞的形式揭露种族问题,一方面实现了针砭时弊的目的,而另一方面为黑人文化与主流文化进行"对话"提供了的平台,进而延伸了人们对种族问题、民主和自由等价值观念的反思。

《演艺船》的巨大成功促使了音乐正剧在美国的繁荣与发展。其他演艺团体借鉴该作品,进行了大胆的尝试与创新。《引吭怀君》（*Of Thee I Sing*,1931）赢得了1932年的普利策奖,成为首部获得此奖的音乐正剧。另一部极具布莱希特风格的音乐正剧是《摇篮摇》（*The Cradle Will Rock*,1937）,其情节设置在经济大萧条时期。而1940年的《酒绿花红》（*Pal Joey*）和1941年的《黑暗中的女士》（*Lady in the Dark*）也都是可圈可点的美国音乐正剧经典,其中,《酒绿花红》让音乐正剧达到了顶峰。这些杰出音乐正剧的接连出现,"使'喜剧'一词完全从音乐剧的命名中删去了,以后就统称'音乐剧'"（科恩,2006:272）。而"喜剧"一词从有到无的变化,也体现出创作观念的变化,而不仅仅是戏剧形式上的转变。

20世纪中期的音乐剧以其严肃的主题意蕴从当时舞台上的大杂烩表演中脱颖而出。其侧重严肃的文本内涵,以歌舞来演绎戏剧事件,很好地将娱乐性与严肃性相结合,既让观众感受亦真亦幻的舞台场景所带来的视觉冲击,又促使他们思考音乐剧传递的人生真谛与价值观。居其宏在《音乐剧与当代文化意识》一文中曾指出,"音乐剧是一种真实地表现广大市民群众的当代文化意识,形式自由的通俗性、娱乐性的舞台艺术"(居其宏，1988：39)。而对于这一时代的美国音乐剧而言，它根植于美国社会的现实生活，力图以通俗的方式演绎时代文化精神，逐渐成为美国大众文化的重要组成部分。在娱乐性极强的音乐剧文本中，"体现了美国的核心价值观和文化观，贯穿在百年百老汇的历史中，就连美国人的爱国主义情结和乐观向上的进取精神也被巧妙地融进了美国式的幽默、娱乐和歌舞中"(慕羽，2012：555)。而从音乐与舞蹈层面来看，本土化音乐剧中的布鲁斯、说唱、爵士乐、西部牛仔舞等都是美国文化的表征，这些富有美国民族特征的非言语表达方式与负载美国价值观的文本相互交融，共同彰显最深层的美国文化内涵。

科恩的音乐喜剧往往颂扬爱国主义和积极向上的生活态度，让经历战争创伤的美国人从这些舞台表演中获取精神慰藉。总体而言，此类作品的主题本质上都是乐观、向善的。而爱国情愫的传达实际上也是建构美国文化软实力的一种隐性策略。其原因是，爱国主义"是将美国民众凝聚起来的纽带，增进了美国文化软实力的内在精神动力功能"(田九霞，2013：214)。美国在建构国家文化软实力的过程中，"通过实现文化产业化，不断扩大文化产品输出，进而以文化产品为载体，积极向全世界宣传、推广其价值理念，并试图用美国的文化价值观来'重塑'世界"(李百玲，2011：11)。而美国(百老汇)音乐剧在被文化产业化的过程中，成为美国价值观的重要载体。当这些美国音乐剧从百老汇走向世界各地的舞台上时，代表着美国大众文化的音乐剧也就让美国的神话永不停息地延续下来。而这实际上也就是美国软实力的具体展现。

值得一提的是，即使音乐剧在主题方面表现出鲜明的严肃性，但本身所具有的娱乐痕迹是难以被抹除掉的。从观众的审美角度来看，多数观众在欣赏某部音乐剧时，不仅仅出于对剧情的关注，而更多地是被舞台上婉转动听的歌曲、曼妙绝伦的舞蹈所倾倒，更多地是对舞台表演带来的娱乐性所折服。不同年龄段的观众去剧场观看某部美国经典音乐剧，吸引他们的可能不仅仅是凄美的爱情故事或是对种族歧视的犀利抨击，而可能是音乐剧本身所具有的那种娱乐性。在欢快的氛围中，音乐剧以歌舞的形式将爱国主义价值观、生活态度、思想内涵传递给观众。而观众在这种娱乐性体验中，更多地是去体味观演过程中所产生的共情与通感。所以说，观众观看音乐剧时所追求的是一种娱乐性体验。音乐剧不同于音乐喜剧的地方就在于，这种歌舞剧巧妙地将严肃性与娱乐性结合起来，既符合了一些观众对深邃的主题内涵的期待，又在更大程度上满足了普通观众的娱乐性审美需求。于是，随着美国音乐剧的黄金时代的即将到来，音乐剧日趋符合中产阶层的娱乐性审美取向，逐渐大众化、商品化。

三、黄金时代：美国音乐剧的繁荣

虽然 20 世纪二三十年代的美国文化语境为音乐喜剧乃至音乐正剧的成型与发展提供了丰沃的土壤，但 1929 年开始的美国经济大萧条导致整个音乐剧的发展处于萎靡不振的状态。科恩与汉默斯坦也随之陷入事业的低谷。然而，格什温兄弟[1]作为后一代的美国音乐剧创作人，为美国观众带来了另一种最纯粹的美国声音，他们让爵士乐真正踏上美国音乐剧的舞台。其成名曲是推崇这种音乐风格的《真正的美国民间音乐是拉格泰姆》(*The Real American Folk Song is a Rag*，1918)。1924 年，兄弟两人创作音乐剧《女士，乖点》(*Lady, Be Good*)，借由爵士乐来传递美国的本土文化，拉开了将美国音乐剧再度本土化的序幕。上文提到的《引吭怀君》标志着他们的最高艺术成就。1935 年，格什温兄弟推出另一部力作《波吉与贝丝》(*Porgy and Bess*)。其中，他们涵盖了多种音乐元素，如布鲁斯、福音歌曲、爵士乐、宣叙调等。但受经济大萧条的影响，该剧的首轮演出并未引起强烈的反响与好评。但不可否认的是，格什温兄弟"进一步推动了百老汇音乐剧音乐词汇的专业化、音乐风格的本土化以及艺术元素的整体化，为迎接古典音乐剧的辉煌提供了非常重要的艺术铺垫"(罗薇，2013：69)。

1943 年，一部风格清新的音乐剧《俄克拉荷马》(*Oklahoma*!)让再次陷入低迷状态的百老汇"起死回生"，开启了美国音乐剧的新篇章。剧情设置在美国西部平原，围绕农场姑娘劳瑞(Laurey)与她的两个爱慕者，即牛仔科里(Curly)和农场工人尤德(Jud)之间的感情纠葛展开。该部音乐剧在对《演艺船》继承与创新的基础上，将音乐、舞蹈与台词融为有机的整体，为后来的音乐剧奠定了明确的结构框架。此外，该剧一改让跳舞女郎在舞台上演绎的传统，而是采用了阿格尼斯·德·米莉(Agnes de Mille)[2]精心设计的舞蹈动作，其中，尤以芭蕾格外引人注目。这些舞蹈动作服务于剧情的发展，"以浪漫的情怀从社会紧张关系的

---

[1] 格什温兄弟分别为作曲家 George Gershwin(1898—1937)和作词家 Ira Gershwin(1896—1983)。

[2] 美国舞蹈家和舞蹈编导，曾供职于美国芭蕾剧院(American Ballet Theatre)。1942 年，独自编舞《牛仔竞技表演》(*Rodeo*)首演大获成功，并以其鲜明的美国风格引起了《俄克拉荷马》音乐剧制作组成员的关注。

新高度处理历史主题"(科恩,2006:272)。在《俄克拉荷马》中,一段长达 15 分钟的"梦想芭蕾"淋漓尽致地体现出劳瑞在处理与两位爱慕者的情感时的矛盾心理,凸显了舞蹈在音乐剧中的重要作用。那么,这部经典音乐剧到底出自谁人之手呢?

　　共同缔造这部经典的就是美国音乐剧历史上被称为黄金搭档的"R&H"组合,即理查德·罗杰斯(谱曲)和奥斯卡·汉默斯坦(填词)。20 世纪 40—60 年代,他们的杰出作品除了《俄克拉荷马》之外,还包括《旋转木马》(*Carousel*,1945)、《南太平洋》(*South Pacific*,1949)、《国王与我》(*The King and I*,1951)和《音乐之声》(*The Sound of Music*,1965)等。这些音乐剧将令人难忘、婉转动听的歌曲与人物的内心活动紧密融合,同时不乏发人深思的情节线索,以及严肃的社会主题(Lundskaer-Nielsen,2008:7)。他们借由舞蹈、歌曲来映射主人公的情感波动与内心世界,力求让音乐、舞蹈为推动故事情节、刻画人物心理服务,紧紧地将每首歌曲和每支舞蹈与情节线结合起来,达到了音乐、舞蹈与剧本三者之间的高度融合。在他们的作品中,音乐、舞蹈与剧本的情节不再缺乏连贯性,打破了以往歌舞升平的模式,注重戏剧叙事和情节的发展,构成音乐、舞蹈与剧本之间的无缝连接,由此形成了所谓的"罗杰斯与汉默斯坦公式"(Rodgers & Hammerstein Formula)。可以说,"R & H"组合创作的音乐剧标志着美国音乐剧"黄金时代"(the Golden Age)的到来。

　　虽然,西方学界在界定"黄金时代"的时间跨度上存在分歧,但普遍认为,它可追溯到 20 世纪四五十年代,并延续到 60 年代。具体而言,就是 1943—1964 年期间以"R & H"组合创作的作品为代表的时代。尽管此时来自伦敦西区的音乐剧对百老汇舞台进行"入侵"①,但确信无疑的是,这种"入侵"无法动摇百老汇作为世界音乐剧首都的显赫地位(Lundskaer-Nielsen,2008:9)。黄金时代的音乐剧沿袭以往音乐剧的传统,继续演绎着当时的社会生活,传播着当时的价值观念。同时,这些作品再次将音乐剧的艺术性与思想性紧密结合,达到了全新的高度,促使美国音乐剧艺术从成型走向繁荣。到了 50 年代中后期,"百老汇音乐剧以不可遏止的生命力使音乐剧成为美国流行文化的中心,百老汇更成为全球

---

① 所谓"入侵",主要是指百老汇制作人大卫·梅里克(David Merrick)大量引进伦敦西区的音乐剧。其中,成功移植的剧目有《爱玛姑娘》(*Irma La Douce*,1960)、《马戏人生》(*Stop the World—I Want to Get Off*,1962)、《孤雏泪》(*Oliver!*,1963)等。

音乐剧制作中心"(慕羽,2012:75)。

百老汇音乐剧的全盛时期正逢二战后美国社会发展的繁荣时期。该时期的社会、政治、经济、文化特征都在音乐剧中得到了阐释和呈现。既有抨击家庭暴力的音乐剧,如《旋转木马》,也有揭露种族歧视的《南太平洋》,还有鞭挞美国种族中心主义的音乐剧,如《国王与我》,等等。所有这些作品"都有社会的和文化间的冲突,非常浪漫的舞台布景和歌曲,优雅的独唱和爱情二重唱,激动人心的合唱,以及舞蹈和管弦乐队的合作"(科恩,2006:272),同时,关注老百姓的生存状态,真实地反映市井生活,抨击社会弊病,从而赢得了普通大众的青睐。

而随着美国音乐剧黄金时代的到来,音乐剧也逐渐大众化。值得注意的是,黄金时代的音乐剧之所以受到广泛的追捧与青睐,与这个时代日益增长的文化需求是密不可分的。该时代的音乐剧除了在音乐风格、舞蹈设计、剧本对白方面本土化之外,更重要的是,能更好地反映中产阶层生活中的酸甜苦辣。随着美国社会的快速发展,中产阶层在文化层面的诉求体现出多样性,并积极参与各种文化活动。高雅文化与低俗文化之间便出现了一个中间地带,即"中产阶层文化"(middlebrow culture)。这表明,中产阶层作为文化消费者,其大众化、娱乐化的审美品位逐渐引起重视。而"这种对中产阶层文化的需求恰好符合了发展中的百老汇音乐剧"(Lundskaer-Nielsen,2008:10)。

黄金时代的音乐剧面向普通大众,成为美国中产阶层趣味抑或中产阶层文化的主要载体。随着中产阶层的文化需求日益高涨,美国音乐剧逐渐发展成为一种大众文化产品,为大众生产,而又为大众存在,对受众发挥着不容忽视的塑形作用。费尔默就指出,"音乐剧正如其他所有大众文本和艺术形式一样,与所处的社会有着明显的映射关系。音乐剧除了反映社会的历史与文化特征之外,还传达生活观与价值观"(费尔默,1999:381)。以前的音乐喜剧本土气息浓厚,"从综艺秀中吸取了服装布景上的夸张与奢华,从滑稽秀中吸取了表演风格上的讽刺与幽默,又从小歌剧中吸取了情感表达上的英雄主义与浪漫主义"(罗薇,2013:45),而音乐剧通俗易懂、娱乐性强,其精神内涵通常都与年代紧密结合。

居其宏曾指出,音乐剧应该具备以下 6 个特点:①音乐剧应该成为普通人的艺术,要加强市民性和世俗性;②音乐剧应当成为真实的艺术,但这种真实却并不一定通过现实主义的表现方法来达到,夸张的、变形的、荒诞的手法更符合其本性;③音乐剧应当成为通俗的艺术,内容、形式、表现手法和艺术风格都应当易于普通人理解、接受;④音乐剧应当成为高度自由的综合性艺术;⑤音乐剧应当成为轻松的艺术,在轻松活泼的风格中渗透严峻的主题,在辛辣的讽刺中跳动着一颗善良的心;⑥音乐剧应当成为当代的艺术,运用当代的音乐语言、文化语言、戏剧语言、舞蹈语言等来表现当代人的文化心态和文化意识。(居其宏,1988:39)在这些特点中,最核心的应该是音乐剧的通俗性、娱乐性,以及具有时代文化意识。较之以前的音乐剧,黄金时代的音乐剧触及普通大众的日常生活,其受众面更广,碰触的社会问题也更多元化。诚然,音乐剧发展伊始,音乐喜剧基于混合性戏剧表演形式,从最开始就表现出鲜明的娱乐性与大众性,"将艺术形式放置在文化反射镜的平民化那一头"(Lundskaer-Nielsen,2008:10)。但到了四五十年代,音乐剧通过批判社会现实问题,投射平民生活,巩固了它作为中产阶层艺术的地位。它们作为美国中产阶层文化的代表,反映出二战后美国人为了填补精神空虚所推崇的那种娱乐、消费至上的生活观。而与此同时,这种追求娱乐、消费的观念也经由音乐剧传播开来。正如费尔默所说,从《俄克拉荷马》开始,黄金时代的音乐剧成为主要且广为接受的声音,将美国生活方式传达给美国人以及世界其他地方的人(Filmer,1999:381)。

值得一提的是,音乐剧的广泛传播与当时兴起的消费文化相碰撞,既迎合了中产阶层的文化趣味,也激发了他们的文化消费。音乐剧也就日渐商品化,成为中产阶层满足其文化需求的消费对象,逐渐发展成为一种符合中产阶层的审美旨趣的文化产品,体现出大众文化的特质。慕羽指出,"从大众消费文化的本质来看,音乐剧在功能上是一种游戏性的娱乐文化……而不是摆出一副传道说教式的强势面孔,消遣娱乐对它而言无疑是第一位的"(慕羽,2012:470)。可以说,大众娱乐性是美国音乐剧发展的源动力。音乐剧贴近美国现代都市生活,以大众文化的形式映射美国社会的当代文化形态,进而通过舞台演绎传播美国文化。奈认为,"诚然,美国文化中的某些东西对其他人没有吸引力,但美国大众文化,体现在产品与传播中,具有广泛的吸引力"(奈,1990:168-169)。大众文化作为美国软实力的重要载体,传播着美国的价值观,具有文化吸引力和意识形态影响力。这种从价值观念到文化层面的呈现,再到软实力的聚积与提升,在包括美国音乐剧在内的大众文化中得到了充分的体现。就美国音乐剧而言,它"已经成为20世纪美国文化,尤其是纽约移民群体的丰富文化遗产的代名词"(Lundskaer-Nielsen,2008:9),很好地将美国价值观传递给观众,发挥了极大的塑形作用。法国电影导演罗伯特·布莱森(Robert Bresson)曾说道:"给观众他们想要的东西,这不是我的工作。而使观众想得到我要给他们的东西,这才是我的工作。"(转引自余丹红，2002：152)借用这种创作理念来审视美国音乐剧，我们不难看出，音乐剧制作人的创作初衷就是尽力将他们自己认可的价值观念和审美取向传递给广大观众。而在观演的过程中，观众沉浸在听觉、视觉相互交融的娱乐体验之中，同时又被潜移默化地塑形。由此，美国音乐剧成功地将物质、消费至上的价值观传递给观众。可以说，黄金时代的音乐剧将美国的音乐剧艺术推向了巅峰，既为百老汇赢得了巨大的商业盈利，也扩展了美国文化的吸引力和影响力。

四、黄金时代之后：美国音乐剧的衰与兴

美国音乐剧在其发展过程中，最初经由科汉等艺术家之手，完成了从轻歌剧到本土化音乐喜剧再到音乐正剧的成功转变。随之，20世纪中期的音乐剧再次将娱乐性与现实批判性相结合，映射出美国中产阶层社会的文化消费需求。这些音乐剧基于现实生活，揭露社会问题，创造了美国音乐剧的黄金时代。诚然，该时代的音乐剧取得了辉煌的艺术成就与巨大的商业成功。但是，黄金时代过后，美国音乐剧的发展再次陷入停滞状态。"R & H"组合开始在创作道路上走下坡路，同时，其他艺术门类，如电影、电视、录音、录像等，以及好莱坞的诱惑力都给音乐剧产生巨大的冲击力。此外，从社会文化角度来看，百老汇音乐剧的衰落归咎于以下两个因素：一是百老汇曾经的观众(包括白人和中产阶层)带着上剧院的习惯和可支配的收入从曼哈顿向郊区迁徙；二是百老汇无法应对披头士、滚石乐队、鲍勃·迪伦等代表的音乐品位，以及反叛传统的"垮掉一代"所带来的巨大冲击(Lunskaer-Nielsen，2008：14)。于是，百老汇失去大量的观众群和吸引力，而代表主流文化的音乐剧也相应地受到冷落。那么，黄金时代之后的美国音乐剧是否真正日薄西山，正在走向衰落呢？

事实上，黄金时代之后的音乐剧制作人顶着各种压力，一方面通过复排黄金时代的经典作品来传承、延续"R & H"组合的音乐剧风格和创作理念，而另一方面也在不断地探索与创新，为百老汇音乐剧"东山再起"寻求新的出路。即使黄金时代一去不复返，但该时代缔造的艺术成就有着持久的影响力。科恩就指出，"现如今在美国上演的大量的音乐剧，无论是业余团体的还是百老汇的演出，都是美国20世纪中叶一些著名音乐剧的复排"(科恩，2006：277)，其中，有上文提及的《俄克拉荷马》《旋转木马》《音乐之声》等。这些经典作品在当代制作人的手

中，经由改编、加工以及融入现代元素，被赋予了新的时代意义；同时，他们结合当时的社会文化语境，力图将新元素、新主题融入创作中，并在舞台呈现手法上尝试多种创新，为20世纪末百老汇的百花齐放、百家争鸣的局面做出了巨大的贡献。

舞蹈在音乐剧中的作用再次被高度凸显。1957年首演于百老汇冬季花园剧院（Winter Garden Theatre）的《西区故事》（West Side Story）就在舞蹈设计上取得了极高的艺术成就。阿格尼斯·德·米莉曾在《俄克拉荷马》中开创了将芭蕾舞融入音乐剧的先河。而《西区故事》的制作人之一杰罗姆·罗宾斯（Jerome Robbins）作为杰出的舞蹈设计大师，采用精心设计的舞蹈来上演这部现代版的《罗密欧与朱丽叶》。他通过舞蹈艺术化地呈现了白人少年组成的"喷气帮"（Jets）与波多黎各移民构成的"鲨鱼帮"（Sharks）之间的群打斗殴场面，进而再现了当时纽约街头的暴力行为。创作人在剧中融入对歌、独唱、歌队，以及具有异域风情的舞蹈，如曼波舞、恰恰舞、普罗那德舞和布鲁斯舞等（罗薇，2013：121），以此与托尼和玛利亚之间的爱情故事交织在一起，既拓展了舞台上的展演空间，也是对美国多元文化语境的侧写。那些舞蹈的节奏韵律、肢体动作各不相同，但罗宾斯却让它们很好融为一体，分别代表两大帮派的文化传统，成为他们的文化身份象征。于是，看似普通的爱情故事经由这些充满张力的舞蹈场面也被赋予深邃的文化内涵，即不同文化之间的碰撞与冲突。1964年，帝国剧院（Imperial Theatre）上演音乐剧《屋顶上的提琴手》（Fiddler on the Roof）。该剧讲述了19世纪末东欧犹太民族在俄国沙皇统治下所承受的苦难。制作人在剧中融入大量带有犹太民族风情的音乐与舞蹈元素，朴实客观地呈现了犹太人所经历的悲惨生活以及对民族文化、宗教传统的坚守。该剧连续上演3442场，创下了百老汇记录，并荣获1965年第19届托尼奖9项大奖。罗薇曾指出，"这部挑战以往百老汇音乐剧商业既定规则的叙事音乐剧代表作，为黄金时代之后的百老汇音乐剧创作，拓展出一条挖掘严肃现实主义戏剧题材的创作思路"（罗薇，2013：127）。

20世纪五六十年代是美国政治动荡时期，冷战、越战、麦卡锡主义的政治迫害让美国民众深陷低迷、躁动不安的状态。而此时出现的"垮掉一代"对美国社会现实表现出极度不满，他们身着奇装异服，以反叛的姿态向美国社会的保守传统发起挑战；而在艺术上，他们借由摇滚乐蔑视权威，对黄金时代音乐剧所代表的流行文化进行反叛。黄金时代的音乐剧迎合了美国中产阶层的娱乐、消费需求,让观众沉迷在一个乐观的虚幻世界之中,而到了 60 年代,这种文化旨趣无法满足青年一代我行我素、彰显个性的精神追求。曾经代表美国流行文化走势的百老汇音乐剧,以"高雅艺术"的姿态,无法靠近以摇滚乐为代表的流行文化群体。于是,"摇滚音乐剧"(Rock Musical)应运而生。而这种音乐剧形式也可以看成是基于黄金时代音乐剧的一种创新。

这种将音乐剧与摇滚乐相结合的戏剧形式侧重音乐的表演功能,凸显摇滚乐自身传递出的反叛精神。它打破了音乐、舞蹈与剧本相融合的有机整体,有助于宣泄情绪和张扬个性。比如,1968 年上演的摇滚音乐剧《毛发》(Hair)就彻底颠覆了"R&H公式"。该剧以越战为背景,艺术化地表现了个性叛逆、性情放纵的美国青年的反战情绪。剧中大胆的艺术尝试,如裸体抗议的场面,挑战了主流社会舆论和大众的审美期待。该剧一经上演,旋即产生极大的轰动效应。虽然,《毛发》的表现手法过于偏激,其艺术价值引发争议,但它"反对僵化的社会制度、试图将美国的主导社会价值观由'物质至上'改变为'精神至上'的理念,却是与同时期美国主流文化中反对战争、追求民主的精神核心同出一辙"(罗薇,2013:133)。此类作品还有 1972 年外百老汇伊甸园剧院上演的《油脂》(Grease)。这部剧将摇滚音乐元素与时代主题相结合,将摇滚乐推上了百老汇舞台,试图在反主流的文化与以往的娱乐文化之间寻求平衡点。

如果说摇滚音乐剧对黄金时代音乐剧的整合性创作理念予以了挑战,彰显出摇滚乐的表演张力,那么,20 世纪 70 年代出现的"概念音乐剧"(Concept Musical)再次向传统创作理念发起挑战。概念音乐剧映射 60 年代以及后来的社会动荡,为音乐剧制作人和观众提供了新的表达方式。它作为一种表演,其中的音乐、歌词、舞蹈、舞台动作和对白围绕某一个核心主题被编织在一起,"用直觉、表象代替严格的叙事,采用非故事的元素,用先锋派的技巧重新定义事件、地点、故事的组合"(转引自罗薇,2013:140)。不同于以往的音乐剧的地方在于,概念音乐剧以非线性叙事逻辑将碎片化的故事片段串联起来,营造出客观冷静的戏剧框架,以此引发观众进行理性的思考,体现出布莱希特戏剧的意味。斯蒂芬·桑德海姆(Stephen Sondheim)是创作概念音乐剧的主要代表,他突破以剧本为核心的音乐剧创作理念,转向以概念为核心,为百老汇音乐剧的发展找到了新出路。1970 年,桑德海姆创作的音乐剧《伴侣》(Company)被誉为第一部真正意义上的概念音乐剧,该剧没有完整的故事情节,而是用五对伴侣破碎的情感生活来映射现代人的婚姻观,他让不同的讲述者围绕"婚姻"这一主题展开叙述,由此构成多重阐释。

可以看出，百老汇音乐剧在历经了起起落落之后，逐渐呈现出新的发展态势。欧洲音乐剧《猫》(*Cats*，1982)、《剧院魅影》和《悲惨世界》等入驻百老汇，给百老汇注入了新的活力。黑人音乐剧、外外百老汇上演的音乐剧，以及由动画电影《美女与野兽》(*Beauty and the Beast*，1991)和《狮子王》(*The Lion King*，1995)改编而成的音乐剧等为百老汇带来了商业盈利。与此同时，美国音乐剧制作人选择复排经典剧目，在改编的过程中注入时代精神和现代意识，力图向当今观众传递新的思想内涵。他们遵循百老汇音乐剧的创作传统，即"以通俗易懂的语汇、精美的歌舞并重形式、喜剧的风格来展现曲折动人的故事，表现'人之常态、人之常情、人之常理'，以吸引、满足最广大观众审美需求，争取获取最高经济效益"(廖向红，2003：40－41)。同时，一些极富创新意识的制作人勇于探索，挑战主流创作理念，将非主流的主题和音乐、舞蹈元素融入作品中，使音乐剧的风格更趋多样化，反映出美国民族自信、乐观、宽容的性格特征。由此，可以说，虽然美国音乐剧历经了黄金时代之后呈衰落的趋势，但在新一代制作人和各界艺人的共同努力下，美国音乐剧在探索、创新的道路上稳步前行，呈现出顽强的生命力。

美国音乐剧在主题、形式、创作理念等方面历经了各种革新，百老汇将这些作品包装成文化产品，凭借其难以媲美的舞台魅力被其他国家引进并搬上舞台。这样一来，音乐剧既推动了美国文化产业的发展，并将其中蕴含的美国文化元素与价值观推向世界各地，进而对有着不同文化背景的观众发挥着不容忽视的型塑作用。

第二节　美国黄金时代音乐剧中的国民形象

音乐剧与其他大众文化形式一样，与其置身的社会语境之间存在映射关系，既可以反映社会的历史、文化特征，也能传递该社会遵循的生活方式与价值观。美国音乐剧历经几番沉浮之后，于 20 世纪中叶进入黄金时代。该时代标志着美国音乐剧艺术的巅峰，为美国乃至全球戏剧界缔造了广为流传的典范之作。这些经典音乐剧既提升了美国音乐剧的吸引力与影响力，也很好地映射了 20 世纪中期美国的社会文化图景。黄金时代的音乐剧通过在舞台上演绎普通人物的生活片段,向观众塑造了血肉丰满、活灵活现的美国国民形象,并将他们恪守的价值观、生活方式以及意识形态传播开来。本节聚焦黄金时代的四部经典音乐剧,即《俄克拉荷马》《旋转木马》《南太平洋》和《国王与我》,从创作背景、戏剧题材以及主题意蕴等方面来考察它们所传递的意识形态与价值观,进而管窥作为大众文化的美国音乐剧对价值观的呈现,以及在文化展演中对观众的型塑作用。

一、《俄克拉荷马》: 西部拓荒者及其乐观积极的创业精神

1943 年 3 月 31 日,罗杰斯和汉默斯坦合作的《俄克拉荷马》被搬上百老汇舞台。但是,还在彩排时,该剧就频遭非议。评论家认为,这种没有明星阵容、缺乏插科打诨的对白和性感女郎助阵的音乐剧是无法获得票房成功的。然而,《俄克拉荷马》自首演成功之后,好评如潮,被推崇为美国音乐剧发展史上的另一部里程碑式作品。随后,该剧在美国连续上演 16 年,并被搬上其他英语国家的舞台,成为众多剧院的保留剧目。1955 年,《俄克拉荷马》被改编成电影。

《俄克拉荷马》是罗杰斯和汉默斯坦基于美国作家林恩·瑞格斯(Lynn Riggs)的《丁香花盛开》(*Green Grow the Lilacs*,1931)改编而成的。在改编过程中,他们考虑到美国二战时期的社会语境,运用歌舞的方式演绎 20 世纪初美国西部拓荒者的生活境况,体现出浓厚的乡土气息。该剧很好地结合了音乐喜剧的通俗性与主题内涵的严肃性,并将音乐与剧情发展相融合,形成了一种“叙事音乐剧”(Book Musical)模式。在《美国音乐剧牛津指南》中,编者对《俄克拉荷马》做出如下评价:

> 它是首部实现全面整合的音乐剧。其中,歌曲、人物、情节乃至舞蹈的相互融合为随后数十年的百老汇音乐剧提供了模板。没有哪首歌曲可以被重新安排给另一个人物……因为每首歌都是为特定的人物量身定做,是情节中人物发展不可或缺的一部分。《俄克拉荷马》中的插曲是在推进情节发展和人物刻画,而并非对其造成干扰。(qtd. in O'Leary 140)

换句话说,这部接地气的音乐剧将音乐、舞蹈与文本三元素融合成有机的整体,为后来音乐剧的创作理念奠定了基础。

这部两幕音乐剧以现实主义的风格再现了 20 世纪初期美国中西部俄克拉

荷马地区的田园风光。它围绕农场姑娘劳瑞(Laurey)与她的两个爱慕者，即牛仔科里(Curly)和农夫尤德(Jud)之间的三角恋情展开叙述，呈现出俄克拉荷马地区质朴勤奋的拓荒者的爱情与生活经历。这部音乐剧的舞台布景自然、朴素，选取中西部阳光普照的乡村大平原，打破了以往喧闹、奢华的舞台布局；而贯穿始终的插曲优美、动听，再辅以充满活力的西部牛仔舞蹈，与展演西部乡村生活的戏剧主题相互交融。帷幕拉开之时，呈现观众眼帘的是一幅描绘美国西部农村的风景画，给人以耳目一新的感觉。姑姑埃勒(Aunt Eller)慢悠悠地磨着黄油，在看似枯燥的日常劳作中表现出悠闲自得的样子。此时，远处传来悠扬动听的歌声。那是男主角科里在唱着插曲"哦，多么美丽的早晨"("Oh，What a Beautiful Morning")，他深情歌颂着这片静谧的乐土，又与劳作的情景相呼应。此种田园牧歌式的生活图景瞬间让观众从沉闷、嘈杂的都市生活中抽身出来，而被置换到恬静、充满生机的乡村生活当中。

较之以往的音乐剧，《俄克拉荷马》从主题肤浅、趣味低俗、缺乏内涵的套路中跳出来，注重拓展深刻严肃的戏剧主题，同时将音乐与舞蹈元素在音乐剧中的重要性提到新的高度。除了爱情主题之外，罗杰斯与汉默斯坦还赋予这部音乐剧更为深刻的文本内涵和社会价值。

20世纪40年代，二战时期的美国人民意志消沉、精神空虚，深陷战争带来的心理创伤之中。《俄克拉荷马》首演时，人们可能无暇欣赏舞台上牛仔与牧场女之间的爱情纠葛，他们心灰意冷、梦想破灭、反战情绪日益高涨，迫于寻求一种可以抚慰心灵的田园式生活，而《俄克拉荷马》的场景为当时的美国人提供了一片精神乐园。该剧将音乐、舞蹈与文本三要素精心地编织在一起，构成一种清新脱俗的场景，以此让处于精神空虚状态的美国人从中寻找精神慰藉；优美婉转的音乐、极具西部风情的牛仔舞蹈紧紧吸引着观众，朴实的美国方言与贴近乡村居民的习语表达拉近了观众与剧中人的距离，由此将他们带入静谧的乡村生活氛围之中，在欢愉的观演体验中，观众找到了宣泄情感、获取心灵抚慰的渠道。在战争的阴影中，美国人已难以自拔，他们需要安宁、轻松的生活方式来释放自己。"R&H"组合顺应时代的发展，结合观众的审美需求，力图让他们在《俄克拉荷马》所营造的乡村氛围中得到释放与解脱，并通过传递乐观向上的生活观来激发他们的士气。

而更能让观众产生共鸣的正是剧中所传递的这种乐观、积极的生活观。尽管，剧中的牛仔与农夫之间存在利益冲突，但该剧侧重再现西部拓荒者真实的生活经验,展演他们那种锐意进取的创业精神和率真奔放的生活态度。正如罗薇所言,《俄克拉荷马》是20世纪40年代的"美国精神""的集中体现(罗薇,2013:77)。科里和尤德为了获取劳瑞的芳心展开搏斗。尤德身为农夫,地位低下,从事耕作,而牛仔科里负责在农场放牧,鄙视农夫阶层,两人之间的冲突揭示了美国"西进运动"以后西部牛仔与当地农夫之间在生活方式、价值观念上的对立。但不可否认的是,抛开利益冲突和爱情主题,我们可以看到,剧中人大多表现出勇敢、乐观、进取的生活态度。科里和尤德克服重重阻力,不轻言放弃,为了爱情不惜付出代价。而他们对爱情、幸福的追逐事实上代表着他们对自由、美好生活的憧憬。在他们看来,美国西部就是一片"自由之地",他们徜徉在广袤无垠的大平原上,以追求民主、自由和平等为奋斗目标,以豁达、乐观的胸襟过着简朴、悠闲的乡村生活。实际上,《俄克拉荷马》就是为观众传递着一种乐观理想主义,激发观众重拾信心,重获生活的希望。

值得一提的是,《俄克拉荷马》中的乡间舞会具有极大的感召力,将剧中人凝聚在一起。该剧围绕三角恋情展开,其核心问题是劳瑞选择与谁一起去参加乡间舞会。劳瑞实际上喜欢科里。但为了让科里心生妒忌,她准备与尤德共赴舞会。但经过激烈的内心斗争(通过长达15分钟的"梦幻芭蕾"来表现)后,她还是决定和科里一起去参加舞会。而当尤德出现在劳瑞与科里的婚礼上时,一场生死搏斗展开了。尤德最终因碰到刀刃上而不幸死亡。经过审判,科里被无罪释放,继而与劳瑞终成眷属。舞会作为一种集体性聚会,是美国乡村集体生活方式的体现。这种聚会超越阶层、性别的阻碍,让乡村居民无拘无束地融入在狂欢式体验当中。村民们借此机会可以互相攀谈、交流,年轻男子以此为契机向心仪的姑娘求爱,不同阶层之间的利益冲突也随之消解。而更重要的是,该舞会作为一种具有凝聚力的仪式,将家、家庭、社会等集体概念所承载的价值观体现出来,在不经意间传递给乡村居民。在《俄克拉荷马》的舞会场景中,牛仔、农夫以及其他村民以载歌载舞的方式颂扬家乡之美。他们聚集在一起,携手共舞,期待美好时代的到来,进而将构成美国精神的集体主义概念传递给观众。而这种歌颂家乡、团结奋进的集体主义也正好与美国人民心中的爱国热情相吻合。正如上文所述,二战时期,民心散乱、士气低落,而宣扬爱国主义精神有助于将普罗大众团结起来。无疑,《俄克拉荷马》一方面为美国观众提供了一贴"良药"来抚慰心灵,另一方面借由舞会这种集体性仪式来凝聚民心,焕发他们的爱国热情,最终将乐观奔放、热情洋溢的西部生活方式(美国精神的具体表现形式)传递给观众。

二、《旋转木马》：美国社会底层人群的悲欢离合

音乐剧《俄克拉荷马》的大获成功为罗杰斯和汉姆斯坦带来了创作动力和信心。他们再接再厉，沿用叙事音乐剧的创作理念，联手制作音乐剧《旋转木马》（又译《天上人间》）。该剧于 1945 年在百老汇的大剧院（Majestic Theatre）首演；随后，连续演出 890 场，并于 1950 年在伦敦西区斩获成功，是继《俄克拉荷马》之后"R&H"组合向美国观众奉献另一部力作。

这部两幕音乐剧是基于匈牙利剧作家费伦克·莫纳（Ferenc Molnar）的名剧《利利翁》（*Lilionm*，1919）改编而成的。故事发生在 19 世纪末缅因州的海岸小村。游乐场负责招揽客人的比利（Billy）偶遇纺织女工朱莉（Julie），两人一见倾心。虽然他们为此付出失业的代价，但依然坚守爱情，步入婚姻殿堂。但比利婚后无法顶住失业的压力，变得性格暴躁，企图通过抢劫来为朱莉和未出世的孩子提供经济保障，不料被误杀致死。而在获准进入天堂之前，他被召唤到人间去做好事来为自己赎罪。在此期间，他最终有机会见到自己的女儿露易丝（Louise）。露易丝已长大成人，但过着孤独、痛苦的生活。她因为父亲的坏名声而遭周围人的排挤。看到这一切，比利从天堂盗取一颗星星，再次回到人间帮助露易丝。虽然他的恩惠遭到露易丝的谢绝，但朱莉冥冥之中感到比利的存在。最后，他偷偷参加露易丝的毕业典礼，让妻子和女儿体悟到他对她们的爱，并以此作为救赎自己的最后机会。当他完成心愿后，便顺利登上通往天堂的阶梯。

与好评如潮的《俄克拉荷马》相比，剧评界对《旋转木马》的评价褒贬不一。一些评论家认为该剧是继《俄克拉荷马》之后的另一部杰作，而一些评论家认为该剧的剧情过于冗长、单调，说教的味道太浓。尽管评论界会自然不自然地拿《旋转木马》与《俄克拉荷马》进行对比，认为《旋转木马》无法超越《俄克拉荷马》所取得的艺术成就，但不可否认的是，《旋转木马》历经反复排演和演出，逐渐展现出其无限的魅力，被认为是罗杰斯和汉默斯坦系列音乐剧中最精彩的一部。就连罗杰斯本人也认为《旋转木马》是他最得意的音乐剧，并坦言，每次观看该剧演出时，他的内心都会被深深地触动。

罗杰斯与汉默斯坦赋予这部 20 世纪最佳音乐剧以浓厚的悲剧情调。他们通过诠释"生与死"这一严肃、灰暗的主题，让《旋转木马》成为一部悲剧作品。最初的音乐喜剧为了迎合普通大众的娱乐性审美趣味，其基调通常都是轻松愉快、

幽默诙谐的,而死亡、灵魂救赎等主题往往不被触及。然而,罗杰斯与汉默斯坦在剧中将严肃性融入歌舞升平的音乐剧中,既不失通俗性,又不乏严肃的主题内涵,以此表明音乐剧也可以演绎、映射深刻的社会问题。由于原剧的结尾对于音乐剧而言过于消极、悲观,他们通过插曲《假如我爱你》(If I Love You)、《你永远不会独自散步》(You Will Never Walk Alone)和《独白》(Soliloquy)等让该剧的结尾变得更加富有希望。他们让一个劣迹斑斑的罪人死后,穿梭于人间与天堂,通过施乐行善来得到灵魂的救赎,同时间接地将他对妻女永恒的爱传递出来。比利来到人间帮助女儿从孤独、痛苦的生活阴影中走出来,也让朱莉觉得,她在婚姻中受到的痛苦都是值得的。这种"人鬼情未了"式的爱情总能让当代的观众在观演时潸然泪下。

如果我们将爱情这一主题延展开来,就可以发现,罗杰斯与汉默斯坦在《旋转木马》中结合当时的社会语境,真实地再现了美国社会底层人群的悲欢离合。

《旋转木马》揭示了当时美国社会失业人群的生活境况。二战期间,美国经济受到战争的影响,发展缓慢,就业机会大幅减少;失业人群无所事事、朝不保夕,迫于无奈而选择不诚实的手段来营生,而失业状态也正是造成家庭悲剧的主要原因之一。在剧中,比利和朱莉因为相爱而失业,随之导致家庭生活不幸福。他们的处境正是当时美国社会失业人群的生活窘境的真实写照。罗杰斯与汉默斯坦将灵魂救赎的主题融入剧中,传递扬善惩恶的伦理道德观。他们让比利化身隐形人,来到露易丝与朱莉的身边,弥补生前他对妻女的情感缺憾。这样的剧情安排让观众意识到,应该珍视当下的家庭生活,关爱家人,乐善好施,以免留下遗憾。虽然,比利的做法看似为时已晚,但这体现出爱与亲情的延续及其重要意义。爱、宽容和谅解可以化解一切矛盾。

与此同时,朱莉与露易丝被排挤,也映射出当时此类单亲家庭的生活困境。而更准确地说,她们代表了那些丈夫在前线阵亡的寡妇与遗孀所面临的悲苦生活。二战期间,美国青壮年男子应征参军,妻儿留守家里,祈盼丈夫的早日归来,这种长相厮守的经历由朱莉和比利之间的爱情悲剧展现出来。罗杰斯和汉默斯坦特意让比利死后往返于天堂与人间,表达他对妻子忠贞不渝的爱情以及对女儿的深切关爱。《旋转木马》演绎的这段感人肺腑的爱情悲剧可以在当时身为寡妇并独自抚养子女的女性观众的内心产生情感共鸣。

可以说,《旋转木马》的文本内涵更为丰富,折射出更多的社会问题,它既对"生与死"进行哲学诠释,又通过空间上的来回切换展示爱的永恒与延续。与此同时，罗杰斯与汉默斯坦试图呈现美国社会底层人群的悲苦。他们以比利的灵魂救赎让观众明白，只要心存善念，乐善好施，就会得以宽恕，在心灵上也会得到慰藉与解脱。这种扬善惩恶的主题事实上也为观众传递一种希望，让他们在面对冷酷的社会现实时，依然对未来充满信心，同时也在告诫那些作恶多端的人弃恶从善，从而得到灵魂的救赎。《旋转木马》所传递的这种向善的道德观也在呼吁人们要团结一致，共同期待美好时代的到来。无疑，在观演的过程中，观众在为悲剧爱情故事所触动之时，也会重新审视物质至上的社会中"善与恶"的概念，同时，也会对社会底层人群的辛酸生活予以同情与人文关怀。

三、《南太平洋》：被种族偏见禁锢的美国人

1949 年 4 月 7 日，百老汇大剧院上演"R&H"组合的另一部音乐剧《南太平洋》，再次为他们带来巨大的艺术与商业成功。该剧在百老汇连续演出 5 年，取得共 1925 场的空前票房成绩。同时，《南太平洋》摘夺当年 10 项托尼大奖，也成为《引吭怀君》之后第二部荣膺普利策戏剧奖的音乐剧。

《南太平洋》是由罗杰斯与汉默斯坦基于 1947 年荣获普利策奖的战争题材小说《南太平洋的故事》(*Tales of the South Pacific*)①改编而成的。原著由 19 个故事构成。罗杰斯与汉默斯坦选取其中的两个故事，即第八个故事《我们的女英雄》("Our Heroine")和第十个故事《四美元》("Fo'Dolla")，作为《南太平洋》的戏剧素材。两则故事的情节梗概分别是：二战期间驻军南太平洋岛屿的美国海军女护士奈莉(Nellie Forbush)与流亡他乡的法国种植园主埃米尔(Emile de Becque)一见倾心，随即坠入爱河；美国海军中尉凯布尔(Marine Lieutenant Cable)与南太平洋巴厘岛屿上的土著姑娘利亚特(Liat)一见钟情并发生关系。两者的共同之处在于，它们都是讲述为种族偏见所困的跨国恋情。依照当时美国的道德传统，异族通婚被视为禁忌，因为它无法确保美国血统的纯正性，会影响社会的发展，对美国生活方式造成威胁。于是，大多数美国人都难以也不敢逾越这条警戒线。凯布尔为利亚特而着迷，但他知道，美国的家人乃至整个费城都不会接受这种异族婚姻。所以，他最终因为考虑到利亚特的土著身份而止步不前，谢绝与她结婚；而对于奈莉来说，她虽然深爱着埃米尔，但当得知他已与波利

---

① 该部小说的作者是詹姆斯·米切纳(James Michener，1907—1997)。

尼西亚的黑人妇女育有子女后，便陷入纠结与彷徨之中。显然，这两对情侣都感情至深，但阻碍他们结为连理的主要原因还是奈莉和凯布尔内心难以根除的种族歧视与偏见。

罗杰斯和汉默斯坦选择奈莉和凯布尔，旨在表明美国盛行的种族主义是根深蒂固的，不分性别的。如果说奈莉有种族偏见是巧合的话，那么，凯布尔潜藏内心的种族歧视就不是巧合了。他们身为驻军南太平洋岛屿的美国海军，不约而同地都被种族偏见所困扰，并最终无法与心爱的人结婚。他们面对真爱，表现出极度的矛盾和彷徨，与自己内心的种族偏见进行着激烈的斗争。罗杰斯和汉默斯坦以此来揭示根深蒂固乃至体制化的种族主义对美国人所造成的挥之不去的困扰。

《俄克拉荷马》《旋转木马》都展示出爱情的忠贞与矢志不渝。男女主人公克服困难，最终喜结连理。他们敢于为爱情、婚姻自由而不惜代价。即使是《旋转木马》中去世的比利，为了表达绵延不断的真挚情感，化身隐形人来到人间，演绎出一段感人至深的爱情故事。而在《南太平洋》中，奈莉和凯布尔都无法超越文化、种族的界限，大胆地去追逐幸福和爱情，反而囿于种族偏见止步不前。虽然声称人人平等，但从《南太平洋》中可以看到，美国人庸人自扰，所鼓吹的民主、平等、自由等价值观都是自欺欺人的，最终还是被种族偏见所禁锢。而罗杰斯与汉默斯坦的初衷就是抨击剧中人内心作祟的种族主义，他们通过《南太平洋》让观众们醒悟到，应该抛开文化、种族、性别、阶级之间的差异，以此实现多种族、多元文化和平共处的局面；同时，也让美国人进行自我批判和反思，重新审视现存的社会体制和价值评判标准。

诚然，《南太平洋》因触及敏感的种族问题而备受争议。但作为"R&H"组合最受欢迎的音乐剧之一，该剧"得以被推崇的原因是，它代表异族之间的浪漫爱情，并明显地在消除（至少是在音乐剧的舞台上）将不同族群和种族隔离开来的差异"（Most，2000：307-308）。其中，那首由凯布尔演唱的插曲《一定有人精心地教过你》(You've Got to be Carefully Taught)，一语道地地揭示出美国种族主义的本质：

> 一定有人教你去憎恶和恐惧，
> 年复一年地让你接受这样的教育，
> 如鼓声般灌入你柔嫩的小耳朵，

一定有人精心地教过你。

一定有人教你去惧怕，
那些眼睛长得奇形怪状，
又长着和你不同肤色的人，
一定有人精心地教过你。

一定有人趁早就精心地教过你，
在你六七岁或者八岁之前，
教你去憎恨你的亲人们憎恨的人，
一定有人精心地教过你。①

然而，这首抨击种族歧视且极富争议的插曲也成为《南太平洋》乃至罗杰斯和汉默斯坦频遭非议的原因。因为这首歌曲直面种族偏见，还在试演时，很多人就建议"R&H"组合删掉它，以免影响整部音乐剧的演出效果。然而，他们毅然坚持最初的想法，并坦言，正是这首歌曲代表了他们创作《南太平洋》的初衷，即使演出以失败告终，但歌曲传递的种族偏见主题依然会产生意义（qtd. in Most，2000：307）。

罗杰斯与汉默斯坦通过这首插曲，力图表明种族偏见不是与生俱来的，而是由后天的社会陈规建构而成的。评论家曾指责他们在剧中为异族通婚呼吁合法性的做法。但是，两人用这部极具异域风情的音乐剧让美国观众意识到，要想从庸人自扰的种族偏见中解脱出来，必须对现存的社会制度、权力机制进行拷问，重新审视道德评价体系，同时应该以宽广的胸襟、豁达的心态来消解种族之间的冲突与对立。

较之《俄克拉荷马》和《旋转木马》，罗杰斯与汉默斯坦在《南太平洋》中跨越了文化、时空与种族的界限，将浪漫的爱情故事设置在异族的文化之中，引入异族通婚这一敏感话题，对种族主义进行抨击，从而揭示出被种族偏见所禁锢的美国人的矛盾心理。他们根据每个人物的性格、身份以及文化背景，设定音乐风

---

① 原英文歌词可参见：http：//lyrics. wikia. com/wiki/Rodgers_And_Hammerstein：You%27ve_Got_To_Be_Carefully_Taught。

格。奈莉唱着百老汇流行曲调,土著姑娘唱着民族歌曲,同时舞台上还演绎着草裙舞等异域舞蹈,多种音乐元素、舞蹈形式交织在一起,在舞台上呈现出多元文化之间的交流与碰撞。而杂糅化舞台表演也为他们创造出一种乌托邦式想象空间,便于不同文化背景下的人跨越肤色界限,从而和平共处。

诚然,《南太平洋》在一定程度上给观众展示了另一个版本的"蝴蝶夫人",有东方主义的倾向,其故事线索以西方人为中心,而异域的人文风情成为陪衬,就连土著姑娘利亚特也被简化。她在整部剧中没有一句台词,只是通过迷人的微笑吸引着凯布尔,凸显出美国男性的阳刚之气,体现出西方男性对东方女性的压迫和征服。但不可否认的是,《南太平洋》所反映的社会图景是二战后美国社会的缩影,折射出种族主义对美国人造成的困扰。罗杰斯与汉默斯坦借由百老汇舞台来抨击普遍存在的种族歧视,尤其是二战后美国社会盛行的体制化种族主义。与此同时,他们将多元素的音乐与舞蹈融合在一起,旨在表达各种族期盼平等相处的共同愿景。他们在代表大众文化的音乐剧中融入严肃、敏感的种族问题,传达有色人种争取平等权利的呼声与诉求,也激发美国人进行自我批判和反思。也许,《南太平洋》的成功演出为20世纪50年代美国人权运动的兴起起到了推波助澜的作用。

四、《国王与我》:憧憬文化融合的美国人

继《南太平洋》之后,"R&H"组合再次联手,于1951年将东方色彩浓厚的音乐剧经典《国王与我》搬上百老汇的舞台。自首演之日起,该剧连续演出3年,成为百老汇音乐剧历史上第四部演出次数最多的剧目。

《国王与我》改编自玛格丽特·兰登(Margaret Landon)的小说《安娜与暹罗王》(Anna and the King of Siam,1944)。它讲述了这样一个故事:英国女教师安娜(Anna Leonowens)在暹罗(泰国古称)国王的邀请之下,带着儿子路易斯(Louis)漂洋过海,辗转来到曼谷担任皇室家庭教师。她来到暹罗国,其主要任务就是引导皇室子嗣和国王的臣妾了解西方国家的道德观念、文化传统和风俗习惯等。暹罗国王请她来是为了推动国家的现代化进程,以免成为西方殖民者的征服对象。安娜外柔内刚、机智勇敢,在王室推广西方理念,而她所推崇的平等、民主与自由等价值观与国王遵循的传统道德观念格格不入。于是,东西方文化之间的差异造成他们之间的冲突接连不断。然而,随着时间的推移,他们历经

磨合,在文化的碰撞中逐渐互相理解、相互尊重,直到最后爱慕对方,为观众上演了一幕妙趣横生而又极具文化内涵的感情戏。

《国王与我》上演后,评论界更在乎的是,它能否超越《南太平洋》所取得的艺术成就。诚然,《南太平洋》将种族偏见作为核心议题,可以说是音乐剧创作上的重大突破,而《国王与我》将东方文化元素融入其中,为西方观众审视神秘的东方文化打开了一扇窗户,也为美国音乐剧领域提供了更为宽广的创作空间。与《南太平洋》《俄克拉荷马》《旋转木马》相比,在《国王与我》中,罗杰斯与汉默斯坦将他们的创作视角拓宽至东西方文化之间的冲突与融合问题上,并把美国音乐剧推向新的艺术高度。在《南太平洋》中,他们围绕两则爱情故事展开叙事,旨在揭露困扰美国人的种族偏见,而在《国王与我》中,罗杰斯与汉默斯坦力图彰显东西方文化之间的冲突,并在呈现文化冲突的同时,还试图告诉观众文化没有优劣之分,要以宽容的胸襟来看待文化差异,才能确保跨文化交流的顺利进行。

布鲁斯·A.麦克康纳奇(Bruce A. McConachie)曾在《罗杰斯与汉默斯坦的"东方"音乐剧与美国在东南亚的战争》一文的开篇指出,《国王与我》《南太平洋》以及《花鼓戏》(*The Flower Drum Song*,1958)作为"R&H"组合最受观众喜爱的"东方"音乐剧,可为美国20世纪60年代向东南亚人民发动战争的行径提供合理的依据(麦克康纳奇,1994:385-386)。随后,他进一步指出,此类音乐剧就像大多数文化产品一样,发挥着传播文化帝国主义的功能,让美国人将其种族中心主义、权力欲望掩盖起来(麦克康纳奇,1994:397)。最后,文章的结语是这些"东方"音乐剧将亚洲文化美国化,将东南亚国家妖魔化,加快了当地的现代化进程,并助推美国人支持60年代美国在东南亚推行的各种政策(麦克康纳奇,1994:398)。

乍一看,这样的评论似乎很具有说服力。安娜作为西方先进文明的代表,来到落后的暹罗国,其任务就是将先进的西方理念传递给皇室成员,推动现代化进程,发挥教化的作用。而从舞台呈现上来看,代表东方古老文化的国王被塑造成一位刚愎自用、专横独断、粗暴无礼的暴君;相反,安娜大方得体、通情达理,且受过先进西方文化的熏陶。她初到皇宫,成群的妻妾与子嗣、富丽堂皇的皇宫让她惊诧不已;皇宫中的礼节(如跪拜仪式)、服饰、语言等给她一种陌生感,所有这些都映射出东西方文化之间的差异与冲突,让人觉得,《国王与我》似乎在强化诸如"东方/西方""文明/野蛮""民主/专制""男性/女性"等二元对立概念。

然而,需要注意的是,在《国王与我》中,代表西方强势文化的是一位女性,而代表东方弱势文化的却是一位男性。在以往书写东方的西方文学作品中,代表西方强势文化的会是英勇、强悍的男性,而代表殖民地文化的会是柔弱、被动的东方女性。沿袭男尊女卑的传统,用男性代表殖民者,而用女性代表被殖民者,殖民者对被殖民者的压迫与征服也就顺理成章。而在《国王与我》中,罗杰斯与汉默斯特颠倒了传统的二元对立关系,他们反过来用安娜代表西方强势文化,而让国王代表东方文化。诚然,安娜一开始在权威面前就不示弱,谒见国王时,只有她没有行跪拜礼,而是以西方的方式行礼。但是,她并没有以居高临下的姿态来评价、审视所谓的"他者"文化,也没有以猎奇的心理来"凝视"这些穿着怪异的东方人。而对于国王来说,他也不像唯唯诺诺的东方女性那样,唯命是从、任人摆布;相反,他为了维护自己乃至国民的尊严,让安娜记住,无论如何她的头都不能高于国王的头。由此,可以说,罗杰斯与汉默斯坦弱化了原有的二元对立,也扰乱了观众的思维定式。在剧中,安娜和国王曾因文化冲突闹出各种令人忍俊不禁的笑话,但两人都有进有退,适时做出让步和妥协,最终又和好如初。安娜奉行独立、民主和自由,而这正好与国王独断的做法发生冲突,但国王深知西方先进文化对推进暹罗国现代化进程的重要意义,所以他逐渐克服傲慢自大的性格,也放下了唯我独尊的国王架子。历经数次冲突和冷处理之后,他们"在尊重彼此文化传统与道德价值观的前提下,最终达成一种互相理解、互相体谅的共识,并在不知不觉中产生出真挚情感"(罗薇,2013:89)。

另外,罗杰斯与汉默斯坦试图为东西方文化融合探寻出路,他们打破传统的二元对立,力图创造霍米·巴巴所谓的"第三空间"。此处,不同文化相互交融、碰撞,冲突被消解,权威被消解,唯有平等的对话空间。从舞台布局上来看,一方面,金碧辉煌的宫殿、奢侈华丽的服饰、暹罗国的繁文缛节等给观众传递出浓郁的东方文化气息;另一方面,安娜与路易斯的西式装束、言谈举止,再加上来到暹罗国的英国使节们,将西方文化元素融入东方文化之中。而更能体现这种文化融合的是那场戏中戏,即"暹罗版"的《汤姆叔叔的小屋》(*Small House of Uncle Thomas*)。为了保持暹罗的独立地位,国王准备宴请英国使节,于是,他让安娜操办一场外交礼仪宴会。而《汤姆叔叔的小屋》就是安娜特意为使节们编排的节目。这出戏中戏围绕蓄奴主题展开,但服装造型、舞蹈动作等都基于东方文化设计而成。它巧妙地实现了东西方文化在音乐剧舞台上的碰撞与融通,也表达了罗杰斯与汉默斯坦创作《国王与我》的初衷,即跨越东西方文化冲突,实现文化融合。

《国王与我》这部音乐剧是在揭示大英帝国主义文化与东方文化之间的冲突与碰撞,看似与美国观众的生活经验没有任何关系,但实现文化融合应该是所有民族的共同期望。《国王与我》中的文化冲突映射着美国的多元文化语境,它试图表明,随着多元文化语境的出现,文化之间的交流与冲突也越来越频繁,由此,应该摒弃狭隘的种族中心主义,尊重文化差异,共创平等对话空间。与《南太平洋》一样,《国王与我》事实上也是在激发美国人进行自我反思,促使他们改变夜郎自大的性格,以包容的心态对待异质文化,以便更好地处理多元文化语境中的冲突问题。

综上所述,美国黄金时代的音乐剧在不失娱乐性的前提下,将严肃、深刻的社会问题纳入文本创作中,体现出音乐剧的社会价值。"R & H"组合以精心谱写的插曲、悉心设计的舞蹈给观众奉上视听盛宴,同时以精湛的艺术手法塑造出20世纪中期的美国人形象。从开朗热情、乐观向上、颂扬爱国主义的西部村民,到坚守惩恶扬善道德观的美国社会底层人群,再到被根深蒂固的种族主义所困扰的美国人,最后,到憧憬文化融合的美国人,我们可以看到,黄金时代的音乐剧通过以艺术的方式塑造国民形象,将乐观豁达的生活观、心存善念的道德观、尊重文化差异的价值观传递给美国观众,既型塑了美国人的性格,巩固了美国精神,也激发美国人从音乐剧中抽身出来,进行自我批判和反思。由此,可以说,音乐剧作为美国大众文化的一部分,立足社会现实,顺应时代需求,将当时的价值观润物细无声地传播开来,对提升美国文化软实力发挥着不容忽视的作用。

引用文献:

Filmer, Paul, Val Rimmer & Dave Walsh. 1999. "*Oklahoma*!: Ideology and Politics in the Vernacular Tradition of the American Musical." *Popular Music* 3: 381 – 395.

Lamb, Andrew. 1986. "From Pinafore to Porter: United States-United Kingdom Interactions in Musical Theater, 1879 – 1929." *American Music* 1: 34 – 49.

Lundskaer-Nielsen, Miranda. 2008. *Directors and the New Musical Drama: British and American Musical Theatre in the* 1980s *and* 90s. New York: Palgrave Macmillan.

McConachie, Bruce A. 1994. "The 'Oriental' Musicals of Rodgers and Hammerstein and the U.S. War in Southeast Asia." *Theatre Journal* 3: 385 – 398.

Most, Andrea. 2000. "'You've Got to Be Carefully Taught': The Politics of Race in Rodgers and Hammerstein's *South Pacific*." *Theatre Journal* 3: 307 – 337.

Nye Jr., Joseph. 1990. "Soft Power." *Foreign Policy* (Autumn): 153 – 171.

O'Leary, James. 2014. "*Oklahoma*!, 'Lousy Publicity,' and the Politics of Formal Integration in the American Musical Theater." *The Journal of Musicology* 1: 139 – 182.

居其宏,1988,《音乐剧与当代文化意识》,《文艺争鸣》第 5 期。

李百玲,2011,《美国建构国家文化软实力的路径分析》,《当代世界与社会主义》第 6 期。

廖向红,2003,《新旧世纪交替时分的美国百老汇音乐剧》,《戏剧艺术》第 5 期。

罗伯特·科恩,2006,《戏剧》(第六版),费春放等译,上海书店出版社。

罗薇,2013,《百老汇音乐剧》,清华大学出版社。

慕羽,2012,《音乐剧艺术与产业》,上海音乐出版社。

田九霞,2013,《论美国文化软实力的建构》,《学术界》第 4 期。

王沪宁,1991,《美国反对美国》,上海文艺出版社。

余丹红,张礼引编著,2002,《美国音乐剧》,安徽文艺出版社。

结语　软实力、巧实力与当下美国的矛盾与困境

　　从冷战末期开始，到冷战结束，再到奥巴马时期，小约瑟夫·奈对于软实力聚焦式的论述长达 20 年之久。软实力的重要性不仅因为其是国际关系理论探讨过程中一个新的概念的提出，而且是因为其实用性的价值，即对维护美国在世界上的霸权地位的作用。对于奈而言，这是问题的起始点也是终结处。从一开始面对美国衰落论的讨论，到提出软实力、进而挖掘美国的文化吸引力，从批评小布什政府入侵伊拉克的行为，到分析软实力受到损害的结果，再到从奥巴马政府身上看到巧实力应用的实际作用，奈一直从维护美国霸权的角度出发，阐释软实力的丰富内涵和实现软实力目的的各种手段和渠道。这是理解奈的软实力概念不可或缺的要点。

　　在 2002 年出版的《美国霸权的困惑：为什么美国不能独断专行》一书中，面对美国遭遇恐怖主义者袭击的危境，奈意味深长地指出："我的关切深于恐怖主义者的攻击，尽管这些攻击非常之恐怖。我关切的更是美国的未来，是我们如何能够增加和利用根植于我们的价值观的实力，以及如何面对在一个信息时代不得不面向的重要的挑战。"（Nye，2002：vi）显然，奈对于美国是否能够迎接除了恐怖主义以外的其他的未来挑战表示担心，而这种担心的一个原因是出于对美国本身的焦虑。在 2004 年出版的《软实力：通向世界政治之成功的渠道》一书中，奈明确指出："可以发现，对美国的吸引力也会产生危害的还有这样的问题，即在回应恐怖主义时，美国本身没有做到其价值观要求做到的事。"（Nye，2004：59）价值观不只是蕴含理想的口号，也是行为道义的准则。小布什政府以反恐名义入侵伊拉克，在奈看来其实是违背了美国价值观要求的合乎行为道义的要求，也即师出无名（伊拉克并不存在小布什政府所说的大规模杀伤性武器，与恐怖主义者无关），且强加民主观念于一个陌生之地。而就软实力的要求而言，这更是违背了"同化"的原则，自然也就破坏了吸引力的作用。在长期对软实力概念阐

释的过程中,奈对"同化"的内容进行过深入思考,拓展了其内涵和外延,从最初的"默从和模仿"到后来的"合作和自愿"。在奈眼中,软实力不仅仅是一个输出的过程,也是一个如何接受的过程,后者更依赖前者自己树立的榜样,在此基础上,默从、模仿、合作才能发生,最后才能达到自愿接受的结果。而所谓自己的榜样,则来源于软实力输出者自己的价值观的作用与在现实中的实施。奈时常提及美国的开放社会、民主与自由的气氛和精神等是所谓的美国价值观的核心内容,也是他认为能够产生吸引力,也即软实力同化作用的主要武器。但显然,对于美国,尤其是对美国政府而言,是否可以做到与发挥这种同化作用,从奈的论述来看,这确实是一个疑问。

为了更好地加强美国在世界上的地位,更好地发挥美国的权力作用,奈在强调软实力的基础上,又提出了"巧实力"的概念,也即"软实力与硬实力的结合"(Nye,2004:32),但不只是简单的结合,而是更好的结合和巧妙的平衡,这是美国得以获得成功的要旨。奈这样说道:"美国的成功依赖于我们发展出对于软实力的更深的理解,在我们的外交政策中发展出对于硬实力和软实力间的更好的平衡。这就应是巧实力。"(Nye,2004:147)作为一个"自由现实主义者",奈很清楚软实力的有限性,用他自己的话说:"软实力并不能对所有问题提供解决的答案。"(Nye,2011:xiii)他说:"我定义巧实力为一种结合硬实力和软实力的能力,为的是实施更好的战略。"(Nye,2011:22)无论是软实力还是硬实力,都是为了更好维持美国在世界上的领导力,巧实力是体现这种思想的表述。与此同时,巧实力的提出是奈看到了硬实力不能单独实行,尤其是不能咄咄逼人地实行,巧实力的使用可以让本来具有威胁性的硬实力至少显得不是那么可怕。正是在这个方面,软实力可以发挥作用。此外,尽管在奈看来,美国在 21 世纪还可以很长时间维持世界霸权地位,但衰落的迹象不能说没有,遇到的挑战则越来越强大,这些都需要"软硬兼施"才能应付,尤其是软实力的作用,因为软实力很多时候来自社会而不只是政府(Nye,2015:57)。美国的开放社会和移民特征是软实力的一个重要来源,可以为美国的吸引力提供不尽的资源,从而帮助美国维持世界霸权地位。

奈的思想和逻辑一以贯之,赋予了其论述强大的说理力量,这也是其软实力概念能够传播并产生重大影响力的一个重要原因。但是,美国社会的实际走向并不完全如奈所期待的那样,软实力在当下的美国实际上正遭遇巨大的挑战,使得他不得不一次又一次发声,重申软实力的重要性,同时批评软实力被毁的局面。

　　2017 年政治"素人"特朗普成为新一届美国总统,美国政治和社会进入了转向时期。在国际上,美国不断"退群",在国内特朗普把"大刀"抡向了移民政策。"美国第一"成为"让美国再次伟大"的推动力。在 2017 年年底出台的《国家安全战略》(*National Security Strategy*)中,特朗普政府为"美国第一"口号进行了阐释,指出"基于美国优先的国家安全战略建筑于美国的原则之上,是基于对美国利益的清醒认识;是一种解决我们面对的挑战的决心。这是一种有原则的现实主义,以结果而论,而不是以意识形态论"(NSS,2017)。这里所谓的"意识形态",指的是美国在国际交往中长期实行的以维护自己霸权地位为目的的"国际主义"和以美国价值观为基础的"理想主义",就当下而言则是全球化战略思想。美其名曰的"有原则的现实主义"把美国从以往的"国际义务"转向"利益为主",由此引发的矛盾让美国和世界陷入振荡之中。特朗普在 2018 年的联合国大会讲话中进一步明确了美国的反全球主义的立场,指出"我们拒绝全球主义的意识形态,我们拥抱爱国主义的教义"(Trump,2018)。这种用简单的二元对立的思维方式来表述立场的做法,一方面显示特朗普把美国看成是全球化受害国的论调,另一方面则是利用美国国内的反全球化情绪为其政治服务。特朗普的"现实主义"表现在他看到了全球化背景下因资本的移动造成对部分美国国内中产阶层和蓝领工人生活的影响,而特朗普的反建制主义政治观念则让他从中发现了一个利用机会,抓住这个矛盾,进一步推动已经存在的反全球化的情绪表达,进而为其赢得选票。简言之,这是一种利用美国政治选举过程中选民的情绪为其拉票服务的行为。但从深层次上看,其实也表明了美国社会当下正在经历的矛盾和困境。就政治观念而言,美国社会建立在政治学者亨廷顿所说的"关于自由、平等、民主、个人主义、人权、法治、个人财产等方面的政治原则"(Huntington,2005:46)基础之上。这种所谓的"美国信条"也是历史学家霍夫斯塔特所言的美国政治生活中的"共识"(霍夫斯塔特,2010:3)。但是从当下的现实情况看,这样的共识正在遭遇极大的挑战。极化政治让共识失去了平衡的作用,"党派性"利益取代了共识要求的以民生与民主为核心的公共利益,为选民负责的政治选举正在演变成对选民控制的政治操作(王希,2017),极端民族主义与民粹倾向合流,造成种族主义抬头,社会分裂愈加严重。

　　所有这一切都对美国的软实力造成了很大影响。如前所述,奈曾经担忧美国国内政治和社会情况的崩陷会让软实力受到严重打击,特朗普政府的政治极化行为让奈的担忧成了现实。为此,他在报刊上连续几年发表文章,表明对特朗普的批评。

2017 年,在特朗普上台之初,奈在一次采访中指出因为总统大选的种种表现以及过程中的"糟糕的政治话语"(the poor quality of the discourse in politics),美国损害了其软实力(Nye & DW,2017)。所谓的"糟糕的政治话语"是指大选过程中出现的极端化的政治用语,如特朗普指责来到美国的墨西哥移民是毒贩、杀人者和强奸犯等。这种极化的政治用语和姿态在很大程度上破坏了美国在世界上的形象,自然也就减弱了美国的吸引力,其结果是软实力的下降。在 2018 年的一篇文章中,奈明确指出特朗普政府导致了美国软实力的下降,他同时重申了美国维持软实力需要的条件,如在文化上要有吸引力、在政治价值观上要做到首先自己践行、在政策方面则要表现其合理性,要以一种谦卑的态度意识到他人利益的存在,在奈看来,特朗普政府在这几个方面都走向了反面(Nye,2018)。在 2020 年 2 月的一篇文章中,奈更是直接指出,"虚伪,傲慢和对他人观点的漠视态度"(Nye,2020)是损害美国软实力的原因。很显然,这些问题都与奈在论述软实力过程中始终强调的"合作和自愿"的原则背道而驰。一些美国和国际上的调查数据也证实了奈的批评。盖洛普 2017 年世界领导力(Rating World Leaders)调查表明,在 134 个受调查的国家中,美国的认可率(approval)只有 30%,相比于奥巴马时期最后一年的 48%降低了近 20 个点,也比历史上的低点,小布什政府的最后一年的 34%下跌 4 个点(Gallup,2018)。在不赞成方面(disapproval),美国的占比是 43%,也是历史最高点。2018 年盖洛普同样的调查表明,美国的认可率是 31%。盖洛普调查评论认为这说明特朗普政府第一年在国际上造成的负面影响已经扎根于形象之中了(Gallup,2019)。英国的一个调查世界各国软实力状况的组织"在软实力 30(国)"调查中提供的数据表明,美国的软实力地位从 2016 年的位居第一下降到 2017 年的第三、2018 年的第四和 2019 年的第五(Soft Power 30,2020)。逐年下降的趋势与特朗普政府在国际上吸引力的下降不无关系。奈在文章中也部分引用了这些数据,用以批评特朗普政府行为的依据。

另一方面,奈也指出美国软实力并不完全等同于特朗普和其领导下的政府形象(Nye,2018),美国的市民社会也是软实力的主要来源,从这个方面而言,美国社会的开放性和自由和民主的气氛是维持美国软实力的重要因素。奈从一个自由主义者的角度表达了其爱国之心,也算是对美国的一种信心。但是,事实上这种信心正在遭遇危机。美国公共电视网（Public Broadcasting Service，PBS）在 2020 年年初制作的一个纪录片《美国大分裂》（*The Great American Divide*），讲述自奥巴马到特朗普这段时期美国社会经历的在种族、移民、阶层方面的冲突所造成的大分裂，这种分裂反映在政治态度上则是左右两个极端立场的表现，在市民社会方面是抹黑行为的蔓延，在价值观念上是对美国传统思想"共识"的担忧和怀疑。正如一位共和党民意调查人所表述的那样："（我们）现在要比内战期间更加分裂，要比大萧条时期更加分裂，但是我们总是对未来有信心，只是我们现在正在丧失这种信心。"（Luntz，2020）

在这种极端分裂情况下，奈所说的"虚伪、傲慢、漠视"也正在成为整个社会的一种通病。软实力的损害源于社会本身的严重问题，多年前奈所忧患的事情在当下美国正在成为现实。不过，对于奈而言，尽管遭遇危机，美国在软实力的制造和维持上还是有其不可替代的优势，这就是美国大众文化的影响力和吸引力。在谈到大众文化之于美国软实力的重要性时，早在 2002 年他就这样说道："美国大众文化影响波及全球，不管我们怎样看。好莱坞、CNN 以及互联网，想躲避都无法做到。美国电影和电视表达了自由、个人主义和变化（同时也有关于性和暴力的内容）。总体而论，美国文化的全球传播有助于提升我们的软实力。"（Nye，2002：xi）在 2018 年奈又指出，"在一个自由社会里，政府不能控制文化"（Nye，2018）。自然，这显示了他一贯的思想，用所谓"自由""民主"这样的抽象的观念来指涉美国的价值观，更重要的是其优势所在。一个具体的事例是，2018 年获得奥斯卡金像奖的电影《华盛顿邮报》（*The Post*），奈以这部电影为例说明美国大众文化中表现女性独立自主行为形象的树立以及在传播过程中产生的影响力。的确，好莱坞作为美国文化软实力制造的重要承担者，近年来一直在努力实践和传达美国价值观作指向的理念。电影《华盛顿邮报》讲述的故事核心是宣扬新闻自由，故事中的几个主要人物突破层层阻力刊登国防部文件，揭露政府掩盖在越南战场上的事实，直接导致尼克松政府形象名誉扫地。获得 2018 年最佳奥斯卡影片奖的《水形物语》（*Water Shape*）通过讲述发生在冷战期间的一个魔幻故事，反映了冷战的政治冷酷与普通人的人性温暖间的对峙和搏斗；2019 年奥斯卡奖最佳影片奖得主《绿皮书》（*Green Book*）聚焦种族问题，通过讲述一个以真实事件为基础而改变种族隔阂与理解的故事，反映了美国种族矛盾的发展过程。这些都在一定程度上凸显了美国社会的进步、历史的前进，也给美国带来了文化软实力意义上的吸引力。但问题是，如果上述所及美国社会矛盾进一步发展,则势必也会给文化带来不利影响,不管好莱坞如何努力,如何讲好故事,形象与现实间的冲撞势必会给国家本身造成负面效应。奈所说的政府不能控制文化,只是就行政手段与政府的权限而言,但如果制造文化的这个社会本身陷入矛盾与困境之中,那么即便能够产生有吸引力的文化,也只是一种虚像而已,与软实力的真正含义会相隔甚远。这是当下的美国正面临着的问题。

2020年,好莱坞最佳影片奖给予了韩国电影《寄生虫》(Parasite),影片故事充满悬念,是励志、悬疑、凶杀这种好莱坞类型片的汇合,彰显了好莱坞的影响;同时,影片也表现了强烈的讽喻,故事描述的处于社会底层的一家人削尖脑袋拥有好生活的努力最终只是南柯一梦。现实与想象间的距离最终会戳破理想的诱惑。软实力的影响建立在美国价值观的理念上,当这些理念本身很多时候只能作为想象的对象而存在时,那么影响的力量就会式微,软实力就有可能真正变"软"。这是奈和美国都需要考虑的问题。

引用文献:

Gallup. 2019. https://www. gallup. com/analytics/247061/rating-world-leaders-2019 - report. asp. Accessed May 25,2020.

Gallup:Rating World Leaders 2018. https://news. gallup. com/reports/225587/rating-world-leaders-2018. aspx. Accessed May 25,2020.

Hungtington,Samuel P. 2005. *Who Are We:America's Great Debate*. London:Free Press.

Luntz, Frank. 2020. "Frontline Interview, PBS." https://www. pbs. org/wgbh/frontline/film/americas-great-divide-from-obama-to-trump, 2020 - 1 - 23. Accessed Mayt 25,2020.

National Security Strategy 2017. https://www. whitehouse. gov. Accessed May 25,2020.

Nye Jr. , Joseph & DW. 2017. "Trump's Tweets Harm US Soft Power." https://www. dw. com/en/joseph-nye-trumps-tweets-harm-us-soft-power-2017. Accessed May 25,2020.

Nye Jr. , Joseph. 2002. *The Paradox of American Power:Why the World's Only Superpower Can't Go it Alone*. Oxford,New York:Oxford University Press.

Nye Jr. , Joseph. 2004. *Soft Power:The Means to Success in World Politics*. New York:Public Affairs.

Nye Jr., Joseph. 2011. *The Future of Power*, New York：Public Affairs.

Nye Jr., Joseph. 2015. *Is American Century Over?* Cambridge，UK：Polity Press.

Nye Jr., Joseph. 2018. "Donald Trump and the Decline of US Soft Power." https：// www. project-syndicate. org/commentary/trump-american-soft-power-decline-by- joseph-s--nye-2018-02. Accessed May 25,2020.

Nye Jr., Joseph. 2020. "No，President Trump，You've Weakened America's Soft Power." https：//www. nytimes. com/2020/02/25/opinion/trump-soft-power. Accessed May 30,2020.

Soft Power 30. 2020. https：//softpower30.com. Accessed May 25,2020.

Trump，Donald. 2018. "Remarks by President Trump to the 73rd Session of the United Nations General Assembly." https：//www. whithouse. gov. Accessed May 25,2020.

理查德·霍夫斯塔特,2010,《美国政治传统及其缔造者》,崔永禄、王忠和译,商务印书馆。

王希,2017,《特朗普为何当选：对 2016 年美国大选的历史反思》,《美国研究》第 3 期。

索 引

A

阿尔图塞 164

爱德华·泰勒 25,47,73

爱默生 4,30,34,35,95,112,134,148,166,213

安迪·沃霍尔 133,134

奥巴马 2,9,17,18,89,101,156,251,254,255

盎格鲁-撒克逊新教文化 175

《阿甘正传》 199,201

阿里卡拉人 211

阿帕切 207,209

阿格尼斯·德·米莉 230,235

艾德纳·费尔柏 226

艾玛·特伦缇尼 222

安德鲁·兰姆 223

《安纳尼亚斯王子》 222

《安娜与暹罗王》 246

奥斯卡·汉默斯坦 226,231

奥斯卡 42,188,202,255

奥林匹克 89,94,99,103,106

B

鲍德里亚 71,72,118,119,136,186,191

布热津斯基 13,14,20,48,163,179

保罗·肯尼迪 2,8,10—12,39,47,119,148,182,187,200

布尔斯廷 32,47

便士报 50,51

巴拉姆 51,52

蝙蝠侠 57,61

鲍比·迪伦 60,78,79,149,150,152,153,234

《白领：美国的中产阶层》 113,135

百威啤酒 131

本杰明·富兰克林 85,108,135,166

《宾夕法尼亚公报》 110

波普艺术 133,136

编码-解码 166

布鲁斯 59,142—144,146—148,153,154,157,228—230,235,247

棒球 53,79,80,85—88,90,95—

98,102,106

边疆　2,85,202,204－206,209－213,218

边疆理论　205,212

边疆精神　85

百老汇　6,220－225,227,229－232,234－238,241,243,246,250

《百老汇45分钟》　224

《伴侣》　236

《悲惨世界》　221,237

《波吉与贝丝》　230

C

超级英雄　56,57,60

超级碗　90,94,102

《刺杀肯尼迪》　187

传统价值观念　148,149

草根　62,89,154,155,159,160,162

产业　13,44,55－57,62,80,128,154－160,163,170,178,179,229,237,250

《常识》　207

D

大众　3,5－7,10,14－16,21,29,38,41,49－53,57,59,62－74,76,79－81,87,88,90－95,100,101,113,115,117,118,120－125,127－129,133,134,137,140,143,147,152,155,157,160,162,170－172,178,180,181,201,206,226,230,

232,233,236,240,241

大众文化　1,5－9,19－22,25,38,41,42,44,49－74,76－81,84,85,91,93,94,98,100,125,126,133,135,138,140,141,143,147－149,163,164,167,169－171,177,179,180,201,205,220,228,229,232,233,237,238,246,249,255

《独立宣言》　1,26,29,88,95,97,111,198,209

丹尼尔·贝尔　2,30,31,102,108,109,115,121,123,124,133,135,170,179,188

《大国的兴衰》　11

渡边靖　13,39,47

多元文化主义　31,36,84,131

大卫·奥格威　132

叮砰巷　54,142,143,147

《答案在风中飘荡》　150

大熔炉　54,96－99,131,175,200

电影　5,6,20,21,38,41－43,47,54－58,60,61,64,73,79,90,115,123,126－128,147,158,164,169,172,177,179,180,182－191,193－196,198,200－203,205,208－212,214,215,218,219,233,234,237,238,255,256

"大片"　61,180

《大而不倒》　188

《第一滴血》　197

《达拉斯》　63,169,170

《大地惊雷》 204,208,213

道格拉斯·凯尔纳 170,179

德·科文 222

第三空间 248

《豆蔻年华》 223

东方主义 246

E

《俄克拉荷马》 230,231,233—235,238—241,244,245,247

F

富兰克林 109,110,114

费孝通 29,47

方纳 34,219

弗雷德里克·马特尔 40,41,44,45,47

《风语者》 43,195

《绯闻女孩》 166,170

福特汽车 122,123

《丰裕的寓言：美国广告文化史》117,136

匪帮说唱 156,157

反文化运动 59,60,68,78,148—150,152,153,200

反战运动 78,148,150,152,153,200

非美活动委员会 214

弗雷德·金尼曼 203

服饰/服装 62,68,112,126,127,158,159,232,247,248

费伦克·莫纳 241

《风流寡妇》 222

G

葛兰西 67,69,70,98

葛底斯堡演讲 1,208

个人主义 1—5,13,20,21,29,30,43,59,70,85,86,93,97,99,124—127,132,137,148,149,152,154,159,160,164,166—168,170,171,183,189,196—199,201,206,212,214,218,253,255

《关山飞渡》 126,203,206—209,213

罐装笑声 173

共赢 18

《规则改变》 189

盖洛普民意调查 124

公众舆论 93,152

国家神话 85,92

高尔夫 85,86

工作伦理 2,3,95,188

广告 6,20,38,42,50,57,59,61,63,65,72,79,91,107,109,110,112—136,159,171,176

《广告狂人》 115

广播电视产业 163

格莱美 154,159,160

格什温 143,144

格什温兄弟 230

概念音乐剧 236

国民形象   237,238,249

《国王与我》   231，232，238，246－249

H

《华盛顿邮报》   186,187,255

好莱坞   6,20,38,42,43,47,48,51，55－58,60,61,64,65,72,73,117，126－129,163,164,180,182,183，185,186,188－197,199－203,205，212,214,218,219,234,255,256

汉斯·摩根索   12,19,35,47

合作   12,17－19,24,30,35,88,97，144,158,159,195,206,214,222，226,232,238,252,254

惠特曼   34,35,87,137,147,162

黑脸歌舞   50,54,140,141

黑人民权运动   59,60

《黑鹰坠落》   194

红色恐怖   214

《荒野猎人》   204,208,211

哈利·爱德华兹   92

亨利·福特   122,183

哈利·斯密斯   222

《黑暗中的女士》   228

墨面秀   227

《黑魔鬼》   221

《红风车》   222

霍米·巴巴   248

黄金时代   57,143,165,221,230－238,249

J

价值理念   13,26,28,40,44,59,63，90,92,167,174,178,229

价值观   1－9,13－22,24,25,31，35－43,45,49,57,59,63,64,72,73，76,77,79－81,84,88,90,91,93,96，99,100,107－109,114,118－120，123－127,129－131,136,137,143，145－149,152,163－171,175,177，178,180,182－190,194,196,198，201－206,212,215,220,221,223－225,227－229,231－234,236－238，240,244,246,248,249,251－256

《绝望的主妇》   166,168,171,178

《寄生虫》   256

爵士乐   37,38,40,48,54,58,83，141,143－145,162,163,223，228－230

竞技体育   53

价值传播   164,166－168,170，172－174,176,178

家庭情景喜剧   171,172,174,178

纪念碑山谷   206－208

贾利·古柏   203,214,215

杰罗尼莫   207,209

琼·贝兹   153

杰基·罗宾森   98,99

杰罗姆·罗宾斯   235

《酒绿花红》   228

《剧院魅影》   221,237

《竞选公职》　224

K

康马杰　27,28,31,34,47,114,120,
124,125,130—134,136,223

凯迪拉克　122,123,155,170

可口可乐　59,116,117,125,159

卡尔·福尔曼　214

凯文·科斯特纳　204

克林顿　8,10,38,119,201,214

库柏　210

科比·布莱恩特　90,128

克莱门特·司各特　222

L

六十年代　25,140,148,175,
179,235

罗兰·巴特　72,167,179

《绿皮书》　255

理查德·霍夫斯塔特　36,253,257

流行音乐　6,53,59,60,62,137,
138,141—143,145—147,150,154,
157,162

《理解美国的力量》　12

雷蒙·威廉斯　25,26,48,66,67,83

路易斯·阿姆斯特朗　40,58,143

《猎鹿人》　190,201

《洛奇》　196,197,201

《龙胆虎威》　198

里根　2,62,63,99,214

篮球　63,85—87,89—91,94,95,

101,155

例外论　32,33,90,93,95,99—
101,103

拉格泰姆　54,141—144,146,147,
223,228,230

拉塞尔·西蒙斯　157,158

冷战　1,5,9—11,15,23,37,38,47,
48,58,78,83,94,100,129,144,145,
148,162,203,235,251,255

理查德·罗杰斯　226,231,238,
239,241—248

"老人河"　227

《利利翁》　241

《流浪国王》　223

鲁道夫·弗雷姆　222

《罗宾汉》　222

罗伯特·布莱森　233

罗伯特·科恩　204,220,226—232,
234,250

《罗斯·玛丽》　222

罗杰斯与汉默斯坦公式　231

M

美国信条　1—3,98,109,175,253

美国文化　1,2,4,5,7,9,15,19,20,
24—26,28—32,35,36,38—41,44,
45,47,48,53,84,87,91,93,94,98,
100,116,125,126,129,138,145,
160,165,167,169—171,175,177—
179,182,183,188,201,203,205,
212,215,221,223—225,227,229,

230,233,234,237,249,250,255

美国精神 5,6,13,26,27,31,37,
47,85,88,90,98,100,128,133,136,
137,159,166—168,171,186,194,
223—225,240,249

美国制造 165

美国形象 118,124,163,170,180,
181,183—186,188—193,195,196,
198,201,202

美国队长 57,58

美国梦 4,6,32,42,43,49,53,56,
62,70,73,79,80,84—93,97,100,
102,103,107—125,127—131,133,
134,136,137,146,148,151,155,
162,166,174,183,186,196,197,
199,207

美国国民性格 206

美国生活方式 145,169—171,
233,243

美国优越主义 212,215

美国中产 172,176,232—235

美国民族身份 96,98,99,102,206

美国民族性 27,95,147,206,
224,225

《美国的广告》 115,136

《美国的精神》 114

美国例外主义 5,106,110,215

美国国家消遣 87,95

"美国噩梦" 91—93

"美国式的生活方式" 93

《美利坚史诗》 107

美剧 6,63,65,115,163—172,
177—179

民主 1—6,10,13,14,16,20,21,
24,28,29,31,39,40,49,51,70,73,
78,85,88,92,93,97—99,102,108,
110,119,125—127,133,134,136,
141,145,149,150,152,156,165—
168,170,184,185,187,201,206—
208,212,223,224,227,228,236,
240,244,246—248,251—255

民族性格 12,26—28,96,223,225

民权运动 92,99,101,130,148,
150,153—155,174,184,200

民族主义 5,24,85,89,95,96,99,
101,102,146,156,175,253

民谣 60,79,137,140,150,154,162

麦卡锡主义 214,235

毛拉纳·卡伦加 91

穆罕默德·阿里 80,101,102,128,
129,155

米克·贾格尔 153

马修·阿诺德 25,26,48,66,102

漫画 56—58,60

漫威 58,60

"猫王" 59,73,77—79,148

马克斯·韦伯 85,94,107,108,
136,188

米尔斯 113,135

麦迪逊大街 113

麦当劳 21,22,41,67,68,117,134,
135,163

莫里斯·迪克斯坦　175,179

《迷失》　166,168

《摩登家庭》　171—174,176—178

匿名　167,168

马丁·路德·金　130,148,153

媒介　5,19,42,84,94,95,109,113,
139,146,147,149,171,179

玛格丽特·兰登　246

《猫》　237

《毛发》　236

《魔法坏女巫》

N

女权主义　59,130,177

女权运动　59,130,148,175,177

NBA　63,73,85,88—91,94,100,
155,163

牛仔裤　19,68,69,71,134

奴隶　86,138—140,143,184

奴隶制　98,139,140,184,219

挪用　35,37,38,48,59,83,88,89,
93,98—102,113,186

尼克松　152,153,186,255

纳瓦霍　206

《南太平洋》　231,232,238,243—
247,249

《南太平洋的故事》　243

《尼罗河的巫师》　222

《女士,乖点》　230

P

平等　1,2,4—6,13,28—31,45,49,
50,56,70,71,73,79,85,87—89,
91—93,97—99,107,111,112,114,
123,127,128,130,131,133,137,
140,142,145,156,157,174—177,
182—184,192,196,197,206,209,
212,224,227,240,244,246,248,
249,253

佩尔斯　36,37,41,42

Q

清教精神　107,108,170,207

情节剧　51

情景喜剧　164,165,171—174,
178,179

全球传播　20,255

巧实力　10,17,18,251,252

乔治·凯南　15

乔丹　63,64,79,80,88,128

清教徒　27,32,33,35,50,85,94,
107—109,112,166,205,208,213

拳击　53,80,86,87,92,101,
196,197

《青年林肯》　183,201

《林肯》　184

乔治·爱德华兹　221

乔治·科汉　224,225,234

轻歌剧　141,220,222,223,225,
226,234

R

软实力　1,6—26,29—31,35,37—39,45,47,84,87—90,93,94,99,100,103,107,109,117,125,126,128,129,131,134,136,137,145,147,160,164,167—169,171,179,180,182—185,189,201,205,212,215,220,221,229,233,249—256

软权力　24,48,215,219

"R&H"组合　226,231,234,239,241,243—247,249

S

塞缪尔·亨廷顿　1—4,22,27,31,102,175,253

伤感通俗小说　51

《水形物语》　255

生活方式　6,20,22,25,26,49,52,55,58,66,67,87,93,100,111—113,117,118,124,126,144—146,148,165,169,170,180,205,211,237—240

山巅之城　32—35,85,108,166,208

斯皮尔伯格　61,180,184,193

《斯密斯先生去华盛顿》　185,187,201

《生活大爆炸》　166,172,178

"沙拉碗"　131

实用主义　4,13,16,21,23,49,95,108,109,124,125,131,189

四大运动　95

四大职业联盟　85

施瓦辛格　102

圣诞节　73—76,175

梭罗　102,198

商业化　21,44,49,51—53,55,61,62,78,81,92,143,144,146,147,154,165,201

说唱　62,141,154,156—159,220,223,224,229

史蒂芬·福斯特　50,140

《时代在变革》　150

T

通俗文化　67,68,76

同化　9,12,13,18,19,88,97,98,100,131,145,168,170,171,215,251,252

特朗普　5,31,253—255,257

托克维尔　108,110,111,136,212

天定命运　32—35,86,206,207

特纳　85,142,205,206,212

通心粉西部片　204,215

托马斯·佩恩　204,207

体育　53,63,65,70,71,79,80,84—103,106

"体育共和国"　84,94

堆叠现象　92

《汤姆叔叔的小屋》　52,177,248

W

伪纪录片　173,174,178

《文化与无政府状态》　25,48,66

文化　1,3—9,12—33,35—45,47,
48,50,53—55,57,59—64,66,67,
69—74,76,78—80,83—102,110,
111,118,125,126,131,133,134,
137,138,140—145,147—149,152,
154—157,159,160,162—165,167—
171,174,175,177,179,180,182,
183,189,192,195,200,201,205,
210,212,215,218,219,221,223—
225,227—238,244—251,254—256

文化矛盾　108,135,170,179

文化战争　15,31,97

文化统治　20,163

文化体制　26,40,44,45,47

文化消费　232—234

王沪宁　24,27,28,35,48,215,219,
224,250

王缉思　5,36,48

王晓德　5,32,33,35,38,39,48

沃尔泽　28

《我们曾是战士》　192

外交政策　5,8,12,14,16,18,19,
21,22,24,38,144,171,252

万宝路香烟　125,126

威廉·詹姆斯　124

威廉姆斯姐妹　88,89

《玩具王国的娃娃》　222

维克多·赫伯特　222

《屋顶上的提琴手》　235

《五月时光》　223

X

《吸血鬼日记》　166,168

现代性　21,169—171

西奥多·麦克马纳斯　122,123

喜力滋啤酒　124

《新教伦理与资本主义精神》　136

《消费社会》　118,136

西部牛仔　53,126,136,202,229,
239,240

西部片　126,197,199,202—210,
212—215

西进运动　86,126,202,203,206,
208,210—212,240

西摩·马丁·利普塞特　212

休伦　150,210,211

"修正主义"西部片　204

嘻哈文化　155,157—159,161,162

嘻哈音乐　54,62,154—160

嘻哈总统　156

嬉皮士　59,152,200

《星条旗》　138

乡村音乐　59,145—148,157,162

享乐主义　20,108,155,157,170

西格蒙德·罗姆伯格　222,223

《西区故事》　235

《新月》　223

《小奈莉·凯丽》　224

《小乔治·华盛顿》 224

《小琼尼·琼斯》 224

《小夜曲》 222

《学生王子》 223

《旋转木马》 231，232，234，238，241—245，247

Y

意识形态 3，5，8，9，13，14，16，19，24，31—36，41—43，57，58，70，72，80，81，89，99，100，103，118，131，149，164—167，182，183，200，201，205，212，219，221，224，233，238，253

中产阶层 49，51—55，59，75—77，85，87，113，116—122，130，140，142，146，147，155，168，173，230，232—234，253

硬实力 6，9，13，16—19，35，252

约瑟夫·奈 8，9，39，48，84，90，106，107，136，145，169，171，208，251

仪式化再现 84

异议 102，131

约翰·萨利文 53，86

运动员嗅探器 101

移民国家 27，90，98

《一个国家的诞生》 55，183，189

《摇尾狗》 185

《野战排》 191

摇滚 54，59，60，77—79，83，148，152—154，161，162，236

约翰·菲斯克 68，76，78，164，166，179

意识形态国家机器 67，164

样片季 165

阴谋论 167，187

《扬基曲》 138，149

摇滚乐 58—60，77—79，83，147—149，151—154，157，162，235，236

越南战争 14，148—153，187，190

伊格尔顿 144

约翰·弗格蒂 153

约翰·列侬 153

约翰·温思罗普 32，84，208

约翰·福特 56，202，203

约翰·韦恩 58，126，202，203，213

亚利桑德罗·冈萨雷斯·伊纳里图 204

印第安人 53，195，203—213

《与狼共舞》 204，210，211

亚瑟·汉默斯坦 222

摇滚音乐剧 236

《摇篮摇》 228

《演艺船》 226—228，230

《引吭怀君》 228，230，243

音乐剧 6，142，159，160，220—239，241—250

音乐喜剧 220—227，229，230，232—234，238，241

《音乐之声》 231，234

音乐正剧 220，225—228，230，234

《萤火虫》 222

《油脂》 236

Z

种族唱片　147

种族隔离　-40,59,60,98,99,141,142,148,154,155,220,226,227,244

种族音乐　154

种族主义　55,60,92,99,140,156,183,200,209,210,228,244－246,249,253

中产阶层文化　232

《纸牌屋》　167

自由　1－5,11,13,18,20,21,28,29,31,33－38,45,49,58,59,61,70,71,73,74,77－79,84,86－88,95,97,99,107,111,112,114,115,117,126,127,132,133,137－141,143－145,147,150,157,159,165－168,170,174,176,184,186,188,194,200,209,212,213,224,227－229,232,240,244,246,248,252－255

自由主义　4,10,11,15,16,22,23,28,29,31,37,70,198,200,254

自愿　17－19,21,110,178,252,254

自立　2,3,213

《正午》　126,203,214,215

《最后一个莫西干人》　210,211

政治　1,2,4,5,8－10,12－16,18,19,22,23,25,27－31,33,36－39,42,45,47,48,50,51,57,58,60,62,63,66,69,70,75－78,83,84,88－90,92－94,97－103,106,114,116,120,129,131,142,145,148,150,152,156,159,161,162,164－167,169,175,179,181－183,185－189,194,196,198,200,201,212,214,215,218,221,224,232,235,251,253－255,257

政治价值　8,16,19,21,24,36,38,254

资中筠　4,28－30,44,45,48

詹姆斯·亚当斯　84,107,112,196

《资本主义的文化矛盾》　2,30,102,188

宗教例外论　32,33

蜘蛛侠　41,60

《总统班底》　43,186,201

《珍珠港》　192,193

《拯救大兵瑞恩》　193,201

《占卜者》　222

《制作人》　221

《州长的儿子》　224